新疆农业高质量发展评价与实现路径研究

田聪华 主编

中国农业出版社

北 京

图书在版编目（CIP）数据

新疆农业高质量发展评价与实现路径研究 / 田聪华
主编. -- 北京：中国农业出版社，2024.12. -- ISBN
978-7-109-32775-7

Ⅰ.F327.45

中国国家版本馆 CIP 数据核字第 2025LN9824 号

中国农业出版社出版

地址：北京市朝阳区麦子店街 18 号楼
邮编：100125
责任编辑：张丽四
版式设计：杨　婧　　责任校对：吴丽婷
印刷：中农印务有限公司
版次：2024 年 12 月第 1 版
印次：2024 年 12 月北京第 1 次印刷
发行：新华书店北京发行所
开本：700mm×1000mm　1/16
印张：20
字数：380 千字
定价：128.00 元

编 委 会

FOREWORD / 前言

习近平总书记指出："高质量发展是全面建设社会主义现代化国家的首要任务""是新时代的硬道理"。在以中国式现代化全面推进强国建设、民族复兴伟业的新征程上，只有深刻理解高质量发展的理论内涵，加强对高质量发展的研究，才能在实践中更好地把党中央关于推动高质量发展的决策部署落到实处。新疆牢牢把握在国家全局中的战略定位，完整准确全面贯彻新时代党的治疆方略，统筹发展和安全、开放和稳定，紧贴民生推动高质量发展。

农业高质量发展是全面推进新疆经济高质量发展的重要支撑。新疆已成为全国重要的粮油生产基地、最大的优质棉生产基地、特色林果生产基地和重要的特色作物生产基地。自治区党委、自治区人民政府锚定农业强区建设目标，提出要以涉农产业集群建设为抓手，构建体现新疆特色和优势的现代农业产业体系，加快建设全国优质农牧产品重要供给基地。实施乡村振兴，建设农业强区，推进农业现代化，必须走质量兴农之路。2023年自治区党委、自治区人民政府印发《新疆维吾尔自治区质量强区建设实施方案》，提出推动农业提质增效，明确了粮、棉、果、畜的发展重点，为推动农业高质量发展提供了发展方向。

新疆农业高质量发展研究对于西部干旱区具有一定的参考价值。相比于内地省份新疆光热资源丰富，绿色无污染，农业装备及机械化程度高，拥有18个对外开放口岸，同时也是国家打赢脱贫攻坚战的重要区域。进入新发展阶段，新疆与山东、黑龙江等农业大省相比，农业现代化还是存在明显短板弱项，农产品加工能力不足、有重要市场影响力的龙头企业少、科技创新和成果转化能力不足、新质生产力培育缓慢。因此，完整准确贯彻新发展理念，促进农业高质量发展具有重要的现实意义。

本书立足新疆实际和现实需求，从高质高效、创新发展、协调发展、绿色发展、开放发展、共享发展六个方面，首次系统构建了新疆农业高质量发展评价体系，定量评价分析了新疆与世界8个主要发达国家农业发展的差距，新疆与内地30个省（自治区、直辖市）的农业发展水平，立足疆内发展情况，对14个地州的农业发展质量进行了评价和分析，从国际、国内、疆内三个层面全面考察了新疆农业发展质量水平，明确了发展短板和优势，并据此提出针对性的发展路径和建议。为拓展研究深度和广度，围绕发展基础、问题短板、发展战略、主导产业和发展路径五个方面，以阿勒泰地区、玛纳斯县为例，进行了区域农业高质量发展典型案例研究。围绕农业四大产业集群建设，对粮食（小麦、大豆）、棉花、绿色果蔬（红枣、中草药、辣椒、南疆设施农业）、优质畜产品（肉羊、骆驼）等特色优势产业的发展概况、比较优势、存在问题以及高质量发展的对策建议进行了系统研究。

此研究成果依托于新疆维吾尔自治区公益性科研院所基本科研业务费专项项目。

本书对新疆建设农业强区，实现农业农村现代化具有一定的实践参考价值！

CONTENTS / 目录

上　篇　综合研究

第1章

研究的背景与意义

一、研究背景

世界各国发展经验表明，工业化早期往往是经济快速增长的时期，当发展到工业化中后期经济发展速度会逐渐放缓，此时需要新旧动能的转换，以达到产业升级的目的。经过多年的经济快速增长，中国已经步入工业化后期，经济面临从高速增长常态向中高速增长常态的阶段性转换。随着后疫情时代国际竞争格局变迁以及我国供需矛盾的变化，在构建以国内大循环为主体、国内国际双循环相互促进的新发展格局中，农业发展从重数量转向重质量发展是必然选择。在党的十九大报告中习近平总书记指出，"中国特色社会主义进入新时代，我国社会主要矛盾已经转化为人民日益增长的美好生活需要和不平衡不充分的发展之间的矛盾""我国经济已由高速增长阶段转向高质量发展阶段""必须坚持质量第一、效益优先，以供给侧结构性改革为主线，推动经济发展质量变革、效率变革、动力变革，提高全要素生产率"。为贯彻落实党中央、国务院实施质量兴农战略的决策部署，加快推进农业高质量发展，2019 年农业农村部等 7 部门发布了《国家质量兴农战略规划（2018—2022 年）》，明确了质量兴农的总体思路和发展重点。党的二十大报告提出中国式现代化的本质要求是实现高质量发展，高质量发展是全面建设社会主义现代化国家的首要任务，要坚持以推动高质量发展为主题，推动经济实现质的有效提升和量的合理增长。

新疆具有丰富的光热水土资源，农牧产品特色鲜明，是我国优质粮食产区、唯一的长绒棉产区和最大的优质商品棉基地，是世界六大果品生产带和全国五大牧区之一，发展现代农业优势突出、前景广阔。此外，作为丝绸之路经济带核心区，在以习近平同志为核心的党中央关心重视下，新疆享有一系列为加快建设农业强区添力赋能的特殊支持政策；对内有国内超大规模市场做支撑，对外有丝绸之路经济带沿线市场待开发，新疆发展现代农业具有广阔的市场前景。当前，新疆农业已进入新发展阶段，已具备推进农业高质量发展的条件，粮食和重要农产品保障能力有了新提高，粮油、棉花和纺织服装、绿色有机果蔬、优质畜产品四大涉农产业集群已步入优质高效发展阶段。产业链供应链优化升级，一二三产业融合发展呈现新亮点，农产品加工业产值与农业总产值比达到1.94：1，农产品疆内收购、疆外销售"两张网"建设步伐加快，农产品电商发展迅速，产业集聚发展势头强劲，创建国家级优势特色产业集群 2 个、国家现代农业产业园 3 个。农业现代化建设加快推进，质量效益达到新水平，棉花良种率达到 98%，农作物耕种收综合机械化率达 85.7%，居全国前列。

然而，新疆在距离全面推进乡村振兴、推进农业高质量发展、加快建设农业强区目标的实现等方面，还存在很大差距，农牧业发展的潜力优势并没有得到充分释放与发挥。新疆独特的自然资源优势还没有很好地转化为产业优势、发展优势、经济优势，服务保障国家粮食安全和重要农产品供给的能力还不强；水资源科学开发利用不足；农业产业化水平不高，产业链条短、附加值低；农业科技创新和服务水平有待提高；农民收入水平与全国平均水平差距较大。立足打造全国优质农牧产品重要供给基地的战略定位，统筹当前和长远，要求我们必须从政治和全局高度充分认识做好"三农"工作的重大意义，坚决扛起建设农业强区的战略使命；必须着力于增强农业综合生产能力，用系统观念谋划推进水土资源科学开发利用，提高乡村产业发展水平，强化农业科技支撑，千方百计促进农牧民增收致富，以有针对性的政策举措补齐短板弱项，将新疆农业发展得天独厚的资源优势、区位优势、政策优势转化为发展优势，推进新疆农业高质量发展。

鉴于此，本研究在现有文献的基础上，结合干旱区农业发展特点，着力解决和回答"新疆农业高质量发展的内涵和特征是什么、制约农业高质量发展的因素有哪些、农业高质量发展水平如何、促进农业高质量发展的路径是什么"等核心问题，从而提出具有理论依据和实践价值的农业高质量发展的对策建议，旨在为乡村振兴背景下新疆农业实现高质量发展提供实践路径选择和政策制定参考。

■ 二、研究意义

农业高质量发展是有效解决"人民日益增长的美好生活需要和不平衡不充分的发展之间的矛盾"的必然要求。研究当前新疆农业发展现状，以质量求效益，以质量谋发展，推进质量兴农战略，实施绿色发展行动，对接续推进乡村振兴战略、加快农业转型升级、实现农业农村现代化具有重要意义。

一是农业高质量发展是贯彻国家、自治区质量兴农战略的必然要求。我国农业正处在转变发展方式、优化产业结构、转换增长动力的攻关期。实现农业由总量扩张向质量提升转变，是党中央、国务院科学把握我国社会主要矛盾转化和农业发展阶段做出的重大战略决策。新疆维吾尔自治区"十四五"农业农村现代化规划明确提出，以"紧贴民生推动高质量发展"为主题，促进农业高质高效、乡村宜居宜业、农民富裕富足。

二是农业高质量发展是推进新疆农业现代化的必然途径。农业现代化的重要标志就是提高"三率"，通过提高农业资源利用率、土地产出率和劳动生产率，实现资源高效利用，提升产出能力和增加效益。通过实施高质量发展战略，加快构建新疆现代农业产业体系、生产体系和经营体系，提升农业系统效率，从而推进新疆农业现代化的实现。

三是农业高质量发展是破解农业发展瓶颈提升竞争力的必然手段。当前新疆农业发展挑战增多、风险上升、压力明显加大，突出表现为农业基础设施薄弱、农业竞争力有待提高、农业科技创新及服务能力弱、农村一二三产业融合程度低、农业抗风险能力不强、各类风险交互叠加、农产品出疆贵出疆难、不具备价格竞争优势、农民持续增收任务艰巨、城乡区域差距依然较大等，面对上述问题，高质量发展是新疆农业未来发展的唯一出路。

四是农业高质量发展是实现农业可持续发展的必然举措。新疆是我国农业大区，"双碳"背景下加快农业产业转型和绿色发展对碳排放提出了更高的要求，2010年以来新疆农业能源消耗量总体呈逐渐上升趋势，农业面源污染严重，农业生产成本逐年提高，实现全社会碳达峰碳中和目标任务艰巨，积极推进农业高质量发展战略是新疆农业可持续发展的关键。

五是农业高质量发展是加快培育和形成新质生产力的落脚点。随着科技的不断进步和全球化的深入发展，新质生产力已经成为推动社会进步和经济发展的重要力量。习近平总书记指出："发展新质生产力是推动高质量发展的内在要求和重要着力点。"新质生产力的发展是实现高质量发展的关键路径和重要支撑，以培育新质生产力为抓手，推进新疆农业高质量发展，是适应时代发展的战略选择。

本研究立足时代背景和现实需求，牢固树立新发展理念，围绕干旱区灌溉农业和"一带一路"核心区农业发展特点，以实现农业高质量发展为目标，分析新疆作为干旱灌溉农业区发展所具有的固化性、多维性、隐蔽性、特殊性的特征和规律，从多个维度，构建干旱区灌溉农业高质量发展的评价指标体系，定量评估新疆农业发展水平，同时，立足新疆实际，正视发展差距，分别对全国及部分发达国家农业发展状况与新疆农业高质量发展状况进行系统对比分析，全面考察新疆农业高质量发展所处的阶段，以评价结果说明发展短板、优势和潜力，并据此提出针对性建议。同时，进一步拓展研究的实践性，对具有特色的区域和产业选取发展典型案例，为新疆实现农业高质量发展提供决策参考。

三、研究内容与技术路线

(一) 研究内容

我国经济发展阶段由过去的高速增长过渡到现今的高质量发展,推动农业高质量发展是"十四五"期间乃至实现第二个百年奋斗目标的主题。本研究立足时代背景和现实需求,牢固树立新发展理念,围绕干旱区灌溉农业和"一带一路"核心区农业发展特点,以实现农业高质量发展为目标,主要研究四个方面的内容:

(1) 明确农业高质量发展的内涵与特征。梳理农业演进历程,明确农业高质量发展的概念及内涵,归纳显著特征。

(2) 构建农业高质量发展指标体系及实证评价。从新发展理念多个维度构建指标体系,形成一套系统的、有针对性的、综合性的评价农业高质量发展的指标体系。运用经济学理论分析框架,采用综合评价法,对新疆农业发展质量进行实证评价。

(3) 明确新疆农业经济高质量发展的约束条件。运用评价结果,坚持问题导向思维,立足当前农业发展存在的累积性问题和发展矛盾,总结概括出不利于新疆农业实现高质量发展的约束条件。

(4) 提出新疆农业高质量发展的实现路径。以破解农业高质量发展关键问题、实现乡村全面振兴为目标,以构建农业产业体系、生产体系、经营体系为切入点,整体勾勒出新疆农业发展的未来变迁之路,提出农业高质量发展的政策性建议。

(二) 研究方法

(1) 文献查阅和比较分析法。采用文献查阅的方法分析新疆农业发展史,以时间节点为纵向轴,以区域为横向轴,梳理新疆农业发展与内地发达省份、发达国家的差异,归纳和总结发展特征,进而为新疆农业实现高质量发展提供理论和实践借鉴。

(2) 典型调查法。选取典型区域和典型产业,开展深入系统的调研,以提出可推广可复制的农业高质量发展路径,并有针对性地提出发展对策。

(3) 定量和定性分析相结合的方法。运用统计分析的方法,通过解析农业现象的数量特征、数量关系等,揭示各指标之间的关系,同时利用逻辑分析、历史分析、综合法、比较分析等方法,对特定现象或研究对象的本质属性进行描述,揭示农业发展规律特征。

(三) 研究重点难点

(1) 农业本就是地域特征鲜明的产业,高质量发展同样也具有区域差异性、人文特殊性、生态独特性，本研究从多个维度定义干旱区灌溉农业高质量发展的内涵和特征，具有一定难度。

（2）有关衡量农业高质量发展的指标和标准研究目前国内处于探索阶段，要想达到评价结果的科学性、可比性、真实性、客观性、系统性，评价标准的确定，是本研究的重点内容，同时也是难点内容。

（3）我国区域范围广、生态类型多样，找出在多维度中的一致性、代表性、关键性指标，并在此基础上构建一套科学的评价指标体系，是本研究的一项重点内容。

（4）提出符合区域及农业产业高质量发展的实践性路径和政策性建议，是本研究的另一项重点内容。

（四）研究技术路线

研究的技术路线图见图1-1。

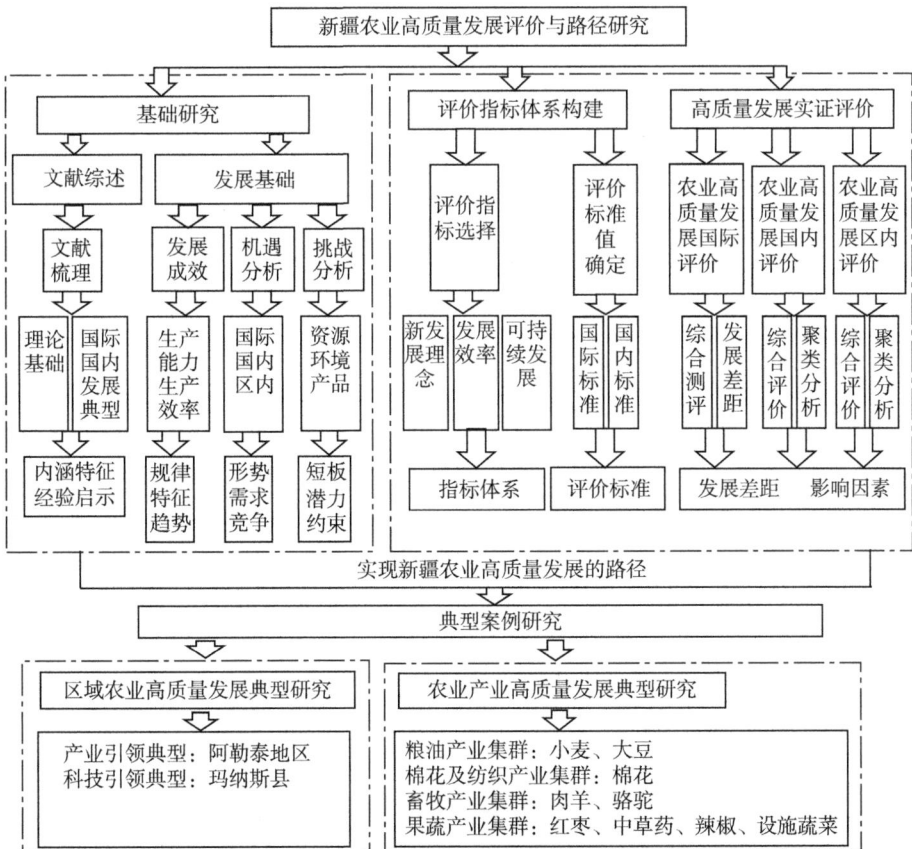

图1-1　技术路线图

（五）研究的主要创新点

（1）聚焦区域特色。本研究聚焦新疆是世界典型的干旱绿洲灌溉农业区，是"一带一路"核心区，是典型的少数民族聚集的边境区，也是我国实现乡村振兴与农业农村现代化的难点地区和重点区域。

（2）视角新颖。本研究将突破国内对农业高质量内涵的理解，结合新疆特殊生态、地理位置、资源环境、人文特点等创新性提出农业高质量发展的内涵特点，构建科学、客观的评价指标体系，提出农业高质量发展路径，这种研究视角具有一定的新颖性。

第2章
农业高质量发展理论综述

一、农业高质量发展的理论基础

农业高质量发展不能动摇农业的基础地位，而是在稳固和拓展农业基础地位的前提下的高质量发展，农业的高质量发展必须以科技进步和创新为动力，坚持可持续发展，并将农业现代化作为高质量发展的关键内容和必由之路。

（一）农业基础地位理论

马克思主义政治经济学认为，农业是国民经济发展的基础。马克思指出："农业劳动是其他一切劳动得以独立的自然基础和前提。"农业既是人类创造的生产活动，也是人类社会活动的起点。农业是人类生存所需的粮食和养料的主要源泉，这一功能具有不可替代性，只有解决粮食问题，才能奠定社会经济发展的基础。农业在国民经济中的基础性地位同时体现在农业是人类社会走向工业社会、走向现代文明的基础。

农业同样对社会经济发展起着重要作用，农业基础稳固与社会的和谐安定、人民的幸福安康密切相关，农业产品能够为民生提供基本保障，为国民经济建设和发展提供重要支撑。进入新发展阶段，随着农业功能从生产向生活、生态方面不断扩展、延伸，农业在国民经济发展中的基础地位依然重要，在国民经济链条中处于前段位置，为工业、服务业等行业提供了重要的原材料。稳定"三农"基本盘，对于保持平稳健康的经济环境、国泰民安的社会环境具有特殊重要意义。因此，农业高质量发展是经济高质量发展的重要内容，同时也为社会主义现代化建设奠定了稳定基础。

（二）技术进步理论

技术进步是指技术所涵盖的各种形式知识的积累与改进，技术进步的途径主要有技术创新、技术扩散、技术转移和引进。约瑟夫·熊彼特认为，经济

"增长"与"发展"是有区别的，资本和劳动力投入的变化能够通过体系内部产生另外一种形式的经济变化，即创新产生的作用。技术创新一般包括五个方面的内容：创造新的产品、采用新的生产方法、开拓新的市场、获得原材料或半成品的新供应来源、形成新的组织形式或打破原有垄断的新组织形式。舒尔茨提出，传统农业之所以发展滞后，主要原因在于构成其增长动力的生产要素价格昂贵，因此，需要用技术变迁的方式对传统农业进行改造，使用新技术、新方法，为其注入创新动力，使其向现代农业转型。

技术进步对农业生产的作用主要体现在两方面。一是农业技术进步可以促进农业生产率的提高和产品优质化。一方面，农业机械化水平的提升提高了农业生产能力；另一方面，农业生物化水平的提高使得化肥、农药及优良品种大量投入农业生产，在增加农产品单位产量的同时提高了农产品质量。二是农业技术进步提升了农民的科学素养以及管理水平，能将更多的农业知识、信息技术、先进的管理理念运用到农业生产中，提高了农业生产资料的利用率，实现了产量的增加。2013 年 11 月 27 日，习近平总书记视察山东省农业科学院并召开座谈会，提出"给农业插上科技的翅膀"。

（三）可持续发展理论

"可持续发展"的概念最早由布伦特兰于 1987 年提出，是一种既满足当代人发展需求，同时又不对后代人发展权益造成损害的发展状态和模式。在农业发展中，随着人口的增加，农产品在供需方面的矛盾显现，存在城乡之间、区域之间发展的不平衡、不充分的问题。此外，机械、化肥和农药的使用，使农业生产效率提高、产出增加，但也带来了生态环境破坏的问题，制约了农业的可持续发展。1991 年联合国粮食及农业组织（简称粮农组织）在荷兰召开的国际农业与环境会议上形成了"农业可持续发展"的概念。农业可持续发展是指采取某种使用和维护自然资源基础的方式，并进行技术变革和体制性变革，以确保当代人类及其后代对农产品的需求不断得到满足的农业系统。这种可持续的农业能保护土地、水资源和动植物的遗传资源，而且不会造成环境退化，同时在技术上适当、经济上可行，能够被社会接受。

习近平总书记指出，"可持续发展是社会生产力发展和科技进步的必然产物"，实现可持续发展之路需要"坚持绿色发展"。"保护生态环境就是保护生产力，改善生态环境就是发展生产力"。农业高质量发展更需要贯彻可持续发展理念，处理好人与自然的关系，注重农业绿色发展。要牢固树立和践行"绿水青山就是金山银山"的发展理念，使农业经济增长与生态环境优化同步发展，实现农业生产可持续性，促进农产品的供应向生态化、绿色化的方向转变，推动农业更加稳定、高效可持续发展。

（四）农业现代化发展理论

"农业现代化"的概念最早由美国经济学家舒尔茨在《改造传统农业》中提出。舒尔茨认为，发展中国家的经济增长一定程度上依赖农业发展水平的快速提升，但传统农业由于技术水平落后、生产效率较低，不具有为经济增长提供动力的作用，反而会束缚经济水平的提高。对传统农业改造的过程就是农业现代化的过程，当传统农业完成质的转变，就是初始状态的现代农业。结合第二次现代化理论，有学者将农业现代化分为三个阶段。第一阶段是由传统农业向工业化转变，以机械化和商品化为主要特征，以自给自足为主要特征的传统农业逐渐被以商品交换为特征的现代农业所取代；第二阶段以农业的可持续发展为主要特征，强调农业现代化在追求产量增长的同时需要关注生态环境，以持续满足人类对农产品数量和质量的需求；第三阶段以知识农业为主要特征，知识农业是在知识经济的基础上发展起来的，是在传统经济高度发达之后形成的以高新技术产业为主导、以信息化为主要特征的经济形态。

新中国成立以来，党和政府始终把推进农业现代化作为经济发展的重要内容。在新时期，农业现代化的内涵更加丰富，不仅包含农业产业的现代化，也包括农业的现代化和农民的现代化，即实现农业强、农村美和农民富的农业现代化。习近平总书记多次强调，要"加快农业农村现代化步伐，促进农业高质高效、乡村宜居宜业、农民富裕富足"。农业现代化要与其他方面的现代化同步发展，实现相互协调和相互促进的发展格局。农业现代化是农业发展最高级的目标，而农业高质量发展是农业现代化的关键内容和必由之路。在新发展阶段，要以农业现代化的理论为依循，推进农业高质量发展的实现。

二、农业高质量发展国内外研究综述

（一）国外研究综述

我国基于国内经济发展阶段提出了"高质量发展"的概念，这一概念具有中国特色，国外尚无此方面的专门研究。国外与"高质量发展"相关的研究主要集中在经济增长质量，包括理论内涵研究和测度分析两个方面。国外研究同样未涉及农业高质量发展，但很多研究在实质上蕴含了农业"质量"发展的含义和思想，包括农业现代化与可持续发展、农业创新与技术发展、农业产业化发展、农业绿色化发展、农业多功能性等方面。

1. 有关经济增长质量的研究

国外大部分学者未对经济增长质量内涵作严格区分，Kuznets Simon

（1973）最早提出"经济增长质量"概念，认为它应该包含市场经济竞争环境公平公正、环境质量改善、财政状况良好、居民受高等教育机会平等四层含义。Robert & Barro（2002）认为应从环境条件、政治制度、收入公平性、预期寿命、宗教信仰、生育率等更广阔的视角研究经济增长质量。对经济增长质量的测度评价有单一指标的狭义评价和多角度、多层面的综合指标评价。Park（2012）通过测算全要素生产率增长分析了亚洲12个经济体的经济增长，认为追赶效益是近十年全要素生产率增长的主要因素。Saibal Ghosh（2016）选取经济增长的稳定性及多样性、机构质量、识字率、预期寿命等指标构建了经济增长质量指数，并测度了印度主要联邦的经济增长质量情况。也有学者对经济增长质量的制约因素进行分析，Adedoyin et al.（2020）基于金砖国家1990—2014年能源与经济数据，分析经济增长与煤炭租金、污染排放之间的关系，发现执行更严格的环境能源相关法规、降低二氧化碳排放水平才能有更好的绿色增长和可持续发展。

2. 有关农业经济增长质量的研究

有关农业现代化与可持续发展研究内容较多，包括概念内涵、指标体系、制约因素、发展路径等。Prajapati et al（2014）从七个方面细化了现代农业发展的标准，包括耕作方式、有机肥料使用、种子选择、化肥使用、植被保护措施、现代能源设备、改良乳制品的使用范围；Kassam & Kassam（2021）从生态视角探讨了可持续农业的发展模式，提出对环境友好和包容的系统背景下替代农业模式的发展方向和前景。创新和技术是推动农业高质量发展的重要因素，速水佑次郎和弗农·拉坦（2000）阐述了制度和技术对农业发展的贡献，并提出诱导技术变迁模型；Clay et al.（2020）指出，农业创新是农业带动经济增长的重要催化剂。农业产业化、组织化、集约化是实现农业现代化的重要方式，有利于提高农业发展质量。Huttumen（2019）研究认为，农业产业化或现代化是农业发展的重要途径；Clay（2018）对卢旺达的研究发现，农业集约化是多元、动态、有争议的社会进程，通过各种集约化模式的交叉可以创新解决自然资源稀缺条件下的农业发展问题。绿色农业是农业可持续高质量发展的趋势，Koohafkan et al.（2011）认为，绿色农业是农业系统多样化、适应性以及高产出的基础；Bianco & Adele（2016）认为，绿色农业在促进社会可持续发展中至关重要，主要做法包括机械化农业技术引进、基础设施完善、可持续的生产认证和品牌建设。农业的多功能性也逐渐受到学者的关注，Tipraqsa et al.（2007）认为，农业具有经济、环境、食品保障和社会功能；Monteleone et al.（2018）认为，农业的多功能包括生产优质食品、维护农民生计和农村景观、促进环境管理、保护生物多样性、建立更好的农业生态系统等。

（二）国内研究综述

党的十九大以来，国内针对农业高质量发展开展了广泛研究，主要集中在农业高质量发展概念、评价指标体系构建和发展路径三个方面。

1. 农业高质量发展概念研究

目前，学术界对农业高质量发展还没有明确的概念，通过梳理主要有以下几种观点。张默（2021）从农业的经济性和社会性角度出发，认为农业高质量发展是经济发展结构、社会生活形态、农业技术成果和人力资本水平的高质量。逄锦聚（2019）认为，经济高质量发展在经济增长的基础上强调效率、结构、环境的改善和人民生活水平的提高。钟钰（2018）认为，高效完备的生产经营体系不仅是指农产品质量，还包括农业供给体系质量、农业产业发展质量。黄修杰（2020）从资源优化的角度提出，农业高质量发展是不断优化农业生产要素配置而形成的一种生产高效、生态稳定、环境良好、质量可靠、产能持续、三产融合的发展新格局，从而更好地满足人民日益增长的美好生活需要。王一鸣（2018）从经济学理论的微观、中观、宏观三个层面界定农业高质量，微观层面通常指产品和服务，中观层面主要指产业的价值链，宏观层面指国民经济的整体质量和效益。金碚（2018）从社会主要矛盾提出，高质量发展是能够满足人民不断增长的真实需要的经济发展方式、结构和动力状态。田秋生（2018）、杜思梦（2021）从创新、协调、绿色、开放、共享五大发展理念提出高质量发展要坚持"质量第一，效率优先"，质量和效益是核心。部分学者从供给和需求的角度提出，农业高质量发展是提供更安全、优质、绿色、多元化、特色化的农产品，从而实现农业质量经济稳步增长、农业产业结构优化、环境可持续发展。

2. 农村经济高质量发展评价指标体系构建研究

目前，国内学者对农业高质量发展评价主要集中在对指标体系的构建、评价方法、评价结果的对比等内容上。刘晓涛（2018）构建了包括质量兴农、绿色兴农、品牌强农三大类指标体系，采用定性分析和实证研究评价了农业经济质量。吕军（2020）采用熵权法和障碍因子诊断模型，分析了2007—2016年我国经济发展质量的现实水平和障碍因素。董艳敏（2020）从生产效率、产业效益、绿色化生产、劳动者素质和农民收入5个要素层面构建评价体系，用熵值法、莫兰指数和协调度方法测度中国31个省级行政区（不含港、澳、台）2000—2018年的农业高质量发展水平、空间相关性和协调度。黄修杰（2020）构建了产品质量、产业效益、生产效率、经营者素质、国际竞争力、农民收入、绿色发展7个维度指标体系来评价2016年我国30个省（自治区、直辖市）农业高质量发展情况。周心昊（2020）提出农业高质量发展的7个特征，构建评价指标体系，对湖北省 13 个市（州）的农业高质量发展水平进行测度。刘涛（2021）、黎新伍（2020）以创新、协调、绿色、开放、共享的新发展理念为基础，构建评价指标体系对我国农业发展质量进行评价。陈晨（2020）从绿色发展、质量提升、生产经营体系建设基础、数据科技赋能、产业多元融合 5 个宏观维度及若干个中微观维度构建评价指标体系。刘从九（2021）从供应安全、消费安全、成本投入、市场化水平、科技投入水平、绿色生产 6 个维度构建了中国棉花产业高质量发展评价指标体系，选取了正向标准化、TOPSIS 法和熵权法 3 种运算方法来衡量我国棉花产业的质量水平。

3. 农业高质量发展路径研究

目前，国内学者对农业高质量发展的路径研究主要集中在农业转型升级、树立新发展理念、品牌建设等方面。韩长赋（2018）认为，实现农业高质量发展必须加快推进产业全面转型升级，做到"六个高"，即产品质量高、产业效益高、生产效率高、经营者素质高、国际竞争力高、农民收入高。章元红（2019）、刘平均（2019）认为，区域品牌建设是推动农业高质量发展的路径选择。岳爱娴（2019）认为，特色农业、稳定粮食产业经济、培育新型农业经营主体、加快农村三产融合 4 条路径能够促进农村经济高质量发展。黄祖辉（2021）认为，用创新、协调、绿色、开放、共享的新发展理念来引领我国农业的高质量发展和现代化进程。姜长云（2021）认为，推进农业高质量发展从根本上属于促进乡村产业振兴的问题。黄让（2021）认为，农业高质量发展要提升产地环境质量。高耿子（2020）认为，要逐步改变和破除二元分割的城乡关系。霍达（2020）认为，要探索推进农村循环经济、加快农业科技创新、发展休闲农业旅游、提高农村劳动力素质以及完善农村社会保障体系与农村发展机制等途径。许世卫（2019）认为，农业高质量发展目标的实现离不开农业大数据的基础作用和推动力量。毛树春（2018）认为，合理划定棉花生产保护区推进中高端品质关键技术，以及提高科学种田和科技兴棉的组织化水平，是提高棉花产业高质量发展的主要措施。朱华平（2021）认为，通过科技引领，围绕育种、栽培等技术提高中高端棉花供给能力，从而实现产业高质量发展。

现今，国内学者对农业高质量发展与新质生产力的关系进行了探讨。郑建（2023）认为新质生产力在提高生产效率、推动种业发展、改良土壤状况、助力农业转型升级等方面推动了农业现代化进程，并提出了强化顶层设计、推进"数商兴农"、攻克关键技术、强化创新主体、加强科技成果转化等以新质生产力推动农业现代化的发展路径。王琴梅、杨军鸽（2023）认为，数字新质生产力的发展将改变传统农业生产力三要素，以创新驱动农产品质量提高、协调农村产业结构，以绿色理念引领农业低碳发展、开发拓展农业资源和市场，推动农业高质量发展。侯冠宇、张震宇（2024）等通过研究新质生产力赋能东北农业高质量发展的理论逻辑和东北农业高质量发展的关键堵点，提出了完善市场经济政策、深化技术研发推广、培育现代农业人才、农业产业链整合、塑造生态农业典范等新质生产力赋能农业高质量发展的路径。秦云龙（2023）通过在黑龙江调研认为，科技创新、农业机械化、高效农业管理等促进黑龙江农业全要素生产力显著提升，逐步实现农业现代化和农业产业升级，在发展"现代化大农业"、实现农业高质量发展的过程中，黑龙江农业新质生产力正在加速形成。

关于新疆农业高质量发展问题，国内学者开展的综合性研究较少，主要是对某一产业的高质量发展的路径及评价指标体系开展研究。李亚利（2019）认为，优化区域布局和品种结构、基地标准化建设、果品质量管理等可提升新疆林果业高质量发展。伍新宇（2020）认为，宣传酒文化、增强产品国际竞争力可提升新疆葡萄酒产业高质量发展。李芳（2019）从农业经济发展水平、农村社会发展水平、农业可持续发展水平3个因素层构建评价体系，运用主成分分析法对新疆农业高质量发展水平进行测度。王海英（2021）从资源节约、环境友好、要素投入、产出指标、市场评价、棉花品质6个维度构建了新疆棉花产业高质量评价指标体系，采用熵值法和线性加权法测度了新疆棉花产业高质量发展的综合水平。王平（2020）对新疆南北疆棉区和6个流域棉区的64个县（团）单位进行棉花的技术集成和质量评价，认为技术集成体系的不配套是制约新疆棉花实现高质量发展关键影响因素。

综上所述，国内外已有诸多学者针对农业发展质量开展了广泛研究，但对于农业发展质量的概念并没有形成统一的明确界定；针对农业高质量发展评价有较为广泛的研究，但评价指标设定缺乏一致性。有关农业高质量发展的系统性综合性研究，国内其他省份已有文献报道，且主要集中在研究评述、路径、评价指标体系等方面。针对新疆农业某一产业高质量发展的研究和指标体系构建的研究已有个别文献报道，这些对本研究具有重要的借鉴价值。

■ 三、我国农业高质量发展的制度变迁

（一）我国农业发展理念与成就历史回顾

改革开放后，中国实行家庭承包经营，中国农业从解决中国人的吃饭问题，到今天逐步解决满足人民日益增长的美好生活需要和不平衡不充分的发展之间的矛盾问题，经历了从传统农业到现代农业的发展历程。

1. 1978—1984年，确立家庭承包经营和实行商品化生产阶段

1978年十一届三中全会以后，我国农业发展的重点主要集中在农村实行家庭承包经营和发展商品生产两个方面。1982年国家首次发布了第一个中央一号文件，此后连续两年发布中央一号文件，确立了以包产到户和包干到户为

主要土地经营形式的家庭承包经营。同时国家大幅度提高粮食及其他农副产品的收购价格，提出了"两个转化"，促进农业从自给半自给经济向较大规模的商品生产转化，从传统农业向现代农业转化。这期间全国粮食产量从 3.05 亿吨增加到了 4.07 亿吨，新的经营制度充分激发了农民的生产积极性，农民收入增加显著，乡镇和城市在经济和居民收入上的差距得到缩小，为此后我国经济和农业的全面发展奠定了必要的物质和政策基础。

2. 1985—1992 年，农业支撑工业发展阶段

该时期我国农业发展情况为：一是农业的基础地位被肯定，提出农业为国家工业化提供更多的农业剩余以支持城市经济体制改革和工业化发展；二是农副产品统购统销制度被取消，增强了市场调节能力；三是进行农村产业结构调整，通过降低粮食收购价格、减少粮食征购量及减少种植面积等举措来调节粮食产量，扩大其他作物和动物性生产部门的比重，同时大力扶持乡镇企业的发展。由于产业结构调整和乡镇企业的快速发展带来了农村经济的快速增长和各类农副产品数量的持续增加，这期间粮食产量增幅不大，由 3.79 亿吨增加到 4.43 吨，年均增长 2.25%，而其他作物产量由 1 亿吨增加到 1.40 亿吨，年均增长 5%。

3. 1993—2003 年，以市场为核心的农业结构调整阶段

该时期我国农业发展的重心转向以市场为核心，以提高和增加农民收入、保证农产品市场供给为目标，以劳动力转移为重点。农业的投入焦点主要集中在农业基础项目建设，积极调整农业结构。有条件的区域发展土地规模化经营、农业产业化生产。农村劳动力大量转移，大量农民进城务工，农民与土地制度等深层次矛盾慢慢显现，农民收入增长幅度明显放缓。这期间因种植结构调整，粮食产量波动较大，由 4.56 亿吨降低到 4.03 亿吨，而其他作物产量由 1.34 亿吨增加到 2.78 亿吨，年均增长 7.57%，结构调整初见成效。

4. 2004—2012 年，现代农业发展初级阶段

该时期我国农业从仅关注农业自身发展逐步过渡到着眼于农业与整个国民经济的整体协调发展。2004 年中央发布一号文件，加强农业的基础地位，重点围绕调整结构，加强农田水利和农业科技建设，积极发展现代农业，规范土地流转，增强农业综合生产能力，增加农民收入，健全强农惠农政策体系，建设社会主义新农村。发布了《全国现代农业发展规划（2011—2015 年）》，提出了土地产出率、劳动生产率、资源利用率显著提高，东部沿海、大城市郊区和大型垦区等条件较好区域率先基本实现农业现代化的发展目标。这期间通过种植结构调整，粮食产量由 4.69 亿吨增加到 6.12 亿吨，而其他作物产量由 2.91 亿吨增加到 3.91 亿吨，增幅 34.36%。这一时期为后期的农业转型升级、提质增效奠定了坚实的基础。

5. 2013 年以来，现代农业转型升级阶段

党的十八大以来，以习近平同志为核心的党中央把解决好"三农"问题作为全党工作的重中之重，持续加大对农业的投入力度，全面深化农村改革，推进城乡要素平等交换和公共资源均衡配置。推动新型工业化、信息化、城镇化和农业现代化同步发展，提出创新、协调、绿色、开放、共享的新发展理念，深入推进农业供给侧结构性改革，实施打赢脱贫攻坚战、乡村振兴战略，全面建成小康社会。2019 年农业农村部等 7 部门发布了《国家质量兴农战略规划（2018—2022 年）》，提出要转变发展方式、优化产业结构、转换增长动力，实现农业由总量扩张向质量提升转变。党的二十大提出全面推进乡村振兴，到 2035 年基本实现农业现代化，到本世纪中叶建成农业强国的发展目标。这期间始终把粮食生产放在重要的位置，粮食产量由 6.02 亿吨增加到 2023 年的 6.95 亿吨。

当前，站在两个一百年的历史交汇点，我国农业已进入新的发展阶段，农产品数量问题已基本解决，调整结构、提高农业效益、改善生态环境已成为新阶段农业和农业经济发展的重要任务。转变农业增长方式作为农业改革与发展的一大成果，目前已进入中央决策并在全国范围内组织实施。因此，在这个大环境下，已有条件对农业经济增长问题做出更为系统、准确和科学的理论概括与解释。

（二）我国农业高质量发展的政策演变

1. 历年中央一号文件关于农业高质量发展的论述

党的十九大报告指出，我国经济已由高速增长转向高质量发展阶段。我国社会主要矛盾已转变为人民日益增长的美好生活需要和不平衡不充分的发展之间的矛盾，这对我国经济发展模式和战略选择提出了新的要求，实现高质量发展成为我国新阶段的必然选择。高质量发展注重提升创新能力、提高产业水平、加强生态文明建设等方面的综合发展。农业作为立国之本，促进农业高质量发展成为党和国家方针政策的基本要求。2019 年 2 月，农业农村部、国家发展和改革委员会、科技部、财政部、商务部、国家市场监督管理总局、国家粮食和物资储备局 7 部委联合发布《国家质量兴农战略规划（2018—2022年）》，针对质量兴农战略的总体思路、发展目标、重点任务提出了详细规划。在此后的中央一号文件中，都将农业高质量发展作为农业农村发展的重要举措，重点加以强调。

2019 年中央一号文件：紧紧围绕统筹推进"五位一体"总体布局和协调推进"四个全面"战略布局，牢牢把握稳中求进工作总基调，落实高质量发展要求，坚持农业农村优先发展总方针，以实施乡村振兴战略为总抓手，对标全面建成小康社会"三农"工作必须完成的硬任务，适应国内外复杂形势变化对农村改革发展提出的新要求，抓重点、补短板、强基础，围绕"巩固、增强、提升、畅通"深化农业供给侧结构性改革，坚决打赢脱贫攻坚战。

2020年中央一号文件：贯彻落实中央经济工作会议精神，对标对表全面建成小康社会目标，强化举措、狠抓落实，集中力量完成打赢脱贫攻坚战和补上全面小康"三农"领域突出短板两大重点任务，持续抓好农业稳产保供和农民增收，推进农业高质量发展，保持农村社会和谐稳定，提升农民群众获得感、幸福感、安全感，确保脱贫攻坚战圆满收官，确保农村同步全面建成小康社会。

2021年中央一号文件：以推动高质量发展为主题，统筹发展和安全，落实加快构建新发展格局要求，巩固和完善农村基本经营制度，深入推进农业供给侧结构性改革，把乡村建设摆在社会主义现代化建设的重要位置，全面推进乡村产业、人才、文化、生态、组织振兴，充分发挥农业产品供给、生态屏障、文化传承等功能，走中国特色社会主义乡村振兴道路，加快农业农村现代化，加快形成工农互促、城乡互补、协调发展、共同繁荣的新型工农城乡关系，促进农业高质高效、乡村宜居宜业、农民富裕富足，为全面建设社会主义现代化国家开好局、起好步提供有力支撑。

2022年中央一号文件：立足新发展阶段、贯彻新发展理念、构建新发展格局、推动高质量发展，促进共同富裕，坚持和加强党对"三农"工作的全面领导，牢牢守住保障国家粮食安全和不发生规模性返贫两条底线，突出年度性任务、针对性举措、实效性导向，充分发挥农村基层党组织领导作用，扎实有序做好乡村发展、乡村建设、乡村治理重点工作，推动乡村振兴取得新进展、农业农村现代化迈出新步伐。

中央一号文件由"落实高质量发展要求"到"推进农业高质量发展"再到"以高质量发展为主题"，农业高质量发展在农业农村工作中的地位越来越重要，作用越来越突出。

2. 推动农业高质量发展的政策文件

为了促进农业高质量发展，国家自2017年起出台相关政策文件，为农业高质量发展保驾护航（表2-1）。

表2-1 2017年以来推动农业高质量发展的部分政策文件

发布时间	文件名称	发文单位
2017.9	《关于创新体制机制推进农业绿色发展的意见》	中共中央办公厅 国务院办公厅
2018.1	《关于大力实施乡村振兴战略 加快推进农业转型升级的意见》	农业部

（续）

发布时间	文件名称	发文单位
2018.12	《关于促进农产品精深加工高质量发展若干政策措施的通知》	农业农村部等 15 部门
2019.2	《国家质量兴农战略规划（2018—2022 年）》	农业农村部等 7 部门
2019.5	《关于加快推进农用地膜污染防治的意见》	农业农村部等 6 部门
2019.7	《关于推动"四好农村路"高质量发展的指导意见》	交通运输部等 8 部门
2019.9	《关于加快农业保险高质量发展的指导意见》	财政部等 4 部门
2020.2	《关于推动返乡入乡创业高质量发展的意见》	国家发展改革委等 19 部门
2020.3	《新型农业经营主体和服务主体高质量发展规划（2020—2022 年）》	农业农村部
2020.7	《关于加强农业科技社会化服务体系建设的若干意见》	科技部等 7 部门
2021.5	《关于加快农业产业全产业链培育发展的指导意见》	农业农村部
2021.8	《"十四五"全国农业绿色发展规划》	农业农村部等 6 部门
2022.6	《农业品牌精品培育计划（2022—2025 年）》	农业农村部
2022.9	《建设国家绿色发展先行区 促进农业现代化示范区全面绿色转型实施方案》	农业农村部等 5 部门
2023.6	《全国现代设施农业建设规划（2023—2030 年）》	农业农村部等 4 部门
2023.6	《关于有力有序有效推广浙江"千万工程"经验的指导意见》	中央财办等 4 部门

四、农业高质量发展内涵及特征

（一）农业高质量发展概念和内涵

1. 农业高质量发展的概念

通过对农业高质量发展理论基础的研究以及国内外研究的综述，结合我国农业高质量发展的历程，对农业高质量发展进行定义。

农业高质量发展概念：一是要体现经济效益突出、经济结构优化、发展健康持续的特征，着力解决经济发展的不平衡不充分问题，实现人民共同富裕。二是要贯彻创新、协调、绿色、开放、共享的新发展理念，不断满足人民的美好生活需要，达到人与自然和谐相处、人与社会全面进步。三是与现代农业的内涵基本一致，即优质、高产、高效。

2. 农业高质量发展的内涵

高质量发展是一个动态的螺旋式上升的发展过程，随着生产力水平和社会发展水平的提升而不断丰富。现阶段农业高质量发展是在我国经济由高速增长阶段转向高质量发展阶段背景下，深刻领会社会主要矛盾的转变，立足新发展理念，不断优化资源配置，不断推进农业质量变革、效率变革、动力变革，加速形成新质生产力，最终实现质量效益最大化、结构效率最优化、生产方式绿色化、要素融合高效化，达到先进生产力的质态。具体内涵为：

（1）质量效益最大化，是指生产高标准的产品，体现个性化、多样化、品质性的需求，实现吃得更好、吃得更安全，形成健全的现代产业体系，实现规模效益。

（2）结构效率最优化，是指在既定的资源条件下，产业组织结构日益优化，农业劳动力结构处于合理范围，一二三产业结构合理，并取得最佳的生产效果和效益，包括产业结构、产品结构、区域结构。

（3）生产方式绿色化，是指在资源承载力的基础上，解决过度开发、过度投入和废弃物处理的问题，实现生产资料、生产方式、生产技术、生产管理的绿色化。

（4）要素融合高效化，是指劳动力、水土资源、资金、科技等要素投入均达到最优水平。

（5）达到先进生产力，这是高质量发展的最终目的，新质生产力通过创新驱动、绿色发展、智能转型等方式，实现高效、清洁、安全、可持续发展的生产力，与高质量发展的五大创新理念在根本上是一致的。

总之，实现农业的高质量发展，本质上就是坚持创新、协调、绿色、开放、共享的新发展理念，达到先进生产力，最终实现农业的全面现代化。

（二）农业高质量发展主要特征

农业高质量发展贯穿现代农业的三大体系，即产业体系、生产体系、经营体系，涉及劳动对象、劳动资料和劳动力的全要素配置，要遵循创新、协调、绿色、开放、共享的新发展理念，由此形成农业高质量发展的特征。

1. 从生产产品看反映的是质量第一、效率优先

现代农业是由种植业、畜牧业、渔业、林业等基本产业扩展延伸到生产资料供应、生产技术及信息服务等农业产前部门和农产品加工、流通、销售、食品消费、市场信息服务等农业产后部门，甚至进一步扩展延伸到了农业观光旅游、农业生态休闲、农业传统文化保护传承、农业电子商务等农业生产性服务业和生活性服务业，是集食物保障、原料供给、资源开发、生态保护、经济发展、文化传承、市场服务于一体的多层次、复合型的综合系统，通过优化资源配置、提高生产效率等方式，实现高效发展，在经济发展中注重产品质量和服务质量，提高消费者满意度。其所具备的特征为：

（1）农产品供给能力强、质量好。在提升粮食综合生产能力的基础上，围绕农业供给侧结构性改革，坚持质量兴农、绿色兴农，大力发展优质农产品，培育农业品牌，以品牌创建引领农业高质量发展。

（2）农业产业结构更加优化。在可持续发展前提下，以农民增收、农业增效为核心，满足现代化社会发展需求为目标，调整产业结构，合理布局产业，打牢产业发展基础。

（3）农业产业链、价值链完善。促进农产品加工业和休闲农业等产业的转型升级与融合发展，提升农产品附加值，促进农业产业更多元、形态更高级、分工更优化，农业竞争力不断提高，农业增值空间不断拓展。

2. 从生产方式看反映的是动力变革、转型升级

现代农业已经呈现出技术的大规模使用，农业生产的物质手段和技术创新水平日益提升，对自然的掌控程度和与自然的和谐程度日益提升，农业生产效率日益提高，呈现出土地产出率、劳动生产率和资源利用率不断提升，技术、资本、人力、设备、管理等农业生产要素配置不断优化，从而实现效率最大化，推动创新驱动发展，加快新旧动能转换，提升经济发展动力。具体表现为：

（1）农业科学技术进步。先进的农业科学技术可以推动农业生产与管理的变革，提高农业全要素生产率，而提高农业全要素生产率正是农业高质量发展的核心目标。内生增长理论认为，技术进步是促进经济增长的决定因素。良种覆盖率的提高和育种技术的创新，可以提高土地生产率，而农业信息化水平的提升和智能化技术的创新，可以提高劳动生产率，进而促进农业经济增长。

（2）农业物质装备精良。精良的农业物质装备是实现农业高质量发展的基础支撑。要实现农业高质量发展，必须用现代设施、现代装备和现代技术来武装农业。强化农业基础设施建设、推进农业机械化发展，可以降低农业生产成本，提高农业质量效益，而设施农业和农业物联网的发展可以显著提高农业竞争力。

（3）农业绿色发展成效显著。农业绿色发展是农业高质量发展的实践方式，农业高质量发展是农业绿色发展的目标和结果。作为一种新的发展理念，农业绿色发展既巩固和践行了"两山"理论，又落实了生态功能保障基线、环境质量安全底线、自然资源利用上线的要求，还能实现资源节约、环境友好、生态保育、质量高效的目标，坚持化肥、农药等投入品使用减量化，农业废弃物综合利用，推行绿色生产方式，转变拼资源、拼消耗的粗放型发展方式。

3. 从发展成果看反映的是共享发展

现代农业已经展现出农业规模化经营扩大、农业经营者素质提高、社会资本支持乡村建设、农业同资本市场和期货市场结合水平日益提高、城乡居民收入差距不断缩小等新的态势，促进社会公平正义，让发展成果惠及全体人民。具体表现在：

（1）新型农业经营主体培育良好。新型农业经营主体的蓬勃发展为实现农业高质量发展提供有力支撑。加快培育新型农业经营主体、健全农业社会化服务体系，可以提高农业经营的组织化、专业化、集约化、社会化水平，进而提升农业生产率。新型农业经营主体对小农户具有带动作用，可以帮助小农户对接市场需求、提高发展能力。

（2）现代农民素质普遍较高。农民科技素质、文化素质、道德素质、心理素质、身体素质普遍较高，掌握现代农业生产技能，具备一定经营管理能力，是实现农业高质量发展的前提，要使农民"能创业"，收入持续增长、结构更加合理、工资性收入比重增加，具有较高的社会地位，受到社会的尊重。

（3）农业发展成果丰硕。在农业高质量发展背景下，农村居民人均可支配收入显著提升、城乡居民收入比缩小是农业发展成果丰硕的直接体现。农村居民收入的稳步增长，提升了农民的获得感、幸福感和安全感，有利于农村社会的和谐稳定。

把握农业高质量发展的主要特征，就是要把握和适应现代农业发展的新趋势，更好地体现现代农业的内在要求，更好地体现现代农业的发展规律，推动现代农业建设和发展水平不断提高。

第3章 发达国家及国内农业高质量发展概况

一、发达国家农业高质量发展典型

(一) 日本

日本是一个地处亚洲东部的岛国,拥有独特的气候条件。它地处亚洲季风气候带,受太平洋暖流和山脉的影响,气候变化多样。日本的农田面积和降水资源分布不均,造成农作物生产和畜牧业发展表现出地域差异性。北海道地区是日本的主要农业生产地之一,盛产水稻、小麦以及蔬菜和水果;东北地区主要农作物为水稻、大豆和苹果,畜牧业也相对发达,饲养的牛羊品种多样。日本由于地形限制,可耕地的使用率并不高。

1. 高度机械化

机械化是日本现代农业的重要标志之一。日本在 20 世纪 70 年代就全面实现了农业机械化,现在机械化更是遍布农业生产的各个领域和环节,在世界居领先地位。以水稻为例,整地、育苗、插秧、灌溉、施肥、打药、除草、收获、烘干和加工等环节全部实现了机械化,日本的水稻生产机械化处于世界领先水平。目前水果的采摘和地下根茎作物的收获等高难度环节也都实行了机械化。

2. 专业化和商品化

日本农业的专业化主要体现在三个方面:第一是区域生产的专业化,日本根据各地生产情况,充分发挥区域比较优势,推行"一村一品",集中生产某一类产品,开发具有地方特色的"精品"或"拳头产品",打入国内和国际市场,其成功经验是"靠质量打造产品知名度""靠宣传打开市场""靠科技增加产品附加值"。第二是家庭生产的专业化,日本农户大多只生产某一种农产品或只从事一个环节的生产,出现了如水稻种植专业户、林果专业户、蔬菜专业户、禽蛋专业户、茶叶专业户、烟草专业户以及专门从事畜牧业的专业户等；第三是生产环节专业化，指在农业生产过程中专门从事某一环节的生产，如专门从事种子或者种苗生产的制种专业户或种苗专业户。专业化生产促进了日本当地资源被充分利用，促进了农业科技水平、劳动生产率和农产品商品率的提高，日本农产品的商品率达到95%以上。

3. 标准化

为了提升农产品的质量和市场竞争力，日本极为重视标准化体系建设。它的农业生产标准化涵盖了产前、产中和产后全过程，全面建立生产标准、产品规格标准、产品安全标准以及产品标签制度，并对各项标准，按产地、规格、时间等进行标注，最大限度地使消费者仅从外包装就能知晓产品的基本特征。标准化是产品的高附加值，是通向世界的"通行证"。正因为这样，日本国民认为本国生产的产品最好也最安全，也乐于消费本国产品。

4. 产业化和社会化

日本农业生产已经实现了"供—产—加—销"一体化的产业化经营，其中除了少部分以大工商企业为主体的垂直一体化经营形式外，大部分是以农协（日本农业协同组合）为主体的平行一体化经营形式。日本以小生产的模式实现农业生产的产业化，其中农协发挥了重要作用。日本90%以上的农户都加入了农协。农协为农户提供生产环节的指导，促进农产品及其生产资料有序高效流通，开展农户信贷业务办理，建立风险基金提高农户抵御自然灾害风险的能力。农协通过严密的组织和管理，为农户提供形形色色的社会化服务，促进农民增收，保障农业生产有序进行。

5. 农业信息化

日本建立了完善的农业市场信息服务系统，为农业生产提供了准确的农产品市场销售信息和农产品价格行情预测；建立了完备的农业科技生产信息支持体系，对主要农作物的栽培技术、病虫害防治与预报、文献摘要、天气预报等农业相关信息进行网络查询服务。

（二）韩国

韩国位于亚洲的朝鲜半岛南半部，四季分明，与中国东北、华北及华东等部分地区的地理气候较为相似。韩国农业用地占本国国土面积的17%左右，其中2/3的耕地是水田，主要种植水稻。韩国农业机械化程度很高，是继日本之后率先实现机械化精细化种植的亚洲国家。虽然韩国农业现代化程度很高，但农业资源非常稀缺，是世界上人均耕地面积最少的国家之一，农产品较多依赖进口。韩国主要种植的农作物是水稻、大麦、小麦、薯类和玉米，其中大米和薯类基本保持自给，其他基本以进口为主。家禽饲养业是仅次于水稻生产的第二大农业产业，主要饲养品种有猪、牛、羊、鸡等，除了鸡肉和鸡蛋基本可以保证自给外，牛肉、猪肉和牛奶都需要大量进口才能满足国内市场需求。

1. 小规模家庭经营占主要地位

韩国农业属于小农体制下的家庭农业，1949年实行土地改革后，土地回到农民手中。但长期以来，农户经营规模小的问题一直存在，约80%的农户经营规模在22.5亩*以下。之前农户经营以种植水稻为主，现在逐渐向种植蔬菜、水果、花卉等经济作物及畜牧业发展，推行精细化、专业化农业。

2. 重视农业科学技术

韩国重视农业科学技术的推广。1967年农业科技人员用粳型和籼型水稻成功培育出高产IR667稻种，引起了政府的极大关注，并在全国掀起了以普及新稻种为中心的大米自给运动，开始了"绿色革命"。新品种及其栽培技术的普及为韩国农业生产结构调整提供了支撑，政府开始支持发展经济作物，同时也增加了农民收入。截至目前，韩国的水稻单产在世界上也处于领先地位。

3. 农业补贴力度大

韩国为了提高农民种粮积极性，对农业生产环节进行补助，以减少农民的成本投入，同时由政府引导销路，农产品销路多、收益高。韩国的种植生产补贴高：一是国家财政对不同作物生产给予相应补贴；二是对生产资料补贴多，如国家给企业一定补贴，企业将秧苗以低于成本的价格卖给农户；三是生产过程中用到的农机具也由国家以远低于成本的价格租给农户，并免费培训。

4. 推行亲环境农业

韩国现代农业发展较早，在现代农业带来高效劳动生产率和丰富物质产品的同时，也较早遇到了生态危机。为了应对生态危机，解决农业污染带来的一系列问题，韩国政府于1997年发布《环境农业培育法》，并将1998年定为"亲环境农业元年"。此后，该法经过多次修订，于2001年修改为《亲环境农业培育法》、2009年修改为《亲环境农业促进法》。为支持亲环境农业生产，韩国政府给予亲环境农产品生产补贴，强化亲环境农产品标识，同时要求国家机构和团体需优先购买亲环境农产品。在政府的大力宣传下，虽然亲环境农产品价格高于同类普通农产品，但韩国民众也倾向于购买亲环境农产品。

5. 重视农业人才培养

韩国非常重视农业专业技术人才培养。农业技术教育中心建设有先进的农业教育现场，每年都会邀请优秀的世界级专家为韩国农民传授新知识和新经验，在农业种植示范基地开展从作物栽培到收获全过程综合系统尖端技术教育，重点培养农业专业人才。

---

*　亩为非法定计量单位，1亩＝1/15公顷。——编者注

（三）法国

法国是西欧面积最大的国家，本土面积约 55 万平方公里，同时也是西欧最大的产粮国，其粮食产量 2021 年约为 6 555 万吨。法国耕地面积约为 21 万平方公里，几乎占据了本国面积的 1/3。而国土面积仅与我国四川省相当的法国之所以有如此大规模的耕地，首要原因是法国地处平坦的西欧平原。法国所处的纬度大约在北纬 42°—51°，该位置受北半球西风带控制，为法国带来了充沛的降水，利于法国发展农业。同时，因海洋良好的保温效果使其冬季平均温度保持在 6～13℃，最低温度通常也在 0℃。温和的冬季极大地提高了越冬作物的成活率，保障了农作物生长。除此之外，莱茵河、塞纳河、罗纳河等几条西欧主要河流从法国经过，这些大河为法国当地需水量较大的灌溉农业和畜牧业提供了充足的水源。

1. 农场经营效率高

法国农业以家庭农场为主要经营模式，农场规模虽然普遍较小，但经营效率较高。法国农业发展模式为中型农场模式，农民平均占有土地面积达到 150 亩以上。家庭农场中，通常由夫妻二人负责全部的生产经营活动，并雇用一些季节性工人来协助农场的生产。这种家庭农场的经营模式有助于提高农业生产的专业化和集约化程度，降低生产成本，提高生产效率。各个农场根据其自然条件和资源优势，重点发展自己的特色，如葡萄酒、奶酪、香槟等。这种专业化生产使得法国农业在某些特定领域具有很高的比较优势和国际竞争力。

2. 农业生产区域性明显

法国农业生产区域特征显著，巴黎地区主要生产小麦、玉米和其他谷物，西南部以生猪和肉鸡生产为主，布列塔尼大区生产的猪肉和鸡肉分别占法国生产总量的 50% 和 45%。卢瓦尔河流域是奶牛的主要产地；中部山区是肉牛和绵羊的主要产地，也是向日葵和蔬菜的主要产地；波尔多是主要的葡萄产区。农业的区域化决定了农产品加工业的区域布局。法国对出产于本土的农产品标注其产地名称有一个法律保障体系，称之为 AOC（法国原产地命名控制）。在法国原产地命名控制体系中，所使用名称越是具体（地区范围越小），其地位就越高。

3. 农业现代化水平较高

法国广泛采用先进的农业技术和设备。法国在农业种植、施肥、除草、收割等各个环节都实现了机械化操作。此外，法国还大力发展智能农业，利用物联网、大数据等技术对农业生产进行智能化管理，提高了农业生产效率和产品质量。

4. 产业融合程度较高

法国的农场利用农业作为城市景观，有的种植新鲜的水果、蔬菜、花卉等居民需要的产品，有的作为市民休闲运动的场所，有的作为青少年的教育基地。游客在法国葡萄园和酿酒作坊不仅可以参观，还可以参加农业体验之旅，参与酿制葡萄酒全过程，亲自酿酒并将酒带走，享受不一样的乐趣。同时，工业和农业相互促进发展，主要体现在市场化和食品加工方面。从市场化的角度来看，法国粮食年产量约为 6 000 万吨，除了 1 000 万吨用于本国消费外，其余 5 000 万吨将进入市场出口。从食品工业化的角度来看，法国的食品加工举世闻名，其发展对实现农、工、商一体化的工业化道路起到了关键作用。乳制品加工和葡萄酒生产是法国人的骄傲，他们声称国内有 400 多种奶酪和 300 多种葡萄酒。

5. 农业政策支持力度大

法国政府通过各种政策措施来促进农业发展和农民增收：各地政府提供了高额的农业补贴和贷款优惠等政策支持，建立了完善的农业保险制度，为农民提供风险保障；制定了一系列政策措施促进农业科技创新和人才培养，帮助农民掌握先进的农业技术和知识，为法国农业持续发展提供了强有力的支撑。

（四）德国

德国位于欧洲中部，属温带气候，水资源较为丰富，境内大小河流纵横交织，年降水量为 500~1 000 毫米，温和的气候、丰富的水资源为农牧业生产提供了良好的自然条件。德国农业发达，机械化程度很高，是欧盟最大的农产品生产国之一。德国农业产业以畜牧业为主，雨水丰沛，日照少，山地和沼泽地多，适合牧草或饲料作物生产，畜牧业生产发达，是大多数家庭农场重要的收入来源。畜牧业主要为饲养乳用、肉用牲畜。从畜产品产量上看，牛奶和猪肉产量居欧盟首位，牛肉产量仅次于法国，居欧盟第 2 位；从产值来看，牛奶（占本国 42.3%）、猪肉、牛肉和小麦的产值较高。德国种植业发达，黑麦、大麦、油菜、土豆和啤酒花等作物的产量均居欧盟首位。栽培葡萄历史悠久，莱茵河上、中游地区及莱茵河、内卡河、莫塞尔河下游及易北河上游地区都是有名的葡萄产区，葡萄酒产量居欧盟第 4 位（次于意大利、法国和西班牙）。

1. 数字农业发展迅猛

根据德国农民联合会统计数据显示，1950 年 1 个农业工人产出的农产品只能养活 10 人，现在却可以养活 100 人，这与发展数字农业、推动小规模农业转型为因地制宜和效率更高的数字化农业产业密不可分。德国不断推进关键核心技术创新，依托农业科研机构，促进产学研合作，推动农业传感器、农用机器人、遥感卫星等所涉及的技术实现集中攻关；不断优化农业传感器及精准软件技术，持续探索数字农业模式，以柏林"365 Farm Net"为代表的企业通过技术研发，为小型农场主提供生产经营全程咨询服务，包括详细土地信息、种植和饲养规划、实时监控和风险预警等。完善机构智能和数字基础设施，深入调整数字农业领域政策和机制，强化农村通信网络基础设施建设及其升级改造，持续营造数字农业发展良好氛围。自 2018 年开始，强化对数字农业工作的重视，食品和农业部将数字农业列为优先工作事项，发布《农业数字政策未来计划》，明晰具体举措，为进一步发展数字农业提供了体系化政策框架。推进数字农业资源系统集成，高度重视资源系统整合，充分依靠数字技术高效串联农业现代化发展链条，准确联通高端化、高效化农业信息技术服务资源，确保快速、准确共享信息服务。构建高效资源整合平台，以合作社联盟形式，推进农业经营主体在数据共享、信息互通领域合作，以系统集成为基础，打通农业生产系统和综合管理保障系统的数据库，构建高质量的数字农业公共服务平台，并跨领域实现资源共享利用，实现农业管理的科学性和针对性。

2. 农场经营专业化程度高

德国中、小型家庭农场平均规模为 150～750 亩，70％的企业经营规模小于 750 亩。随着农业生产率和科学技术水平的提高，通过不断合并，农场数量不断减少，规模持续扩大。农业从业者专业化水平较高，农民均需要接受至少 3 年的职业培训，持证上岗；大多数农业企业管理层都接受过职业教育。

3. 农业机械化程度高

德国是世界最大的农机出口国，也是西欧最大的农机生产国和第二大消费国。农机制造业产值约占全世界总产值的 10％，约占西欧国家总产值的 1/4，产品出口率达 74％，优势农机主要是收割机、青饲机、打捆机、植保机、播种机等。德国农业机械化程度非常高，从播种到收获基本实现了全程机械化。

4. 有机农业大幅发展

德国由于对食品安全问题的重视，有机农业发展很快，是欧洲最大的有机食品消费市场，有机食品消费值占欧洲生产或进口的有机食品价值一半以上，而且以每年 10％以上的速度增长。除常规农业外，有机农业已成为德国农业和食品经济的一个重要支柱。有机农业发展目标是将 20％的农业用地用作生态种植，以满足市场对本国有机食品不断增长的消费需求。

5. 农产品出口强劲

德国是世界上第三大农产品和食品出口国，食品出口量占其生产总量的 1/3，食品经济收益的 1/3 来自出口。农业和食品出口为农村地区创造了就业机会和经济繁荣，提供了大约 32 万个就业岗位。

（五）美国

美国是世界最大的农业国，拥有得天独厚的地理条件，农业耕种的面积十分广阔，非常适合采用大规模机械式的大农场生产模式。种植业以玉米、小麦、大豆、棉花和烟草为主，蔬菜和水果也相当发达，畜牧业以饲养牛、猪、鸡为主，是当今世界农业现代化程度最高的国家之一，是世界粮食生产大国，同时也是世界第一大粮食出口国。美国的粮食出口量占世界粮食贸易量的 1/10 以上，全球的玉米和大豆贸易，美国占了一半，全球小麦贸易美国占了将近 1/5。

1. 高度规模化和专业化

美国农业以家庭农场为典型代表，仅占全国人口 1‰的农业人口除了养活 3.2 亿美国人民外，还有 1/5 的农产品出口。家庭农场往往专注于某一种或少数几种作物的种植，这种规模化和专业化的生产模式使得美国农业在实现高效、低成本生产的同时，也提高了农产品的品质和竞争力。各农场间还成立了非营利的合作组织——农业合作社、农产品生产者联合会和家庭农场。农业合作社通过提供加工、销售、金融等方面的服务大幅提升了经营效率；农产品生产者联合会专门代表农场主进行对外公关，争取政府支持等，使得整个农业体系有机结合、优势互补、自行运转，提高了家庭农场的话语权。家庭农场内部分工明确，经营模式国际化、市场化，家庭内部俨然是一个工业化体系，育种、养殖、加工、经营及销售环节分工明确，在美国政府减少或取消农产品补贴后，家庭农场能够完全自主地进行市场化运营。

2. 先进的农业技术

美国广泛应用物联网、云计算、智能化等前沿技术，提升了美国农业的精准化和智能化水平。第一，农业智能化程度大幅提升。通过无线传感器和视频监控设备，农作物生长所需的温度、湿度、光照等环境信息以及农作物自身的生长状况均可被记录，相关数据汇总后传送给基于大数据的智能管理系统。利用实时数据，农业智能管理系统能够智能化分析是否需要浇水、施肥，还可根据决策结果进行自动化的节水灌溉、施肥增氧等活动。第二，农产品溯源变得可行。通过射频识别（RFID）电子代码技术，使得从生产、加工到流通、销售的全产业链实现了数据共享，信息透明程度的提升缓解了农产品溯源问题，降低了农产品领域各个环节的道德风险，农产品的品质也得到了保障。第三，农业经济效益和生态效益得到了提升。根据监测终端收集到的信息，农业智能管理系统还可在遵循收益最大化原则的基础上，选择成本最低、最环保的生产模式。精准施肥、节能灌溉等技术的不断提升进一步保障了在满足农作物生长需求的同时，减少对资源的浪费和对环境的污染，最终实现提高经济效益和生态效益的双重目标。第四,提升了农业全球竞争力。智能化农业系统的不断完善使得农业生产者和经销商可随时关注全球农产品价格及国外农业相关信息,根据国内外相关信息及时通过智能化决策调整农业生产的种类和数量,提升了农业的全球竞争力。

3. 完善的农业立法体系

美国自1933年12月颁布美国第一部农业法《农业调整法》以来,通过每5年修订一次农业法案来完善农业政策相关内容,到目前为止共制定和颁布了100多部相互配套的法律法规,使美国农业真正做到了"依法治农"。美国的农业法规已覆盖了包括基础设施、农业研发、环境保护、财税金融支持等农业发展的多个方面,基本做到了既尊重市场运行规律、尊重农业自身特点,又强调政府的保障功能。

4. 完善的农业研发和推广体系

美国农业形成了一套研发部门和推广部门相辅相成、互相配合的发展体系,研发和推广的协同合作对于美国农业现代化发展起到了重要的推动作用。其中,高等院校和科研院所是主要的研发部门,在农业科技研发上起到了挑大梁的作用,民间农业协会则是连接沟通研发机构和农业经营者的桥梁,负责把科研成果推广给农业经营者。美国农业推广体系的建立和完善同样离不开法律的支持,美国政府先后出台多项法律法规推动农业科技推广,如《农业试验站法》以法律的形式保障了农业科技的顺利推广和普及;《农业推广法》则明确了中央和地方的分工协作机制,确定了需求驱动的研发和推广体系。此外,研发和推广的相互配合还形成了以需求为导向的农业研发体系,由于研发都是基于具体农业需求展开的,因此美国的农业科技成果转化率非常高。

■二、先进省份农业高质量发展典型

(一) 山东

山东是我国的农业大省,素有"全国农业看山东"之说。山东省粮食、蔬菜、水产品、肉禽蛋奶等农产品产量及出口量长期居全国前列,省内农业生产总值和农产品出口额等位列我国首位。同时,山东省创造了不少农村改革发展经验,在贸工农一体化、农业产业化经营过程中形成的"诸城模式""潍坊模式""寿光模式"等,在全国起到了很好的示范引领作用。近年来,山东省人民政府提出,以实现农业高质量发展为主题,着力推进稳粮固农、科技强农、产业富农、绿色兴农、开放助农、改革惠农,加快构建现代农业产业体系、生产体系、经营体系,推动山东农业现代化水平走在全国前列,加快实现由传统农业大省向现代农业强省转变。

1. 提高农业综合生产能力保供给，确保农业大省地位

落实国家粮食安全党政同责要求，创新粮食生产激励机制，稳定粮食播种面积，加强粮食生产功能区和重要农产品生产保护区建设和管护，坚决遏制耕地"非农化"，严格管控"非粮化"，大力发展粮食生产；因地制宜发展优质专用小麦、花生、玉米、大豆、棉花、青贮玉米、优质苜蓿等特色优势产业，实施蔬菜水果稳产保供工程，不断调整优化农业产业结构；推进畜禽规模养殖，加快优势区标准化建设，稳定肉蛋奶产量，提高规模化养殖比重，促进现代畜牧业快速发展；深入实施水产绿色健康养殖行动，高水平建设现代化海洋牧场，稳步推进深远海养殖，打造国家级沿海渔港经济区，加快建设国家远洋渔业基地，加快建设"海上粮仓"。

2. 提升农业科技装备水平，以科技打造农业强省态势

深入实施农业科技支撑乡村振兴行动，布局建设现代农业山东省实验室及各类农业技术创新中心，高质量打造黄河三角洲农业高新技术产业示范区和各类农业科研试验基地，推进农业科技创新；实施现代种业提升工程，加强农作物、畜禽、水产种质资源保护，围绕基因工程育种、突破性农业新品种（系）培育加大技术攻关力度，推进种业强省建设；加强大中型、智能化、复合型农业机械研发推广，加快提高林果、设施种植，畜禽水产规模养殖，农产品初加工等机械化水平，推进"全程全面、高质高效"农业机械化发展；加强数字技术与装备集成应用，推动农业生产经营管理数字化改造，推进智慧农业发展。

3. 发展乡村富民产业，努力增加农民收入

实施寿光蔬菜、栖霞苹果、德州扒鸡、乳山牡蛎等农业优势特色产业培育计划，建设特色农产品优势区，培育优势特色产业集群，打造知名农产品区域公用品牌，扩大"齐鲁灵秀地·品牌农产品"品牌影响力，大力培育优势特色产业；实施农业全产业链培育计划，推进农产品加工向产地下沉、向园区集中，引导加工企业向中心镇、专业村聚集，深入实施农产品仓储保鲜冷链物流设施建设工程，培育农业全产业链；实施乡村休闲旅游精品工程、"互联网＋"农产品出村进城工程，支持发展农村新产业新业态；持续实施高素质农民培育计划，发展壮大家庭农场，加大对规范运行农民合作社的扶持力度，培育经营服务主体。

4. 大力推动农业绿色生产，促进农业高质量发展

实施农业生产"三品一标"提升行动，健全农业高质量发展标准体系，建设一批现代农业全产业链标准集成应用基地，培育一批农业企业标准"领跑者"，强化农产品认证和质量安全监管，全面推行食用农产品达标合格证制度，推行农业标准化生产；加快引黄灌区农业节水工程建设，发展高标准节水农业，实施耕地保护和质量提升工程，加强耕地土壤环境质量分类管理，落实海洋渔业资源总量管理制度，完善捕捞限额管理和休渔禁渔制度，促进农业资源保护利用；开展绿色投入品使用试点，全面实施农作物秸秆综合利用和农药包装废弃物回收行动，加快推进畜禽粪污资源化利用，建设一批农业面源污染治理重点县，开展农业面源污染治理与监督指导试点，加强农业面源污染防治。

5. 实施农业"走出去"战略，进一步拓展国际市场

实施优势农产品出口促进工程，开辟农产品出口"绿色通道"，创新"线上＋线下"展会形式，扩大特色优势农产品出口，培育一批具有国际竞争力的农产品品牌，建设一批农产品出口产业聚集区、农产品出口示范企业和农业国际贸易高质量发展基地，逐步构建"集聚区＋企业＋基地""三位一体"农产品出口新格局；实施农业开放合作示范工程，建设省级、部级农业对外开放合作试验区和境外农业合作示范区，打造农业对外开放新平台；巩固提升远洋渔业对外合作，推动农业服务贸易发展，创新完善金融产品和服务，搭建农业对外合作综合服务平台，开拓农业"走出去"新领域。

6. 深化农村改革，为农业新质生产力发展提供政策支持

开展第二轮土地承包到期后再延长30年试点，健全土地经营权流转服务体系，稳慎推进农村宅基地制度改革试点，积极探索农村集体经营性建设用地入市制度，深化农村土地制度改革；规范农村集体经济组织管理和资产运营，开展集体经营性资产股份自愿有偿退出试点，规范农村产权流转交易市场，发展壮大新型农村集体经济，进一步深化农村集体产权制度改革；深入推进涉农资金统筹整合，加快建立新型农业经营主体信用体系，完善地方优势特色农产品保险以奖代补政策，增强农业支持保护政策力度。

（二）江苏

江苏省优越的地理位置和资源禀赋为农业现代化提供了良好条件，雄厚的经济实力为工业反哺农业提供了有力保障，悠远的农耕文化为农业现代化提供了深厚底蕴，农村改革创新为农业现代化提供了持续推动力，良好的乡村治理实践为农业现代化提供了和谐的社会环境。基于以上优势和发展基础，江苏省探索出一条具有中国特色、时代特征、江苏特点的农业高质量发展之路。

1. 做足做活做精彩"土""特""产"，加快开辟农业发展新领域

通过发展"土""特""产"，打造更多有特色、有认可度、有竞争力的江苏农业"金名片"，建成产业、形成集群，把农产品增值收益留在农村、留给农民。通过数字赋能提高农户的市场参与能力与机会，运用数字技术及时掌握消费者的消费意愿，实现精准营销，降低特色农业发展的市场风险。通过品牌赋能提质增效，大力实施品牌战略，形成独具特色的名片，打造市场认可的名特新优产品。通过政策赋能实现跨越式发展，研究编制乡村特色产业发展规划，制定特色种植、特色养殖等特色产业实施方案，发布"土特产"目录，引导农民发展多种经营。加大优势特色产业集群、现代农业产业园、农业产业强镇等建设支持力度，打造全产业链条，促进一二三产业融合发展。

2. 实施农业全产业链建设，推动产业高质量发展

建设一批全国"一村一品"示范村镇、全国农业产业强镇、国家和省级现代农业产业园，形成一批跨县成链的优势特色产业集群，推动乡村特色产业集聚发展；实施农业全产业链高质量发展行动，打造一批创新能力强、产业链条全、绿色底色足、安全可控、联农带农紧的农业全产业链，促进全环节提升、全链条增值、全产业融合；实施农产品加工业提升行动，提升农产品加工集聚水平，建设一批国家级农产品加工园区；实施休闲农业品质提升行动，强化休闲农业精品培育，积极打造点线面结合的休闲农业品牌体系，开展"苏韵乡情"乡村休闲旅游农业系列专场及"苏韵乡情百优乡产"推介活动，培育新型消费，持续擦亮品牌；实施"百千万"主体提升行动，大力推动农村创业创新。

3. 发挥江苏水资源优势，全力打造江海特色乡村产业体系

聚焦三次产业融合发展，积极推动一产提质增效、二产规模扩张和三产融合赋能，立足地域优势打造海上牧场、蓝色粮仓，同时加快海洋食品加工向海洋生物医药等领域拓展，并发挥旅游带动作用，拉长旅游产业链和消费链，培育海洋经济发展新动力。坚持协同打造产业链、供应链、创新链、生态链，持续优化产业发展环境，着力建强产业高质量发展载体；强化生态支撑，坚持陆海统筹、系统治理，持续开展海湾"净滩行动"、入海河流"清劣行动"等，建设绿色可持续的海洋生态环境。不断提升产业链的完整性、产业集群的协同性、生态环境的可持续性，提升增长的含金量。

4. 加强农业科技引领，促进农业高质量发展

牢牢把握战略科技力量"关键支撑"，切实用好科技管理体制改革"关键一招"，突出抓好科研成果转化"关键环节"，真正为农业插上科技的翅膀。深入实施农业科技战略力量培育行动，高水平推进生物种业、国家重点实验室等建设，加快培育农业领域战略科学家和创新团队；深入实施农业关键核心技术攻关行动，加强主要农作物种质资源收集与鉴定、重要农艺性状基因挖掘和利用、突破性新品种选育和示范应用；深入实施乡村产业振兴科技支撑行动，做好"土""特""产"科技文章，形成农业高科技产业集群，加快农业科技成果"进园入县"；深入实施科技支撑乡村建设行动，开展新技术新产品研发和集成示范。

5. 打破城乡壁垒，促进城乡高水平融合

把县域作为重要突破口，强化县城承载功能，发挥乡镇节点作用，促进城乡要素自由流动、平等交换，加快形成新型工农城乡关系，努力让农民和市民不再有明显身份界限，让城乡居民不再有明显生活品质落差。实施全省"1+3"重点功能区战略，统筹布局"紧凑型城镇"和"开敞型区域"两类空间。积极推行"以人为核心"的现代化发展新模式，高标准推进宁锡常接合片区国家城乡融合发展试验区建设，促进城乡生产要素双向自由流动和公共资源合理配置。统筹利用生产空间，合理布局生活空间，严格保护生态空间，努力打造集约高效生产空间，营造宜居适度生活空间，保护山清水秀生态空间。

6. 强化政策创设、制度创新，构建高效保障机制

加大对农业生产经营主体扶持，释放城乡消费潜力，扩大农业农村有效投资，促进高水平农业对外交流合作，推动农业农村经济形势持续向好。强化政策创设集聚效应。主动谋划出台一批有针对性的政策，推动科技、改革、人才、金融、土地、资金等要素集聚，加快形成财政优先保障、金融重点倾斜、社会积极参与的多元支持格局。强化农业农村经济形势分析，定期监测分析农业生产、农产品供给和价格、乡村产业发展、重大项目建设、农民增收等情况，找准短板弱项，明确主攻方向，加大工作力度，进一步促进农业农村经济发展。

7. 健全乡村人才培育成长政策体系，强化农业强省建设人才支撑

加快培育"新农人"，系统谋划教育培训、跟踪服务、支持政策、推进机制等，建立分层分类培育制度，引导能人返乡入乡，鼓励农村创新创业，加快培育有情怀、懂技术、善经营、会管理的新时代"新农人"。大力培养"新农干"，制定激励干部"敢为"措施，创设干部挂钩联系服务基层机制，分层分类搭建能力培训平台，健全完善群众认可评价体系，努力把干部队伍建设得政治过硬、知农爱农、业务精湛、群众认可。大兴调查研究，深入田间地头聚焦有效供给，深入农业主体聚焦产业发展，深入农民家庭聚焦现代生活，深入农村社区聚焦乡村治理，深入基层单位聚焦体系建设，形成一批有价值的调研成果，转化为推动高水平建设农业强省的务实举措。

（三）上海

上海"大都市、小乡村""大经济、小农业"的城市属性、功能定位和产业布局，决定了农业发展要充分发挥市场、科技、资金等优势，构建以先进科技赋能的都市现代农业发展的路径。乡村作为上海超大城市的稀缺资源，是城市核心功能的重要承载地，是提升城市能级和核心竞争力的战略空间，乡村从基本的承担农产品保障供应功能向承担多元复合功能转变，由承担附属功能向承担核心功能转变。近年来，上海积极发展都市现代农业，推进农村三产融合发展，取得了显著成效。上海作为都市农业发展的典型代表，可以为国内都市现代农业发展起到引领示范作用。

1. 加强产业融合创新，拓展都市现代农业功能

充分依托大都市的综合优势，不断延伸拓展农业功能，服务并满足城市居民与农民的生产生活需求。大力打造休闲旅游农业，先后开发了上海桃花节、奉贤菜花节、青浦草莓节、新浜荷花节等一系列集生态、观光、休闲于一体的农业旅游节庆，实现了"季季有活动、月月有节庆、天天有游客"。重视强化农业会展服务，充分依托上海地理、物流等方面的综合优势，积极发展农业会展和展示，促进农产品产销对接。加大乡村产业招商力度，鼓励和引导各类资本投资都市现代农业，在现代设施农业、现代种业、农业物流、特色产业小镇、乡村新兴产业等方面引进高能级的都市现代农业项目，推动都市现代农业产业园区化、集聚化、融合化发展。

2. 以绿色农业为引领，打造都市现代农业发展示范区

全面建立以绿色生态为导向的制度体系，加快形成与资源环境承载力相匹配、生产生活生态相协调的绿色农业发展新格局，主要实施五大行动。一是开展绿色循环发展行动，推行绿色生产方式和生态循环农业发展。二是实施科技装备提升行动，建设农业智能化生产基地，夯实数字农业发展基础，提升现代种业创新能力。三是实施经营主体培育行动，打造和培育具有核心竞争力和带动能力的产业化龙头企业、现代农业高新技术企业、农业产业化联合体，提升农业新型经营主体联农带农能力，培育有文化、懂技术、善经营、会管理的高素质农民队伍。四是实施特色品牌建设行动。打造优质食味稻米品牌，提升特色产业品牌优势，做精做优一批特色农产品区域品牌和企业品牌，做强休闲农业文化品牌。五是实施产业融合增效行动，建设产业融合发展平台，打造一批产业特色镇（村）、产业融合发展示范园，促进农业与文化、旅游、教育、康养等产业融合，提升休闲农业和乡村旅游水平。

3. 打造 13 个先行片区，建设上海都市现代绿色农业发展的"新高地"

依托各区农业资源禀赋和特色产业发展基础，全力打造 13 个规划定位明晰、资源要素集聚、品牌优势突出、生产方式绿色、技术装备先进、产业融合创新的绿色田园先行片区，示范引领都市现代绿色农业高质量发展。各片区发展遵循高品质生产、高科技装备、高水平经营、高值化利用、高效益产出的"五高"目标要求，提高农业综合效益和竞争力，推进农业高质量发展。以 13 个先行片区打造上海农业高质量发展的引领示范区域，不断提升先行片区的集成度和显示度，打造上海都市现代绿色农业发展的"新高地"。

4. 打造"一网、一图、一库工程"，绘制都市现代农业宏图

上海围绕实现乡村振兴战略和促进都市现代绿色农业发展这条主线，按照农业生产智能化、经营网络化、管理数据化和服务在线化的要求，本着为生产者、管理者、消费者服务这一宗旨，全力打造"一网、一图、一库工程"：将农业农村的所有生产、管理、服务等信息汇聚到一个大数据中心，统一管理、统一服务；构建农业农村一张地理信息系统（GIS）地图，一目了然地掌握全市农业农村发展现状；应用"一库""一图"，用数据将业务串联起来，构建农业农村一张综合管理信息网，实现"一库汇所有、一图观'三农'、一网管全程"。"一网、一图、一库工程"，不仅为上海都市农业发展提供了更科学的管理决策服务，还提供了更精确的生产指导服务，使其以更高的标准为市民提供更多优质的农副产品。

（四）台湾

台湾于 20 世纪 80 年代中期提出"发展精致农业，促进农业升级"。经过 30 多年的发展，台湾地区发展精致农业成果显著，农业和农村面貌不断改变，焕然一新。精致农业的发展框架已经建立，实现了农业增效，提升了农民福利；形成精致农业的多种模式，农业国际竞争力增强，农产品市场营销向境外不断拓展；引导农业结构调整优化，推动农业功能的拓展和农村发展的转型，农业产业的结构、内涵及在经济社会发展中的地位和作用发生重大变化，城乡融合、功能互补，农业成为科技的、经济的、文化的、生态的、休闲的现代化事业。

1. 以市场为平台，依托公开市场体系推进错位竞争

建设开放竞争的市场体系，发展市场农业。实行开放市场的政策，面向国际市场，促进资源配置优化，推进市场错位竞争，提高产业发展质量，增强国际竞争力。完善农产品贸易政策，健全农产品市场体系，调整农业产业结构，实行有进有退，转变农业发展方式，逐步允许农地自由买卖，支持资本和技术密集型农业，扶持产销并重的农业，扶持现代科技推广应用，发展农业国际化经营。

2. 以健康为基本，明确质量安全验证、监管和标识

倡导实行健康农业理念，发展健康农业，实现了从田头到餐桌为食品安全把关。提供洁净的生产环境，推广合理的生产方法，积极构建作物健康管理模式，建立农产品安全无缝管理体系，在无污染的农业环境下，达到生产和生态的和谐关系，让人们可以吃到健康安全的农产品，同时又为子孙留下美好的生态环境。加强基础环境建设及管理，发展设施农业和质量安全蔬果，推广品质认证标识优质农产品，发展有机农业，推动农产品产销履历制度，推动作物群组化农药延伸使用，推动合理化施肥，深化质量安全验证，打造无毒农业岛等。

3. 以卓越为追求，推进领先科技研发、推广和应用

不断追求卓越，发展卓越农业。以"科技产业化，产业科技化"为目标，开发利用台湾地区农业科技研发优势，结合台湾地区特殊地理条件，积极提升农业科技发展能力，发展兰花、农业生物技术、观赏鱼、石斑鱼、种苗及种畜禽六大重点产业，最终打造卓越科技岛。推动科技创新研发，包括农业生物技术、兰花产业、石斑鱼产业、观赏鱼产业、植物种苗、种畜禽产业等；推动科技产业化，包括发展"屏东农业生物科技园区"、建设台湾"兰花生物科技园区"等；推动农渔产业转型升级，包括建置稻米产销专业区，辅导成立花卉、蔬果外销专区，推动农业经营专区，营造优质养殖生产环境，整合畜禽农企产销等。

4. 以乐活为导向，重塑乡村风土人情、价值和魅力

开发农业多功能性，发展乐活农业。将文创发展引入农业农村，将发展农业深度旅游与农业精品结合起来。以农村为中心，兼顾农民生活、农业生产及农村环境的整体发展，扶持农渔经济，推进农村再生。发展新农业，重建农村人文、产业和土地和谐共处新秩序，相关产业包括森林生态旅游、休闲产业与农村旅游、海岸渔业旅游及农林渔牧等精品产业。推展休闲农业主题游，促进渔业生产及观光休闲的多元利用，推广森林生态旅游，辅导开发优质农产品，包括农渔会百大精品、台湾茗茶、农村美酒、经典好米、精致竹制品、金钻水产、优质畜产等。

5. 以改制为抓手，为城乡能人发展农业营造好环境

深化制度改革，发展持续农业。扶持核心农民，发展高品质、高附加值、有市场潜力并有利于生态维护的农业，均衡农产品生产，增加农业经济效益，提高农民所得，促进农业长期可持续发展。与工业化、城镇化和农业现代化的发展水平相适应，改革完善农村土地制度，持续推进土地整合，建设农业经营专区，坚持和完善农会制度，创新农业产业组织服务，培育壮大新农人，健全和完善农业农村公共服务体系，健全动植物品种产权保护制度，营造农业农村发展良好环境。

三、对新疆农业高质量发展的启示

（一）推动标准化生产和品牌建设，提高农产品品质和产业竞争力

立足区域社会经济发展基础、资源特色等现实条件和比较优势，顺应产业发展规律，坚持市场导向，调整优化产业结构，构建现代农业产业体系。按照特色主导产业布局和全产业链建设要求，制定差异化的产业发展政策，走现代化、基地化、组织化的现代农业发展之路，推进品种优化和品质提升。增强农

产品品牌意识，整合优势资源，合力打造区域特色农业品牌，筛选推介一批特色突出、特性鲜明且质量硬、品牌响的农产品品牌，开展品牌提升行动，通过多种形式推介特色农产品，营造良好的品牌形象。大力推进农产品产地、技术、生产和加工标准化体系建设，以标准化生产确保农产品品质提升，筑牢农产品质量安全"防护墙"。充分发挥互联网优势，完善农产品质量追溯体系建设，实现农产品来源和销售可追溯，从生产、流通、消费全过程提高农产品质量安全的保障水平。

（二）以科技创新为动能，全面提升农业高质量发展水平

农业科技创新是助推"三农"经济发展腾飞的翅膀，是全面提升农业要素资源利用率和农业生产效率的重要支撑，是农业高质量发展的重要抓手。搭建多层次多主体全覆盖的农业科技研发体系，加快构建区—地—县多层级集成、高校—科研院所—市场多主体参与、基础科学—理论研究—应用研究全覆盖的农业科研体系。全面提升农业科技人才支撑能力，强化农业科技人才队伍建设，建立完善农业科技服务激励约束机制，提升农技服务人才支撑能力。创新数字化智能化信息化农业转型，加快农业数字化建设，创建农业信息大数据综合平台，加快构建农业数据安全制度体系、农产品市场监测预警体系、农业数字化技术体系；加快发展智能农机，推动无人农场、全自动农场建设；加快信息化技术推广应用，将智能监控、北斗导航等先进技术应用于农业无人机、大中型收割机等农业机械，深化精准施药施肥灌溉水肥一体化设施运用。强化现代优质种业研发及推广运用，构建多层次、多物种科研体系，支持优质种业企业做大做优做强。

（三）推进一二三产业融合发展，不断拓展农业产业形态

乡村产业融合发展是加快转变农业发展方式、优化乡村产业体系、实现农民增收致富的重要举措，是实现农业高质量发展的重要途径。以农业多功能拓展为基础，充分发挥农业生态、社会和文化功能，横向拓展农业产业增值空间，促进农业与旅游业、文化创意产业、会展服务业和综合农业服务、农村电商等产业融合发展。重点发展休闲农业、景观农业、创意农业、农业电商等，形成许多市场需求的新业态。推进"三链同构"和"三产融合"，强龙头、补链条、兴业态、树品牌，不断提升农产品加工业延长产业链，拓展乡村特色产业延长产业链，发掘乡村功能价值做强产业链，促进乡村产业延链补链、提档升级、增值增效。打造涉农产业融合发展大型载体，在创建"国家农业高新技术产业示范区""农业全产业链典型县""休闲农业重点县"等大型涉农载体的基础上，进一步完善创建及实施方案，优化政策供给和资源配置，推进涉农载

体提质增效。

（四）加快农业生产方式转型升级，引领农业绿色发展

推进农业绿色发展是农业高质量发展的题中之义，也是实现乡村振兴、维护好农民群众切身利益的必然要求，发展高质量农业要解决好绿色农业"发展"与"保护"的矛盾。要立足各地农业资源的承载能力和生态环境，加强农业资源环境保护，有效降低资源环境约束对农业生产造成的负面影响，因势利导实施耕地保护和质量提升行动，因地制宜推广现代农业生产技术，大力发展农田水利设施建设，提升农业资源保护和利用水平，建设资源节约型农业。大力推进绿色生产方式，稳步实施化肥农药减量增效和农业面源污染治理力度，有效引导、约束、激励农业从业者和生产者开展绿色化、清洁化生产，降低农业生产对环境的破坏，夯实农业高质量发展的生态环境基础。因地制宜加强对农业废弃物的综合利用和农业污染的综合防治，提高资源利用效率，降低农业生产耗能。

（五）加强农业对外开放和国际合作，助力农业高质量发展

新疆是"东联西出、西引东来"的重要通道，是欧亚大陆的黄金通道和向西开放的桥头堡，随着"一带一路"倡议实施和中国（新疆）自由贸易试验区获批建设，新疆农业对外开放尤其是对中亚地区的开放合作优势明显。充分利用亚太经合组织、上海合作组织等现有多边合作机制，以及与相关国家和地区签订的自由贸易协定，加强与丝绸之路经济带共建国家的农业合作。共建国际联合实验室、技术试验示范基地和科技示范园区，建立合作培育人才机制，开展农业科技研发合作交流，促进农业技术和产品的更新迭代。对接中亚国家对新疆农产品的消费偏好和质量要求，加快农产品出口生产基地建设，在有条件的口岸规划建设农产品加工进出口园区。加强农业装备和投入品的对外合作，在农业机械、农机维修、节水灌溉装备、设施农业等材料和设备，以及化肥、农膜、农药、兽药等多领域，开展产品输出和产能合作。建立金融支持外向型农业发展政策体系，支持外向型农业企业开展易货贸易。建立共享开发的信息综合服务平台，及时分析发布国际市场动态、政策变化和技术壁垒的信息。

（六）构建协调发展机制，实施差异化发展策略

新疆农业发展具有鲜明的区域特色，形成了多元化的发展格局，需要自治区、各地（市、州）及各部门联合聚力，因地制宜，分类施策，推动新疆农业高质量发展。自治区应高位推动制定符合新疆农业高质量发展实际的切实可行、科学精准的扶持政策，逐步缩小区域间农业发展的差距，走协同发展之

路。各地（市、州）要在充分研究当地及其他地（市、州）资源禀赋、发展基础以及环境承载力的基础上，明晰高质量农业发展的目标、定位、重点以及措施，创新区域合作机制，促进资源整合和要素流通，努力补齐短板，形成优势互补和差异化竞争的农业发展新格局。在自治区和各地（市、州）的联动下，构建"点、线、面"有机结合的农业产业合作与区域联动机制，全面提高政策的实用性、科学性和精准性，共同谋划具有鲜明特色的新疆农业高质量发展之路，协同提升新疆农业发展水平。

第4章
新疆农业高质量发展
现状及面临的机遇与挑战

■ 一、新疆农业发展取得的成效

(一) 农业发展历程

新疆农业发展是中国农业发展的重要组成部分,中国农业制度、方针、政策等与新疆农业经济增长有必然的联系。改革开放后新疆农业发展历程既与中国农业发展历程紧密联系,又有其自身的独特性。改革开放以来,纵观新疆农业发展历程,从农产品保障、生产效率、可持续发展的角度看,可以分为4个阶段10个节点。见表4-1。

表4-1 新疆农业发展历程

阶段	节点	时间	政策	农业生产	科技进步
第一阶段	改革开放初期	1978—1982年	取消统购统销,实行家庭承包经营	粮食产量增长22.2%,棉花产量增长66.7%	引进新品种、推广新技术
	农业结构调整	1983—1987年	鼓励多种经营	棉花种植面积减少,粮食、瓜果蔬菜、畜牧业比重上升	农产品市场化程度提高
	农业现代化建设	1988—1990年	支持农产品加工业发展	农业基础设施建设取得长足进步	农业机械化水平提高,新品种、新技术推广应用更加广泛
第二阶段	农业产业化经营	1991—1997年	鼓励农业产业化经营	农业龙头企业带动产业链延伸和升级	市场竞争加剧,企业注重品牌建设和市场营销

（续）

阶段	节点	时间	政策	农业生产	科技进步
第二阶段	农业可持续发展	1998—2000年	强调农业可持续发展	发展生态农业，推广节水灌溉、有机肥施用等技术	农业科技创新取得新的成果，转基因棉花、抗旱小麦等新品种得到推广应用
第三阶段	农业结构调整和现代化建设	2001—2007年	加大对农民收入的支持力度	继续调整农业结构，发展特色农业和优势产业	农业机械化水平进一步提高，农业科技进步加快
第三阶段	农业综合发展	2008—2012年	加大对农业科技的支持力度	农业科技进步取得突破性进展，农业机械化水平进一步提高，新品种、新技术推广应用更加广泛	农业产业化经营快速发展
第三阶段	农业供给侧结构性改革	2013—2017年	推进农业供给侧结构性改革	调整农业结构，发展优质高效农业	农业科技创新持续加强，农业机械化水平进一步提高
第四阶段	乡村振兴	2018—2022年	实施乡村振兴战略	农业生产水平进一步提高，农民收入持续增长	农业科技创新取得新突破，农业机械化水平全面提升
第四阶段	农业现代化强国	2023—2035年	建设农业现代化强国	全面实现农业现代化	农业科技创新引领发展，农业机械化全面普及

1. 1978—1990年，新疆实现了粮食的基本自给

1978—1990年，新疆农业重点以粮食产业为主，兼顾向畜、果、棉转变。该阶段新疆农业发展战略是"以农业为基础，以粮食生产为中心，争取全面发展"。1985年，自治区编制了《新疆种植业区域规划》，提出了粮食基地、棉花基地、糖料基地、瓜果基地四大基地。这时期新疆粮食产量从374.59万吨增加到681.40万吨，年均增长5.11%；人均粮食产量从300.08千克增长到442.65千克；人均牛羊肉产量从5.82千克增长到15.0千克；大牲畜年底头数从446.19万头增长到575.88万头；人均水产品产量从0.62千克增长到51.52千克。这一时期农产品供给能力显著提升。见表4-2、表4-3。

表 4 - 2　1978—1990 年主要农作物产量表

单位：万吨

年份	粮食	棉花	油料	甜菜	蔬菜	果用瓜	苜蓿
1978	374.59	5.50	10.33	16.37	91.26	44.05	
1980	389.34	7.92	17.59	38.52	73.44	55.68	
1985	499.68	18.78	34.25	40.69	111.08	103.18	49.69
1990	681.40	46.88	38.96	224.37	187.42	93.38	89.29

数据来源：历年《新疆统计年鉴》，下同。

表 4 - 3　1978—1990 年主要畜产品产量表

单位：万吨

年份	肉类产量	其中					牛奶	禽蛋
		牛肉	马肉	骆驼肉	猪肉	羊肉		
1978	9.65	1.85			2.48	5.32	4.50	
1980	12.70	2.20	0.60	5.00	3.29	6.48	5.84	
1985	18.37	4.23	0.86	0.15	3.09	9.97	16.43	4.29
1990	30.46	7.08	1.18	0.18	4.93	15.75	30.81	6.30

2. 1991—2000 年，新疆农业结构调整探索期

该阶段新疆农业开始尝试产业结构调整。自治区"八五"规划纲要提出了"一黑一白"战略，"一黑"即石油产业，"一白"即棉花产业。该阶段新疆农业重点发展棉花产业，此外还有粮食、油料、糖料、畜牧业、瓜果和桑蚕等特色农业。该时期农业产量逐年增加，但是增速较低。1991—2000 年粮食产量从 672.52 万吨增加到 808.60 万吨，年均增加 1.94%；人口总数从 1 529.16 万人增长到 1 849.41 万人，年均增长 2.09%，人均粮食产量从 442.65 千克下降到 437.22 千克；人均牛羊肉产量从 15.0 千克提升到 32.3 千克。这一时期新疆农业结构调整初见成效。见表 4 - 4、表 4 - 5。

表 4 - 4　1991—2000 年主要农作物产量表

单位：万吨

年份	粮食	棉花	油料	甜菜	蔬菜	果用瓜	苜蓿
1991	672.52	63.95	40.49	256.85	172.21	81.68	76.46
1992	706.27	66.76	35.62	329.07	193.3	94.17	75.58
1993	720.37	68.00	37.02	236.91	191.82	75.49	73.43
1994	666.17	88.21	50.76	299.24	210.99	77.12	77.31

（续）

年份	粮食	棉花	油料	甜菜	蔬菜	果用瓜	苜蓿
1995	730.16	93.50	49.41	288.14	269.56	68.75	82.62
1996	818.20	94.04	30.95	354.52	301.94	67.16	75.42
1997	825.34	115.00	29.95	388.71	295.59	86.78	70.05
1998	830.00	140.00	37.52	513.12	321.79	88.32	67.56
1999	838.78	140.75	60.46	354.24	406.18	143.49	69.98
2000	808.60	150.00	60.14	292.65	527.84	151.03	76.32

表 4 - 5　1991—2000 年主要畜产品产量表

单位：万吨

年份	肉类产量	其中					牛奶	禽蛋
		牛肉	马肉	骆驼肉	猪肉	羊肉		
1991	32.94	8.11	1.34	0.23	5.01	16.71	33.66	6.71
1992	36.02	8.71	1.57	0.28	5.46	18.08	35.97	7.63
1993	38.30	9.32	1.63	0.28	6.18	18.61	37.03	7.22
1994	42.81	10.03	1.67	0.33	6.89	20.77	40.75	8.43
1995	52.38	13.14	2.05	0.40	8.37	24.48	45.21	9.51
1996	60.31	15.18	2.24	0.38	10.43	26.93	48.76	10.33
1997	64.40	16.40	2.55	0.38	11.52	27.72	54.18	12.16
1998	75.19	19.19	2.82	0.47	13.60	32.49	59.96	13.34
1999	81.36	20.61	2.93	0.62	16.02	33.57	64.81	16.68
2000	90.00	22.24	3.57	0.63	17.18	37.50	72.54	18.53

3. 2001—2017 年，新疆四大基地建设和产业成长期

该阶段新疆提出了发展现代化农业四大基地建设的总体要求，即粮食基地、棉花基地、林果基地、畜牧业基地，在四大基地建设的基础上，设施农业和区域特色农业产业发展势头良好，逐步形成六大产业。新疆农业区域结构调整基本形成。在此期间，新疆人均粮食产量从 430.66 千克增加到 670.44 千克；人均棉花产量从 83.68 千克增加到 198.09 千克；人均蔬菜产量从 259.43 千克增加到 625.89 千克；人均肉产品产量从 12.79 千克增加到 18.73 千克；人均牛奶产量从 43.22 千克增加到 81.70 千克。这一时期新疆农业得到了大发展，进入到现代农业的初级阶段。见表 4 - 6、表 4 - 7。

表 4 - 6　2001—2017 年主要农作物产量表

单位：万吨

年份	粮食	棉花	油料	甜菜	蔬菜	果用瓜	苜蓿
2001	808.00	157.00	42.64	455.12	486.74	156.87	103.12
2005	890.39	195.70	38.94	419.12	862.23	220.65	295.74
2010	1 392.35	276.31	66.62	275.84	1 125.65	435.00	132.93
2011	1 426.73	349.89	66.76	275.80	1 301.17	434.31	139.94
2012	1 517.36	388.48	59.04	310.06	1 153.86	485.35	149.62
2013	1 726.95	393.56	60.74	217.70	1 127.99	544.24	212.39
2014	1 749.85	414.87	59.33	219.15	1 217.19	608.26	225.10
2015	1 895.33	419.10	62.88	210.12	1 206.59	673.58	225.45
2016	1 552.33	407.80	77.43	476.11	1 614.60	661.17	313.99
2017	1 484.73	456.60	69.66	448.27	1 614.66	564.67	297.17

表 4 - 7　2001—2017 年主要畜产品产量表

单位：万吨

年份	肉类产量	其中					牛奶	禽蛋
		牛肉	马肉	骆驼肉	猪肉	羊肉		
2001	97.00	23.99	3.55	0.72	18.36	40.48	81.09	20.37
2005	141.46	34.22	4.67	0.77	26.18	59.89	152.22	24.99
2010	129.61	35.47	4.20	0.65	25.89	53.67	128.60	24.35
2011	129.18	33.80	4.26	0.59	28.94	50.98	130.50	25.60
2012	136.04	36.16	4.23	0.62	31.42	52.08	132.21	25.89
2013	141.54	37.82	4.19	0.58	32.88	53.28	134.99	28.17
2014	149.86	39.16	4.52	0.61	35.77	55.17	147.53	30.52
2015	155.84	40.45	4.63	0.60	35.16	57.25	155.77	32.64
2016	161.96	42.48	4.91	0.56	36.32	60.44	156.08	36.13
2017	162.84	43.04	6.17	0.87	35.80	58.24	191.90	37.37

4. 2018 年至今，新疆现代农业快速发展期

该阶段新疆农业进入快速增长时期，以粮、棉、果、畜四大基地建设为基本框架的优势农产品产业带基本形成，区域化布局、专业化分工、产业化经营的六大产业体系建设趋势正在显现。2023 年自治区在六大产业体系的基础上提出立足新疆资源禀赋和区位优势，构建"1+8+N"产业集群发展制度体系，集中力量打造特色优势产业集群，积极培育新动能新产业新业态，建设具有新疆特色的现代产业体系，要加快推动建设粮油产业集群建设，加快建设棉花和纺织服装产业集群，打造绿色有机果蔬产业集群，建设优质畜产品产业集群。2021年，农林牧渔业总产值达5 143.12亿元，年均增长19.17%；农村居民人均可支配收入增加到15 575元，年均增长率为10.8%。同时，农产品品种和生产布局不断优化，粮食生产连年丰收，总产量达1 735.78万吨。棉花种植面积、单产、总产量、商品量和调出量连续27年居全国首位，棉花种植面积3 759.1万亩，单产136.4千克/亩，总产量512.85万吨，占全国棉花总产量的89.5%。畜产品供给能力明显提升，肉类总产量198.73万吨，奶类产量211.53万吨，禽蛋产量40.98万吨。特色林果种植面积2 285.5万亩，产量1 326万吨，优质果品率超过80%。特色农作物种植结构不断调整，加工番茄、加工辣椒、薰衣草等特色产业加快发展。蔬菜产量达1 620.44万吨，区内蔬菜自给率稳步提升。这一时期新疆农业发展的总体格局基本形成，政策体系框架初见端倪。见表4-8、表4-9。

表4-8　2018—2021年主要农作物产量表

单位：万吨

年份	粮食	棉花	油料	甜菜	蔬菜	果用瓜	苜蓿
2018	1 504.23	511.10	67.81	424.73	1 430.57	438.85	244.07
2019	1 527.07	500.20	66.41	445.33	1 458.82	486.03	205.15
2020	1 583.40	516.10	54.40	462.23	1 714.96	479.07	231.86
2021	1 735.78	512.85	34.60	346.54	1 620.44	463.55	242.63

表4-9　2018—2021年主要畜产品产量表

单位：万吨

年份	肉类产量	其中					牛奶	禽蛋
		牛肉	马肉	骆驼肉	猪肉	羊肉		
2018	161.96	41.96	5.00	0.81	38.10	59.40	194.90	37.30
2019	170.74	44.52	6.64	1.41	37.62	60.32	204.42	38.60
2020	172.67	43.99	7.17	1.32	37.51	56.98	204.00	40.16
2021	198.73	48.50	7.73	1.30	49.85	60.44	211.53	40.98

（二）农业发展取得的成效

新疆具有丰富的光热水土资源，农牧产品特色鲜明，经过多年的发展，现代农业发展取得了一定成效。

（1）农业供给能力不断提升。粮食始终坚持总量平衡、略有结余的发展方针，粮食产量持续增加，2021 年达到 1 735.78 万吨，比 2012 年增长了 14.39%。棉花生产布局进一步优化，产量达到 512.85 万吨，占全国总产量的 89.5%。特色林果品质不断提升，面积稳定在 2 200 万亩，产量达到 1 326 万吨。畜牧业稳步发展，年末牲畜存栏 5 220 万头（只），出栏 4 279.15 万头（只），肉产量 198 万多吨，奶产量 211 万多吨。特色农业规模持续扩大，产量达到 1 000 万吨以上，推动薰衣草、辣椒、番茄、中草药等特色作物种植和产业化发展。设施农业稳步发展，丰富了各族群众的"菜篮子""果盘子"。农产品质量安全不断加强，创建全国绿色食品原料标准化生产基地 86 个，绿色食品、有机农产品和农产品地理标志达 2 065 个，库尔勒香梨、阿克苏苹果等入选"中国百强区域公用品牌"。

（2）产业链供应链优化升级。农业产业化经营快速发展，农业龙头企业带动产业链延伸和升级，农业生产效率和效益大幅提高。2021 年，全疆农产品加工企业 6 802 家，农产品加工业总产值 4 570.65 亿元，"四级"农业产业化重点龙头企业达到 1 356 家，其中，国家级龙头企业 57 家。农产品疆内收购、疆外销售"两张网"建设步伐加快，农产品电商发展迅速，农村网络零售额超过 100 亿元，5 年间年均增速 44.51%。休闲农业和乡村旅游业突破性发展，年接待游客 3 242.79 万人次；加速推进优势特色产业集群、农业产业强镇、农产品加工园区建设，产业集聚发展势头强劲，先后成功申报并创建薄皮核桃、库尔勒香梨、葡萄、伊犁马、棉花、褐牛 6 个优势特色产业集群，全产业链产值均突破 100 亿元，形成了具有核心竞争力的重点产业链，建设范围覆盖全疆 11 个地（市、州）的 41 个县（市）。建设国家现代农业产业园 3 个，支持建设自治区级农业产业化园区 43 个，吸引超过 1 000 家企业入驻。

（3）农业现代化建设加快推进。农林牧渔业总产值稳步增长，2021 年达到 5 143.12 亿元，比 2012 年增长了 118.36%。农业科技进步加快，农业机械化水平提高，新品种、新技术推广应用更加广泛。大力发展现代种业，年制种量超过 80 万吨，棉花、西甜瓜制种量居全国第一位。全疆累计建成高标准农田 4 289 万亩，高效节水灌溉面积达到 4 430 万亩。农作物耕种收综合机械化率达 85.13%，居全国前列。绿色发展成效显著，废弃地膜回收率达 80%，秸秆和畜禽粪污综合利用率分别达到 87.15%、78%。

（4）社会化服务组织化程度不断提升。截至 2021 年底，开展农业社会化服务的各类组织总计 43 157 个，其中：农民专业合作社 4 437 个，农村集体经济组织 217 个，企业 197 个，供销社 48 个，专业户 9 477 个，协会 8 113 个，其他 20 668 个。服务小农户数量达到 99.17 万个（户），农业生产托管面积达到 4 575.31 万亩次。探索建立产业化联农带农机制，农业产业化经营组织带动农户 157 万户以上，逐步呈现出服务主体多元化、多层次、多类型的特点，社会化服务领域在不断拓宽，服务机制持续创新，行业指导能力不断强化，各项政策措施不断完善。

（5）农民收入持续增长。农民可支配收入持续保持较快增长。2021 年农村居民人均可支配收入达到 15 575 元，比上年增长 9.4%，是 2010 年的 3.35 倍。城乡居民收入比从 2010 年 2.93∶1 下降至 2021 年的 2.42∶1，农村居民家庭恩格尔系数为 32.2%。巩固拓展脱贫攻坚成果同乡村振兴有效衔接初见成效，2021 年已脱贫县农村居民人均可支配收入 14 477 元，同比增长 10.9%，增幅高于全疆农村居民人均可支配收入 0.1 个百分点，高于全国农村居民人均可支配收入 0.4 个百分点。深入推进创业带动就业，累计实现农村富余劳动力转移就业 1 433 万人次。农民群众获得感、幸福感、安全感明显提升。

（6）农村改革不断深化。农村土地承包经营权确权登记工作全面完成，颁证率超过 96.5%，农村承包土地"三权分置"改革、农村宅基地改革稳步推进。农村集体产权制度改革全面推开。农业支持保护制度不断完善，新型农业经营主体达 2.8 万家。国有农牧渔场改革不断深化，30 多个农牧场已实现公司化改革，4 家区域性集体公司和专业化农业产业公司相继成立。引导各类人才投身乡村建设，鼓励外出人才带资金、技术返乡创业，支持兵团人才到地方工作。

■二、新疆农业高质量发展面临的机遇

（一）国家政策支持

近年来，国家高度重视农业发展，出台了一系列政策措施支持农业高质量发展。中央一号文件连续 19 年聚焦"三农"，对全国和新疆农业发展给予了明确的指导和支持。2021 年中央一号文件提出要"全面推进乡村振兴"，自治区深入贯彻《中共中央 国务院关于全面推进乡村振兴加快农业农村现代化的意见》，从加强水资源管理、优化土地利用结构、调整产业结构、加强科技创新、完善基础设施、加大政策支持力度等方面抓落实。国家出台并由自治区配套出台了多项支持新疆农业发展的专项政策，涵盖了农业生产发展与流通、农业资源保护利用、农业科技人才支撑、农业防灾减灾、科技建设等多个方面。同时自治区进一步出台了建设粮油产业集群、棉花和纺织服装、绿色有机果蔬、优质畜（禽）产品、强化公共服务保障、做大做强农业产业化龙头企业等涵盖"八大产业集群"建设在内 11 个方面政策和 103 项具体措施，这些政策措施为新疆农业高质量发展提供了强有力的政策保障。

（二）市场需求旺盛

随着我国经济的快速发展和人民生活水平的不断提高，人们对食品安全和质量的要求也越来越高。作为我国重要的农产品生产基地，新疆拥有得天独厚的自然条件、广阔的土地资源和独特的地理位置，为其发展现代农业提供了有利条件，也使新疆成为国内外市场高度关注的农产品供应地。新疆作为重要的农产品生产基地，优质的农产品可以满足国内市场的需求。随着居民收入水平的不断提高，优良的生态环境和丰富的自然资源能够生产出符合消费者需求的高品质农产品，满足消费升级趋势。新疆作为"一带一路"的重要节点，地理位置优越，交通便利，拥有得天独厚的优势，为农产品出口提供了便利条件。据海关数据显示，2021 年，新疆农产品进出口总额 82.15 亿元，主要集中在中亚五国。

（三）科技进步推动

新疆积极助力农业科技进步和发展，为农业高质量发展提供了强有力的科技支撑。科技投入持续增加，为创新发展提供保障。2022 年，新疆全社会研究与试验发展（R&D）经费投入总量 90.98 亿元，比 2021 年增加 12.67 亿元，增长 16.2%，增速连续两年实现两位数增长，高于全国平均水平 6.1 个百分点，总量创历史新高。新疆高度重视农业科技创新，不断加大投入，优化政策环境，积极引进人才，在农业科技创新方面取得了新成果。农业机械化水平不断提高，为农业发展提供效率保障。截至 2022 年，全疆农机总动力达2 531 万千瓦，拖拉机、联合收割机保有量 64.5 万台，采棉机保有量达 4 574台，农机作业水平不断提高，农作物综合机械化水平达 85.7%，农林牧渔综合机械化水平达 71%，农业机械种类不断丰富，从传统的耕作机械、收获机械到现代化无人驾驶农业机械，不断满足农业生产多样化需求。农业信息化水平不断提升，为农业发展提供智力支撑。积极推广农业信息化技术，不断完善农业信息基础设施建设，提高了农业信息化覆盖率，全疆 4G 网络已实现行政村全覆盖，所有地市级城区、县城城区和 90.53% 乡镇镇区已实现 5G 网络覆盖，积极推广农业物联网、大数据、云计算等信息技术，应用于农业生产经营管理的各个环节，提高了农业生产效率和效益。

■三、新疆农业高质量发展面临的挑战

（一）资源承载压力大，农业基础设施薄弱

水资源均衡和结构性问题依然突出，农业用水时空分布不均衡，缺乏控制

性水利工程，春旱、夏涝、秋少、冬枯的用水困局尚未改变。受"三条红线"的严格管控，农业用水的压力越来越大，发展节水农业、调整农业结构、提高水资源利用率的任务繁重。绿洲农业的空间有限性和以水定地的约束性，使得耕地资源的承载压力加大，一方面城镇化规模持续扩大，耕地的保护压力加大，另一方面中低产田占耕地面积的70%左右，高标准农田仅占耕地面积的40.46%，低于全国平均水平。

（二）农业物质装备薄弱，农业竞争力有待提高

农业科技创新能力和农业科技服务能力不强。种业短板明显，优质种子覆盖率低，破解种业"卡脖子"问题任重道远。农业产业化水平不高，农产品加工业产值与农业总产值比仅为1.94∶1，低于全国2.4∶1的平均水平，远低于发达国家3.5∶1的水平。新型农业经营主体带动能力不强，龙头企业数量少、实力弱，农业品牌效益、竞争力有待提高。虽地处丝绸之路经济带的核心区，但具有国家竞争力的现代农业产业集群还未形成，口岸优势未得到充分发挥，2021年进出口贸易总额242.98亿美元，农业的对外合作交流不深。

（三）应对突发事件能力不足，农业抗风险能力不强

当今世界正经历百年未有之大变局，后疫情时代加速国际局势的变化，保护主义、单边主义上升，世界经济低迷，全球产业链、供应链因非经济因素而面临冲击，国际经济、科技、文化、安全、政治等格局都在发生深刻调整，未来不稳定性、不确定性因素明显增多。自然灾害多发频发，动植物疫病防控体系不健全，监测预警能力弱，农产品市场信息体系不完善，农产品市场价格波动对农民生产积极性和农民增收影响大。新疆棉花、加工番茄等农产品出口受限，国际市场风险加大。

（四）农产品国内国际双循环的格局还未完全构建，农民持续增收任务艰巨

农产品以初级产品为主，与内地主销市场距离远、仓储冷链物流体系不完善，区内外农产品收购销售"两张网"能力不足，农产品到达销地市场成本高、损耗大、进入难，与内地农产品相比不具备竞争优势。农村居民人均可支配收入与全国平均水平仍有3 000元以上的差距，城乡居民收入绝对差距由2010年的0.9万元扩大到2.21万元。农民文化素质不高，巩固拓展脱贫攻坚成果、保持农民持续较快增收仍面临较大压力。

第5章
新疆农业高质量发展评价研究

■ 一、农业高质量发展评价体系

（一）指标体系构建的原则

构建农业高质量评价体系要遵循短期目标与长远目标相协调、结果评价与过程评价相统一、定量分析与定性分析相结合、发展目标与综合评价相补充的研究理念，采用定量分析和定性分析相结合的方法，通过定量指标的计算得出基本评价结果，再利用定性分析对基本评价结果进一步校正，以弥补定量分析的不足和缺陷，使最终的评价结果更加接近其真实水平。要坚持以下 3 项原则：

1. 科学性与实用性相结合

科学性是指指标的选取是在对农业高质量内涵理解的基础上提出，既涉及规模指标，也涉及质量和可持续性指标，表现形式多样，不仅涉及总量指标，还涉及人均指标和平均增长率指标。实用性是指设置的指标应符合农业发展的特点，满足农业高质量发展监测的需要。

2. 引领性与综合性相结合

贯彻落实党中央、国务院关于推进农业高质量发展及加快形成新质生产力的部署要求，突出高质高效、创新发展、协调发展、绿色发展、开放发展、共享发展目标导向，聚焦新质生产力的发展需求，发挥评价指标对农业高质量发展的引领作用。而综合性主要是指农业高质量发展评价是一个系统工程，涉及的影响因素众多，指标必须多层次、多方面、多角度地反映各地农业高质量发展的实际情况。

3. 典型性与可比性相结合

典型性是指评价体系应具有的代表性，尽可能准确地反映出上级党委、政府对发展目标的要求，反映出人民群众对农业高质量发展的真正意愿。要选择社会公认的、反映农业高质量发展水平的指标，突出权威性、透明性；指标数据符合国家统计制度特点，均能从现有统计数据获得；指标又要有可比性，可用来作比较。

（二）指标体系构建

从国际、国内及区内三个维度探讨了新疆农业高质量发展的水平，指标体系分三级，每项一级指标由若干二级指标合成，二级指标由一项或多项三级指标构成。评价指标分为正指标、逆指标、适度指标三类，其中，正指标是指与农业发展同向变动的指标，主要包括反映规模、质量水平的指标，数值越大越好；逆指标是指随着农业发展而不断降低的指标，主要包括能耗、收入差距等指标，数值越小越好；适度指标是指值越接近某一个规定值越好的指标。

1. 国际比较评价指标体系

选择国际上农业发展水平较高且具有特色的三类国家，进行新疆农业发展质量的国际比较。充分考虑农业的发展特点、规律和数据的可得性，选择国际上农业发展水平较高且具有特色的不同类型的国家，进行农业发展质量的国际比较。选择分为三种类型：第一种类型为地多人少型国家，包括美国、加拿大、澳大利亚；第二种类型为人多地少型国家，包括中国、日本、韩国、荷兰；第三种类型为人地均衡型国家，包括德国、法国。从高质高效、结构优化、绿色低碳、要素融合4个方面选取20个指标进行农业高质量发展水平综合评价。

以国际通用比较性指标为主，依据文献资料和农业高质量发展的需求，以高质高效为目标，以结构优化为抓手，以绿色低碳为方向，以要素融合为手段，遵循系统性、科学实用、可操作的指标设置原则，借鉴相关学者研究基础构建指标体系。确定指标含两个层次，一级指标4个，二级指标20个，其中正向指标14个，逆向指标6个。见表5-1。

表5-1 国际农业高质量发展评价指标体系构建

一级指标	序号	二级指标	指标属性	指标解释
高质高效	1	有机农业占比（%）	正向	反映农业高质量发展水平。计算公式为：有机农业认证面积/农用地面积×100%
	2	劳均第一产业增加值（元/人）	正向	指一个第一产业就业人员一年所创造的第一产业增加值。计算公式为：第一产业增加值/第一产业就业人员
	3	单位农用地第一产业增加值（元/亩）	正向	反映单位农用地的产出水平。计算公式为：第一产业增加值/农用地面积
	4	人均粮食占有量（千克/人）	正向	反映地区粮食生产水平和评价粮食安全最直接的指标。计算公式为：谷物产量/总人口

（续）

一级指标	序号	二级指标	指标属性	指标解释
高质高效	5	农产品显性比较优势指数（%）	正向	反映地区农产品是否具有比较优势的指标。指当地农产品出口商品占其出口总值的比重与世界该类商品占世界出口总值的比重二者之间的比率
结构优化	6	第一产业增加值占GDP比重（%）	逆向	反映第一产业与社会经济关系的指标。计算公式为：第一产业增加值/GDP×100%
	7	第三产业增加值占GDP比重（%）	正向	反映第三产业与社会经济关系的指标。计算公式为：第三产业增加值/GDP×100%
	8	第一产业就业人员占比（%）	逆向	反映劳动力在农业与其他产业间的转移程度。计算公式为：第一产业就业人员数/总就业人数×100%
	9	畜牧业产值占比（%）	正向	反映农业内部结构的指标。计算公式为：畜牧业产值/农林牧渔业总产值×100%
	10	农产品加工业总产值与农业总产值比	正向	指农产品加工转化程度，在一定程度上反映农业产业化水平。计算公式为：农产品加工业产值/农林牧渔业总产值
绿色低碳	11	单位耕地化肥施用量（千克/亩）	逆向	计算公式为：化肥施用量/耕地面积
	12	单位耕地农药使用量（千克/亩）	逆向	计算公式为：农药使用量/耕地面积
	13	森林覆盖率（%）	正向	计算公式为：森林覆盖率＝森林面积/土地总面积×100%
	14	万元农业GDP耗水（米^3/万元）	逆向	计算公式为：农业用水量/第一产业增加值
	15	农业碳排放强度（吨CO_2/万元）	逆向	指单位第一产业增加值的增长所产生的二氧化碳排放量。计算公式为：碳排放量/GDP（碳排放量根据农村柴油使用量和农村用电量折算）
要素融合	16	劳均耕地面积（亩/人）	正向	计算公式为：耕地面积/第一产业就业人员
	17	耕地有效灌溉面积占比（%）	正向	反映农田水利建设的重要指标
	18	劳动力平均受教育年限（年）	正向	反映劳动力的平均文化程度。数据来源：人类发展报告
	19	政府支出的农业导向指数	正向	为政府支出中的农业份额除以GDP中的农业份额，该指标是联合国粮农组织衡量实现可持续发展目标的具体目标之一
	20	谷物单产（千克/亩）	正向	国际上较通用的反映农业技术水平的指标

2. 国内比较评价指标体系

参照国家发展和改革委员会发布的《高质量发展综合绩效评价指标体系》，从高质高效、创新发展、协调发展、绿色发展、开放发展、共享发展 6 个维度入手，并广泛结合国家相关职能部门职责、国家统计资料中的农村经济相关指标、国内学者相关研究、国家和自治区农村经济规划等资料，选取 6 个一级指标、25 个二级指标对全国 31 个省份农业高质量发展水平进行综合评价。

（1）高质高效指标。主要反映一个地区农业发展质量和效益的指标。以前的经济发展水平往往依据经济总量进行判断，但是随着政府从重经济发展速度转变为重经济发展质量，从注重效率到更加注重公平，人均经济总量成为衡量经济发展更重要的标尺。对于经济增长而言，人均意义上的增长差距缩小，比总量意义上的差距缩小，更能准确衡量经济发展的质量及公平性。具体包括 5 个指标，占指标总数的 20%。

（2）创新发展指标。创新是农业高质量发展的第一动力，是提高农业生产效率的关键。依靠要素驱动和低成本劳动力优势，只能突破低收入陷阱、进入中等收入阶段，而不能推动中等收入经济体突破中等收入陷阱、进入高收入经济体，只有以先进的科学和发达的技术为支撑，才能推动产业升级，产业结构才能从低端走向中高端。具体包括 4 个指标，占指标总数的 16%。

（3）协调发展指标。解决发展不平衡问题，着力增强发展的整体性。协调是持续健康发展的内在要求，区域发展不平衡、城乡发展不协调、产业结构不合理、经济和社会发展"一条腿长、一条腿短"，是导致发展质量不高的重要原因。要促进城乡区域协调发展，促进经济社会协调发展，促进新型工业化、信息化、城镇化、农业现代化同步发展，不断增强发展整体性，包括城乡居民的收入、消费、储蓄、人均生产总值的差异等。具体包括 4 个指标，占指标总数的 16%。

（4）绿色发展指标。解决经济增长模式的问题，是以效率、和谐、持续为目标的经济增长和社会发展方式，是以人为本，全面、协调、可持续的科学发展观，主要包括单位化肥农药使用量、单位国内生产总值用水量、碳排放强度、森林覆盖率等与绿色的、可持续发展有重要关系的指标。具体包括 4 个指标，占指标总数的 16%。

（5）开放发展指标。解决发展内外联动问题。国内外、东西部发展差距大、不平衡等问题，迫切要求调整经济发展结构，以此促进更加全面的开放，从而实现国内国际共同发展的开放新格局，主要包括进出口贸易、产品竞争优势等方面的指标。具体包括 4 个指标，占指标总数的 16%。

（6）共享发展指标。发展的出发点和落脚点，指明发展的价值取向，是一个不断发展的从低级到高级、从不均衡到均衡的过程，主要包括教育、卫生、文化、住房、公共服务等方面的指标。具体包括 4 个指标，占指标总数的 16%。见表 5-2。

表 5-2 全国农业高质量发展指标体系构建

一级指标	序号	二级指标	指标性质	指标解释
高质高效	1	单位农用地第一产业增加值（元/亩）	正向	计算公式为：第一产业增加值/农用地面积
	2	规模以上农副产品加工主营业务收入与农业总产值比	正向	指当年农产品加工业产值与同期农业总产值的比值
	3	粮食产量稳定度（%）	适度	指一个区域本年度粮食产量与过去 5 年平均产量的比较增幅，是反映一个区域粮食产量稳定程度的重要指标。计算公式为：粮食产量稳定度＝（区域内当年产量－区域内过去 5 年产量的平均值）/［2 500 万吨×（该区域过去 5 年平均粮食产量/全国过去 5 年平均粮食总产量）]
	4	土地集约指数	正向	家庭承包耕地流转面积/家庭承包经营的耕地面积，反映出集约规模提升程度
	5	农业劳动生产率（元/人）	正向	计算公式为：第一产业增加值/第一产业从业人数
创新发展	6	农业科技进步贡献率（%）	正向	计算公式为：农业科技进步贡献率＝农业总产值增长率－物质费用产出弹性×物质费用增长率－劳动力产出弹性×劳动力增长率－耕地产出弹性×耕地增长率，数据来源于各地区"十四五"农业农村现代化发展规划
	7	谷物单产（千克/亩）	正向	指每亩耕地面积上谷物的产出水平，反映农业技术进步的指标
	8	农业灌溉水利用系数	正向	是衡量灌区从水源引水到田间作用吸收利用水的过程中水利用程度的一个重要指标，是集中反映灌溉工程质量、灌溉技术水平和灌溉用水管理的一项综合指标，也是评价地区农业用水效率这条红线的重要指标
	9	主要农作物耕种收综合机械化率（%）	正向	指当年本地农作物耕种收环节机械化水平。主要农作物耕种收综合机械化率＝机耕率×40%＋机播率×30%＋机收率×30%
协调发展	10	城乡居民人均可支配收入之比	逆向	指城镇居民与农村居民人均可支配收入的比值
	11	城乡居民人均生活消费支出之比	逆向	指城镇居民与农村居民人均生活消费支出的比值

(续)

一级指标	序号	二级指标	指标性质	指标解释
协调发展	12	地区人均第三产业生产总值差异系数	逆向	指各地区县域人均第三产业生产总值的标准差与均值之间的比率
	13	城乡居民人均储蓄存款余额差异系数	逆向	指各地区县域城乡居民人均储蓄存款余额的标准差与均值之间的比率
绿色发展	14	单位耕地化肥施用量（千克/亩）	逆向	计算公式为：化肥施用量/耕地面积
	15	单位耕地农药使用量（千克/亩）	逆向	计算公式为：农药使用量/耕地面积
	16	农业碳排放强度（吨CO_2/万元）	逆向	指单位第一产业增加值的增长所产生的二氧化碳排放量。计算公式为：碳排放量/GDP。碳排放量根据农村柴油使用量和农村用电量折算
	17	单位地区农业生产总值用水量（米³/万元）	逆向	计算公式为：农业用水总量/第一产业生产总值
开放发展	18	人均农产品进出口贸易总额（元）	正向	计算公式为：农产品货物和服务贸易总额/总人口
	19	农产品出口优势增长指数	正向	是指某产品出口增长率与总的贸易增长率之差，反映该产品出口优势的变化。计算公式为：Dt=（gi−gt）×100，其中gi表示农产品出口增长率，gt表示本地区总出口增长率
	20	农产品贸易竞争力指数	正向	是对国际竞争力分析时比较常用的测度指标之一，它表示本地区进出口贸易的差额占进出口贸易总额的比重，计算公式为：TC指数=（出口额−进口额）/（出口额+进口额）
	21	农产品国际市场占有率（%）	正向	是指本地区的农产品出口总额占世界出口总额的比重。计算公式为：国际市场占有率=本地区农产品出口总额/世界农产品出口总额
共享发展	22	劳动力平均受教育年限（年）	正向	反映劳动年龄人口受教育状况，指一定时期劳动年龄人口（16～59岁）人均接受学历教育（包括成人学历教育，不包括各种非学历培训）的年数
	23	农村居民人均可支配收入（元）	正向	计算公式为：农村居民总收入−家庭经营费用支出−税费支出−生产性固定资产折旧−财产性支出−转移性支出）/家庭常住人口
	24	乡村非农就业占比（%）	正向	计算公式为：1−从事第一产业劳动力数/乡村劳动力数
	25	农村人口人均地方财政农林水事务支出（元）	正向	计算公式为：地方财政农林水事务支出/农村人口

3. 区内比较评价指标体系

在全国各省域评价指标体系的基础上，同样从高质高效、创新发展、协调发展、绿色发展、开放发展、共享发展 6 个维度选取其中的 20 个能够反映新疆干旱绿洲灌溉农业特征的指标对新疆区内 14 个地（市、州）农业高质量发展水平进行综合评价。见表 5 - 3。

表 5 - 3　新疆区内农业高质量发展指标体系构建

一级指标	序号	二级指标	指标性质
高质高效	1	单位农用地第一产业增加值（元/亩）	正向
	2	规模以上农副产品加工主营业务收入与农业总产值比	正向
	3	粮食产量稳定度（%）	适度指标
	4	土地集约指数	正向
	5	农业劳动生产率（元/人）	正向
创新发展	6	谷物单产（千克/亩）	正向
	7	农业灌溉水利用系数	正向
	8	单位播种面积农机总动力（千瓦/亩）	正向
协调发展	9	城乡居民人均可支配收入之比	逆向
	10	地区人均第三产业生产总值差异系数	适度指标
	11	第一产业增加值投资弹性	正向
绿色发展	12	单位耕地化肥施用量（千克/亩）	逆向
	13	农业碳排放强度（吨 CO_2/万元）	逆向
	14	单位地区农业生产总值用水量（米³/万元）	逆向
开放发展	15	人均进出口贸易总额（元）	正向
	16	人均旅游收入（元）	正向
	17	人均乡村社会消费品零售总额	正向
共享发展	18	劳动力平均受教育年限（年）	正向
	19	农村居民人均可支配收入（元）	正向
	20	乡村非农就业占比（%）	正向

（三）研究方法

综合评价值是从高质高效、创新发展、协调发展、绿色发展、开放发展、共享发展 6 个维度测量（国际比较为 4 个维度）的综合性得分，每一维度都是构成具体方面的分评价值，每个分评价值又由若干个指标合成。其测评方法主要借鉴了联合国人类发展指数（HDI）的测量方法，基本思路是根据每个评价指标的上、下限阈值来计算单个指标评价值（即无量纲化），评价值一般分布在0~100，再根据每个指标的权重最终合成综合评价值。此种方法测算的指数不仅横向可比，而且纵向可比；不仅可以比较各评价对象综合发展相对位次，而且也可以考察每个评价对象综合发展的历史进程。

1. 指标无量纲化处理

为了消除指标量纲、自身变异和数值大小的影响，比较不同变量之间的相对作用，需要对数据进行无量纲化处理。无量纲化，也叫数据的标准化，是通过数学变换来消除原始变量（指标）量纲影响的方法。本研究采用极差标准化法，将第 i 个指标的实际值记为 X_i，下限阈值和上限阈值分别为 $X_{\min}^i$ 和 $X_{\max}^i$，无量纲化后的值为 Z_i。

（1）正指标无量纲化计算公式：

$$Z_i = \frac{X_i - X_{\min}^i}{X_{\max}^i - X_{\min}^i} \qquad (5-1)$$

（2）逆指标无量纲化计算公式：

$$Z_i = \frac{X_{\max}^i - X_i}{X_{\max}^i - X_{\min}^i} \qquad (5-2)$$

其中，适度指标目标值为1，当完成值小于1时，指标按照正指标（公式5-1）标准化处理，反之，按照逆指标（公式5-2）标准化处理。经过极差标准化方法处理后，无论原始数据是正值还是负值，该变量各个观察值的数值变化范围都满足 $0 \leqslant X' \leqslant 1$，并且正指标、逆指标均可转化为正向指标，作用方向一致。同时，由于不同评价对象指标要进行对比，为避免标准化处理后的数据出现为0的情况，将标准化后指标值按 $X_{ij} + K$ 进行转化。为了减少对原始数据造成显著影响，选取的 K 应该尽可能小，$K = 0.001$。

2. 指标权重确定

权重值的确定直接影响综合评估的结果，权重值的变动可能引起被评估对象优劣顺序的改变。所以，合理地确定综合评估发展各主要因素指标的权重，是进行综合评估能否成功的关键问题。国家高质量发展综合绩效评价指标体系是国家对地方政府推动经济高质量发展评价的具体实践，该评价指标不设具体目标值，采用基于权重的标准分评价方法。本研究三套评价指标体系一级指标权重参照国家高质量发展综合绩效评价指标体系权重。本研究认为各项二级指标相对于上级指标来说重要性是等同的，因此，二级指标权重采用平均法确定。

3. 综合评价值计算

指标体系以聚类分析为基础，通过将某个一级（或二级）指标的所有二级（或三级）指标无量纲化后的数值与其权重的乘积累加，即为该级指标评价分值，再将一级指标无量纲化的数值与其权重的成绩累加，即为综合评价分值。

（1）单项指标的评价值：

$$MAI_i = \frac{Indi}{Insi} \times 100\% \qquad (5-3)$$

其中，MAI_i 为单项指标的评价值，$Indi$ 为新疆指标的实际值，$Insi$ 为对比区域指标的实际值。

国际比较评价指标体系对比区域为全国及主要国家，国内比较评价指标体系对比区域为全国平均水平，区内比较评价指标体系对比区域为新疆平均水平。

（2）综合评价值：

$$Z = \sum_{i=1}^{m} W_i X_i \qquad (5-4)$$

其中，Z 是评价指标的综合评价值，W_i 是 i 指标的权重，X_i 是 i 指标的评价值，其中，$i=1,2,3,\cdots,m$。

（四）数据来源

数据来源于联合国粮农组织、世界银行、国家统计局官网，《新疆统计年鉴》，数据基期为 2020 年，部分指标数据由于官网数据发布的延时，以官网最新公布数据为准。

二、新疆农业高质量发展的国际比较评价

（一）评价结果

1. 综合评价结果

通过上述评价模型和确定的指标权重，对 2020 年新疆农业发展质量进行综合评价。评价结果为：综合实现指数由低到高分别为加拿大（49.4%）、德国（50.6%）、荷兰（51%）、澳大利亚和美国（51.7%）、法国（53.7%）、日本（60.4%）、韩国（65.2%）、中国（77.7%）。见表5-4。

表5-4　新疆与全国和主要国家农业发展质量综合指数比较

单位:%

国家	高质高效	结构优化	绿色低碳	要素融合	综合指数
中国	68.3	74.6	68.0	100.0	77.7
美国	39.6	43	51.4	72.9	51.7
加拿大	31.7	50.4	40.2	75.2	49.4
澳大利亚	40.6	46.2	43.9	76.2	51.7
法国	41.3	41.7	53.3	78.3	53.7
德国	44.2	32.1	50.9	75.2	50.6

（续）

国家	高质高效	结构优化	绿色低碳	要素融合	综合指数
日本	52.3	46.3	62.3	80.7	60.4
荷兰	29.6	32.6	64.1	77.8	51.0
韩国	47.3	57.3	66.3	89.8	65.2

2. 各维度评价结果

（1）高质高效实现度分析。从表5-5可以看出，在农业高质高效方面，与其他发达国家相比，实现度为30%以下的为荷兰，综合实现度仅为29.60%，主要表现为有机农业占比、劳均第一产业增加值和单位农用地第一产业增加值3个指标低，实现度不足10%。实现度在30%~40%的为加拿大和美国，实现度在40%~50%的有澳大利亚、法国、德国和韩国，实现度达到50%以上的为日本。新疆农业高质高效与全国平均水平相比实现度也仅达到68.30%，特别是有机农业占比和单位农用地第一产业增加值实现度极低，仅为19.18%和25.27%。见表5-5。

表5-5　新疆与全国及主要国家农业高质高效实现度指标比较

指标	中国	美国	加拿大	澳大利亚	法国	德国	日本	荷兰	韩国
综合实现指数	68.30	39.60	31.70	40.60	41.30	44.20	52.30	29.60	47.30
有机农业占比/%	19.18	14.13	3.55	0.82	1.03	1.04	32.22	2.15	4.45
劳均第一产业增加值/元	97.13	6.63	5.94	8.16	9.24	11.85	25.48	7.13	29.87
单位农用地第一产业增加值/(元/亩)	25.27	91.55	87.91	100.00	100.00	26.12	3.76	5.57	2.42
人均粮食占有量/千克	100.00	39.44	30.08	50.01	59.49	100.00	100.00	100.00	100.00
农产品显性比较优势指数	100.00	46.15	30.86	43.90	36.73	81.82	100.00	33.13	100.00

高质高效是现代农业发展的最终目标，是衡量农业高质量发展的重要指标。通过有机农业占比、劳均第一产业增加值、单位农用地第一产业增加值、人均粮食占有量、农产品显性比较优势指数5项指标来反映新疆农业高质高效发展水平。5项指标对比分析得出：

①发达国家十分重视农产品的质量，有机农业在欧洲和北美发展迅速，从反映农产品质量的有机农业占比指标来看，8个发达国家平均占比达到4.26%，占比最高的澳大利亚已达到9.85%。中国有机农业起步于20世纪90年代，有机产品以植物类产品为主，动物性产品相当缺乏，新疆的有机产品发展更为滞后，仅占0.08%，较全国平均水平还低0.34个百分点。

②劳均第一产业增加值指标，8 个发达国家平均约为 45 万元以上，最高的加拿大约为 71.97 万元，新疆仅约 4.28 万元，是 8 个发达国家平均水平的 9.44%，较全国平均水平还低 1 265 元。

③单位农用地第一产业增加值指标，8 个发达国家平均达到 2 356 元/亩，新疆与人多地少的日本、荷兰、韩国相比差距较大，与澳大利亚、法国相比具有一定优势。

④新疆粮食生产始终坚持区内平衡、略有结余的方针，人均粮食占有量达到 518 千克，较全国平均水平高 81 千克，但与世界产粮大国相比差距还很大，较 8 国平均水平低 197 千克，与世界粮食生产大国相比差距更大，美国、加拿大、澳大利亚人均粮食占有量均达到 1 000 千克以上。

⑤从农产品对外贸易来看，新疆与 8 个国家接壤，具有农产品贸易优势。从农产品显性比较优势指数来看，新疆比 8 国平均水平低 0.5，但比日本、韩国具有明显优势，与全国相比优势也十分明显。见表 5-6。

总体来看，在农业发展质量效益指标方面，新疆略微具有优势的是单位农用地第一产业增加值、人均粮食占有量和农产品显性比较优势指数。

表 5-6　农业质量效益指标比较

地区及国家	有机农业占比/%	劳均第一产业增加值/（元/人）	单位农用地第一产业增加值/（元/亩）	人均粮食占有量/（千克/人）	农产品显性比较优势指数
新疆	0.08	42 783	204	518	0.54
中国	0.42	44 048	807	437	0.30
美国	0.57	645 221	223	1 314	1.17
加拿大	2.27	719 742	232	1 723	1.75
澳大利亚	9.85	524 159	34	1 036	1.23
法国	7.83	463 058	67	871	1.47
德国	7.75	360 943	780	516	0.66
日本	0.25	167 911	5 423	86	0.18
荷兰	3.75	599 771	3 660	80	1.63
韩国	1.81	143 247	8 430	96	0.25
8 国平均	4.26	453 007	2 356	715	1.04

（2）农业结构优化实现度分析。从表 5-7 可以看出，在农业结构优化方面，与其他发达国家相比，实现度在 30%～40% 的为德国和荷兰，综合指数仅为德国的 32.10%、荷兰的 32.60%，主要表现为第一产业增加值占 GDP 比重和第一产业就业人员占比两个指标，实现度较低。实现度在 40%～50% 的有法国、美国、澳大利亚和日本，实现度达到 50% 以上的为加拿大和韩国。新疆农业结构优化与全国平均水平相比实现度达到 74.60%，主要是第一产业

增加值占 GDP 比重、农产品加工业总产值与农业总产值比和第一产业就业人员占比实现度偏低，这 3 项指标实现度均在 70% 以下。

表 5-7 新疆与全国及主要国家农业结构优化实现度指标比较

单位：%

指标	中国	美国	加拿大	澳大利亚	法国	德国	日本	荷兰	韩国
综合实现指数	74.60	43.00	50.40	46.20	41.70	32.10	46.30	32.60	57.30
第一产业增加值占 GDP 比重	52.56	6.40	12.17	13.70	10.90	5.02	7.00	10.80	12.51
第三产业增加值占 GDP 比重	94.64	64.03	71.18	71.05	62.88	70.86	73.93	63.91	78.58
第一产业就业人员占比	69.57	4.13	4.45	7.55	6.78	3.83	9.43	5.60	15.62
畜牧业产值占比	89.66	78.84	100.00	58.77	66.51	42.80	100.00	49.51	100.00
农产品加工业总产值与农业总产值比	66.67	61.54	64.00	80.00	61.54	38.10	41.03	33.33	80.00

农业结构优化是推进农业现代化进程中的重要内容，发达国家基本完成了工业化和城镇化进程，农业结构基本达到了相对最优的状态。按照产业发展的一般规律，最终会形成"三二一"的发展态势。通过第一产业增加值占 GDP 比重、第三产业增加值占 GDP 比重、第一产业就业人员占比、畜牧业产值占比、农产品加工业总产值与农业总产值比 5 项指标来反映新疆农业结构优化与中国和发达国家的差异。这 5 项指标对比分析得出：

①第一产业增加值占 GDP 比重指标，发达国家基本在 1%~2%，新疆达到 14.65%，较全国平均水平还高 6.95 个百分点。

②第三产业增加值占 GDP 比重指标，发达国家基本达到 70% 以上，新疆仅为 51.54%，较全国平均值还低 2.92 个百分点。

③第一产业就业人员占比指标，8 个发达国家平均在 2.43%，而新疆高达 33.92%，较全国平均水平还高 10.32 个百分点。

④畜牧业产值占农业总产值比重是反映农业内部发展程度的重要指标，8 个发达国家平均占比 35.98%，较新疆高 9.78%，其中德国已经达到了 61.21%。新疆是我国的畜牧业大区，但不是强区，畜牧业产值仅占农业总产值的 26.20%，较全国平均水平还低 3.02 个百分点，可见，新疆在农业内部结构优化上仍具有巨大的调整潜力。

⑤农产品加工业总产值与农业总产值比，8 个发达国家平均水平已达到 3.08，其中荷兰已达到 4.80，德国达到 4.20。新疆的农产品加工业发展相对滞后，仅为 1.94，较全国平均值还低近 0.5。见表 5-8。

总体来看，新疆农业结构优化程度与全国和发达国家均有较大差距，仍有很大的调整空间。

表 5-8　农业产业结构优化指标比较

地区及国家	第一产业增加值占 GDP 比重/%	第三产业增加值占 GDP 比重/%	第一产业就业人员占比/%	畜牧业产值占农业总产值比重/%	农产品加工业总产值与农业总产值比
新疆	14.65	51.54	33.92	26.20	1.94
中国	7.70	54.46	23.60	29.22	2.40
美国	0.94	80.49	1.40	33.23	2.60
加拿大	1.78	72.40	1.51	19.72	2.50
澳大利亚	2.01	72.53	2.56	44.58	2.00
法国	1.60	81.96	2.30	39.39	2.60
德国	0.74	72.73	1.30	61.21	4.20
日本	1.03	69.71	3.20	17.76	3.90
荷兰	1.58	80.64	1.90	52.92	4.80
韩国	1.83	65.59	5.30	19.02	2.00
8 国平均	1.44	74.51	2.43	35.98	3.08

（3）农业绿色低碳实现度分析。从表 5-9 可以看出，在农业绿色低碳方面与其他发达国家相比，实现度在 50% 以下的为加拿大和澳大利亚，综合指数仅为加拿大的 40.20%、澳大利亚的 43.90%，其中与加拿大相比主要表现为万元农业 GDP 耗水指标实现度偏低，仅为 5.17%。实现度在 50%~60% 的有德国、美国和法国，实现度达到 60% 以上的为日本、荷兰和韩国。新疆农业绿色低碳与全国平均水平相比实现度达到 68.00%，主要是万元农业 GDP 耗水和森林覆盖率两个指标实现度偏低，仅为全国平均水平的 18.36% 和 21.83%。

表 5-9　新疆与全国及主要国家农业绿色低碳实现度指标比较

指标	中国	美国	加拿大	澳大利亚	法国	德国	日本	荷兰	韩国
综合实现指数	68.00	51.40	40.20	43.90	53.30	50.90	62.30	64.10	66.30
单位耕地化肥施用量/（千克/亩）	100.00	36.64	30.95	24.62	46.60	50.45	65.51	73.67	93.19
单位耕地农药使用量/（千克/亩）	100.00	58.69	52.14	47.36	100.00	87.69	100.00	100.00	100.00
森林覆盖率/%	21.83	14.81	12.97	28.85	15.94	15.35	7.34	45.64	7.78
万元农业 GDP 耗水/（米³）	18.36	51.56	5.17	25.95	4.03	0.81	59.55	1.20	30.58
农业碳排放强度/（吨 CO_2/万元）	100.00	95.47	100.00	92.75	100.00	100.00	78.91	100.00	100.00

绿色低碳是进入新发展阶段农业发展的必由之路，也是我国实现碳达峰碳中和的重要举措。通过单位耕地化肥施用量、单位耕地农药使用量、万元农业GDP耗能、万元农业GDP耗水、农业碳排放强度5项指标来反映新疆农业发展绿色低碳与中国和发达国家的差异。5项指标对比分析后得出：

①我国是世界上化肥施用量最多的国家，单位耕地化肥施用量达到26千克/亩，与全国平均水平比较，新疆单位耕地化肥施用量略微低一些，达到23千克/亩，是8国平均水平的1.89倍，是澳大利亚的4.06倍、加拿大的3.23倍、美国的2.73倍。

②随着病虫害的多发、频发，新疆的绿色防控技术得到全面推广，单位耕地农药使用量为0.29千克/亩，比全国平均水平低0.36元/亩，也低于日本、荷兰、韩国使用量，但与美国、加拿大、澳大利亚相比仍处于较高水平。

③万元农业GDP耗能指标与发达国家相比处于较低水平，仅为0.10吨标准煤当量/万元，约为全国平均水平的52.6%，约为世界最高水平加拿大的29.4%。这更多地反映出新疆特别是南疆四地州农业的小规模化及符合现有种植结构下的机械化程度滞后。

④在万元农业GDP耗水指标方面，新疆达到2 521米^3，是8国平均水平的4.47倍，是荷兰的84倍，是全国平均水平的5.4倍。新疆是典型的内陆干旱、半干旱地区，降雨稀少，总体上水资源紧缺，根据降水量等值线图计算，年平均降水量为154.5毫米，为全国平均降水量650.5毫米的23.8%。新疆气候干燥，蒸发强烈，一般山区年蒸发量为800~1 200毫米，平原盆地为1 600~2 200毫米，山前倾斜平原干旱指数一般为3~7，属干旱和半干旱区，盆地中心的广大沙漠地区干旱指数在10~82.5，属极干旱和极端干旱区。

⑤新疆的农业碳排放强度达到0.52吨CO_2/万元，与全国相比仅为平均水平的44%，较8个发达国家平均值低0.17。但近些年，新疆农业碳排放呈逐年上升趋势，2010—2020年农业碳排放量由534.64万吨增加到818.05万吨，年均增长4.35%。从不同种类能源碳排放前三位分析，电力碳排放量最大，占比达到38%，其次为煤炭、占比达到33%，最后为柴油、占比达到23%，汽油、煤油、天然气占比为6%左右。见表5-10。

总体来看，新疆农业发展的绿色化、低碳化在农药、能耗和碳排放等方面有一定优势，但在化肥施用量、耗水等方面劣势突出。

表5-10 新疆与全国及主要国家农业绿色低碳指标比较

地区及国家	单位耕地化肥施用量/（千克/亩）	单位耕地农药使用量/（千克/亩）	万元农业GDP耗能/（吨标准煤当量/万元）	万元农业GDP耗水/（米^3/10^4元）	农业碳排放强度/（吨CO_2/万元）
新疆	22.62	0.29	0.10	2521	0.52

（续）

地区及国家	单位耕地化肥施用量/（千克/亩）	单位耕地农药使用量/（千克/亩）	万元农业GDP耗能/（吨标准煤当量/万元）	万元农业GDP耗水/（米³/10⁴元）	农业碳排放强度/（吨 CO_2/万元）
中国	25.95	0.65	0.19	463	1.18
美国	8.29	0.17	0.13	1300	0.50
加拿大	7.00	0.15	0.34	130	1.05
澳大利亚	5.57	0.14	0.19	654	0.48
法国	10.54	0.30	0.18	102	0.57
德国	11.41	0.25	0.18	20	0.53
日本	14.82	0.46	0.17	1501	0.41
荷兰	16.67	0.59	0.20	30	1.07
韩国	21.08	0.71	0.16	771	0.88
8国平均	11.92	0.35	0.19	563.50	0.69

（4）农业要素融合实现度分析。从表5-11可以看出，在农业要素融合方面与发达国家之间相比，实现度均达到70%以上，实现度在70%～80%的为美国、加拿大、德国、澳大利亚、荷兰和法国；实现度在80%以上的有日本和韩国，主要是劳均耕地面积和劳动力平均受教育年限两个指标实现度较低。新疆农业绿色低碳与全国平均水平相比均达到100%。见表5-11。

表5-11 新疆与全国及主要国家农业要素融合实现度指标比较

指标	中国	美国	加拿大	澳大利亚	法国	德国	日本	荷兰	韩国
综合实现指数	100.00	72.90	75.20	76.20	78.30	75.20	80.70	77.80	89.80
劳均耕地面积/亩	100.00	1.43	0.79	1.24	3.59	4.97	53.07	17.37	100.00
耕地有效灌溉面积占比/%	100.00	100.00	100.00	100.00	100.00	100.00	100.00	100.00	100.00
劳动力平均受教育年限/年	100.00	75.45	75.45	79.61	87.91	71.20	78.37	81.53	82.87
政府支出的农业导向指数	100.00	100.00	100.00	100.00	100.00	100.00	72.09	100.00	66.25
谷物单产/（千克/亩）	100.00	87.50	100.00	100.00	100.00	100.00	100.00	90.32	100.00

农业生产要素的高度融合是提高农业生产效率的关键，总体来说，土地、劳动力、资金、技术是农业生产四大关键要素。通过劳均耕地面积、耕地有效灌溉面积占比、劳动力平均受教育年限、政府支出的农业导向指数、谷物单产5项指标来反映新疆要素融合与中国和发达国家的差异。5项指标对比分析后得出：

①我国总体上属于人多地少的国家，从劳均耕地面积指标看，新疆劳均耕

地面积仅 16.50 亩，与韩国基本相当，约为加拿大的 0.79%、美国的 1.44%。

②我国比较重视农业基础设施建设，特别是新疆属于绿洲农业灌溉区，农业灌溉是农业发展的基础支撑。从耕地有效灌溉面积占比看，新疆已达到 70.70%，与发达国家相比具有明显优势，这也保证了新疆农业生产的稳定性。

③新疆劳动力平均受教育年限达到 10.11 年，较全国平均水平相比高 0.2 年，但与发达国家相比差距较大，8 个发达国家平均达到 12.84 年，其中德国已达到 14.20 年，美国达到 13.40 年。

④新疆农业的大发展离不开国家的大力支持，特别是随着西部大开发、脱贫攻坚、对口援疆等一系列国家发展战略的实施，给新疆提供了持续不间断的农业支持，新疆政府支出的农业导向指数达到 1.39，除日本、韩国外远高于其他国家。

⑤伴随着农业投入及农业科技投入的加大，农业的科技产出也不断提升，新疆谷物单产平均水平达到 477 千克/亩，较发达国家平均水平高 80 千克/亩，较全国平均水平高 57 千克/亩。见表 5-12。

总体来看，新疆农业要素融合在耕地有效灌溉面积、政府支出的农业投入以及谷物单产等方面具有一定的优势，但在人均耕地面积、劳动力素质等方面与发达国家相比仍有巨大差距。

表 5-12　新疆与全国及主要国家农业要素融合指标比较

地区及国家	劳动力平均耕地面积/亩	耕地有效灌溉面积占比/%	劳动力平均受教育年限/年	政府支出的农业导向指数	谷物单产/（千克/亩）
新疆	16.50	70.70	10.11	1.39	477
中国	11.40	61.60	9.91	1.27	420
美国	1 145.55	17.10	13.40	0.82	545
加拿大	2 071.50	3.60	13.40	0.60	272
澳大利亚	1 323.15	8.30	12.70	0.31	110
法国	457.35	14.70	11.50	0.23	426
德国	330.60	5.80	14.20	0.60	476
日本	30.90	58.10	12.90	1.93	403
荷兰	94.65	50.70	12.40	0.17	528
韩国	16.35	51.10	12.20	2.10	414
8国平均	683.70	26.18	12.84	0.85	397

　　总体分析，与国际发达国家相比，新疆农业高质量发展总体实现水平较低，为美国、加拿大、澳大利亚、法国、德国、日本、荷兰、韩国 8 国平均实现度的 52.21%，也仅为全国平均实现度的 77.7%。与以上 8 个发达国家相比实现度较差的指标包括农业高质高效中的有机农业占比、单位农用地第一产业增加值两项指标，农业结构优化中的第一产业增加值占 GDP 比重、农产品加工业总产值与农业总产值比和第一产业就业人员占比 3 项指标，农业绿色低碳中的万元农业 GDP 耗水和森林覆盖率两项指标，农业要素融合中的劳均耕地面积和劳动力平均受教育年限两项指标。

（二）新疆农业高质量发展国际比较的短板

　　通过与国际发达国家对比评价，新疆农业要在以下四个方面持续发力。

1. 以科技为引领促进农业高质高效

　　（1）打造品质农业、品牌产品。推动品种培优、品质提升、品牌打造和标准化生产，在更高层次、更广领域推进农业绿色发展。建设一批现代农业全产业链标准化基地，积极开展绿色食品标志许可、有机农产品认证和农产品地理标志登记保护工作，支持区域公用品牌发展。

　　（2）加大农业科技投入，提高农业生产的投入产出比。围绕小麦、玉米、棉花、特色作物等主栽品种，培育一批具有自主知识产权的新品种，全面推广绿色栽培技术，推进农业机械化向全程全面高质高效升级，提高农业现代化管理水平，全面提升土地产出效率。

2. 发展农产品加工业持续优化农业结构

　　（1）合理确定三次产业结构比重，持续优化农业内部结构。结合新疆现阶段发展实际，对三次产业的发展变化过程适时地进行比较分析，调整和进一步优化产业结构，健全和完善相互支撑的现代化产业体系。聚焦保供做优粮油产业、巩固提升棉花产业、提质增效果蔬产业、做大做强畜牧产业这四大产业全产业链的整合、优化和提升，实现集群式发展。

　　（2）提升农产品精深加工水平，提高附加值。加快农业全产业链发展，走规模化、集约化、产业化道路，统筹推进农产品初加工、精深加工、综合利用加工和主食加工协调发展，加快培育一批农产品加工龙头企业，推动农业产业链纵深延伸，提高农业生产效率和效益，不断开拓农业增效增收空间，提升价值链。

　　（3）多渠道、多方式支持农村富余劳动力转移就业。支持农民到种养大户、家庭农场、合作社务工增收，到城镇企业园区就业、到乡镇"卫星工厂"就业。通过发展产业扩大就业、加大农村富余劳动力转移就业、培育市场经营主体吸纳就业等，进一步提高农民就业组织化程度，促进农民工资性收入增长。

3. 转变发展方式推进农业绿色发展

（1）持续加大高效节水投入力度，提高用水资源效率。大力发展高效节水农业，推广膜下滴灌、水肥一体化、覆盖保墒、测墒灌溉等技术，促进农业节水提质增效，鼓励种植耗水少、附加值高的农作物。运用现代信息技术手段，加强水资源自动化监控管理，有效提高水资源管理水平，提高利用效率。

（2）加强生态保护与修复，优化生态安全屏障体系。健全和完善草原森林河流湖泊休养生息、天然林保护修复、古树名木保护等制度，建立健全三北防护林、农田防护林网体系，继续实施森林质量精准提升、退化草原修复治理、湿地保护与修复、天然河流和湖泊保护与修复、生物多样性保护等重大工程，科学开展国土绿化行动，完善重点领域生态保护补偿机制。

4. 优化资源配置提高农业要素生产效率

（1）加大耕地保护力度，提高耕地质量。严守耕地红线，加大高标准农田建设投入标准和建设质量，持续开展耕地轮作休耕，加强退化、盐渍化耕地治理，保护和提升耕地质量，推进耕地地力保护补贴与农民保护耕地责任相挂钩。

（2）提高劳动力综合素质，培养多层次人才。构建"一主多元"的农民教育培训体系，培育高素质农民队伍，围绕自治区粮、棉、果、畜、特色农产品等产业，以农业生产经营技能、国家通用语言文字和法律法规知识为培训重点，大力培育乡村生产经营管理人才和农村实用人才。

三、新疆农业高质量发展的国内比较评价

（一）评价结果

1. 综合评价结果

2020 年，新疆农业高质量发展综合评价得分 45.2 分，居全国第 20 名。其中，高质高效满分 20 分，新疆评价得分 4.2 分，排第 23 名，较第一名上海 11.8 分低 7.6 分；创新发展满分 16 分，新疆评价得分 8.8 分，排第 11 名，较第一名上海 14.2 分低 5.4 分；协调发展满分 16 分，新疆评价得分 10.1 分，排第 24 名，较第一名黑龙江 14.3 分低 4.2 分；绿色发展满分 16 分，新疆评价得分 10.9 分，排第 27 名，较第一名贵州 15.4 分低 4.5 分；开放发展满分 16 分，新疆评价得分 4.6 分，排第 13 名，较第一名宁夏 7.9 分低 3.3 分；共享发展满分 16 分，新疆评价得分 6.5 分，排第 8 名，较第一名上海 15.3 分低 8.8 分。见表 5 - 13。

表 5 - 13　全国农业高质量发展综合评价结果

区域	高质高效		创新发展		协调发展		绿色发展		开放发展		共享发展		综合得分	
	得分	排序	得分	排序	得分	排序	得分	排序	得分	排序	得分	排序	得分	排序
北京	8.2	5	10.7	5	12.2	12	11.6	23	4.9	11	14.8	2	62.4	1
天津	8.5	4	12.1	2	11.9	15	13.6	13	5.9	4	9.1	3	61.0	2
河北	5.9	18	9.2	10	12.8	6	13.7	12	3.1	25	5.1	23	49.8	9
山西	2.2	29	6.3	21	11.7	16	14.4	6	5.9	5	5.3	19	45.7	18
内蒙古	3.6	25	8.0	14	10.8	20	14.7	3	4.2	18	6.8	6	48.2	14
辽宁	5.1	19	10.1	7	9.9	26	14.4	5	4.7	12	5.3	21	49.5	10
吉林	6.2	16	9.7	8	12.7	9	14.2	8	4.3	17	5.2	22	52.1	8
黑龙江	6.6	11	11.6	4	14.3	1	14.6	4	2.9	26	6.2	10	56.2	5
上海	11.8	1	14.2	1	5.5	31	7.2	31	5.6	7	15.3	1	59.6	3
江苏	10.5	2	11.7	3	12.5	10	11.6	22	3.2	24	7.9	5	57.4	4
浙江	9.4	3	8.3	13	13.0	5	11.5	24	3.7	23	8.8	4	54.7	6
安徽	6.5	13	8.8	12	12.3	11	12.7	16	2.1	30	5.3	20	47.7	16
福建	8.1	6	6.6	19	12.8	7	7.9	29	5.9	6	6.2	9	47.5	17
江西	6.6	10	6.6	20	14.3	2	12.3	20	3.8	22	5.7	15	49.3	12
山东	7.7	7	10.3	6	11.0	19	12.5	17	6.0	3	5.4	17	52.9	7
河南	6.3	14	9.6	9	13.7	3	11.9	21	2.6	27	5.0	25	49.1	13
湖北	6.6	12	7.1	18	12.7	8	12.3	19	5.0	10	5.6	16	49.4	11
湖南	6.7	9	7.3	17	11.4	17	11.2	26	3.8	21	5.1	24	45.5	19
广东	7.4	8	7.3	16	10.4	22	7.7	30	3.8	19	6.8	7	43.4	23
广西	4.7	21	4.4	27	12.0	14	11.3	25	2.6	28	4.3	27	39.2	28
海南	6.1	17	5.8	25	13.3	4	9.4	28	4.5	15	4.3	28	43.3	24
重庆	6.2	15	6.1	23	11.2	18	13.9	11	1.2	31	5.8	14	44.4	21
四川	4.3	22	5.2	26	12.1	13	14.1	10	2.3	29	4.8	26	42.7	26
贵州	4.9	20	3.1	31	10.0	25	15.4	1	5.4	14	4.0	30	42.0	27
云南	2.5	28	3.4	30	9.2	28	14.2	9	5.4	8	3.2	31	37.7	30
西藏	1.2	31	3.8	29	7.4	29	13.2	15	5.9	12	5.9	12	35.3	31
陕西	3.7	24	6.3	22	10.2	23	13.4	14	4.3	16	5.4	18	43.2	25
甘肃	1.9	30	6.0	24	7.3	30	14.3	7	5.4	9	4.2	29	39.0	29
青海	3.2	27	4.0	28	9.5	27	15.3	2	6.1	2	5.8	13	44.0	22
宁夏	3.5	26	7.8	15	10.4	21	12.5	18	7.9	1	6.1	11	48.2	15
新疆	4.2	23	8.8	11	10.1	24	10.9	27	4.6	13	6.5	8	45.2	20

2. 各维度评价结果

(1) 高质高效水平评价。新疆农业高质量综合评价得分 4.2 分，排第 23 名，在全国处于较低水平。农业高质高效从单位农用地第一产业增加值、规模以上农副产品加工主营业务收入与农业总产值比、粮食产量稳定度、土地集约指数、农业劳动生产率 5 个指标进行评价。

从各项指标分析：

新疆单位农用地第一产业增加值水平得分 0.2 分，排全国第 28 位。从基础数据表可以看出，2020 年新疆单位农用地第一产业增加值仅 255 元/亩，仅高于西藏和青海。一方面由于新疆农用地面积较大，根据国土资源二调数据新疆农用地面积达到 7.76 亿亩，略低于内蒙古和西藏，但农用地的产出水平并不高，耕地占比小，耕地面积占农用地的 13.61%，低于全国平均水平 19.83% 的 6.22 个百分点，仅高于北京、福建、广东、四川、青海和西藏，耕地产出率为 4 222 元/亩，仅高于山西、内蒙古、吉林、黑龙江、甘肃 5 个省份。

新疆规模以上农副产品加工主营业务收入与农业总产值比得分 0.3 分，排全国第 25 位。2020 年，新疆规模以上农副产品加工主营业务收入与农业总产值比仅为 0.13，仅高于青海、甘肃、西藏、贵州、海南 5 个省份。

粮食产量稳定度得分 1.1 分，排全国第 9 位，处于较高水平。2015—2020 年，新疆连续 5 年粮食平均产量达到 1 500 万吨以上，稳定度达到 0.15，仅次于吉林、湖北、江西、广西、西藏、湖南。

土地集约指数得分 1.5 分，排全国第 14 位，处于中等水平。2020 年，新疆家庭承包耕地流转面积 1 040 万亩，占家庭承包经营面积的 35.10%，略高于全国平均水平 1 个百分点。

农业劳动生产率得分 1.1 分，排全国第 16 位，处于中等偏下水平。2020 年，新疆农业劳动生产率 43 071 元/人，略低于全国平均水平 44 048 元/人，与全国最高水平浙江省 104 290 元/人相比差距巨大。

从高质高效的 5 项指标来看，新疆作为粮食供需平衡区，粮食生产波动小、稳定性强。新疆农业的经营方式、机械化水平使得土地集约化程度相对较高。但新疆在土地产出率、劳动生产率、农产品加工等方面还存在巨大短板。见表 5-14、表 5-15。

表 5-14　2020 年全国农业高质高效指标情况

区域	单位农用地第一产业增加值/(元/亩)	规模以上农副产品加工主营业务收入与农业总产值比	粮食产量稳定度/%	土地集约指数	农业劳动生产率/(元/人)
全国	807	0.35	−0.34	0.34	44 048
北京	626	1.76	8.04	0.64	38 432

（续）

区域	单位农用地第一产业增加值/(元/亩)	规模以上农副产品加工主营业务收入与农业总产值比	粮食产量稳定度/%	土地集约指数	农业劳动生产率/(元/人)
天津	2025	1.20	−2.84	0.50	58 383
河北	1980	0.31	−0.46	0.31	47 609
山西	629	0.13	−1.28	0.15	22 327
内蒙古	163	0.14	−2.03	0.38	45 714
辽宁	1321	0.44	−0.55	0.32	36 206
吉林	624	0.30	1.03	0.40	32 903
黑龙江	574	0.26	−0.18	0.57	63 909
上海	2203	1.55	3.91	0.91	38 359
江苏	4674	0.36	−0.77	0.61	67 211
浙江	1684	0.28	−0.98	0.60	104 290
安徽	1909	0.37	0.03	0.47	39 076
福建	1677	0.66	−0.59	0.29	84 592
江西	1 037	0.47	0.53	0.47	49 266
山东	3113	0.67	−0.70	0.42	39 066
河南	2 820	0.35	−1.04	0.31	43 775
湖北	1 751	0.44	0.91	0.34	46 064
湖南	1 556	0.44	0.25	0.41	50 723
广东	2 132	0.46	−1.22	0.44	62 190
广西	1 214	0.29	0.30	0.19	41 060
海南	2 552	0.10	0.12	0.09	66 432
重庆	1 704	0.31	−0.21	0.40	47 707
四川	879	0.28	−0.44	0.29	36 035
贵州	1 150	0.06	2.45	0.19	40 061
云南	729	0.14	−0.86	0.10	29 355
西藏	12	0.02	0.25	0.00	21 833
陕西	814	0.27	−1.10	0.24	35 879
甘肃	431	0.12	−1.48	0.17	20 069
青海	49	0.07	−0.87	0.24	47 085
宁夏	592	0.13	−0.33	0.19	40 724
新疆	255	0.13	0.15	0.35	43 071

表 5-15 全国农业高质高效水平综合评价情况

区域	单位农用地第一产业增加值得分	规模以上农副产品加工主营业务收入与农业总产值比得分	粮食产量稳定度得分	土地集约指数得分	农业劳动生产率得分	综合得分	综合排名
北京	0.5	4.0	0.0	2.8	0.9	8.2	5
天津	1.7	2.7	0.0	2.2	1.8	8.5	4
河北	1.7	0.7	0.9	1.4	1.3	5.9	18
山西	0.5	0.3	0.6	0.7	0.1	2.2	29
内蒙古	0.1	0.3	0.3	1.7	1.2	3.6	25
辽宁	1.1	1.0	0.8	1.4	0.8	5.1	19
吉林	0.5	0.7	2.6	1.8	0.6	6.2	16
黑龙江	0.5	0.6	1.0	2.5	2.1	6.6	11
上海	1.9	3.5	1.5	4.0	0.9	11.8	1
江苏	4.0	0.8	0.8	2.7	2.2	10.5	2
浙江	1.4	0.6	0.7	2.6	4.0	9.4	3
安徽	1.6	0.8	1.1	2.1	0.9	6.5	13
福建	1.4	1.5	0.8	1.3	3.1	8.1	6
江西	0.9	1.1	1.2	2.0	1.4	6.6	10
山东	2.7	1.5	0.8	1.9	0.9	7.7	7
河南	2.4	0.8	0.7	1.4	1.1	6.3	14
湖北	1.5	1.0	1.4	1.5	1.2	6.6	12
湖南	1.3	1.0	1.1	1.8	1.5	6.7	9
广东	1.8	1.0	0.6	1.9	2.0	7.4	8
广西	1.0	0.6	1.2	0.8	1.0	4.7	21
海南	2.2	0.2	1.1	0.4	2.2	6.1	17
重庆	1.5	0.7	1.0	1.8	1.3	6.2	15
四川	0.7	0.6	0.9	1.3	0.8	4.3	22
贵州	1.0	0.1	2.1	0.8	1.0	4.9	20
云南	0.6	0.3	0.7	0.4	0.4	2.5	28
西藏	0.0	0.0	1.1	0.0	0.1	1.2	31
陕西	0.7	0.6	0.6	1.0	0.8	3.7	24
甘肃	0.4	0.2	0.5	0.8	0.0	1.9	30
青海	0.0	0.1	0.7	1.1	1.3	3.2	27
宁夏	0.5	0.3	0.9	0.8	1.0	3.5	26
新疆	0.2	0.3	1.1	1.5	1.1	4.2	23

（2）创新发展水平评价。新疆农业创新发展综合评价得分 8.8 分，排第 11 名，在全国处于中等偏上水平。创新发展从农业科技进步贡献率、粮食单产、农业灌溉水利用系数、主要农作物耕种收综合机械化率 4 个指标进行评价。

从各项指标分析：

新疆农业科技进步贡献率得分 0.5 分，排全国第 29 位，处于极低水平。2020 年，新疆农业科技进步贡献率 53%，仅高于广西和西藏，比全国平均水平 60.7% 低 7.7 个百分点，比最高水平的上海 79.1% 低 26.1 个百分点。

新疆粮食单产得分 3.2 分，排全国第 2 位，处于高水平。2020 年，新疆粮食单产 477 千克/亩，仅低于上海的 536 千克/亩，比全国平均水平 420 千克/亩高出 57 千克/亩。

新疆农业灌溉水利用系数得分 1.6 分，排全国第 15 位，处于中等水平。2020 年，新疆农业灌溉水利用系数 0.57，略高于全国平均水平 0.9%，与发展水平最高的北京 0.75 相差 0.18。

新疆主要农作物耕种收综合机械化率得分 3.5 分，排全国第 2 位，处于高水平。2020 年，新疆主要农作物耕种收综合机械化率达到 87.19%，仅低于黑龙江的 96.73%，较全国平均水平 67.2% 高出 20 个百分点。

从创新发展的 4 项指标来看，新疆粮食单产和机械化率水平提高。新疆的农田灌溉水有效利用率随着高效节水的大面积发展，也在逐步提升。但新疆的农业科技进步贡献率与全国相比还存在巨大差距。见表 5 - 16、表 5 - 17。

表 5 - 16　2020 年全国农业创新发展指标情况

区域	农业科技进步 贡献率/%	谷物单产/ （千克/亩）	农业灌溉 水利用系数	耕种收综合 机械化率/%
全国	61	420	0.57	67.19
北京	75	427	0.75	34.47
天津	68	438	0.72	82.20
河北	59	400	0.68	73.36
山西	58	321	0.55	70.00
内蒙古	55	423	0.56	82.12
辽宁	64	455	0.59	82.75
吉林	59	470	0.60	82.44
黑龙江	67	465	0.61	96.73
上海	79	536	0.74	65.32
江苏	71	475	0.62	84.26

（续）

区域	农业科技进步 贡献率/%	谷物单产/ （千克/亩）	农业灌溉 水利用系数	耕种收综合 机械化率/%
浙江	65	444	0.60	45.73
安徽	65	395	0.55	80.87
福建	62	426	0.56	39.13
江西	60	394	0.52	61.81
山东	65	442	0.65	73.72
河南	63	435	0.62	73.76
湖北	60	422	0.53	60.82
湖南	61	434	0.54	56.67
广东	70	394	0.51	50.59
广西	50	362	0.51	55.17
海南	60	370	0.57	38.80
重庆	60	442	0.50	43.75
四川	59	426	0.48	38.30
贵州	55	329	0.49	31.68
云南	60	337	0.49	21.14
西藏	49	383	0.45	55.85
陕西	59	311	0.58	62.94
甘肃	57	331	0.57	61.13
青海	57	238	0.50	64.96
宁夏	59	394	0.55	78.59
新疆	53	477	0.57	87.19

表 5-17   全国农业创新发展水平综合评价情况

区域	农业科技进步 贡献率得分	粮食单产 得分	农业灌溉水 利用系数得分	主要农作物耕种收 综合机械化率得分	综合 得分	综合 排名
北京	3.5	2.5	4.0	0.7	10.7	5
天津	2.5	2.7	3.6	3.2	12.1	2
河北	1.3	2.2	3.0	2.8	9.2	10
山西	1.2	1.1	1.3	2.6	6.3	21
内蒙古	0.8	2.5	1.5	3.2	8.0	14
辽宁	2.0	2.9	1.9	3.3	10.1	7
吉林	1.3	3.1	2.0	3.2	9.7	8

（续）

区域	农业科技进步 贡献率得分	粮食单产 得分	农业灌溉水 利用系数得分	主要农作物耕种收 综合机械化率得分	综合 得分	综合 排名
黑龙江	2.3	3.0	2.2	4.0	11.6	4
上海	4.0	4.0	3.8	2.3	14.2	1
江苏	2.9	3.2	2.2	3.3	11.7	3
浙江	2.2	2.8	2.0	1.3	8.3	13
安徽	2.1	2.1	1.3	3.2	8.8	12
福建	1.7	2.5	1.4	1.0	6.6	19
江西	1.5	2.1	0.9	2.2	6.6	20
山东	2.2	2.7	2.6	2.8	10.3	6
河南	1.9	2.6	2.2	2.8	9.6	9
湖北	1.5	2.5	1.0	2.1	7.1	18
湖南	1.6	2.6	1.2	1.9	7.3	17
广东	2.8	2.1	0.8	1.6	7.3	16
广西	0.1	1.7	0.8	1.8	4.4	27
海南	1.5	1.8	1.6	0.9	5.8	25
重庆	1.5	2.7	0.7	1.2	6.1	23
四川	1.3	2.5	0.4	0.9	5.2	26
贵州	0.8	1.2	0.5	0.6	3.1	31
云南	1.5	1.3	0.6	0.0	3.4	30
西藏	0.0	2.0	0.0	1.8	3.8	29
陕西	1.4	1.0	1.7	2.2	6.3	22
甘肃	1.1	1.2	1.6	2.1	6.0	24
青海	1.0	0.0	0.7	2.3	4.0	28
宁夏	1.4	2.1	1.3	3.0	7.8	15
新疆	0.5	3.2	1.6	3.5	8.8	11

（3）协调发展水平评价。新疆农业协调发展综合评价得分 10.1 分，排第 24 名，在全国处于较低水平。协调发展从城乡居民人均可支配收入之比得分、城乡居民人均消费支出之比得分、地区人均第三产业生产总值差异系数得分、城乡居民人均储蓄存款余额差异系数得分 4 个指标进行评价。

从各项指标分析：

城乡居民人均可支配收入之比得分 2.2 分，排全国第 23 位，处于较低水平。2020 年，新疆城乡居民人均可支配收入之比 2.48∶1，略高于全国平均水平 2.56∶1；全国城乡居民收入差异最小的是天津 1.86∶1，最大的是甘肃 3.27∶1。

城乡居民人均消费支出之比得分 2.1 分，排全国第 27 位，处于低水平。2020 年，新疆城乡居民人均消费支出之比 2.13∶1，略高于全国平均水平 1.97∶1；全国消费支出差异最大的是西藏 2.80∶1，最小的是安徽省 1.51∶1。

地区人均第三产业生产总值差异系数得分 3.1 分，排全国第 16 位，处于中等水平。2020 年，新疆地区人均第三产业生产总值差异系数为 0.85，高于全国平均水平 1.13；差异系数最小的是北京，差异系数为 0.28，最大的为上海，差异系数为 2.92。

城乡居民人均储蓄存款余额差异系数得分 2.7 分，排全国第 28 位，处于高水平。2020 年，新疆城乡居民人均储蓄存款余额差异系数为 1.13，高于全国平均水平 0.91；差异系数最小的江西，差异系数为 0.25，最大的为上海，差异系数为 2.89。

从协调发展的 4 项指标来看，新疆都处于较低水平，城乡居民的收入、消费、储蓄都存在很大差距，缩小城乡差距、实现城乡一体化发展任务十分艰巨；人均第三产业生产总值总体上看有所提升，但依然是协调发展的短板。见表 5-18、表 5-19。

表 5-18 2020 年全国农业协调发展指标情况

区域	城乡居民人均可支配收入之比	城乡居民人均消费支出之比	地区人均第三产业生产总值差异系数	人均城乡居民储蓄存款余额差异系数
全国	2.56	1.97	1.13	0.91
北京	2.51	2.00	0.28	0.54
天津	1.86	1.83	0.75	1.83
河北	2.26	1.83	0.83	0.41
山西	2.51	1.98	0.64	0.59
内蒙古	2.50	1.76	1.19	1.07
辽宁	2.31	2.02	1.38	1.26
吉林	2.08	1.82	0.87	0.82
黑龙江	1.92	1.65	0.60	0.62
上海	2.19	2.03	2.92	2.89
江苏	2.19	1.81	0.72	0.85
浙江	1.96	1.68	1.03	0.91
安徽	2.37	1.51	1.03	0.97
福建	2.26	1.87	0.64	0.55

（续）

区域	城乡居民人均 可支配收入之比	城乡居民人均 消费支出之比	地区人均第三产业 生产总值差异系数	人均城乡居民储蓄 存款余额差异系数
江西	2.27	1.63	0.37	0.25
山东	2.33	2.16	1.02	0.63
河南	2.16	1.69	0.67	0.46
湖北	2.25	1.58	1.02	0.81
湖南	2.51	1.79	1.00	0.74
广东	2.49	1.96	1.07	1.07
广西	2.42	1.68	1.13	0.66
海南	2.28	1.79	0.45	0.51
重庆	2.45	1.87	1.10	0.73
四川	2.40	1.68	0.92	0.83
贵州	3.10	1.90	0.78	0.56
云南	2.92	2.22	0.86	0.74
西藏	2.82	2.80	0.88	0.91
陕西	2.84	2.01	0.73	0.78
甘肃	3.27	2.48	0.94	0.73
青海	2.88	2.00	1.04	0.85
宁夏	2.57	1.91	1.01	1.07
新疆	2.48	2.13	0.85	1.13

表 5-19　全国农业协调发展水平综合评价情况

区域	城乡居民人均 可支配收入 之比得分	城乡居民 人均消费 支出之比得分	地区人均第三 产业生产总值 差异系数得分	城乡居民人均 储蓄存款余额 差异系数得分	综合 得分	综合 排名
北京	2.2	2.5	4.0	3.6	12.2	12
天津	4.0	3.0	3.3	1.6	11.9	15
河北	2.8	3.0	3.2	3.8	12.8	6
山西	2.2	2.6	3.5	3.5	11.7	16
内蒙古	2.2	3.2	2.6	2.8	10.8	20
辽宁	2.7	2.4	2.3	2.5	9.9	26
吉林	3.4	3.0	3.1	3.1	12.7	9
黑龙江	3.8	3.6	3.5	3.5	14.3	1
上海	3.1	2.4	0.0	0.0	5.5	31

（续）

区域	城乡居民人均可支配收入之比得分	城乡居民人均消费支出之比得分	地区人均第三产业生产总值差异系数得分	城乡居民人均储蓄存款余额差异系数得分	综合得分	综合排名
江苏	3.0	3.1	3.3	3.1	12.5	10
浙江	3.7	3.5	2.9	3.0	13.0	5
安徽	2.5	4.0	2.9	2.9	12.3	11
福建	2.9	2.9	3.5	3.5	12.8	7
江西	2.8	3.6	3.9	4.0	14.3	2
山东	2.7	2.0	2.9	3.4	11.0	19
河南	3.1	3.4	3.4	3.7	13.7	3
湖北	2.9	3.8	2.9	3.2	12.7	8
湖南	2.1	3.1	2.9	3.3	11.4	17
广东	2.2	2.6	2.8	2.8	10.4	22
广西	2.4	3.5	2.7	3.4	12.0	14
海南	2.8	3.1	3.7	3.6	13.3	4
重庆	2.3	2.9	2.8	3.3	11.2	18
四川	2.5	3.5	3.0	3.1	12.1	13
贵州	0.5	2.8	3.2	3.5	10.0	25
云南	1.0	1.8	3.1	3.3	9.2	28
西藏	1.3	0.0	3.1	3.0	7.4	29
陕西	1.2	2.4	3.3	3.2	10.2	23
甘肃	0.0	1.0	3.0	3.3	7.3	30
青海	1.1	2.5	2.8	3.1	9.5	27
宁夏	2.0	2.8	2.9	2.8	10.4	21
新疆	2.2	2.1	3.1	2.7	10.1	24

（4）绿色发展水平评价。新疆农业绿色发展综合评价得分 10.9 分，排第 27 名，在全国处于低水平。绿色发展从单位耕地化肥施用量、单位耕地农药使用量、农业碳排放强度、单位地区农业生产总值用水量 4 个指标进行评价。

从各项指标分析：

单位耕地化肥施用量得分 3.0 分，排全国第 11 位，处于中等水平。2020 年，新疆单位耕地化肥施用量 23.51 千克/亩，比全国平均水平 27.38 千克/亩少了 3.87 千克/亩，但与全国农业大省黑龙江的 8.69 千克/亩相比高出 14.82 千克/亩，与同为西北地区省份甘肃的 10.28 千克/亩相比高出 13.23 千克/亩。

单位耕地农药使用量得分 3.9 分，排全国第 6 位，处于较好水平。2020 年，新疆单位耕地农药使用量 0.21 千克/亩，较全国平均水平 0.68 千克/亩低 0.47 千克/亩，但与全国最优省份内蒙古的 0.14 千克/亩相比，仍然高出 0.07 千克/亩。

农业碳排放强度得分 4.0 分，排全国第 20 位，处于中等水平。2020 年，新疆农业碳排放强度为 0.76 吨 CO_2/万元，较全国平均水平 1.29 吨 CO_2/万元低 0.53 吨 CO_2/万元，但与全国最优省份海南的 0.22 吨 CO_2/万元相比，仍高出 0.54 吨 CO_2/万元。

单位地区农业生产总值用水量得分 0.004 分，排全国第 31 位，处于全国最差水平。2020 年，新疆单位地区农业生产总值用水量 2 504 米³/万元，较全国平均水平 463 米³/万元相比高出 2 041 米³/亩，与全国最优省份重庆市的 161 米³/万元相比高出 2 343 米³/万元，节水任务十分艰巨。

从绿色发展的 4 项指标来看，农业碳排放强度、单位地区农业生产总值用水量是新疆农业绿色发展的短板，节能节水是新疆农业绿色发展、高质量发展的重要任务。见表 5-20、表 5-21。

表 5-20　2020 年全国农业绿色发展指标情况

区域	单位耕地化肥施用量/(千克/亩)	单位耕地农药使用量/(千克/亩)	农业碳排放强度/(吨 CO_2/万元)	单位地区农业生产总值用水量/(米³/万元)
全国	27.38	0.68	1.29	463
北京	43.21	1.53	6.34	297
天津	30.92	0.40	1.94	490
河北	31.57	0.60	1.40	278
山西	18.51	0.43	1.21	433
内蒙古	12.04	0.14	0.57	691
辽宁	17.70	0.58	0.87	348
吉林	20.03	0.42	0.49	534
黑龙江	8.69	0.24	0.38	810
上海	28.37	1.09	102.99	1 468
江苏	45.77	1.07	4.40	588
浙江	35.96	1.89	4.94	341
安徽	34.84	1.00	0.70	454
福建	72.11	3.09	1.68	365
江西	26.65	1.29	0.61	722
山东	39.30	1.18	0.88	250

（续）

区域	单位耕地化肥施用量/(千克/亩)	单位耕地农药使用量/(千克/亩)	农业碳排放强度/(吨CO_2/万元)	单位地区农业生产总值用水量/(米³/万元)
河南	57.49	0.91	0.74	231
湖北	37.37	1.30	0.49	337
湖南	41.10	1.86	0.34	462
广东	77.04	2.92	3.06	442
广西	49.96	1.33	0.43	526
海南	58.34	2.70	0.22	294
重庆	32.02	0.58	0.48	161
四川	26.89	0.54	0.39	277
贵州	15.12	0.16	0.46	204
云南	24.30	0.55	0.36	306
西藏	6.63	0.11	0.27	1 819
陕西	45.87	0.27	0.67	245
甘肃	10.28	0.52	0.63	699
青海	6.44	0.15	0.28	529
宁夏	21.22	0.12	0.68	1 734
新疆	23.51	0.21	0.76	2 504

表 5-21　全国农业绿色发展水平综合评价情况

区域	单位耕地化肥施用量得分	单位耕地农药使用量得分	农业碳排放强度得分	单位地区农业生产总值用水量得分	综合得分	综合排名
北京	1.9	2.1	3.8	3.8	11.6	23
天津	2.6	3.6	3.9	3.4	13.6	13
河北	2.6	3.3	4.0	3.8	13.7	12
山西	3.3	3.6	4.0	3.5	14.4	6
内蒙古	3.7	4.0	4.0	3.1	14.7	3
辽宁	3.4	3.4	4.0	3.7	14.4	5
吉林	3.2	3.6	4.0	3.4	14.2	8
黑龙江	3.9	3.8	4.0	2.9	14.6	4
上海	2.8	2.7	0.0	1.8	7.2	31
江苏	1.8	2.7	3.8	3.3	11.6	22
浙江	2.3	1.6	3.8	3.7	11.5	24
安徽	2.4	2.8	4.0	3.5	12.7	16

（续）

区域	单位耕地化肥施用量得分	单位耕地农药使用量得分	农业碳排放强度得分	单位地区农业生产总值用水量得分	综合得分	综合排名
福建	0.3	0.0	3.9	3.7	7.9	29
江西	2.9	2.4	4.0	3.0	12.3	20
山东	2.1	2.6	4.0	3.9	12.5	17
河南	1.1	2.9	4.0	3.9	11.9	21
湖北	2.3	2.4	4.0	3.7	12.3	19
湖南	2.0	1.6	4.0	3.5	11.2	26
广东	0.0	0.2	3.9	3.5	7.7	30
广西	1.5	2.4	4.0	3.4	11.3	25
海南	1.1	0.5	4.0	3.8	9.4	28
重庆	2.6	3.4	4.0	4.0	13.9	11
四川	2.8	3.4	4.0	3.8	14.1	10
贵州	3.5	3.9	4.0	3.9	15.4	1
云南	3.0	3.4	4.0	3.8	14.2	9
西藏	4.0	4.0	4.0	1.2	13.2	15
陕西	1.8	3.8	4.0	3.9	13.4	14
甘肃	3.8	3.5	4.0	3.1	14.3	7
青海	4.0	4.0	4.0	3.4	15.3	2
宁夏	3.2	4.0	4.0	1.3	12.5	18
新疆	3.0	3.9	4.0	0.004	10.9	27

（5）开放发展水平评价。新疆农业开放发展综合评价得分 4.6 分，排第 13 名，在全国处于中等偏上水平。开放发展从人均农产品进出口贸易总额、农产品出口优势增长指数、农产品贸易竞争力指数、农产品国际市场占有率 4 个指标进行评价。

从各项指标分析：

人均农产品进出口贸易总额得分 0.203 分，排全国第 19 位，处于全国中等偏下水平。2020 年，新疆人均农产品进出口贸易总额 60.49 美元/人，较全国平均水平 228.73 美元/人相比低 168.24 美元/人，较全国最优水平上海的 1 119.76 美元/人相比低 1 059.27 美元/人。

农产品出口优势增长指数得分 2.091 分，排全国第 10 位，处于全国中等偏上水平。2020 年，新疆农产品出口优势增长指数 6.62，较全国平均水平 −6.82 相比具有一定优势，但与优势最为明显的宁夏的 55.16 相比低 48.54。

农产品贸易竞争力指数得分 2.254 分，排全国第 10 位，处于全国中等偏上水平。2020 年，新疆农产品贸易竞争力指数 0.11，较全国平均水平−0.53 具有竞争优势，但与优势最为明显的贵州的 0.87 相比仍低 0.76。

农产品国际市场占有率得分 0.049 分，排全国第 19 位，处于全国中等偏下水平。2020 年，新疆农产品国际市场占有率 0.05%，与全国最优省份山东的 1.01% 相比低 0.95 个百分点。

从开放发展的 4 项指标来看，人均农产品进出口贸易总额、农产品国际市场占有率两项指标发展较差，充分表明新疆的区位优势、口岸优势还未转化为经济优势。见表 5-22、表 5-23。

表 5-22　2020 年全国农业开放发展指标情况

区域	人均农产品进出口贸易总额/美元	农产品出口优势增长指数	农产品贸易竞争力指数	农产品国际市场占有率/%
全国	228.73	−6.82	−0.53	4.22
北京	996.90	−15.80	−0.87	0.08
天津	898.06	18.24	−0.83	0.06
河北	79.37	−1.20	−0.44	0.09
山西	5.07	16.97	0.60	0.01
内蒙古	77.77	5.75	−0.07	0.05
辽宁	234.12	1.79	−0.13	0.24
吉林	73.52	−0.18	0.07	0.05
黑龙江	78.49	−9.74	−0.38	0.04
上海	1 119.76	−8.63	−0.88	0.09
江苏	231.86	−4.41	−0.65	0.19
浙江	218.09	−11.49	−0.30	0.27
安徽	97.81	−21.29	−0.56	0.07
福建	481.79	−0.32	−0.07	0.52
江西	13.04	−34.74	0.55	0.03
山东	346.81	−3.42	0.03	1.01
河南	29.55	−46.33	0.17	0.10
湖北	49.51	−8.23	0.54	0.12
湖南	79.71	11.12	−0.36	0.09
广东	267.14	−10.63	−0.45	0.52
广西	139.11	−17.96	−0.50	0.10
海南	112.02	11.67	−0.11	0.03

（续）

区域	人均农产品进出口 贸易总额/美元	农产品出口优势 增长指数	农产品贸易 竞争力指数	农产品国际市场 占有率/%
重庆	47.24	−22.58	−0.85	0.01
四川	17.64	−35.00	−0.12	0.04
贵州	14.33	−34.69	0.87	0.03
云南	150.88	−8.63	0.46	0.29
西藏	8.19	22.97	−0.41	0.00
陕西	30.38	12.89	−0.07	0.03
甘肃	15.92	11.70	0.43	0.02
青海	5.12	29.82	0.47	0.00
宁夏	24.22	55.16	0.80	0.01
新疆	60.49	6.62	0.11	0.05

表 5 - 23　全国农业开放发展水平综合评价情况

区域	人均农产品进出 口贸易总额得分	农产品出口优势 增长指数得分	农产品贸易竞争 力指数得分	农产品国际市场 占有率得分	综合 得分	综合 排名
北京	3.563	1.207	0.033	0.081	4.9	11
天津	3.208	2.549	0.105	0.058	5.9	4
河北	0.271	1.783	0.997	0.090	3.1	25
山西	0.004	2.499	3.368	0.011	5.9	5
内蒙古	0.265	2.057	1.840	0.049	4.2	18
辽宁	0.826	1.901	1.710	0.231	4.7	12
吉林	0.250	1.823	2.175	0.053	4.3	17
黑龙江	0.267	1.446	1.147	0.044	2.9	26
上海	4.004	1.490	0.004	0.092	5.6	7
江苏	0.818	1.656	0.537	0.187	3.2	24
浙江	0.768	1.377	1.323	0.263	3.7	23
安徽	0.337	0.991	0.730	0.073	2.1	30
福建	1.715	1.817	1.843	0.492	5.9	6
江西	0.033	0.461	3.264	0.028	3.8	22
山东	1.230	1.695	2.080	0.959	6.0	3
河南	0.092	0.004	2.401	0.094	2.6	27
湖北	0.163	1.506	3.231	0.118	5.0	10
湖南	0.272	2.268	1.180	0.092	3.8	21

（续）

区域	人均农产品进出口贸易总额得分	农产品出口优势增长指数得分	农产品贸易竞争力指数得分	农产品国际市场占有率得分	综合得分	综合排名
广东	0.944	1.411	0.988	0.493	3.8	19
广西	0.485	1.122	0.860	0.095	2.6	28
海南	0.388	2.290	1.753	0.030	4.5	15
重庆	0.155	0.940	0.074	0.010	1.2	31
四川	0.049	0.451	1.732	0.038	2.3	29
贵州	0.037	0.463	4.004	0.031	4.5	14
云南	0.527	1.490	3.069	0.278	5.4	8
西藏	0.015	2.735	1.064	0.004	3.8	20
陕西	0.095	2.338	1.844	0.033	4.3	16
甘肃	0.043	2.291	2.999	0.019	5.4	9
青海	0.004	3.006	3.089	0.005	6.1	2
宁夏	0.073	4.004	3.845	0.012	7.9	1
新疆	0.203	2.091	2.254	0.049	4.6	13

（6）共享发展水平评价。新疆农业共享发展综合评价得分 6.5 分，排第 8 名，在全国处于较高水平。共享发展从劳动力平均受教育年限、农村居民人均可支配收入、乡村非农就业占比、农村人口人均地方财政农林水事务支出 4 个指标进行评价。

从各项指标分析：

劳动力平均受教育年限得分 2.29 分，排全国第 10 位，处于全国中等偏上水平。2020 年，新疆劳动力平均受教育年限 10.11 年，较全国平均水平 9.91 年高 0.2 年，较全国最优省份北京的 12.64 年低 2.53 年。

农村居民人均可支配收入得分 0.61 分，排全国第 24 位，处于全国较低水平。2020 年，新疆农村居民人均可支配收入 14 056 元/人，较全国平均水平 17 131 元/人低 3 075 元/人，较全国最高省份上海的 34 911 元/人低 20 855 元/人。

乡村非农就业占比得分 1.69 分，排全国第 17 位，处于全国中等偏下水平。2020 年，新疆乡村非农就业占比 0.60%，较全国平均水平 0.64%低 0.04 个百分点，较全国最高省份上海的 0.96%低 0.32 个百分点。

农村人口人均地方财政农林水事务支出得分 1.90 分，排全国第 7 位，处于全国较高水平。2020 年，新疆农村人口人均地方财政农林水事务支出 10 017元/人，较全国平均水平 4 697 元/人高 5 320 元/人，较全国最高省份北京的 18 237 元/人低 8 220 元/人。

从共享发展的 4 项指标来看，农村居民人均可支配收入、乡村非农就业占比两项指标发展较差，表明新疆农民增收和劳动力转移与经济高质量发展存在一定差距。见表 5-24、表 5-25。

表 5-24　2020 年全国农业共享发展指标情况

区域	劳动力平均受教育年限/年	农村居民人均可支配收入/元	乡村非农就业占比/%	农村人口人均地方财政农林水事务支出/元
全国	9.91	17 131	0.64	4 697
北京	12.64	30 126	0.89	18 237
天津	11.29	25 691	0.69	7 303
河北	9.84	16 467	0.62	3 318
山西	10.45	13 878	0.59	4 998
内蒙古	10.08	16 567	0.55	11 109
辽宁	10.34	17 450	0.53	4 257
吉林	10.17	16 067	0.48	6 448
黑龙江	9.93	16 168	0.59	8 390
上海	11.81	34 911	0.96	17 812
江苏	10.21	24 198	0.76	4 846
浙江	9.79	31 930	0.77	4 249
安徽	9.35	16 620	0.69	3 633
福建	9.66	20 880	0.69	3 462
江西	9.70	16 981	0.68	4 140
山东	9.75	18 753	0.64	2 836
河南	9.79	16 108	0.65	2 585
湖北	10.02	16 306	0.66	4 076
湖南	9.88	16 585	0.60	3 603
广东	10.38	20 143	0.72	3 450
广西	9.54	14 815	0.55	3 934
海南	10.10	16 279	0.34	6 681
重庆	9.80	16 361	0.69	4 253
四川	9.24	15 929	0.63	3 698
贵州	8.75	11 642	0.60	5 669
云南	8.82	12 842	0.47	4 664
西藏	6.75	14 598	0.55	17 678
陕西	10.26	13 316	0.63	5 025

(续)

区域	劳动力平均受教育年限/年	农村居民人均可支配收入/元	乡村非农就业占比/%	农村人口人均地方财政农林水事务支出/元
甘肃	9.13	10 344	0.58	6 498
青海	8.85	12 342	0.60	11 806
宁夏	9.81	13 889	0.58	10 018
新疆	10.11	14 056	0.60	10 017

表 5 - 25　全国农业共享发展水平综合评价情况

区域	劳动力平均受教育年限得分	农村居民人均可支配收入得分	乡村非农就业占比得分	农村人口人均地方财政农林水事务支出得分	综合得分	综合排名
北京	4.00	3.22	3.55	4.00	14.8	2
天津	3.09	2.50	2.26	1.21	9.1	3
河北	2.10	1.00	1.79	0.19	5.1	23
山西	2.52	0.58	1.63	0.62	5.3	19
内蒙古	2.27	1.02	1.36	2.18	6.8	6
辽宁	2.44	1.16	1.24	0.43	5.3	21
吉林	2.33	0.94	0.91	0.99	5.2	22
黑龙江	2.16	0.95	1.57	1.49	6.2	10
上海	3.44	4.00	4.00	3.90	15.3	1
江苏	2.35	2.26	2.73	0.58	7.9	5
浙江	2.07	3.52	2.80	0.43	8.8	4
安徽	1.77	1.03	2.23	0.27	5.3	20
福建	1.98	1.72	2.28	0.23	6.2	9
江西	2.01	1.08	2.21	0.40	5.7	15
山东	2.04	1.37	1.94	0.07	5.4	17
河南	2.07	0.94	2.01	0.00	5.0	25
湖北	2.22	0.97	2.05	0.38	5.6	16
湖南	2.13	1.02	1.65	0.26	5.1	24
广东	2.47	1.60	2.48	0.23	6.8	7
广西	1.90	0.73	1.34	0.35	4.3	27
海南	2.28	0.97	0.00	1.05	4.3	28
重庆	2.08	0.98	2.28	0.43	5.8	14
四川	1.70	0.91	1.88	0.29	4.8	26

（续）

区域	劳动力平均受教育年限得分	农村居民人均可支配收入得分	乡村非农就业占比得分	农村人口人均地方财政农林水事务支出得分	综合得分	综合排名
贵州	1.36	0.22	1.67	0.79	4.0	30
云南	1.41	0.41	0.80	0.54	3.2	31
西藏	0.00	0.70	1.33	3.86	5.9	12
陕西	2.39	0.49	1.87	0.63	5.4	18
甘肃	1.62	0.00	1.53	1.00	4.2	29
青海	1.43	0.33	1.65	2.36	5.8	13
宁夏	2.08	0.58	1.53	1.90	6.1	11
新疆	2.29	0.61	1.69	1.90	6.5	8

为了能更加清晰地反映出全国 31 个省（自治区、直辖市）农业高质量发展的程度和差异，找出每类的共同特点，本研究采用综合得分和 6 个公因子得分进行聚类分析，通过 SPSS 22.0 软件中的系统聚类分析法，进一步分析了农业发展质量的层次和梯度，通过组间瓦尔德法，以切比雪夫距离为度量依据，将数据代入软件获得系统聚类分析聚类树状图，如图 5-1 所示。

聚类结果可分为五大类：天津、北京为第一类，上海、江苏、黑龙江、浙江、山东为第二类，河北、吉林、内蒙古、辽宁、河南、江西、湖北、福建、宁夏、安徽为第三类，海南、四川、湖南、新疆、广东、重庆、青海、陕西、山西为第四类，甘肃、贵州、云南、广西、西藏为第五类。见表 5-26。

表 5-26　全国各省份农业高质量发展区域

类别	包含区域	判定等级
第一类	天津、北京	好
第二类	上海、江苏、黑龙江、浙江、山东	较好
第三类	河北、吉林、内蒙古、辽宁、河南、江西、湖北、福建、宁夏、安徽	一般
第四类	海南、四川、湖南、新疆、广东、重庆、青海、陕西、山西	较差
第五类	甘肃、贵州、云南、广西、西藏	差

第一类综合得分为 a（综合得分，下同）$\geqslant 60$ 分，在高质高效、创新发展、开放发展和共享发展等方面的水平较高。突出表现为农业基础设施完善强、土地集约化程度高，农业科技进步贡献率高、城乡居民差异小、农产品竞争力强、劳动力文化素质较高。

第二类综合得分为 $50 \leqslant a < 60$ 分，在高质高效、创新发展和共享发展等方

使用平均联接（组间）的树状图
重新调整距离聚类合并

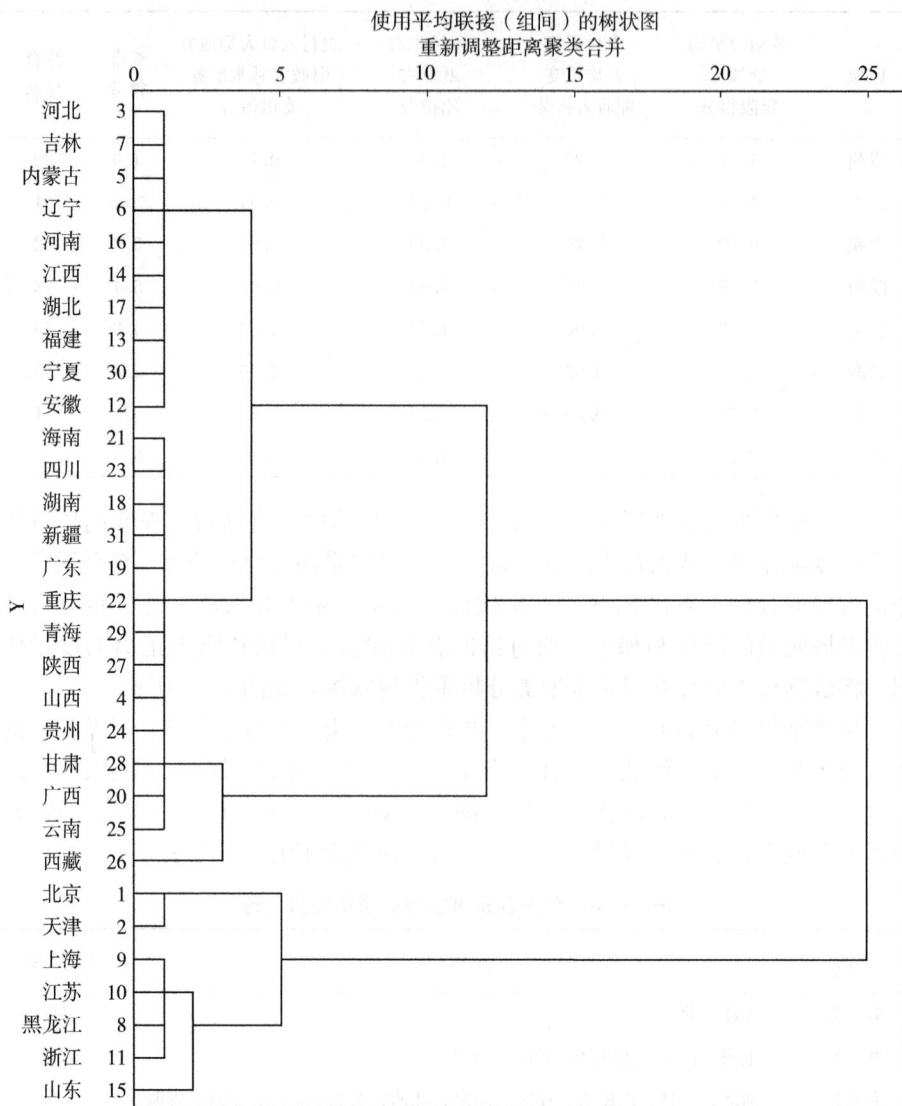

图 5-1　聚类树状图

面的水平较高。突出表现为土地集约化程度高、粮食单产水平高、机械化程度高，城乡差异小。

第三类综合得分为 46≤a<50 分，在协调发展、高质高效方面发展水平较高。突出表现为农业发展基础较好、机械化程度高，城乡差异小，绿色发展能力强。

第四类综合得分为 40≤a<46 分，在绿色发展和共享发展方面发展水平较

高。突出表现为农药、化肥的投入少。

第五类综合得分为 $a<40$ 分，这类地区基本为脱贫攻坚成果巩固拓展区，农业发展质量整体不高。在高质高效、创新发展、协调发展、共享发展方面最差，突出表现为农业基础设施薄弱、农业科技贡献小、劳动力素质不高。

（二）新疆农业高质量发展国内比较的短板

与全国 31 个省（自治区、直辖市）相比，新疆农业高质量发展得出以下结论：

1. 农业发展效率低，科技支撑不足

新疆在农业土地产出率、劳动生产率、水资源利用效率等方面总体都低，农产品加工产能利用率较低，农业科技进步贡献率较差。中国农业科学院制定的《全国农业现代化监测评价指标体系方案》，是当前我国农业农村部衡量全国农业现代化发展水平的主要评价指标体系。该方案中将现代农业划分为发展起步阶段（0～60 分）、转型跨越阶段（60～75 分）、基本实现阶段（75～85 分）及全面实现阶段（85 分以上）。新疆现代农业发展基本处于转型跨越阶段。可见，新疆农村经济发展还属于高投入、高消耗、低产出的较为粗放的经济发展方式，距离基本实现农业现代化尚有一定距离，经济发展效率亟须大力提升。

2. 城乡发展的差异较大，农业发展的内生动力不足

新疆在城乡居民的收入、消费、储蓄及第三产业生产总值发展水平方面较差，农业发展的区位优势未得到有效发挥，农民收入低，产业发展滞后，乡村非农就业占比低。按照聚类分析，新疆农业高质量发展水平归属于第四梯度，即总体发展水平较差。与同类地区相比，新疆也仅是在共享发展方面略有优势，追其根源，是国家近年来加大了对新疆的扶持力度，同时，由于打赢脱贫攻坚战，国家及援疆省份加大了对南疆四地（州）农业农村的投入，使得新疆在共享发展方面略有优势，但在高质高效、协调发展、绿色发展三个方面发展水平较差，现代要素对农业生产体系建设支撑不足。

3. 资源环境问题突出，水资源区域供给严重不足

新疆深居内陆，距海遥远，气候为干旱的温带大陆性气候，降水稀少，水资源总体短缺，结构性缺水、区域性缺水一直是新疆农业发展的制约因素。新疆水土流失问题十分突出，虽然水土流失治理面积逐年增加，但当前新疆已成为我国地膜覆盖面积最大的省份，大量残膜造成的"白色污染"不但严重影响农业生产，而且对农业环境安全也构成了巨大威胁。新疆是化肥消费大省，特别是新疆缺磷少氮富钾的土壤特点，对氮磷肥的需求尤其旺盛。过量使用化肥，造成了土壤板结，地力下降，土地持续产出能力降低。这些问题威胁着新

疆的农业发展环境。

四、新疆农业高质量发展的区内比较评价

(一) 评价结果

1. 综合评价结果

经测算，2020 年新疆 14 个地（市、州）农业发展质量总体不高，且区域间存在较大差异，发展水平最高与最低的相差 55.6 分。从各地（市、州）综合发展实力分析，克拉玛依市农业发展质量最高，其发展质量水平为 72.6 分，乌鲁木齐市次之，农业发展质量水平达到 62.0 分。但考虑克拉玛依市和乌鲁木齐市不是新疆的农业大区，2020 年这两个区域的农业生产总值分别仅占GDP 的 5.67% 和 1.10%，乡村人口分别仅占总人口的 0.41% 和 5.48%，将其农业的发展质量与其他 12 个地（市、州）一同评价，其结果并不具有代表性。其余 12 个地（市、州）均属于新疆的农业区域，从总评价结果来看，排序为昌吉回族自治州（以下简称昌吉州）>博尔塔拉蒙古自治州（以下简称博州）>塔城地区>哈密市>巴音郭楞蒙古自治州（以下简称巴州）>伊犁哈萨克自治州直属县市（以下简称伊犁州直）>吐鲁番市>阿勒泰地区>阿克苏地区>喀什地区>克孜勒苏柯尔克孜自治州（以下简称克州）>和田地区。排在首位的昌吉州农业发展质量水平为 53.5 分，排在最后一位的和田地区农业发展质量水平仅为 17.0 分，发展质量较差。见表 5 - 27。

表 5 - 27　新疆各地（市、州）农业高质量发展综合评价结果

区域	高质高效		创新发展		协调发展		绿色发展		开放发展		共享发展		综合得分	
	得分	排序	得分	排序	得分	排序	得分	排序	得分	排序	得分	排序	得分	排序
乌鲁木齐市	17.6	2	11.5	1	5.2	11	13.5	1	4.1	5	10.1	2	62.0	2
克拉玛依市	22.0	1	7.9	6	7.5	10	13.4	2	6.8	2	15.0	1	72.6	1
吐鲁番市	7.2	12	9.5	3	12.1	1	4.0	12	2.6	7	3.1	11	38.5	9
哈密市	10.8	7	7.0	8	9.1	5	10.3	6	1.5	9	7.1	7	45.9	6
昌吉州	15.3	3	7.3	7	9.6	4	12.2	3	3.6	6	5.5	5	53.5	3
伊犁州直	4.7	13	5.6	12	8.8	6	10.6	5	6.3	3	4.5	8	40.5	8
塔城地区	11.9	5	8.6	4	10.3	2	12.8	3	1.3	10	4.4	9	49.2	5
阿勒泰地区	2.3	14	4.9	10	8.5	9	9.1	7	6.4	4	3.8	10	35.0	10
博州	12.2	4	9.8	2	8.6	7	8.2	8	8.7	1	4.7	6	52.3	4
巴州	9.4	8	8.2	5	9.6	3	7.7	9	1.6	8	5.1	5	41.7	7

（续）

区域	高质高效		创新发展		协调发展		绿色发展		开放发展		共享发展		综合得分	
	得分	排序	得分	排序	得分	排序	得分	排序	得分	排序	得分	排序	得分	排序
阿克苏地区	9.3	9	3.8	11	8.1	9	6.7	10	0.9	11	2.0	13	30.8	11
克州	7.7	11	2.7	13	3.7	13	2.7	14	0.4	13	4.5	7	21.7	13
喀什地区	11.1	6	3.3	12	4.3	12	6.6	11	0.9	12	2.3	12	28.4	12
和田地区	8.7	10	2.7	14	1.5	14	3.4	13	0.3	14	0.5	14	17.0	14

2. 各维度评价结果

（1）高质高效水平评价。新疆各地（市、州）农业高质高效从单位农用地第一产业增加值、规模以上农副产品加工主营业务收入与农业总产值比、粮食产量稳定度、土地集约指数、农业劳动生产率 5 个指标进行评价。综合得分排名前 3 位的分别为克拉玛依市、乌鲁木齐市、昌吉州；排名后 3 位的分别为吐鲁番市、伊犁州直、阿勒泰地区。

从各指标分析：

新疆单位农用地第一产业增加值平均得分 1.468 分，得分超过全疆平均值的地（市、州）分别为喀什地区、阿克苏地区、伊犁州直、昌吉州、吐鲁番市、博州。从基础数据表可以看出，喀什地区单位农用地第一产业增加值 8 142 元/亩，较排名最后的克州 242 元/亩约高 32.6 倍。

新疆规模以上农副产品加工主营业务收入与农业总产值比平均得分 0.032 分，除和田地区以外其余地州均高于全疆平均分。从基础数据表可以看出，乌鲁木齐市规模以上农副产品加工主营业务收入与农业总产值比为 6.37∶1，较排名最后的和田地区 0.09∶1 约高 69.78 倍。

粮食产量稳定度平均得分 1.055 分，除阿勒泰地区以外均高于全疆平均分。从基础数据表可以看出，粮食主产区昌吉州粮食产量稳定度最高，达到8.78%，表现出粮食生产相对稳定；排名最后的阿勒泰地区-6.05%，表现出近 5 年来粮食生产波动较大。

土地集约指数平均得分 1.729 分，得分超过全疆平均值的地（市、州）分别为克拉玛依市、博州、昌吉州、阿勒泰地区、塔城地区 5 个地区，表明这 5 个地区的土地规模化、集约化程度较高。从基础数据表可以看出，克拉玛依市的土地集约化程度达到了 1.00，博州达到 0.69，而排名最后的克州土地集约化程度仅为 0.01。

农业劳动生产率平均得分 0.011 分，得分超过全疆平均值的地（市、州）分别为克拉玛依市、博州、塔城地区、昌吉州、巴州、哈密市、阿勒泰地区 7 个地区，表明这 7 个地区的劳动生产率水平较高。从基础数据表可以看出，博州劳动生产率约达到 20.17 万元/人，而排名最后的和田地区仅约为 1.3 万元/人。

从高质高效的 5 项指标来看，新疆各地（市、州）发展的差异极大，总体来看北疆优于南疆，吐鲁番盆地和伊犁河谷及阿勒泰区域发展最差。见表 5-28、表 5-29。

表 5-28 新疆各地（市、州）农业高质高效指标情况

区域	单位农用地第一产业增加值/（元/亩）	规模以上农副产品加工主营业务收入与农业总产值比	粮食产量稳定度/%	土地集约指数	农业劳动生产率/（元/人）
新疆	2 554	0.13	-1.21	0.35	43 071
乌鲁木齐市	1 948	6.37	16.97	0.30	45 428
克拉玛依市	2 247	2.17	4.39	1.00	28 370 000
吐鲁番市	2 991	0.27	3.99	0.06	32 791
哈密市	544	0.14	1.85	0.35	86 784
昌吉州	3 093	1.65	8.78	0.61	112 725
伊犁州直	3 307	0.39	-0.53	0.26	43 043
塔城地区	2533	0.52	4.21	0.37	156 438
阿勒泰地区	403	0.15	-6.05	0.43	70 219
博州	2 734	0.80	2.64	0.69	201 707
巴州	1 194	0.88	7.18	0.20	95 772
阿克苏地区	3 764	0.39	3.34	0.14	42 875
克州	242	0.41	3.98	0.01	11 486
喀什地区	8 142	0.26	3.40	0.08	24 862
和田地区	1 405	0.09	5.34	0.07	13 283

表 5-29 新疆各地（市、州）农业高质高效发展水平综合评价情况

区域	单位农用地第一产业增加值	规模以上农副产品加工主营业务收入与农业总产值比	粮食产量稳定度	土地集约指数	农业劳动生产率	综合得分	综合排名
新疆	1.468	0.032	1.055	1.729	0.011		
乌鲁木齐市	1.085	5.005	10.000	1.463	0.011	17.6	2
克拉玛依市	1.274	1.661	9.051	5.005	5.005	22.0	1
吐鲁番市	1.745	0.150	5.000	0.269	0.009	7.2	12
哈密市	0.196	0.045	8.810	1.720	0.018	10.8	7
昌吉州	1.810	1.244	9.186	3.025	0.023	15.3	3

（续）

区域	单位农用地第一产业增加值	规模以上农副产品加工主营业务收入与农业总产值比	粮食产量稳定度	土地集约指数	农业劳动生产率	综合得分	综合排名
伊犁州直	1.945	0.243	1.203	1.254	0.011	4.7	13
塔城地区	1.455	0.344	8.220	1.835	0.031	11.9	5
阿勒泰地区	0.107	0.052	0.005	2.135	0.015	2.3	14
博州	1.582	0.572	6.591	3.459	0.039	12.2	4
巴州	0.607	0.632	7.178	0.944	0.020	9.4	8
阿克苏地区	2.235	0.241	6.094	0.676	0.011	9.3	9
克州	0.005	0.261	7.392	0.005	0.005	7.7	11
喀什地区	5.005	0.140	5.547	0.375	0.007	11.1	6
和田地区	0.741	0.005	7.666	0.317	0.005	8.7	10

（2）创新发展水平评价。新疆各地（市、州）农业创新发展从谷物单产、农业灌溉水利用系数、单位播种面积农机总动力3个指标进行评价。综合得分排名前3位的分别为乌鲁木齐市、博州、吐鲁番市；排名后3位的分别为喀什地区、克州、和田地区。

从各指标分析：

新疆谷物单产平均得分1.843分，得分超过全疆平均值的地（市、州）分别为博州、克拉玛依市、塔城地区、伊犁州直、阿勒泰地区、乌鲁木齐市、巴州7个地（市、州）。从基础数据表可以看出，博州谷物单产达到729千克/亩，比排名最后的吐鲁番市330千克/亩约高出1.20倍。

新疆农业灌溉水利用系数平均得分2.235分，得分超过全疆平均值的地（市、州）分别为昌吉州、吐鲁番市、克拉玛依市、哈密市、塔城地区、巴州、乌鲁木齐市、博州8个地（市、州）。从基础数据表可以看出，昌吉州农业灌溉水利用系数达到0.65，排名最后的克州仅为0.50。

新疆单位播种面积农机总动力平均得分1.251分，得分超过全疆平均值的地（市、州）分别为乌鲁木齐市、吐鲁番市、巴州、克州、哈密市、昌吉州、和田地区、喀什地区8个地（市、州）。从基础数据表可以看出，乌鲁木齐市单位播种面积农机总动力达到0.86千瓦/亩，排名最后的克拉玛依市仅为0.13千瓦/亩。

从创新发展的3项指标来看，新疆各地（市、州）发展的差异极大，最高分和最低分之间相差8.8分，总体来看，除巴州以外，北疆均优于南疆，南疆四地（市、州）发展水平最差。见表5-30、表5-31。

表 5-30　新疆各地（市、州）农业创新发展指标情况

区域	谷物单产/（千克/亩）	农业灌溉水利用系数	单位播种面积农机总动力/（千瓦/亩）
新疆	477	0.57	0.31
乌鲁木齐市	533	0.62	0.86
克拉玛依市	599	0.64	0.13
吐鲁番市	330	0.65	0.79
哈密市	352	0.64	0.46
昌吉州	386	0.65	0.37
伊犁州直	543	0.56	0.30
塔城地区	589	0.63	0.30
阿勒泰地区	538	0.55	0.23
博州	729	0.61	0.30
巴州	477	0.62	0.48
阿克苏地区	431	0.55	0.27
克州	357	0.50	0.48
喀什地区	364	0.55	0.32
和田地区	331	0.54	0.32

表 5-31　新疆各地（市、州）农业创新发展水平综合评价情况

区域	谷物单产	农业灌溉水利用系数	单位播种面积农机总动力	综合得分	综合排名
新疆	1.843	2.235	1.251		
乌鲁木齐市	2.551	3.958	5.005	11.5	1
克拉玛依市	3.375	4.532	0.005	7.9	6
吐鲁番市	0.005	4.937	4.578	9.5	3
哈密市	0.279	4.464	2.283	7.0	8
昌吉州	0.699	5.005	1.632	7.3	7
伊犁州直	2.672	1.762	1.171	5.6	9
塔城地区	3.243	4.127	1.201	8.6	4
阿勒泰地区	2.614	1.559	0.701	4.9	10
博州	5.005	3.586	1.199	9.8	2
巴州	1.847	3.991	2.396	8.2	5
阿克苏地区	1.274	1.559	0.970	3.8	11
克州	0.340	0.005	2.390	2.7	13
喀什地区	0.431	1.559	1.317	3.3	12
和田地区	0.017	1.323	1.325	2.7	14

（3）协调发展水平评价。新疆各地（市、州）农业协调发展从城乡居民人均可支配收入之比、地区人均第三产业生产总值差异系数、第一产业增加值投资弹性 3 个指标进行评价。综合得分排名前 3 位的分别为吐鲁番市、塔城地区、巴州；排名后 3 位的分别为喀什地区、克州、和田地区。

从各项指标分析：

新疆城乡居民人均可支配收入之比平均得分 2.371 分，除喀什地区、和田地区、克州 3 个地（州）以外，得分均超过全疆平均值。从基础数据表可以看出，克拉玛依市城乡居民人均可支配收入之比为 1.50，昌吉州为 1.65，表明城乡的差异越来越小，城乡一体化程度高；而排名最后的克州为 3.36，表明城乡发展的差距极大。

新疆地区人均第三产业生产总值差异系数平均得分 5.005 分。从基础数据表可以看出，塔城地区人均第三产业生产总值差异系数 1.05，排名最后的和田地区达到 2.52，反映出该地区第三产业发展极为滞后。

新疆第一产业增加值投资弹性平均得分 0.885 分。从基础数据表可以看出，吐鲁番市第一产业增加值投资弹性为 11.59，排名最后的乌鲁木齐市仅为 −2.35，表明其第一产业增加值增速要小于固定资产投资增速，经济发展的后劲不足。

从协调发展的 3 项指标来看，新疆各地（市、州）发展的差异也是极大，最高分和最低分之间相差 10.6 分，总体来看，吐鲁番市发展最好，南疆三地（州）发展水平最差。见表 5-32、表 5-33。

表 5-32　新疆各地（市、州）农业协调发展指标情况

区域	城乡居民人均可支配收入之比	人均第三产业生产总值差异系数	第一产业增加值投资弹性
新疆	2.48	1.00	0.10
乌鲁木齐市	1.87	2.17	−2.35
克拉玛依市	1.50	2.03	0.01
吐鲁番市	2.25	1.27	11.59
哈密市	1.97	1.14	0.05
昌吉州	1.65	1.28	0.10
伊犁州直	2.15	1.09	0.08
塔城地区	1.67	1.05	0.32
阿勒泰地区	2.24	1.10	0.02
博州	1.81	1.45	0.15
巴州	1.76	1.16	0.01

（续）

区域	城乡居民人均 可支配收入之比	地区人均第三产业 生产总值差异系数	第一产业增加 值投资弹性
阿克苏地区	2.28	1.22	0.13
克州	3.36	1.66	−0.02
喀什地区	2.66	2.07	0.09
和田地区	3.14	2.52	0.08

表 5-33　新疆各地（市、州）农业协调发展水平综合评价情况

区域	城乡居民人均 可支配收入之比	地区人均第三产业 生产总值差异系数	第一产业增加 值投资弹性	综合 得分	综合 排名
新疆	2.371	5.005	0.885		
乌鲁木齐市	3.996	1.167	0.005	5.2	11
克拉玛依市	5.005	1.631	0.851	7.5	10
吐鲁番市	2.979	4.131	5.005	12.1	1
哈密市	3.733	4.531	0.865	9.1	5
昌吉州	4.602	4.089	0.885	9.6	4
伊犁州直	3.256	4.715	0.876	8.8	6
塔城地区	4.540	4.845	0.963	10.3	2
阿勒泰地区	3.010	4.667	0.854	8.5	8
博州	4.178	3.521	0.903	8.6	7
巴州	4.295	4.485	0.852	9.6	3
阿克苏地区	2.908	4.296	0.894	8.1	9
克州	0.005	2.849	0.842	3.7	13
喀什地区	1.887	1.502	0.882	4.3	12
和田地区	0.587	0.005	0.875	1.5	14

（4）绿色发展水平评价。新疆各地州农业绿色发展从单位耕地化肥施用量、农业碳排放强度、单位地区农业生产总值用水量3个指标进行评价。综合得分排名前3位的分别为乌鲁木齐市、克拉玛依市、塔城地区；排名后3位的分别为吐鲁番市、和田地区、克州。

从各项指标分析：

新疆单位耕地化肥施用量平均得分1.358分，除阿克苏地区、喀什地区、吐鲁番市3个地（市、州）以外，得分均超过全疆平均值。从基础数据表可以看

出，乌鲁木齐市单位耕地化肥施用量为 4.15 千克/亩，而排名最后的吐鲁番市为 19.95 千克/亩。

　　新疆农业碳排放强度平均得分 2.609 分。巴州、哈密市、和田地区、克州、吐鲁番市 5 个地（市、州）市发展得最差，均低于全疆平均值。从基础数据表可以看出，克拉玛依市农业碳排放强度 0.15 吨 CO_2/万元，排名最后的吐鲁番市达到 1.43 吨 CO_2/万元，反映出其农业发展的绿色化程度较差。

　　新疆单位地区农业生产总值用水量平均得分 3.143 分。伊犁州直、喀什地区、阿克苏地区、阿勒泰地区、和田地区、克州 6 个地（州）发展得最差。从基础数据表可以看出，塔城地区单位地区农业生产总值用水量为 864 米³/万元，排名最后的克州为 5 268 米³/万元，表明其农业发展耗水量极大。

　　从绿色发展的 3 项指标来看，新疆各地（市、州）发展的差异也是极大，最高分和最低分之间相差 10.8 分，总体来看，吐鲁番市和南疆三地（州）发展水平最差。见表 5-34、表 5-35。

表 5-34　新疆各地（市、州）农业绿色发展指标情况

区域	单位耕地化肥施用量（千克/亩）	农业碳排放强度（吨 CO_2/万元）	单位地区农业生产总值用水量/（米³/万元）
新疆	15.67	0.76	2 504
乌鲁木齐市	4.15	0.29	1 697
克拉玛依市	7.15	0.15	1 491
吐鲁番市	19.95	1.43	1 752
哈密市	7.91	0.86	1 479
昌吉州	6.72	0.50	1 390
伊犁州直	8.05	0.32	3 038
塔城地区	9.78	0.26	864
阿勒泰地区	4.70	0.70	4 015
博州	14.92	0.71	1 945
巴州	13.07	0.84	2 437
阿克苏地区	16.49	0.56	3 332
克州	12.39	1.36	5 268
喀什地区	18.22	0.46	3 319
和田地区	11.53	1.30	5 070

表5-35 新疆各地（市、州）农业绿色发展水平综合评价情况

区域	单位耕地化肥施用量	农业碳排放强度	单位地区农业生产总值用水量	综合得分	综合排名
新疆	1.358	2.609	3.143		
乌鲁木齐市	5.005	4.451	4.059	13.5	1
克拉玛依市	4.056	5.005	4.293	13.4	2
吐鲁番市	0.005	0.005	3.997	4.0	12
哈密市	3.815	2.210	4.307	10.3	6
昌吉州	4.191	3.623	4.408	12.2	4
伊犁州直	3.773	4.335	2.537	10.6	5
塔城地区	3.225	4.556	5.005	12.8	3
阿勒泰地区	4.832	2.860	1.428	9.1	7
博州	1.596	2.825	3.777	8.2	8
巴州	2.183	2.293	3.219	7.7	9
阿克苏地区	1.099	3.390	2.203	6.7	10
克州	2.397	0.265	0.005	2.7	14
喀什地区	0.552	3.808	2.217	6.6	11
和田地区	2.671	0.497	0.230	3.4	13

（5）开放发展水平评价。新疆各地（市、州）农业开放发展从人均进出口贸易总额、人均旅游收入、人均乡村社会消费品零售总额3个指标进行评价。综合得分排名前3位的分别为博州、克拉玛依市、伊犁州直；排名后3位的分别为喀什地区、克州、和田地区。

从各项指标分析：

新疆人均进出口贸易总额平均得分0.599分，除博州、伊犁州直、乌鲁木齐市、阿勒泰地区4个地（市、州）以外，其他得分均未超过全疆平均值。从基础数据表可以看出，博州人均进出口贸易总额为6735.5元/人，而排名最后的吐鲁番市仅为28.1元/人。

新疆人均旅游收入平均得分0.633分。塔城地区、阿克苏地区、喀什地区、和田地区、克州5个地（州）发展得最差，均低于全疆平均值。从基础数据表可以看出，阿勒泰地区人均旅游收入为21028元/人，排名最后的克州仅为1355元/人。

新疆人均乡村社会消费品零售总额平均得分0.479分。只有克拉玛依市、昌吉州超过全疆平均水平。从基础数据表可以看出，克拉玛依市人均乡村社会

消费品零售总额为 32 076.7 元/人，昌吉州为 5 631.7 元/人，排名最后的和田地区仅为 765.7 元/人。

从开放发展的 3 项指标来看，新疆各地（市、州）发展的差异也是极大的，最高分和最低分之间相差 8.4 分，总体来看，南疆四地（州）发展水平最差。见表 5 - 36、表 5 - 37。

表 5 - 36　新疆各地（市、州）农业开放发展指标情况

区域	人均进出口贸易总额/元	人均旅游收入/元	人均乡村社会消费品零售总额/元
新疆	825.6	3 826	3 735.9
乌鲁木齐市	1 615.4	11 819	2 502.2
克拉玛依市	400.2	7 466	32 076.7
吐鲁番市	28.1	10 577	2 098.0
哈密市	68.5	5 851	2 910.6
昌吉州	627.1	10 505	5 631.7
伊犁州直	2 447.1	17 270	3 194.1
塔城地区	404.7	3 689	3 191.1
阿勒泰地区	856.1	21 028	2 862.6
博州	6 735.5	14 154	3 632.3
巴州	125.0	5 657	3 559.5
阿克苏地区	211.3	3 012	3 004.3
克州	440.9	1 355	1 279.9
喀什地区	394.4	2 987	2 006.2
和田地区	58.5	2 295	765.7

表 5 - 37　新疆各地（市、州）农业开放发展水平综合评价情况

区域	人均进出口贸易总额	人均旅游收入	人均乡村社会消费品零售总额	综合得分	综合排名
新疆	0.599	0.633	0.479		
乌鲁木齐市	1.188	2.664	0.282	4.1	5
克拉玛依市	0.282	1.558	5.005	6.8	2
吐鲁番市	0.005	2.349	0.218	2.6	7
哈密市	0.035	1.148	0.348	1.5	9
昌吉州	0.452	2.330	0.782	3.6	6
伊犁州直	1.808	4.050	0.393	6.3	3

(续)

区域	人均进出口贸易总额	人均旅游收入	人均乡村社会消费品零售总额	综合得分	综合排名
塔城地区	0.286	0.598	0.392	1.3	10
阿勒泰地区	0.622	5.005	0.340	6.0	4
博州	5.005	3.258	0.463	8.7	1
巴州	0.077	1.098	0.451	1.6	8
阿克苏地区	0.142	0.426	0.362	0.9	11
克州	0.313	0.005	0.087	0.4	13
喀什地区	0.278	0.420	0.203	0.9	12
和田地区	0.028	0.244	0.005	0.3	14

（6）共享发展水平评价。新疆各地（市、州）农业共享发展从劳动力平均受教育年限、农村居民人均可支配收入、乡村非农就业占比3个指标进行评价。综合得分排名前3位的分别为克拉玛依市、乌鲁木齐市、哈密市；排名后3位的分别为喀什地区、阿克苏地区、和田地区。

从各项指标分析：

新疆劳动力平均受教育年限平均得分2.027分，除克拉玛依市、乌鲁木齐市、哈密市、阿勒泰地区、博州、巴州、昌吉州7个地（州、市）以外，其他得分均未超过全疆平均值。从基础数据表可以看出，克拉玛依市劳动力平均受教育年限为11.7年，而排名最后的和田地区仅为9.0年。

新疆农村居民人均可支配收入平均得分1.152分。喀什地区、和田地区、克州3个地（州）发展得最差，均低于全疆平均值。从基础数据表可以看出，克拉玛依市农村居民人均可支配收入为31 344元/人，排名最后的克州仅为8 907元/人。

新疆乡村非农就业占比平均得分1.260分。只有克拉玛依市、克州、乌鲁木齐市、哈密市、伊犁州直、喀什地区6个地（市、州）超过全疆平均水平。从基础数据表可以看出，克拉玛依市乡村非农就业占比为1.00%，排名最后的博州为0.47%。

从共享发展的3项指标来看，新疆各地（市、州）发展的差异也是极大的，最高分和最低分之间相差14.5分，总体来看，南疆三地（州）发展水平最差。见表5-38、表5-39。

表5-38　新疆各地（市、州）农业共享发展指标情况

区域	劳动力平均受教育年限/年	农村居民人均可支配收入/元	乡村非农就业占比/%
新疆	10.1	14 056	0.60

（续）

区域	劳动力平均受教育年限/年	农村居民人均可支配收入/元	乡村非农就业占比/%
乌鲁木齐市	11.6	22 827	0.70
克拉玛依市	11.7	31 344	1.00
吐鲁番市	9.8	15 781	0.48
哈密市	10.7	19 022	0.65
昌吉州	10.2	20 640	0.54
伊犁州直	9.9	15 356	0.63
塔城地区	9.8	18 290	0.55
阿勒泰地区	10.4	14 461	0.51
博州	10.4	18 978	0.47
巴州	10.3	19 060	0.52
阿克苏地区	9.4	14 588	0.47
克州	9.8	8 907	0.79
喀什地区	9.3	10 276	0.62
和田地区	9.0	9 733	0.50

表 5 - 39　新疆各地（市、州）农业共享发展水平综合评价情况

区域	劳动力平均受教育年限	农村居民人均可支配收入	乡村非农就业占比	综合得分	综合排名
新疆	2.027	1.152	1.260		
乌鲁木齐市	4.762	3.107	2.220	10.1	2
克拉玛依市	5.005	5.005	5.005	15.0	1
吐鲁番市	1.484	1.537	0.097	3.1	11
哈密市	3.114	2.259	1.722	7.1	3
昌吉州	2.233	2.620	0.642	5.5	4
伊犁州直	1.541	1.442	1.486	4.5	8
塔城地区	1.503	2.096	0.769	4.4	9
阿勒泰地区	2.533	1.243	0.411	4.2	10
博州	2.496	2.249	0.005	4.7	6
巴州	2.421	2.268	0.426	5.1	5
阿克苏地区	0.717	1.271	0.024	2.0	13
克州	1.447	0.005	3.028	4.5	7
喀什地区	0.511	0.310	1.430	2.3	12
和田地区	0.005	0.189	0.310	0.5	14

通过聚类分析聚类树状图，可以看出，聚类结果可分为四大类：乌鲁木齐市、克拉玛依市为第一类，吐鲁番市、哈密市、昌吉州、塔城地区、博州、巴州为第二类，伊犁州直、阿勒泰地区为第三类，阿克苏地区、喀什地区、克州、和田地区为第四类。见图5-2，表5-40。

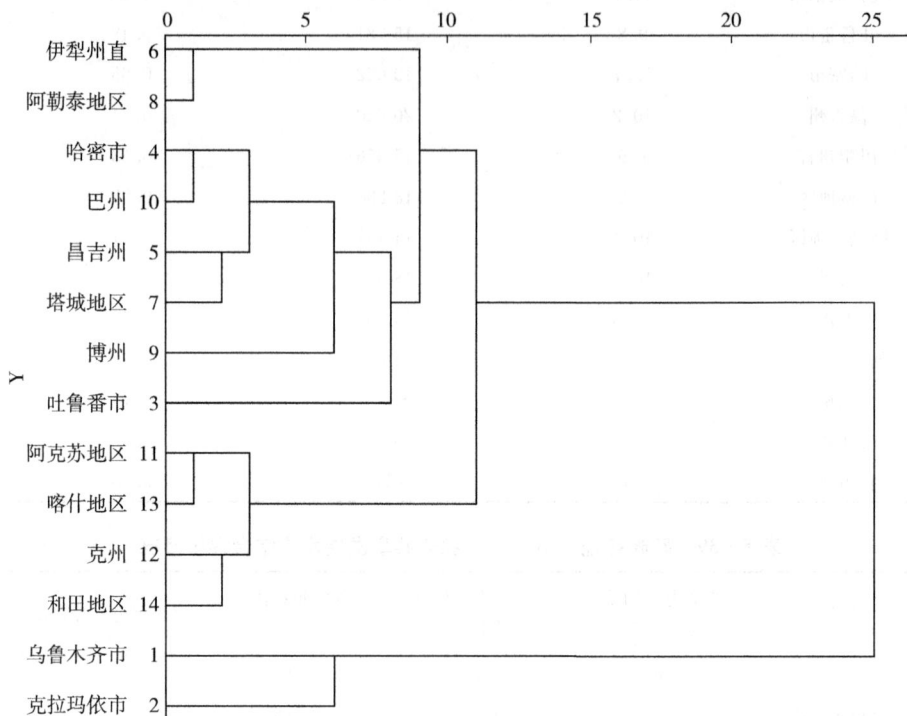

图5-2　各地（市、州）农业高质量发展聚类树状图

表5-40　新疆各地（市、州）农业高质量发展区域

类别	包含区域	判定等级
第一类	乌鲁木齐市、克拉玛依市	好（都市农业）
第二类	吐鲁番市、哈密市、昌吉州、塔城地区、博州、巴州	较好
第三类	伊犁州直、阿勒泰地区	一般
第四类	阿克苏地区、喀什地区、克州、和田地区	较差

第一类属于新疆都市农业的典型区域，农业体量小，但在高质高效、绿色发展和共享发展等方面的水平较高。突出表现为农业劳动生产率、农村居民人均可支配收入、劳动力文化素质、乡村非农就业占比较高。

第二类属于新疆特色农业发展的重点区域，在高质高效、创新发展和共享发展等方面的水平较高。突出表现为土地集约化程度高、粮食单产水平高、机械化程度高、城乡差异小。

第三类属于具有巨大农业发展资源潜力的区域，在开放发展、绿色发展方面发展水平较高。突出表现有人均进出口贸易总额高、人均旅游收入高、单位耕地化肥施用量低、碳排放强度低的优势。

第四类属于新疆巩固拓展脱贫攻坚成果区，现代农业发展处于起步阶段，整体发展水平较低。

（二）新疆农业高质量发展影响因素分析

变异系数法（Coefficient of variation method）是直接利用各项指标所包含的信息，通过计算得到指标的权重，是一种客观赋权的方法。此方法的基本做法是：在评价指标体系中，指标取值差异越大的指标，也就是越难以实现的指标，这样的指标更能反映被评价单位的差距。

由于评价指标体系中的各项指标的量纲不同，不宜直接比较其差别程度。为了消除各项评价指标的量纲不同的影响，需要用各项指标的变异系数来衡量各项指标取值的差异程度。各项指标的变异系数公式如下：

$$V_i = \frac{\sigma_i}{\overline{x}_i}(i = 1, 2, \cdots, n) \qquad (5-5)$$

式中，V_i 是第 i 项指标的变异系数，也称为标准差系数；σ_i 是第 i 项指标的标准差；$\overline{x}_i$ 是第 i 项指标的平均数。

各项指标的权重为：

$$W_i = \frac{V_i}{\sum\limits_{i=1}^{n} V_i} \qquad (5-6)$$

按照变异系数来判断各项指标的重要性程度：＞1 为非常重要；0.5～1 为很重要；0～0.49 为重要。

非常重要指标：第一产业增加值投资弹性、农业劳动生产率、人均进出口贸易总额、人均乡村社会消费品零售总额、规模以上农副产品加工主营业务收入与农业总产值比、粮食产量稳定度 6 项指标。

很重要指标：土地集约指数、单位农用地第一产业增加值、人均旅游收入、农业碳排放强度、单位地区农业生产总值用水量、单位播种面积农机总动力 6 项指标。

重要指标：单位耕地化肥施用量、农村居民人均可支配收入、地区人均第三产业生产总值差异系数、城乡居民人均可支配收入之比、谷物单产、乡村非农就业占比、农业灌溉水利用系数、劳动力平均受教育年限 8 项指标。见表 5-41。

表 5 - 41 各指标重要性排序

重要性	序号	指标	变异系数	权重	排序
非常重要	1	第一产业增加值投资弹性	4.35	21.6	1
	2	农业劳动生产率/(元/人)	3.61	17.9	2
	3	人均进出口贸易总额/元	1.72	8.6	3
	4	人均乡村社会消费品零售总额/元	1.61	8	4
	5	规模以上农副产品加工主营业务收入与农业总产值比	1.59	7.9	5
	6	粮食产量稳定度/%	1.19	5.9	6
很重要	7	土地集约指数	0.86	4.3	7
	8	单位农用地第一产业增加值/(元/亩)	0.81	4	8
	9	人均旅游收入/元	0.72	3.6	9
	10	农业碳排放强度/(吨 CO_2/万元)	0.6	3	10
	11	单位地区农业生产总值用水量/(米^3/万元)	0.53	2.6	11
	12	单位播种面积农机总动力/(千瓦/亩)	0.51	2.5	12
重要	13	单位耕地化肥施用量/(千克/亩)	0.45	2.2	13
	14	农村居民人均可支配收入/元	0.34	1.7	14
	15	地区人均第三产业生产总值差异系数	0.32	1.6	15
	16	城乡居民人均可支配收入之比	0.26	1.3	16
	17	谷物单产/(千克/亩)	0.26	1.3	16
	18	乡村非农就业占比/%	0.25	1.2	18
	19	农业灌溉水利用系数	0.08	0.4	19
	20	劳动力平均受教育年限/年	0.08	0.4	19

第6章
新疆农业高质量发展路径与对策

■ 一、农业高质量发展总体思路

新疆农业高质量发展应以实施乡村振兴战略为总抓手,以建设干旱区现代农业强区为目标,围绕农业供给侧结构性改革主线,构建完善的现代农业产业体系、生产体系和经营体系,加快形成农业新质生产力,推动农业由增产向提质转变,以增强农业综合生产能力、提高农业综合效益和竞争力为目标,用系统观念谋划推进水资源科学开发利用,强化农业科技支撑,加快农业向绿色化、优质化、特色化、品牌化发展,提高乡村产业发展水平,千方百计促进农牧民增收致富,以有针对性的政策举措补齐短板弱项,将新疆农业发展得天独厚的资源优势、区位优势、政策优势转化为发展优势,加快新疆农业农村现代化建设步伐,扎实推进乡村全面振兴。

■ 二、农业高质量发展路径

(一)不断强化创新驱动发展,提升要素配置质量

1. 推进现代种业高质量发展

充分发挥新疆丰富独特的种质资源优势,在种业科技创新、资源共享、人才培养方面发挥引领作用,打造辐射中亚的干旱区种业创新中心。开展粮食作物、棉花、特色作物、果蔬、畜禽良种重大科研联合攻关,创新杂交优势、分子育种、高效制繁种等关键技术研发,创新并选育一批适销对路、熟期合理、品质优良的品种,加快新一轮品种更新换代。结合实施现代种业提升工程,优化特色农产品结构,加快推进棉花、林果、特色作物品种改良,构建合理的品种搭配结构。推动畜禽良种繁育体系建设,尽快选育本土良种,引进优良品种。加大优质高端水产品品种选育,发展高端精品水产品。

2. 全面提升现代农业装备水平

大力推进经济作物、畜禽、林果生产全程机械化和南疆四地（州）果粮间作模式下机械化水平建设。加快林果、畜牧水产、设施农业和农产品加工等产业装备技术发展，大力推进"设施增效""设施降损"。加强农业信息化建设，健全农业综合信息服务体系和助农服务综合体系，积极推进信息进村入户，鼓励企业建立产销衔接的农业服务平台，加强农业信息监测预警和发布。大力发展数字农业，实施智慧农业工程和"互联网＋"现代农业行动，推进物联网、云计算、大数据、移动互联等技术在农业领域的应用，建立农业数据智能化采集、处理、应用、服务、共享体系，实现生产全过程可监可控、风险预警和决策辅助，建设农业物联网和农业监测预警云平台，以点带面建设智慧农业技术应用示范区。

3. 组建全疆农业科技创新联盟

重点支持全疆涉农科研机构、涉农高校、涉农企业、新型农业经营主体等创新力量，联合开展互联网、物联网、信息技术和设备等关键技术与配套产品研发及相关标准制定，构建统一高效的智慧农业科技协同创新机制，努力打破科技创新和产业"两张皮"现象，完善实体化运行机制，推动科技与经济、成果与产业、科技人员与企业家加速深度融合。强化一体化协作机制，各成员单位按照目标一致、技术衔接、优势互补的原则，协同开展技术攻关和产品研发。完善共建共享机制，构建"一站式"服务平台，提高数据、种质等科技资源利用效率。加强农业关键核心技术攻关，突破现代农业发展的瓶颈。

（二）深入推进产业融合发展，提升产业效益质量

1. 促进农产品加工业转型升级

扶持壮大龙头企业，通过出台扶持政策、完善产业上下游配套建设等措施，把龙头企业引进来、产业链条建起来、产业发展强起来，加强企业对接，支持龙头企业落地发展壮大，形成龙头企业牵引产业发展格局。加强技术创新，支持农产品加工设备改造提升，建设农产品加工技术研发集成基地。扶持建设一批优势农产品初加工和技术先进、附加值高的精深加工项目，引导农产品企业、新型经营主体、种养大户等积极开展农产品产地初加工和副产物综合利用、特色产品和功能性产品技术革新与推广，加快传统加工产业升级改造，提高精深加工和高效利用产品比重，建设具有国内先进水平的粮油、棉花及纺织服装、果蔬、畜产品加工集聚区。

2. 加快建设农产品冷链仓储物流设施

统筹规划冷链物流发展布局，构建覆盖全疆主要农产品产销区的冷链物流基础设施网络。加快改造升级各区域集贸市场、田头市场、冷链物流园区等农

产品产地市场的预冷和冷链加工配送设施水平，构建跨区域冷链物流体系。支持流通企业拓展产业链条，完善停靠、装卸、商品化处理、仓储保鲜等设施，加强适应市场需求的流通型冷库建设，推广使用多温层冷藏车等。培育第三方农产品冷链物流企业，支持农业经营主体建设智慧物流仓储设施（中央厨房总仓），不断完善配送体系。

3. 加快发展特色优质农产品电子商务

持续推进电子商务进农村综合示范，加快培育和壮大现代农业供应链主体。推动电子商务平台与农业种养基地、大型超市、餐饮企业对接，举办品牌农产品进社区、进机关团体等直供直销活动。大力构建及推广"生产基地＋中央厨房＋餐饮门店"等产销模式，形成线上线下融合的流通新格局，实现网上销售大数据对特色农产品生产的精准指导，及时调整农产品生产结构。

4. 推进产业融合发展新业态

实施休闲农业和乡村旅游精品工程，积极拓展休闲观光文化传承、生态保护等农业多种功能，深入挖掘农耕文化内涵，推进农业与旅游文化、健康养生等产业深度融合。加大休闲农业和乡村旅游向中高端创意化、功能多元化、产品差异化及休闲景点全域化的转变力度，实现产业提档升级。围绕"一村一品、一镇一业"，以农业特色产业为基础，加快发展新产业新业态，大力推进产业链的纵向延伸和横向整合。打通和拓展产业链条，加快培育一批"农字号"特色小镇，推动农村产业发展与新型城镇化相结合。加大工商资本引入，推动资本、技术、人才等生产要素向农村流动。

（三）全面推进农业绿色发展，提升生态环境质量

1. 优化农业主体功能与空间布局

建立完善农业功能区制度，实施新一轮新疆农业现代化功能区规划和新疆农业可持续发展规划，根据新疆作为全国优化发展区的定位，结合自治区国土空间规划，按照"整体谋划、分区推进"的思路，加快形成天山北坡示范引领区、天山南坡重点突破区、北疆北部稳步推进区、南疆南部巩固提升区的区域农业发展格局，立足农业资源承载力、环境容量、生态类型和发展基础，将全疆划分为高效发展区、提升发展区、生态发展区、保护发展区，明确区域发展重点。严格执行粮食生产功能区和重要农产品保护区建设要求，加快认定全国及疆内特色农产品优势区，创建重点生态保护区，建设生态功能区，明确区域生产生态功能。

2. 强化农业资源保护与节约利用

落实最严格的耕地保护制度，建立完善政府耕地保护责任目标考核机制，落实永久基本农田、粮食生产功能区和重要农产品生产保护区用地。建立耕地

轮作休耕制度，推行用地与养地相结合的轮作种植模式；对土壤污染严重、区域生态功能退化、可利用水资源匮乏等不宜连续耕作的农田实行轮作休耕；建立耕地质量监测、等级评价、预警和信息发布制度，健全完善全省耕地质量监测网络体系；推进土地整治、高标准农田建设，实施耕地质量保护与提升行动，提升耕地产出能力。建立节约高效的农业用水制度，实施农业节水行动，提高工程供水效率；推进农业水价综合改革，建立农业用水精准补贴和节水奖励机制；加强土壤墒情监测，推广农机农艺相结合的节水措施，推广喷灌、滴灌、水肥一体化、水肥药一体化地膜覆盖等节水种植技术，提升水资源利用率。

3. 全面强化产地环境保护与治理

建立农田污染监测体系，依法禁止未经处理达标的工业和城镇污染物进入农田、养殖水域等农业区域。建立农业绿色循环低碳生产制度，加强农业生态环境治理防治，统筹考虑种养规模和环境消纳能力，扶持发展种养结合、林下立体经营等生态循环农业。健全农业投入品减量使用制度，深入推进化肥农药减量化行动，推广测土配方施肥、有机肥替代化肥，普及使用高效缓（控）释肥料等新型肥料，开展化肥深施、推广秸秆还田、绿肥种植、农家肥积造等技术，提高肥料利用率。建立农业废弃物资源化利用制度，实施畜禽粪污资源化利用行动，以沼气和生物天然气为主要处理方向，以农用有机肥和农村能源为主要利用方向，以畜牧大县和规模养殖场为重点，推进畜禽养殖治污设施标准化建设和升级改造，实现粪污就地就近利用。建立废旧地膜和包装废弃物等回收处理制度，加快可降解农膜研发和应用，引导使用加厚或可降解农膜，支持企业回收废旧农膜。

（四）全面壮大新型经营主体，提升农业主体质量

1. 壮大新型农业经营主体

坚持政府引导、农民自愿、市场运作、政策扶持，培育发展家庭农场、农民合作社、龙头企业等新型农业经营主体。推动龙头企业做大做强，重点培育行业领军龙头企业、上市龙头企业和大型供销企业集团，鼓励企业完善法人治理结构，建立现代企业制度，支持发展产业联盟，通过兼并重组、强强联合，组建大型企业集团，鼓励其上市融资发展。发挥农民合作社的纽带作用，推进国家、省级农民合作社示范社创建，探索建立合作社退出机制，促进合作社规范发展，引导农民合作社按产业链、产品、品牌等组建联合社。支持家庭农场领办合作社，具备条件的向公司制企业发展。推动落实农村土地"三权分置"实施意见，加快发展土地流转型、土地入股型和代耕代管、土地托管等服务带动型农业适度规模经营。

2. 加快推进高素质农民培育

深入实施青年返乡创业致富培养计划，提升农民的生产经营素质，积极培育爱农业、懂技术、善经营的高素质农民。探索制定高素质农民培育管理机构、培训单位、实训基地、田间学校的准入标准，加快建立农业行政主管部门负责，各类市场主体多方参与、适度竞争的多元化培育机制，全面建立以公益性教育培训机构为主体、多种资源和市场主体有序参与的"一主多元"高素质农民教育培训体系。全面建立职业农民制度，出台高素质农民培育管理办法，加快推进高素质农民认定工作，探索建立和完善对高素质农民参加社保的制度设计和补贴办法。

3. 提升促进小农户与现代农业的衔接

鼓励新型农业经营主体与小农户建立契约型、股权型利益联结机制，发展数字农业、精准农业等现代农业新业态。建立政策红利机制，将带动小农户和利益联结程度作为新型经营主体培育考核、政策扶持的重要指标。以涉农公共服务机构为依托、农村合作经济组织为基础、农业产业化龙头企业为骨干、其他社会力量为补充，加快构建公益性服务和经营性服务相结合，专项服务和综合服务相协调的多重层次、多种形式、多元主体的新型农业综合服务体系。

（五）加快推进品牌标准发展，提升产品供给质量

1. 推进农业标准化生产

启动实施农业生产"三品一标"提升行动，推动品种培优、品质提升、品牌打造和标准化生产，在更高层次、更广领域推进农业绿色发展。建设一批现代农业全产业链标准化基地。发挥规模经营主体的主力军和示范带动作用，大力支持发展农民合作组织，鼓励扶持专业大户、家庭农场联户经营，提高农业生产组织化和标准化程度，加大果蔬标准园、畜禽养殖标准化示范场、标准化屠宰示范企业、水产标准化健康养殖示范场以及国家和省级农业标准化示范区建设力度，全面扩大农业标准化覆盖率。

2. 强化农业品牌引领

进一步做大做强农业品牌，以品牌引领产业发展，以品牌强农。组织编制《新疆特色农产品品牌发展规划》，为壮大新疆农业品牌提出科学的顶层设计。提升区域品牌、产品品牌、企业品牌"新三品"的引领作用，引导和支持地方依托大型企业集团、产业联盟或行业协会。在特色农产品主产区创建地域特色突出、产品特性鲜明的区域公用品牌，对同区域、同类别的品牌进行整合，筛选一批叫得响、过得硬、有影响力的区域公共品牌。加大宣传力度，做强一批"疆字号"农业品牌。

3. 建设完善农产品质量检测与追溯体系

加强检测体系建设，支持各地（市、州）农产品质量安全检测中心填平补齐检测仪器设备，支持县级检测机构补短板，开展计量资质认定和农产品检测机构考核，推进镇、村、基地农产品质量安全快检快筛体系建设。鼓励第三方对企业开展农产品质量安全检测。加强追溯体系建设，推广应用国家追溯平台，推动改造升级省级追溯平台，构建完整的追溯链条，建立"来源可查、去向可追、责任可究"的农产品追溯体系。推动农业龙头企业、生产基地、"三品一标"、品（名）牌农产品等规模化生产经营主体先行加入并应用国家追溯平台，逐步带动供应链上下游小企业及其他生产经营主体陆续加入和应用追溯平台。创建一批追溯示范基地，逐步实现农产品生产、收购、贮藏、运输、销售全环节可追溯。

三、农业高质量发展对策建议

（一）强化科技创新，为农业高质量发展提供动力

1. 加大农业科技创新力度

加快农业科技创新平台建设，支持围绕农业基础性、前瞻性、战略性的重大科学问题，开展前沿性科学研究，为农业技术创新提供动力源泉。围绕现代农业发展加强农、林、畜、水产品加工，物流一体化，生产高效与高质量发展相结合的技术创新，开展针对品种、种苗、种畜、新技术、水肥、农机、新产品、数字化的技术集成组装研究，提高创新的针对性和实用性。依托项目，联合区外优势科研力量，强化学科深度交叉融合，开展跨区域、跨学科的合作研究，为提升全疆科技创新能力提供重要支撑。新建一批特色产业突出、创新能力显著的国家级、自治区级现代农业示范区、农业科技园区、农业高新技术产业示范区，形成科技创新制高点，增强农业产业技术辐射带动能力。鼓励农业企业加大研发投入，以提升企业自主创新能力为目的，支持具备条件的企业建立高水平研发机构，参与或主持农业科技重大研发和成果转化项目。

2. 加强农业技术推广和服务体系建设

加快构建以农业科研院校为支撑，以地（市、州）、县（市、区）、乡镇农技推广机构为骨干的农业产业技术服务体系。保证地（市、州）、县（市、区）、乡（镇）三级农技人员职责到位、专业到位和工作到位，按照农业科技服务的实际需求和编制配置标准进行人员配置，打通区（县）、乡农技服务的技术推广通道，建立农技人员培训长效机制，提升服务水平和服务效果。统筹科研推广服务力量，借助新疆农业科学院、新疆维吾尔自治区畜牧科学院、新疆林业科学院、新疆水利水电科学研究院、新疆维吾尔自治区水产科学研究所

等自治区农口科研单位力量，组建一支为各县（市、区）、各部门提供团队式、全产业链式的科技服务的专业队伍，建设农业科技联合体，建设一批农业应用技术研发基地、产业科研试验站、区域示范基地，形成"院校地企"合作研发、成果推广和合作育人的长效机制。支持农业主导产业纳入国家或新疆产业技术体系，建立自主研发、试验、示范到推广服务一体化的服务机制。

3. 建立稳定的科技项目持续支持机制

聚焦重大战略需求和主导产业急需解决的关键问题，建立农业科技优先发展长周期稳定的农业科技支持机制，做好农业科研长周期稳定支持的制度创设，形成科学合理的科技管理和运行机制。设立专项资金，加大力度对区内农业科研院所、大专院校给予稳定的科技支持，支持重大创新平台和支撑项目建设，围绕农业高质量发展设置一批重大课题，面向国内外公开招标、实施"揭榜挂帅"，重点支持种业关键核心技术攻关、耕地保护与利用关键技术、重大动植物疫病防控关键技术、水肥高效利用、农业绿色投入品研发、农业废弃物高效利用、农田污染与防控机制、农业减排固碳、智慧旅游、农产品加工物流、农业数字化等方面的研发，充分调动科研单位和人员的主动性和创造性，为推动产出重大原创成果、促进农业高质量发展提供科技支撑。

（二）强化政策支持，为农业高质量发展提供支撑

1. 加大农业政策支持力度，为农业高质量发展提供有力保障

围绕农业高质量发展系统梳理国家、自治区现有支撑农业产业发展的土地、财税、金融、农业保险、信贷支持等相关政策，查缺补漏，加强农业产业发展政策体系建设，构建框架完整、措施精准、机制有效的政策支持体系。聚焦主导产业和优势产业，用好现有用地、用水、用电等方面政策，出台关于促进产业发展短板的系列政策，出台财政、金融、人才、科技等有针对性的政策，在产业转型、科技支撑、数字农业、市场开拓、企业引进培育、人才培养等方面给予资金、补贴、信贷和智力投入等政策支持。要扩大农业保险覆盖面，推进政策性农业保险改革试点，推进完全成本保险和收入保险试点，探索构建涵盖财政补贴基本险、商业险和附加险等类型的农业保险产品体系。

2. 制定和完善农业法律法规，保障农民的合法权益

强化各级政府法治意识，发挥规划引领、法治保障作用，营造风清气正的法治环境，推进新疆农业高质量发展。要善于运用法治思维和法治方式推进规划各项工作，严格执行现行涉农法律法规，在规划项目安排、资金使用、监督管理等方面提高规范化、制度化、法治化水平。推动各类组织和个人依法依规实施规划各项任务。加强基层执法队伍建设，强化市场监管，规范乡村市场秩序，有效促进社会公平正义，维护人民群众合法权益。深入总结、提炼发达省

份农业建设中的先进经验、典型模式，加大学习、宣传和推广力度，形成以点带面、点面结合、共同提高的工作局面。

3. 落实农业补贴政策，提高农民的生产积极性和收入水平

加大政策透明度，确保农民充分了解农业补贴政策的内容、申请条件和流程，减少不必要的环节和手续，使农民能够更便捷地申请和获得补贴。通过广播、电视、网络等多种渠道广泛宣传各项农业补贴政策。建立补贴政策落实的监督机制，确保补贴资金真正用于农业生产，避免滥用和挪用。定期评估补贴政策的效果，根据实际情况进行调整和优化。农业补贴政策应与市场价格变动相结合，确保农民在市场价格低迷时仍能保持一定的生产积极性。对于采用新技术、新方法、新品种的农民，应给予额外的补贴或奖励，以激励更多的农民投身于农业创新实践。

（三）强化资源配置，为农业高质量发展提供基础

1. 合理优化配置水资源

坚持以水定城、以水定地、以水定人、以水定产的原则，系统科学配置现有农业水资源，规划新调入的水资源，注重水资源总量和空间布局的协调配置，开展科学的水资源论证。将节水工程建设、灌区改造、高效节水技术和农艺节水技术作为水资源配置的有效手段，从水资源有效配置和节水生产两个方面全力推进农业农村发展的资源平衡。尽快建立健全兵地水权初始分配制度，加快明晰用水初始水权，稳步推进确权，加强用途管制，进一步完善水权交易规则，同时加强农民用水者协会组织的培养与运行，为水权交易奠定基础。统筹生态环境保护和工农用水需要，加强水资源科学调配。对用于农业生产的地表水、地下水进行精确调查核准，增加农业配水量。

2. 科学配置土地资源

持续加强土地利用动态巡查和各类用地全程监管。牢牢把握耕地资源、城镇土地开发利用等底数情况，统筹各项规划用地需求，坚持着眼长远、多规合一，构建国土空间开发保护新格局。加快开展耕地质量等级调查评价和资源质量分类工作，进一步摸清稳定利用耕地、难以或不宜长期稳定利用耕地、即可恢复耕地、工程恢复耕地和后备耕地的底数。科学规划土地，合理配置土地资源。深化产业用地市场化配置，优化产业用地供地方式，根据产业生命周期，采取长期租赁、先租后让、弹性年期出让等多种灵活供地方式，满足产业差异化、多样化的用地需求，引导产业聚集发展，提高土地要素配置效率和节约集约利用水平。

中　篇　区域专题研究

第7章

阿勒泰地区农业高质量
发展典型研究

通过系统研究农业高质量发展区域典型，深入探讨区域农业高质量发展的战略定位和发展路径。

选择阿勒泰地区作为典型区域的理由是，阿勒泰地区在新疆农业高质量发展评价中处于较低水平，排名第 10 位，其中高质高效排名第 14 位，创新发展和共享发展排名均处于第 10 位，处于新疆较低水平。针对该地区发展的短板，研究如何提升其发展质量既有代表性，又具有现实指导意义。

一、农业发展基础

阿勒泰地区是中国西北唯一与俄罗斯接壤的地区，是丝绸之路经济带北通道和新疆参与中蒙俄经济走廊建设的重要节点城市。该地区生态环境优越，具有净空、净土、净水的金字招牌，全年空气质量均达到国家一级标准，有"天然氧吧"之称；农用地全疆面积最大，土质优良，具有未被污染和有机的属性，是畜产品、粮食以及油料等农产品的输出基地；是新疆的相对丰水区，素有北疆"水塔"之称；是全国六大林区之一、新疆第一大天然林区，森林覆盖率居全疆之首；旅游资源独特，享有"千里画廊"的美誉。近年来，该地区农业发展取得了一定成效，为现代农业的转型升级奠定了基础。

（一）农业综合生产能力稳步提升

阿勒泰地区具有水土资源开发潜力优势，有后备耕地资源 157.97 万亩，占全疆耕地后备总量的 34%，具有扩大粮油、高效益经济作物的条件。近年来，农业生产力布局持续优化，农业综合生产能力稳步提升。2021 年，全地区实现农林牧渔业总产值 131.97 亿元，较上年增长 7.2%。农林牧渔及其服务业结构由 2015 年的 53.8∶2.2∶41.3∶2.0∶1.7 调整到 2021 年的 37.6∶

2.5：52.6：1.7：5.6，畜牧业优势更加凸显。地区各类农产品自给率较高，全年粮食（含薯类）总产量达 76.81 万吨，肉类总产量 7.87 万吨，禽蛋产量 0.06 万吨，奶产量 13.05 万吨，小浆果产量 0.9 万吨，水产品产量 1.14 万吨，具有牛羊、饲草料外销能力。农产品加工能力有所提升，全地区农产品加工企业总产值由 2015 年的 14.79 亿元提高到 2021 年的 24.77 亿元，年均增长 13.8%。休闲农业经营主体 1 271 个，接待人次 168.21 万人次，带动农户 4 853 人。农村居民人均可支配收入达到 16 024 元，较上一年增长 10.8%（当年价），超出全疆平均水平 449 元。

（二）农业生产呈现集聚化发展势头

阿勒泰地区是新疆草原畜牧业的重要基地，有天然草地 1.33 亿亩，占全疆草原面积的 17.05%，已建成肉牛、肉羊、奶牛、生猪等规模养殖场 82 个。布尔津县成功纳入国家级草原畜牧业转型升级试点县，初步形成阿勒泰市、福海县肉牛养殖业，福海县、富蕴县、阿勒泰市肉羊养殖业，富蕴县、布尔津县马产业，福海县、富蕴县、吉木乃县驼产业。该地区被认定中国最有魅力休闲乡村 1 个、全国休闲观光农业示范点 1 个、自治区休闲观光农业示范点 4 个、中国美丽田园 1 个、全国休闲农业和乡村旅游星级示范企业 5 个、中国美丽休闲乡村 1 个等，拥有各类称号 35 个。特色农业初具规模，是全国"大果沙棘"原产地和种植面积最大的地区之一，青河县被誉为"中国大果沙棘之乡"，种植面积占全疆 50% 以上；打瓜籽种植面积位列全疆第二，产量占全疆的 22%；中药材种植面积占全疆的 18%，甘草、板蓝根具有较强优势。已创建特色林果标准化基地 2 个、标准化中草药基地 5 个，有 3 个自治区级和 2 个地区级饲草料储备库、8 个饲草料交易市场。形成青河县、布尔津县、哈巴河县沙棘，哈巴河县中草药，福海县食葵，阿勒泰市籽用瓜等产业聚集区。现有宜渔水面 196 万亩，鱼类资源丰富，土著经济鱼类 24 种，占自治区土著鱼类的近 50%，是国家冷水鱼生产的重点区域，已创建农业农村部健康养殖示范场 5 家、国家级种质资源保护区 6 个、水产健康养殖示范场 15 家。围绕产业发展，培育农产品生产加工经营主体 736 家，建设国家现代农业产业园 1 家、国家级农业对外开放试验区 1 个、自治区级以上农业产业化园区 2 家、农产品加工园区 2 家。

（三）农业发展的科技支撑明显改善

农业科技迈出新步伐，农作物病虫害防治效果达 90% 以上，发布小麦、玉米、青贮、马铃薯等 21 个主导品种和 4 项主推技术，建立农业科技示范基地 28 个，构建"专家＋农技人员＋示范基地＋示范主体＋辐射带动户"的链式推广服务模式。农业机械装备水平大幅提升,农机总动力达到 96.5 万千瓦,主要农作物耕种收综合机械化率达 99.12%,农林牧渔综合机械化程度达到 74.25%,各类农机服务组织和农机大户达到 1.84 万个,其中,规范化农机专业服务合作社 27 家,成立了全疆首个地区农机合作服务联合会。全地区冷链物流企业达到 37 家,拥有冷库、保鲜库 126 座,库容 49 317 吨,冷链物流车辆 32 辆,装载能力为 262 吨。创建 5 个电子商务进农村示范县,已建设县级电商公共服务中心 5 个、乡级电商服务站 28 个、村级电商服务站 163 个,完成 4 个直播基地并投入运营。绿色发展成效显著,化肥当季利用率达到 41.1%,畜禽粪污综合利用率 86.35%,废旧地膜回收率 82.1%。农产品质量监督抽查合格率(包括例行监测和监督抽查合格率)达到 98%以上,县(市)农产品质检机构"双认证"通过率达到 100%。

(四)农产品市场开拓能力日益提升

阿勒泰地区农产品特色鲜明、外销潜力大,具有"一地邻三国、四口连欧亚"的区位优势,具备利用两个市场、两种资源的便利条件。近年来,持续推进特色农产品区内收购和疆外销售"两张网"建设,着力推进阿勒泰市冷链物流,富蕴、吉木乃、北屯等鲜活农产品交易、集散中心建设。2021 年地区活畜调出 57 万头(只),其中牛 17 万头、羊 37 万只、马 1.4 万匹、骆驼 1 500 峰。与疆内外大型农产品采购商建立长期稳定产销合作关系,在内地建设阿勒泰特色农牧产品销售网点 2 600 余个,实现"大仓东移",解决物流"超级贵""中转长"的瓶颈。用好会展经济,开拓疆内外市场,积极参与各类农博会、农交会、产销对接会等线下平台,推动农产品出村入市进店,打造农产品外销平台,深化与疆外企业合作,面粉、瓜子、驼奶粉、沙棘产品等 17 个系列 52 个品种等农副产品销往全国各地。农业品牌建设不断加强,产品竞争力持续提升,有驰名商标 2 个、国家地理标志保护产品 3 个、农产品地理标志登记产品 5 个、地理标志证明商标 2 个、全国名特优新农产品 4 个、新疆名牌 4 个、新疆农业名牌 5 个、新疆特色农业好产品 5 个、新疆特色农业好产品(区域公用品牌)2 个、著名商标 11 个。在吉木乃口岸正常通关情况下,地区冷水鱼、小麦粉、清油、葵花籽、葵花籽仁、塔尔米等农产品 2021 年过货量达到 1 万吨以上。

(五)农业标准化体系建设初见成效

阿勒泰地区生态区位特殊、生物资源独特,具有阿勒泰羊、阿勒泰白头牛、白斑狗鱼、江鳕、大果沙棘等生物资源优势。近年来,大力推行"标准化+农业",加快制修订特有畜种、特色作物在生产技术、种植(养殖)管理等方面的标准，保证优质农产品质量，提升市场竞争主动权、话语权。截至2021年，地区累计发布地方标准达 1 120 项，其中，自治区地方标准 121 项，阿勒泰地区地方标准 940 项，县级农业地方标准 59 项。围绕地方特色逐步建立和完善覆盖农业产前、产中、产后全过程的标准体系 13 个。申报认定了涵盖原料及加工品在内的水产、畜产品、小浆果、果用瓜、麦类、特色乳品等各类国内外有机农产品 49 个，有机产品达到 1.5 万吨，基地面积超 2 235 万亩；认定了全国最大的有机骆驼放养基地，青河县小麦粉、黑小麦粉、黑麦片被认定为全国名特优新农产品，认证产品市场认可度强、价格稳定。同时，着力打造了阿勒泰羊、白斑狗鱼、戈宝麻、大果沙棘等 11 个国家级和 2 个自治区级农业标准化示范区，标准化示范推广范围不断扩大，辐射带动力度显著增强。

■二、农业发展问题与短板

（一）农村经济总体发展质量不高

根据阿勒泰地区农村经济发展综合评价测算结果，2020 年阿勒泰地区农村经济发展综合实现度为 82%，在全疆 14 个地州排名第 10 位，较 2019 年评价结果提升了 1 个位次。其中，经济发展质量较差问题最为突出，表现为资源利用率较低，万元第一产业 GDP 耗能 0.16 吨标煤，高于全疆 0.10 吨标煤的平均水平；单位农业用水 GDP 产出为 2.5 元/米³，仅为全疆平均水平的 62.5%；土地产出率低，单位耕地第一产业增加值仅为全疆平均水平的 47%。农作物单产水平总体不高，小麦生产水平参差不齐，最低的哈巴河县小麦单产为 270 千克/亩，仅为地区最高水平青河县 491 千克/亩的 55%。加快提升资源利用率和生产效率，实现农业产业提质增效迫在眉睫。

（二）农产品加工率低成为制约产业化发展的瓶颈问题

农产品加工水平低，转化、增值滞后。阿勒泰地区农产品加工业总产值与农业总产值比为 1.87∶1，低于全疆平均水平。2021 年地区生鲜乳企业加工量 1.1 万吨，占当年奶产量的比重不足 10%；玉米以烘干初加工为主，年烘干量占玉米总产量的 70% 左右；食葵、籽用瓜、中草药等特色农作物基本以原料形式直接进入市场流通，产品档次和附加值不高。缺少大型龙头企业带动。截至 2021 年底，阿勒泰地区农产品加工经营主体 105 家，"四级"龙头企业仅48 家，其中，国家级、自治区级、地区级龙头企业分别占自治区的 1.7%、4.6%、1.7%；规模以上龙头企业 20 家，仅占自治区总数的 2.45%，营业收入 11.47 亿元，占自治区总额的 0.68%。农产品品质优势未转化为品牌优势，牛、饲草、马等农牧产品品牌培育严重滞后,"吉域"面粉、"吉力湖"冷水鱼等企业品牌知名度较低。"企业＋合作社＋农户"利益联结还不紧密,农民进入市场的组织化程度低,全地区参加农牧民专业合作社农户占比在 4.5％左右,低于全疆和全国平均水平。

(三) 科技在农业产业发展中的作用急需加强

阿勒泰地区农业科技服务体系已初步形成,但面对产业升级的新需求,科技已成为现代农业产业发展的薄弱环节。科技服务和技术推广不到位,畜牧业标准化养殖技术的推广依然是重大的难点课题。农业科技成果质量低,即常规技术多,重大关键技术和高新技术低,畜禽良种繁育、药果全程机械化、动植物重大疫病防控、绿色储运、新型加工、清洁生产、品质调控等"卡脖子"技术问题仍然存在,小浆果机械化采摘率几乎为零,牛羊良种率60％,低于全国平均水平 15 个百分点。一方面农业人才支持总量不足,按照自治区农业技术推广人员的配置标准是每种植万亩农作物配置 2 名技术人员,每养殖 3 000头（只）牲畜配置 1 名防疫员、250 头牛配置 1 名配种员、5 000 只羊配置 1名配种员的标准计算,地区需要农业技术推广人员 5 500 多人,与现状相比缺口为 5 200 多人;另一方面技术推广与服务队伍年龄结构老化,地区农业技术推广中心现有专业技术人员 26 人,其中 40 岁以上的占总人数的50％。大数据、人工智能、物联网等新一代信息技术在传统产业未得到充分利用。企业生产管理、技术研发、产品设计、市场营销等方面人才极为匮乏。

(四) 农业产业发展基础设施依然薄弱

阿勒泰地区耕地质量平均等级为 5.24 等,以中等地为主,其中优等地仅占耕地总面积的 12.30％,低于全疆 27.44％的平均水平。水利基础设施建设滞后,配套设施不完善,节水、蓄水、调水能力弱,水资源集约节约利用水平不高;骨干渠系防渗率低,干支渠防渗率仅为 62.7％,高效节水 160.5 万亩,仅占 26.26％;农田灌溉水有效利用系数 0.566,低于全疆平均水平,且 50％以上的农田水利工程老化失修,34.1％的渠道损坏。高标准农田建设管护相对滞后,全地区建成高标准农田 248.5 万亩,仅占"三调"耕地面积的 40％,较全疆最高水平低 34 个百分点。水产基础设施落后,缺乏国家级水产原种场,池塘生态修复和改造进程慢,循环水养殖、工厂化养殖、物联网等现代设施装备渔业规模较小。部分沙棘园已进入老龄化,存在树形紊乱、枝条密集、根蘖丛生、产量下降的问题。农产品供应链建设起步晚,缺乏完善的供销体系,物流系统特别是冷链物流落后,农产品损耗量大,据调查,生鲜牛羊肉损耗率在5％～10％,沙棘采收损耗率达到 20％左右。

(五) 农业产业发展效率亟待提高

阿勒泰地区的农业产业发展突出表现为经济体量小、总体效益不高，2020年人均第一产业增加值仅为 18 504 元，居全疆第 8 位，且第一产业增加值 20 年平均增长率仅为 8.3%，为全疆最低水平。畜牧业发展质量效益低，2021 年地区牛平均胴体重为 168 千克/头，仅为全国平均水平的 65.4%；羊平均胴体重为 19 千克/只，仅为全国平均水平的 65.4%。牛出栏率为 30.5%，较全国平均水平低 17.5 个百分点；羊出栏率为 82.6%，较全国平均水平低 17.5 个百分点。产业发展组织化程度低，还未形成规模效应，地区经营耕地 50 亩以上的农户数仅占 20.02%，年出栏牛 100 头以上的养殖户仅占 4.2%，年出栏羊 500 只以上的养殖户仅占 0.8%，年存栏奶牛 100 头以上的养殖户仅占 4.2%。农产品加工企业效益低，地区产值上亿元的加工企业仅 4 家，5 000 万元以上的 10 家，规模以上农副产品加工主营业务收入与农业总产值比仅为 15%，居全疆第 11 位。休闲旅游农业还未形成稳定的利益链条，带动农牧民增收效果不显著。渔业大水面养殖的优势未得到充分利用，仍以池塘、水库养殖为主，优势的天然养殖捕捞仅占总产量的 14.4%。

■ 三、农业高质量发展战略

阿勒泰地区农业发展要以全面推动乡村振兴、建设农业强区、促进农民增收为目标，把握四大基础，即区位优势、资源禀赋、发展基础、产业特色，发展四大产业，即做强畜牧业、做实休闲旅游农业、做优种植业、做大渔业；明确四个方向，即生态、精品、融合、外向（区内国内国际）；处理好五个关系，即阿勒泰地区农业发展与自治区发展的关系、农业产业发展与二三产业发展的关系、农业产业发展与生态环境保护的关系、农业产业发展与农业多功能性挖掘的关系、农业产业发展与文化传承的关系；突出六大建设，即以"四个基地＋两个示范区"①建设为核心，深挖畜牧业、休闲旅游农业和渔业发展潜力，夯实粮油基础产业，提升产业发展和农产品保供能力；强化七项内容，即坚持科技创新引领、优化农业功能区布局、强化现代农业基础支持、调优农业结构、加快产业融合发展、促进农牧民持续增收、提高农业综合生产能力。构建"一纵一横"全产业链发展的新格局：纵向拓展新产业，贯通产前、产中、产后"产加销"产业化发展；横向拓展新功能新业态，融合农文旅、一二三产

---

① 四个基地，即粮食、有机畜产品、特色农产品基地和冷水鱼生产繁育基地，两个示范区，即全国农业对外开放合作引领区、休闲旅游农业示范区。

业集群发展，打造一批上下游协作紧密、产业链条长、带动能力强、综合效益好、规模大的重点产业集群，确立战略定位，将阿勒泰地区打造成自治区现代畜牧业发展先行区、休闲旅游农业样板区、特色农业示范区、粮食安全贡献区、全国农业对外开放合作引领区。

（一）粮食基地建设

要充分挖掘阿勒泰地区优越的水土资源潜力和灌溉农业优势，紧紧围绕中央大力提高保障国家粮食安全的迫切需求，贯彻落实自治区关于"区域结余，供给国家"的方针，以粮食生产能力建设为核心，一方面依靠科技进步，以提升粮食单产水平为突破口，不断提高粮食综合生产能力；另一方面以水资源的合理开发利用为前提，通过持续开展撂荒地、弃耕地和宜农后备土地挖潜，扩大粮食生产规模，全面推广春小麦优质高产新品种和玉米密植高产新技术，将阿勒泰地区建成自治区重要的粮食生产基地，确保自身粮食安全，并为保障新疆粮食安全做出阿勒泰贡献，打造自治区重要的玉米生产基地。

（二）有机畜产品基地建设

要紧紧围绕自治区提高重要农产品供给的现实需求，充分依托阿勒泰地区丰富的天然草场资源和养殖空间潜力，深入推进草原畜牧业转型升级，合理利用草地资源，持续推进农区畜禽规模化养殖，支持大型畜牧业企业集团加快发展肉牛、肉羊产业，优化驼产业，培育马产业发展，大力推进畜禽良种繁育基地、标准化养殖基地和优质饲草料基地建设，培育优质畜产品产业链，构建完善的现代畜牧业产业体系，提升发展质量和规模水平，把阿勒泰地区建成精品畜产品基地。

（三）特色农业产业基地建设

要围绕阿勒泰地区特色产业发展重点，加快培育优势特色产业，积极发展食葵、籽用瓜、小浆果、中草药、西甜瓜五大特色产品，优化品种结构、强化基地建设、培育加工产业、提升加工能力，打造特色品牌，做好"特"字文章，努力把"好资源"转化为"好品质"，把"好品质"转化为"好产品"，把"好产品"转化为"好品牌"，推动特色农业优质高效发展，把阿勒泰地区打造成自治区特色农业高质量发展的示范区。

（四）冷水鱼生产繁育基地建设

要围绕国家发展大水面生态渔业、建设现代渔业体系的发展方向，依托额尔齐斯河天然优良水产种质资源库优势和乌伦古湖大水面资源优势，突出冷水鱼的产品优势，以大水面养殖捕捞为重点，着力发展大水面养殖，优化坑塘养殖。运用现代科学技术和现代信息技术，发展特优水产种苗繁育、生态健康大水面养殖、水产加工、水产贸易、水产休闲文化旅游农业，构建现代特色渔业产业体系，加快发展绿色健康额尔齐斯河特有的冷水鱼产业，把阿勒泰地区打造成自治区冷水鱼生产繁育基地。

（五）全国农业对外开放合作引领区建设

要发挥阿勒泰地区通联俄罗斯、哈萨克斯坦、蒙古三国的区位优势，依托国家级吉木乃农业对外开放合作试验区，围绕四国丰富的农业资源和优势产业发展，积极培育互促互贸外向型农业新产业，推动建设"两中心、两基地"，着力建设国际农产品商贸物流中心和建立国际农业交流合作中心，加快建设农产品生产示范基地和农产品精深加工合作基地。积极探索合作模式、运行机制、政策创设"三类试验"，提升农产品贸易规模和便利化水平，推进农业科技合作、共性技术交流与推广、农牧民技术培训等全方位的农业合作，把阿勒泰地区打造成为全国农业对外开放合作引领区、自治区农业产业合作先行区、外向型农业发展的样板区和产业融合发展实验区。

（六）休闲旅游农业示范区建设

要以阿勒泰地区着力发展大旅游为契机，挖掘丰富的多民族文化资源潜力，以农业生产为基础，以农耕文化为源头，以城乡融合和产业融合为路径，充分发挥现代农业发展与和美乡村建设成果，以草原、游牧、特色产业、民俗、生态景观、聚落景观为特色，推进大自然、大景观、大农业、大文化深度融入休闲农业，构建全域乡村旅游产品体系，升级乡村旅游业态、培育品牌示范乡村、完善乡村旅游设施、扩大乡村旅游影响力，塑造阿勒泰地区北疆牧乡的乡村旅游品牌，建设西北边境休闲旅游农业示范区。

四、农业主导产业发展重点

（一）粮油发展重点

依托地区特色粮食资源，坚持"区域结余，供给国家"的方针，稳定发展粮油生产，优化粮食生产结构和品种结构，提高粮油安全保障能力，为保障国家粮食安全多做贡献。集中力量打造以小麦、玉米、马铃薯、油葵为重点的有机粮油产业集群，培育龙头企业和品牌，推动粮食产业链条向纵深发展，带动产品结构调整和粮食产业升级。建设优质小麦生产功能区，大力发展有机专用小麦，推动优质小麦向东、西部优势产区集中。按照"种植业围绕畜牧业发展"的要求，调整玉米品种结构，主要发展饲料型玉米，兼顾发展专用型玉米，适当种植开发鲜食型果蔬品种。推进"种薯繁育＋规模化种植＋全粉加工"全产业链发展。提升马铃薯标准化栽培基地、加工营销等设施装备水平，建成全区重要马铃薯种业、商品薯生产加工出口基地。稳定扩大油葵面积，提高质量，提升油料种植基地基础设施，完善加工设备，促进油料产业发展，提升油料保供能力。

(二) 畜牧业发展重点

建立健全畜牧业生产体系、产业体系、经营体系。坚持草原畜牧业高端化，打品牌、提品质、控数量，走"保护利用好生态、提质增效、持续发展"的路子，加快转变传统生产方式。坚持农区畜牧业规模化、增效益、降成本，以实施农区畜牧业振兴为抓手，走"标准化规模养殖增量、产业化集聚发展提质、品牌化拓展市场增效"的路子，加快提升畜牧业综合生产能力，促进产业提档升级。进一步提升地区畜牧业专业化、规模化、集约化水平。畜牧业连接种植业与加工业，支撑旅游业、服务业，带动一二三产业有效融合的中轴作用进一步凸显，联农带农机制进一步完善，保供给、促增收、推进乡村产业振兴的支柱地位进一步巩固。畜牧业在满足本地由产品需求条件下为自治区多做贡献。

肉牛以提升产业质量效益和竞争力为主攻方向，突出品种培优、品质提升、品牌打造和标准化生产，构建以产品为主线、全程质量控制为核心的现代肉牛产业标准体系。通过引进和培育行业领军企业、合作社的示范带动作用，深入推行肉牛养殖专业化、生产标准化、经营产业化、销售品牌化、服务社会化、模式差异化，打造额尔齐斯河流域肉牛生产基地，全面提升肉牛产业现代化水平。

肉羊坚持地方品种选育提升和引进扩繁并举，做优肉羊良种繁育；坚持牧区高端优质羊肉生产基地打造与农区"2555"肉羊养殖体系构建并举，做大额尔齐斯河标准化肉羊养殖基地；坚持龙头企业培育与高附加值产品开发并举，做强羊肉及副产物精深加工；坚持区域公用品牌打造与企业品牌培育并举，做响阿勒泰肉羊品牌；做好关联产业，全面提升肉羊产业发展水平。

马产业依托阿勒泰地区特色旅游资源、马种质资源、马文化资源，促进现代马业产业建设，引进良种、杂交改良、人工授精配种等方式，加快本土马的品种改良，形成"以产品马为基础，肉用马、乳用马、休闲文化为支撑，育马、体育竞技赛马为引领"的金字塔形马产业构架。推进"马产业＋文化旅游＋体育"融合发展模式，逐步完善马旅产业、马术产业、马文化产业和育马产业体系建设。

骆驼产业坚持引进与自繁自育结合，提高骆驼良种率，坚持规模化饲养与草场放养相结合，做大做强骆驼产业园，稳步提高牧民的骆驼养殖水平；持续优化完善驼奶产业链，进一步延伸和开发驼绒产业链，创新驼肉产业链，拓宽驼产业加工链；坚持驼产业园区建设与驼文化产业和休闲旅游相结合，大力发展骆驼旅游产业；坚持区域公用品牌打造与企业品牌培育并举，做强阿勒泰驼奶品牌，做响驼绒和驼肉品牌，全面提升骆驼产业发展水平，逐步构建一条"骆驼良种繁育→标准养殖→驼奶冷藏收贮→精深加工→驼奶产品→冷链物流→市场销售"的驼奶产业主链条，以及驼绒产业、驼肉产业和骆驼休闲旅游业的产业副链条，实现"研发＋生产＋度假＋休闲＋旅游"一体化的"骆驼＋"产业格局，打造全国骆驼产业制高点。

生猪产业按照"因地制宜、稳定供给、适度发展"的总体思路，适度发展生猪规模化养殖，以保障猪肉自给为目标，立足市场供给，稳定生猪产业发展。提高生猪标准化、集约化、机械化、自动化水平，推动粪污资源化利用，发展绿色清洁养殖，促进资源循环利用。以福海县为重点建设种源、生猪外销、屠宰加工基地，适度发展生猪规模养殖。

家禽产业根据市场需求，适度扩大养殖规模，将工厂化养殖与生态养殖相结合，突出生态养殖的特色，依托生态优势，积极推广林下、果园、种草养鸡，开展治蝗养鸡、沙棘养鸡等生态放养模式，提高农牧民禽类养殖积极性。鼓励农民专业合作社、家庭农场从事规模化家禽养殖，因地制宜发展规模化家禽养殖场。引进专业化养殖企业，打造禽类龙头企业，创建绿色有机生态禽（蛋）品牌。

奶产业着眼本地市场和旅游产业发展的需求，以农区集中养殖为重点，以良种牛为主体，不断提高奶的产量、品质和保障能力。坚持牛奶产业与特色奶业相结合，牛奶产业的发展定位于满足本地市场和旅游市场需求，特色奶业以高端精品为主。围绕乳品加工企业布局优质奶源基地，完善利益联结机制，做强乳品加工企业，促进中小微乳品企业差异化发展。鼓励乳制品特色化发展，走精品绿色发展之路，提升产业价值链。开发新产品，提升民族特色乳加工能力，不断提高生鲜乳加工转化率，优化奶产业一二三产业结构，促进地区奶产业高质量发展。

（三）特色作物发展重点

持续优化种植业结构和区域布局，坚持"区域结余，供给国家"的方针，稳定发展粮油生产，优化粮食生产结构和品种结构，提高粮油安全保障能力，为保障国家粮食安全多做贡献。立足市场需求，合理调控生产布局，因地制宜发展饲草料、食葵、籽用瓜、中草药、小浆果、西甜瓜等特色作物，挖掘潜力，提高单产，增加总产。推进标准化基地建设，加快种植业向高产、优质、高效、生态、安全的方向发展，从数量和质量上保障农产品安全供给。打好种业翻身仗。

籽用瓜方面，推进品种培优、品质提升、品牌打造和标准化生产，作强籽用瓜产业。积极推进籽用瓜良种繁育基地建设。发展各种形式的订单农业，带动农民按标准化和市场需求组织生产，提高产品商品性。加大培育和引进籽用瓜及其副产物加工企业，引导和支持企业围绕大旅游、大健康开发旅游休闲产品。扶持和培育地方名牌产品，加强市场开拓，积极建立营销渠道，逐步扩大市场占有份额。

食葵方面，围绕大旅游优化产业布局，合理引导食葵向旅游沿线优势产区转移。加快高产优质专用新品种选育，促进食葵生产成本的降低和单产水平的持续提高。采取倒茬轮作、配方施肥等综合措施，全面提高食葵原料标准化建设水平。培优加工企业，加快食葵新产品开发和加工，加强食葵副产品的综合利用加工，深入挖掘产品附加值，积极拓展产品市场，实施品牌化发展战略，促进食葵产业与乡村旅游的深度融合，提高产业综合效益。

中草药方面，全力推进"引种驯化＋科技创新＋标准化生产＋品牌打造＋贸易流通＋服务拓展"的产业链发展，统筹推进"旅游＋中草药大健康产品＋畜产品""旅游＋观赏中草药种植""旅游＋哈萨克医药文化""旅游＋养生康养"和"中草药种植＋农区畜牧业"发展模式，合理规划建设中草药加工产业园，外引内培实力药企，打造道地中草药产业集群；推进中草药生产与产业发展、休闲旅游、和美乡村和康养小镇建设相结合，打造以"阿尔泰山"特色中草药为品牌的"额河药谷"，建设新疆重要的康养基地和哈萨克医药中心，逐步形成中草药布局合理、特色鲜明、地道突出、供给有力的产业链条。

（四）渔业发展重点

充分依托阿勒泰地区丰富的大水面资源和冷水鱼特色，围绕水产种苗繁育、生态健康大水面养殖、水产加工、水产贸易和水产休闲文化旅游产业，以发展特色冷水鱼产业为核心，以大水面养殖捕捞为重点，通过提升改造新疆土著经济鱼类苗种生产基地，强化对苗种繁育技术进一步熟化和新品种开发，增加苗种产量和品种。通过引进疆内外水产龙头企业，加快培育带动本地水产养殖企业和养殖户发展壮大，形成以乌伦古湖为龙头、养殖企业和养殖户为基础，面向市场的生态绿色有机冷水鱼产业体系。通过发展水产加工业和贸易，推进一二三产业深度融合。水产品种苗生产以布尔津县为重点，水产品生产以福海县、阿勒泰市、布尔津县、哈巴河县为重点，建设渔业养殖繁育场、水产规模化养殖基地、渔业加工及进出口贸易区、渔文化旅游区，把阿勒泰地区打造成自治区冷水鱼生产繁育基地。

（五）农产品加工业发展重点

围绕阿勒泰地区畜产品、水产品、粮油和特色作物，加快培育壮大现有加工企业，着力引进疆内外大型企业，依托农业产业园、农产品加工园区全面推动农产品加工业发展。通过延链、补链、强链推动农副产品精深加工业链条向下游延伸，打造"种植养殖基地＋农副产品加工＋储藏保鲜＋运输"的全产业链发展模式，逐步提升精深加工和综合利用加工水平。持续推动阿勒泰市、布尔津县、富蕴县农产品加工园区建设，重点发展健康畜禽产品、粮油、乳制品、饲草、小浆果、冷水鱼、保健食品等农副产品精深加工业，逐步实现农副产品与餐饮、文化旅游、康养等产业融合发展。依托吉木乃、塔克什肯口岸，加大饲草、牛羊肉和水产品进口加工，扩大农副产品精深加工规模，形成区域特色农产品精深加工产业集群，有效推动一二三产业融合发展。

（六）休闲旅游农业发展重点

结合阿勒泰地区大旅游发展，围绕打造"西北边境生态民俗乡村旅游目的地"，坚持"景村共融、文化赋能、产业融合、廊道助推"理念，鼓励跨界配置农业和现代产业要素，推进畜牧业、特色农业、渔业与文化、体育、旅游、教育、康养等产业深度融合，促进休闲旅游农业多样化发展。积极开发乡村农牧休闲、民族文化体验、生态度假核心旅游产品和自驾游、文创旅游、体育赛事、科普研学等新业态旅游产品体系，健全"农牧民＋龙头企业＋阿勒泰礼物体验店＋旅行社＋游客"全产业链，构建"一圈三区四带五组团"的乡村旅游产业空间发展格局，带动产业发展。

■五、农业高质量发展路径

（一）改善设施装备条件，增强农业高质量发展基础

1. 加大耕地和天然草地保护力度

加大中低产田改造力度，持续做好农田基础地力提升工作，积极推广施用有机肥，以种植面积大、需肥量较多的玉米和食葵等作物为突破口，推广有机肥替代部分化肥技术，增施堆沤腐熟的农家肥、商品有机肥及微生物肥料，减少化肥施用量。保护和合理开发利用天然草地，加强草原执法监管，加大对乱征滥占、非法开垦改变草原用途和滥采乱挖草原野生植物等违法行为的打击力度，切实保护好草原资源。

2. 加大高标准农田建设和田间工程管护力度

建立耕地质量固定监测点，开展耕地质量基础信息资料收集、实地调查与样品检测；建立土壤墒情固定监测点，实现数据共享。积极示范推广智慧农业，搭建农业生产数据采集、智能决策、智慧飞防、病虫害预警、视频图像采集监测、远程数据展示与控制管理平台，逐步实现农业生产决策科学化、水肥施用一体化、土壤墒情监测和作业控制自动化，全面提升农田生产管理精准化、智慧化水平。

3. 优化配置和提高水资源利用率

加强水资源集中统一调配管理，开展乌伦古河中下游生态修复与保护综合治理工程，加大对大中型灌区改造力度，进一步完善水网建设，不断提高骨干渠系防渗率，切实提高水资源利用效率。持续深化农业水价综合改革，构建科学合理的水价形成机制，充分发挥好水价杠杆作用，促进水资源集约节约高效利用，持续建设高效节水灌溉工程，推广水肥滴灌、覆盖保墒、测墒灌溉等技术，科学调度用水，确保农田实现应灌尽灌。

4. 加强农业防灾减灾能力建设

提高农作物病虫害防治技术到户率，抓好动物调运流通环节监管。提高动植物疫病疫情跨境传播防控能力，严防动植物疫病跨区域传播扩散。推进自然灾害救助物资储备体系建设。加大草原鼠虫害治理，积极推广草原蝗虫灾害生物防治，科学开展化学防治。

5. 全面推进设施装备升级

围绕产品全产业链进行设施装备建设投入及升级改造，在粮食初加工领域，重点建设烘干仓储设施；在畜禽初加工领域，重点推广应用生鲜肉冷却、速冻、低温杀菌及冷链运输等技术装备，支持建设及升级通风贮藏库、机械冷库、气调贮藏库等产地初加工设施；加快地区优势特色农产品精深加工技术装备升级改造，促进产品提档升级。

（二）加快建设标准化生产基地，实现农业绿色发展

1. 标准化种植基地建设

积极引进和推广高产高效多抗新品种，集成推广高产高效、资源节约、环境友好的技术模式，推进农业数字化、智能化、经营网络化，提高农作物种植良种化、科学化、精准化水平，推进打造一批种植业"三品一标"生产基地。推动畜禽粪污有机肥、菌肥生产加工和推广使用，持续打造绿色健康精品农产品生产基地。

2. 规模化养殖基地建设

建立"生产高效、资源节约、质量安全、环境友好"的畜禽标准化规模化

生产基地，通过政策引导、科技支撑、引种扩繁、品种改良等多种措施，立足规模养殖场（小区），以企业为龙头，以合作社为联结，辐射带动养殖户开展"四良一规范"标准化养殖，打造额河流域肉牛、肉羊高效养殖基地。

3. 标准化特色水产健康养殖基地建设

推广高效、健康池塘和坑塘养殖模式，推进养殖尾水治理。推进智慧水产养殖，引导物联网、大数据、人工智能等现代信息技术与水产养殖生产深度融合，开展数字渔业示范基地建设。

4. 提升农业绿色发展能力

推行绿色防控和病虫害统防统治，集成推广生物防治、物理防治等绿色防控技术，推广新型高效植保机械，提高农药利用率。促进畜禽粪污资源化利用，推动畜禽粪污处理设施可持续运行。提升秸秆综合利用水平，促进秸秆饲料化，鼓励养殖场和饲料企业利用秸秆发展优质饲料。

（三）推进农产品加工提档升级，提升产品竞争力

1. 拓展农产品初加工

围绕农产品产后减损增效，加快适用型农产品产地初加工技术研究、引进和示范推广，强化产地初加工标准引领和技术指导，支持培育发展生产标准统一、技术规范一致、质量安全可控的农产品初加工新型主体。

2. 提升农产品精深加工

支持企业根据市场需求开展多元化、个性化精深加工，鼓励地区农产品加工企业加快技术装备升级，引进开发适合地区优势特色农产品精深加工的新品种、新技术、新工艺和新设备，建设一批农产品精深加工示范基地。鼓励龙头企业立足地区实际，深挖、打造、独创一批疆内独有、全国知名的有机绿色优质农产品，制定企业标准，完善相关技术规范和操作规程，提升农产品加工质量标准化水平。

3. 推进副产品综合利用加工

鼓励支持加工龙头企业采取先进的提取、分离、制备技术，推进畜禽、粮食、油料、小浆果副产物综合加工利用。引进农作物秸秆、残渣等再利用新技术、新工艺、新设备，支持企业积极开展饲料、肥料、基料以及果胶、色素等产品的研发生产。支持企业推进畜禽水产类副产物综合利用加工。

4. 打造特色优势品牌

构建农产品区域公用品牌、产品品牌和企业品牌协同发展的农业品牌体系，打造一批地域优势突出、产品特性鲜明的区域公用品牌，加快形成一批竞争力强的品牌产品和驰（著）名商标，推动由销售产品向销售品牌转变。开展品牌宣传，提升政府运用品牌、企业营销品牌能力，提升地区农产品品牌影响

力和市场竞争力。

5. 开拓农产品销售渠道

"线上"与"线下"相结合，拓宽农产品销售渠道。强化农产品产销对接，拓展农产品疆内收购、疆外销售"两张网"，用好"粤贸行"、京东、淘宝等平台，深化疆外企业合作与特色农产品销售。健全绿色智能农产品供应链，扩展营销网络覆盖范围。积极组织参加全国性、区域性农产品展销平台，举办对口援疆省份农产品产销对接会，用好两个市场、两种资源，打通国际市场，推动地区农产品"走出去、引进来"。

6. 深化农村电子商务发展

鼓励各地进一步加强与大型电商平台合作，开展线上品牌农产品营销推介、网络直播带货等活动；支持依托特色产品优势打造有影响力的直播基地，建强直播农特产品产业供应链。强化农村电商人才培养，通过定向人才培养模式，培养一批高素质的电子商务管理人才。强化仓储保鲜冷链物流设施建设，提高农产品商品化处理和错峰销售能力。加快发展订单直销、网络直播、连锁配送、电子商务等新型流通业态。

（四）强化农业科技支撑，充分发挥科技引领作用

1. 推进制种和繁育基地建设

通过引进科研机构和专业人才，培育本地制种企业，做大做强阿勒泰地区适宜品种和特色品种。打造中草药、马铃薯特色制种基地。坚持地方特色品种选育提升和引进扩繁并举，做大做强主导品种。加大地方畜禽品种遗传资源保护，推进自治区实施的畜禽种业"332"工程①，扩大牛、羊等主要畜禽供种能力。加强沙棘等小浆果保障性苗圃建设。加强额尔齐斯河水系冷水鱼原良种保种选育。

2. 加大主导产业科技攻关

聚焦主导产业，采取多种形式与区内外科研院所联合，着力解决一批产业共性关键技术问题，促进重大科技成果的产出。持续加大农作物新品种培育与高产高效生产技术集成应用，推进畜禽标准化饲养配方，畜产品及其副产品开发、加工、储藏等技术研究。加快小浆果特色经济作物资源引进、种植、病虫害防治、机械化采收等技术攻关。壮大冷水鱼品种复壮，繁育新的经济鱼种和培育引进新品种。

3. 建设完善的农业科技服务体系

健全以公益性农业技术服务力量为主体、以市场化社会化科技服务力量为

---

① 畜禽种业"332"工程，即建成新疆褐牛、肉羊、哈萨克马3类种畜场，富蕴黑鸡、哈萨克牛、准噶尔双峰驼3个保种场，阿勒泰白头牛、阿勒泰羊2个保护区。

补充的多元互补、协同高效、竞争有序的农业科技服务体系。搭建区域性农业社会化服务平台、农业市场信息大数据资源共享服务平台及人力资源服务平台，强化绿色食品供应基地、农产品加工、冷链物流等产业技术集聚发展。

4. 加大主导产业科技成果转化力度

建立以企业为主体的科技创新成果转化机制，促进新品种、新技术、新产品、新知识尽快转化为现实生产力。强化科技成果转移转化市场化服务，积极扶持培养一批科技服务机构，建立产学研信息交流服务平台，通过不同类型的中介服务机构，建立一批技术转移机构。通过"互联网＋技术交易"，建设一批线上线下相结合的技术交易市场，打造技术交易市场网络。

（五）强化园区平台建设，推进产业融合发展

1. 加快农业产业园区建设

加快建设聚集资源要素、聚拢产业形态的四级现代农业产业园体系，推进生产、加工、营销、服务全产业链开发，促进一二三产业融合发展，打造农业高质量发展新高地。紧盯主导产业，以规模化种养基地为基础，布局现代农业产业园，推进乡村产业聚集发展，引导农产品加工业与休闲、旅游、康养等产业深度融合。

2. 建设农业产业强镇

聚焦农业主导产业，聚集资源要素，建设一批农业产业强镇。吸引资本聚镇、能人入镇、技术进镇，支持提升生产基地、仓储保鲜、加工营销等设施装备水平。强化创新引领，激发创新创业活力，延长产业链，提升价值链，推动业态模式融合、产村产城一体，打造主业强、各业兴、宜居宜业的乡村产业发展高地。

3. 推进数字农业平台建设

推进智慧农田，建设物联网、大数据、智能控制等智慧农田管理系统，实现作物监测、耕地质量监测、农田灌溉智能作业。推进智慧畜牧建设，加强与新疆畜牧兽医大数据平台深度合作，实现生产、防疫、屠宰、流通等各环节信息互联互通，加快规模养殖场数字化改造，推进精准饲喂、粪污清理、疫病防控等设备智能化升级，推动生产全过程平台化管理。

4. 促进休闲旅游农业健康发展

积极开发乡村农牧休闲、文化体验、生态度假核心旅游产品和自驾游、文创旅游、体育赛事、科普研学等新业态旅游产品体系。培育乡村优质旅游品牌，办好农民丰收节、牧羊迁徙节、冬捕节、采摘节等活动。健全"农牧民＋龙头企业＋品味新疆体验店＋旅行社＋游客"的融合模式。

5. 培育乡村新产业新业态

积极推进康养基地、特色小镇建设。持续开展"一村一品"示范村镇创建工作。发展绿色农产品预制和配送产业,以水产品、畜产品预制为重点,开发预制主食、熟制主食、方便营养主食、食药同源预制食品、配餐菜肴和速冻产品,提供早餐、套餐、净菜及休闲食品等餐饮成品和半成品配送服务。创新发展农商直供、网络直播、在线销售、场景销售等新业态。

(六)完善利益联结机制,多措并举促进农民增收

1. 培育壮大一批优势龙头企业

要突出龙头企业作用地位,坚持引进龙头、培育龙头、发展龙头,持续壮大龙头企业队伍,通过出台扶持政策、完善产业上下游配套建设等措施,把龙头企业引进来、产业链条建起来、产业发展强起来,加强企业对接,支持龙头企业落地发展壮大,形成龙头企业牵引产业发展格局。

2. 完善利益联结机制

以企业为中心,以资金、技术和订单为纽带,探索建立上下游利益联结机制,形成上中下游互融共生、分工合作、利益共享的一体化组织新模式。持续深化社企对接,支持种养大户、家庭农场、小农户和社会化服务组织组建农业产业化联合体,推广"保底+分红"、入股分红、租金和劳务收益等多元增收模式,形成利益共同体。构建"企业+合作社+农户"的组织体系、生产体系、经营体系,实现小农户与大产业有机衔接。

3. 推进农业生产社会化服务

加快培育各类服务组织,支持农村集体经济组织、农民合作社、龙头企业及各类专业服务公司等开展农业产业生产性服务。重点推动农业市场信息、农资供应、农业绿色生产技术、农业废弃物资源化利用、农机作业及维修、农产品初加工、农产品营销等生产性服务业转型升级。积极推广"土地托管""代耕代种""联耕联种""联管联营"等形式,带动普通农户发展适度规模经营。

第8章
玛纳斯县农业
高质量发展典型研究

玛纳斯县隶属新疆维吾尔自治区昌吉回族自治州，昌吉回族自治州在新疆区内农业高质量发展评价中居第3位（其中第1位乌鲁木齐市、第2位克拉玛依市均不是农业发展区域），农业发展水平处于区内较高水平，特别是玛纳斯县2021年入选"全国农业科技现代化先行县共建名单"，2023年经评估被列为首批"全国农业科技现代化先行县"。在当前大力培育新质生产力的新形势下，玛纳斯县作为全国现代农业改革的排头兵、数字农业示范县，将其作为典型案例研究高质量发展路径对于加快形成新质生产力、带动县域经济发展具有重要的示范引领作用。

一、现代农业发展基础

（一）发展环境持续优化

玛纳斯县自然环境条件优越，属中温带大陆性气候，干旱少雨、日照充足、蒸发量大。水资源总量为 5.757 4 亿米^3，其中地表水 4.08 亿米^3、地下水 1.67 亿米^3，是新疆水资源最富集的地区之一。现有耕地 121.95 万亩，其中永久基本农田 103.05 万亩。得天独厚的水土光热资源为农作物种植和畜牧养殖提供了有利条件，特别是满足了棉花、制种玉米、加工番茄和葡萄早、中、晚熟品种的生长需求。作为天山北坡经济带和丝绸之路经济带核心区域，2021年全县实现地区生产总值（GDP）183.04 亿元，同比增长 5.9%，居全疆县（市、区）第 32 位，人均地区生产总值 14 万元，位居全疆前列，并成功打造了中国碧玉之都、中国葡萄酒之都、国家湿地公园、国家森林公园"四张名片"。农村承包土地"三权分置"、农村集体产权制度、农业水权水价等农村改革持续深化，经营收益达到 50 万元以上集体经济强村 9 个，占全县的 11.1%，高于全疆平均水平。按照"南护天山、中管平原、北控荒漠"的理念，构建了南部山地水源涵养区、中部绿洲生态建设区、北部沙漠生态保育区，形成了"三区两廊"的县域生态安全格局，生态环境持续向好。全县森林覆盖率达到 20.41%，较全疆平均水平（5.02%）高 15 个百分点以上。

（二）产业基础不断夯实

玛纳斯县农牧业综合实力稳步提升。2021 年，完成县属农林牧渔业总产值 54.91 亿元，居全疆各县（市、区）第 18 位。农牧业经济结构持续优化，结构为 65∶1.3∶24.5∶0.5∶8.7。农村居民人均可支配收入达到 27 811 元，较全疆平均水平高出 12 236 元，较全国平均水平高 8 880 元。农产品生产能力显著增强，粮食播种面积 11.85 万亩，总产量 4.93 万吨；棉花面积 76.5 万亩，产量 10.11 万吨。畜产品供给能力明显提升，肉产量 1.68 万吨，禽蛋产量 1.18 万吨，生牛奶产量 1.58 万吨。农业全产业链建设成效显著，形成了30 万锭纺纱、18 万吨黏胶纤维、12 万吨精制棉的生产能力。13 家制种企业已建成 10 万亩玉米种子生产基地。酿酒葡萄达到 2.55 万亩，葡萄酒年加工能力达到 10 万吨，总产量 1.2 万吨，成为天山北麓葡萄酒产区面积最大的县。畜禽规模化养殖逐步凸显，已建成肉羊、蛋鸡等各类规模化养殖小区、养殖场28 家，日供应肉产品 4.2 吨、牛奶 2 吨、鸡蛋 3.4 吨，其中鸡蛋销量已占乌市批发市场 30% 的份额。农业产业融合水平不断提升，全年休闲农业接待人次 22.75 万人次，实现营业收入 2 907.2 万元。积极发展数字农业，建成的数字农业大数据平台，覆盖了全县近 40 万亩耕地，实现了水肥一体化智慧管理服务，提升了管理和生产人员培训水平。

（三）科技支撑能力不断提升

数字农业进程持续加快，打造制种玉米信息化示范基地 1.5 万亩、智慧农场示范基地 0.54 万亩，建成大田作物物联网 5 个，服务面积超 10 万亩。建成全国蛋鸡养殖数字农业试点，积极推进新疆首个数字农业装备产业园建设。广泛推广应用卫星遥感、智能滴灌、智慧农场等数字农业新技术，拥有各类卫星导航设备 544 台（套）、植保无人机 115 架，5G、卫星导航技术及无人机植保技术作业面积达到 240 万亩以上。农作物卫星遥感技术应用率达到 65% 以上，农业科技贡献率达到 75%，较全国平均水平高 12.6 个百分点。积极推进品种培优，提升优质新品种自给率，主要农作物良种基本实现全覆盖，其中，棉花"一主两辅"品种使用率在 90% 以上、玉米良种覆盖率达到 97% 以上、萨福克品种覆盖率达到 68.5%。作为全国全程机械化生产作业示范县，已建设 68 万亩全程机械化示范区和 1 万亩核心区，主要农作物农业机械化水平达到 99%，较全国平均水平高 26 个百分点。有机、绿色农产品面积达到 16.65 万亩，占全县总播面积的 16％；主要农作物重大病虫害统防统治覆盖率达到 60％。积极推进有机肥资源化利用，养殖业粪污资源化利用率达到 75％以上，农作物秸秆翻压还田面积达 96％以上。

(四) 科技发展基础显著增强

玛纳斯县先后被评为"国家农业科技创新与技术集成示范基地""国家现代农业示范区""全国农业科技现代化先行县""国家创新型县（市）"，先后出台《玛纳斯县科技创新支持产业高质量发展实施意见》《高新技术企业培育行动方案》等推进科技创新的政策，构建以知识创新、技术创新、管理创新、服务创新为支撑的科技创新体系，发挥政府、企业、高校、服务机构、社会大众等多元主体作用，共同推进农业科技研发成果应用与推广，解决农业现代化发展中存在的一系列重大关键技术问题。开展科技攻关、技术集成与示范推广等工作，与新疆农业科学院积极开展"院县共建"，合作开展棉花、玉米等良种培育，建成首个县级制种玉米育种基地。已建成国家现代农业示范区、自治区农业科技园区、新疆酿酒葡萄与葡萄酒工程技术研究中心、农业产业强镇、现代农业示范园等多个农业科技研发、推广、转化平台。全面落实"双百"引才工程，完善人才引进优惠政策，积极引导各类人才投身乡村建设，全县现有各类专业技术人员 2 915 人，已成功回引返乡能人 141 人，培育高素质农民 240 名，选派 179 名农业科技人才包乡联村到户、人均服务天数达 70 天以上，受益群众 1.2 万余人次。

二、农业科技现代化发展的挑战与机遇

(一) 面临的挑战

1. 科技创新投入水平与产出效率急需提升

玛纳斯县农业专业技术人才，特别是产业领军人才缺乏。全国各地陆续出台优惠政策，吸引创新资源和高端人才聚集，玛纳斯县相较东部地区，竞争优势不够突出。现有科技创新人才已不能适应经济社会发展的需要，制约了产业创新能力的提升。万名就业人员中研究与试验发展（R&D）人数为 27 人，高于全国平均水平，但仅为江苏省的 12.05％。科技投入不足，以企业为主体的多元化科技创新投入体系尚未发挥有效支撑作用。2021 年全县研究与试验发展（R&D）经费支出占地区生产总值比重的 1.15％，较全国平均水平低 1.28 个百分点，较全国最高水平北京市低 5.29 个百分点；规模以上工业企业研究与试验发展（R&D）经费支出占营业收入比重 1.13％，低于全国平均水平，也较全国最高水平江苏省有较大差距。科技创新产出水平较低。万人发明专利拥有量 3.6 件，低于全国平均水平，仅为全国最高水平北京市的 1.9％。规模

以上企业新产品销售收入占营业收入比重仅为 12.4％，较全国平均水平低 10
个百分点，较全国最高水平浙江省低 24.4 个百分点。

2. 科技创新与产业发展融合水平有待提升

玛纳斯县农业产业发展还存在资源环境匹配度不高、种养业结合不紧、农
产品精深加工能力不强、农业多功能性挖掘不够、流通体系效率不高、低端农
产品过剩和高端优质农产品不足并存等问题。种养业结合不紧，畜牧业产值占
农业总产值的 24.5％，低于全国平均水平，也较发达国家 50％以上的普遍水
平有较大差距。农产品精深加工及农副产品综合利用能力不强，皮棉本地精深
加工占比不足 10％，标准化玉米种子加工率仅 60％；农产品加工业总产值与
农业总产值比不足 2.2∶1，全县每年大约有 4 000 多吨葡萄籽、葡萄皮被废
弃。农业多功能性挖掘不足，数字农业新业态还处于起步和探索阶段，仅在棉
花、制种玉米上进行了应用，基本以气象、土壤、水肥、虫情"四情"监测和
为政府监管服务为主，距离全面实现农业生产智能化、经营网格化、管理高效
化、服务便捷化还有较大差距。农产品国内国际双循环通道尚未打通，葡萄酒
产业销售渠道单一，受国外葡萄酒冲击较大。制种玉米、蛋鸡、肉羊等尚未形
成区域公共品牌，产区知名度不高。制种玉米仅有 2 家制种企业拥有健全的市
场营销网络体系，其余均为受委托代繁企业，自主品种市场占有率低，种子在
终端销售、电商交易和加工包装方面的增值效益不明显。农副产品社交电商、
直播带货等网络交易新业态才起步，带动能力不强。

3. 科技对农业产业发展的支撑作用仍需提升

农业生产仍是"单技术为主、小面积示范"的传统推广模式，农机农艺融
合、良种良法配套不够，突破性的新品种、新技术仍然偏少，资源环境约束日
益加剧。农作物品种杂乱，多数品种已不能适应高产、优质、多抗、广适和机
械化作业的新需求，且不同品种最优适宜区的匹配性较差。2021 年，小麦平
均单产 264 千克/亩，制种玉米单产 480 千克/亩，棉花平均单产 133 千克/亩，
均处于全疆中等水平。机械化发展还很不平衡，种植业中棉花打顶、制种玉米
去雄、酿酒葡萄采摘和冬季修剪等环节机械化作业水平还较低；在园艺领域，
育苗嫁接、移栽、采收等设备缺乏；畜禽养殖以中小养殖场户为主体，精准饲
喂、环境调控等方面机械化发展缓慢，养殖废弃物收集处理、工程防疫、种养
循环等方面机械化程度普遍较低。农机动力机械与作业机具之比为 1∶3，发
达国家农机动力机械与作业机具之比高达 1∶6。农业发展受水资源约束较大，
农田灌溉水有效利用系数 0.65，畜禽粪污资源化利用率 75％。化肥施用强度
30 千克/亩，是国际公认化肥施用安全上限的近 2 倍。

4. 科技助推农业产量、质量、效益提升空间还很大

玛纳斯县小规模分散经营占比仍较大，生产成本高、比较效益低、现代生

产要素引入难等问题突出，农业集约化、专业化、组织化、社会化经营水平低，土地规模化、集约化经营水平也比较低。2021年，玛纳斯县家庭承包耕地土地经营权流转率65%，但经营耕地100亩以上的农户占比仅为10%。制种玉米基地涉及819个农户、734个地块，单个地块面积在3～450亩；制种玉米订单保底合同价达到3 500元/亩，与甘肃河西走廊的优质基地相比，较低的单位面积保值优势逐渐丧失。57.5%的酿酒葡萄零星分布在各乡镇，农业生产成本高，比较效益低，新建葡萄园开垦成本为8 000～10 000元/亩，每年管理成本2 000元/亩以上，同样品质葡萄酒的生产成本是国外的2～3倍。棉花生产成本2 553元/亩，是美国棉花生产成本的3倍。农业土地产出率4 500元/亩，为全国平均水平的58.7%。畜牧业发展质量效益低，牛平均胴体重为165千克/头，为全国平均水平的64.2%，仅为世界最高水平日本（450千克/头）的36.7%；羊平均胴体重为17千克/只，仅为世界最高水平的21%；生猪平均胴体重为72千克/头，仅为世界最高水平的43.6%。农业生产波动性大，增速缓慢，2018—2021年，农林牧渔业总产值年均增长率6.3%，较全疆平均水平低6个百分点。

（二）发展机遇

1. 世界新一轮科技革命和产业变革加速演进为农业科技现代化注入新动能

当前，世界新一代传感技术、数据科学和信息技术与农业不断交叉融合，以精准动态感知和智慧管控为特征的数字农业将引领农业生产方式进一步变革。玛纳斯县抢抓数字经济发展新机遇，将数字农业作为"一号工程"，打造40万亩数字农业示范基地，安装智慧电动球阀3.3万余套。数字农业大数据平台及"慧凤收"App开发且投入使用，并启动建设新疆首个数字农业智能装备产业园；同时，连续两年举办数字农业高质量发展座谈会，疆内外数字农业知名专家、科研院所及数字农业龙头企业，聚焦数字赋能农业发展探讨提出了数字时代农业农村发展的崭新路径、技术与模式，为支撑的产业体系创新系统注入强大动能。

2. 我国全面推进乡村振兴、加快建设农业强国为农业科技现代化提出新要求

党的二十大和中央农村工作会议提出全面推进乡村振兴、加快建设农业强国，必须充分发挥科技创新的引领带动作用，不断提高土地产出率、劳动生产率和资源利用率，走主要依靠科技进步支撑农业强国的内涵式发展之路。玛纳斯县作为现代农业改革的排头兵，入选国家创新型县（市）、全国农业科技现代化先行县共建名单，率先探索构建科技支撑引领乡村全面振兴和农业农村现代化的新机制新模式。党的二十大对建设农业强国的六项重点任务（即供给保障安全可靠、科技创新自立自强、设施装备配套完善、产业链条健全高端、资源利用集约高效、国际竞争优势明显）做出部署，这为玛纳斯县农业科技现代

化提供了行动纲领和指南。

3. 新疆加快打造以"八大产业集群"为支撑的现代产业体系为农业科技现代化拓展发展新空间

提出要集中力量构建"1＋8＋N"产业集群发展制度体系，积极培育新动能新产业新业态，建设具有新疆特色的现代产业体系。其中，将加快建设棉花和纺织服装产业集群、粮油产业集群、绿色有机果蔬产业集群、优质畜产品产业集群。为此，自治区制定培育发展产业集群的指导意见、八大产业集群行动计划、重点产业链实施方案，形成"1＋8＋N"的政策体系。自治区的一揽子措施、扶持政策等，将有利于进一步发挥和巩固提升玛纳斯县农业科技领先优势，辐射带动全疆实现现代农业形态更高级、优势更明显、特色更突出。

■ 三、农业科技现代化发展战略

玛纳斯县以全面推动乡村振兴、促进农民增收为目标，以数字农业为引领，坚持"保粮、调棉、兴畜、强种、增饲草、优林果、重加工、创品牌"的农业发展思路，把握区位优势、资源禀赋、发展基础、产业特色四大基础，明确科技化、智能化、绿色化、融合化、品牌化五个方向，在保障粮食安全的基础上，以优质棉花产业集群、优质制种玉米产业集群、葡萄酒产业创新发展集群、优质畜禽产品产业集群、农副产品加工创新产业集群五大产业集群建设为核心，围绕农业全产业链各环节技术需求，应用农业产业技术研究院、院县共建、校地校企产学研基地等现代农业科技支撑模式，以农业新品种选育、绿色生态种养殖、智慧高效农业生产技术、农产品加工及保鲜物流、农产品质量安全、农业生物制造、智能农机装备为主攻方向，以平台共建、联合攻关、协同推广和品牌创建为路径，做强棉花产业、做优酿酒葡萄产业、做大制种玉米产业、做精畜禽产业，发展订单农业、数字农业、农业生产性服务业，深挖农业发展潜力，建设全疆农业科技现代化引领地。

（一）打造全国棉花全产业链发展高地

以建设棉花供给侧改革核心示范区为契机，提高棉花优良品种区域匹配力，持续优化棉花品种布局，确保好种产好棉。开展延链、补链、强链式招商，引导企业产业链双向延伸，促进形成从棉花种植到纤维原料、纺纱、织布、纺织成品及配套的完整产业链，提高棉花产品就地加工比例，着力打造丝绸之路经济带核心区重要纺织服装产业基地。加强棉花产业及棉纺织品消费促进、产销对接，不断拓展疆内外市场。打造"棉花＋"新业态，将工业旅游与产业、产品、科普、教育相结合，提升棉纺企业品牌形象，为企业拓展潜在市场空间。全面推动玛纳斯县棉花产业循环增值、梯次增值、全链增值，将玛纳斯县打造成全国棉花全产业链发展高地。

（二）打造全国制种玉米创新成果转化孵化高地

以建设国家玉米制种大县为契机，加大玛纳斯县制种玉米自治州现代农业产业园和国家级杂交玉米种子生产基地建设力度，巩固制种基地建设优势，加大信息化建设力度，力争全面建成"五化"制种基地；以扶持培育"育繁推"一体化龙头企业为依托，推进商业化育种，加快与科研单位、高校合作育种，支持种业龙头企业建立商业化育种体系，加快推进科研成果转化，大力提升品种创新创制能力、良种供应保障能力；汇聚全县玉米种业技术优势资源，引进具有规模优势的阵型制种企业，大幅提升玉米种子生产加工和仓储能力；通过加强制种基地管理，提升对制种企业、杂交玉米种子监管执法水平，不断优化种业市场环境。全面构建以企业为主体、市场为导向、产学研用深度融合的孵化育成体系，将玛纳斯县建成全国制种玉米产业科研成果转化孵化的承接地。

（三）打造全疆酿酒葡萄产业融合发展高地

以建设自治区农业产业科技园和玛纳斯县酿酒葡萄自治州级现代农业产业园为契机，加大新品种、新技术和新装备引进研发、示范推广力度，打造全疆最大的酿酒葡萄标准化生产与研发协同创新与示范基地。积极申报军马场国家级种质资源中心，持续推动"标准化苗木快速繁育基地"建设，逐步将玛纳斯县打造为全疆乃至全国优质酿酒葡萄种苗集散中心。持续增加科技研发投入，开发具有新疆特色的葡萄酒原酒及佐餐酒、酒庄酒等中高端葡萄酒产品，支持企业利用葡萄籽油、皮渣等开发衍生品培育关联企业，提升产业附加值。依托葡萄种植区、天山北麓葡萄酒博览园等，打造集住宿、餐饮、会务、葡萄酒品鉴、葡萄酒酿造加工体验、旅游驿站、越野车房车营地多功能于一体的产业集群，实现葡萄酒产业和文旅、教育、康养、生态等互融互兴的新业态开发，将玛纳斯县建设成新疆酿酒葡萄产业融合发展高地。

（四）打造全疆畜禽绿色循环农业发展高地

依托乌昌石城市群较大的市场需求，以现代畜牧业产业园建设为重点，构建产业融合发展、生产要素高度聚集、联农带农作用显著的现代绿色畜禽全产业链，建设由高素质农民、代养基地、代管基地、农民专业合作社、农业龙头企业等多种新型经营主体参与的多元产业业态，构建集现代绿色养殖、饲料加工、屠宰、肉蛋制品精深加工、冷链运输、粪污资源化利用为一体的全方位产业结构，充分带动周边村民积极参与到产业链条中来，形成新型经营主体间利益紧密联结的优质畜禽产业集群，把玛纳斯县建成昌吉回族自治州一二三产业融合发展示范区、自治区绿色循环发展高地。

（五）打造天山北坡中高端农副产品加工创新高地

顺应居民高品质消费和有效扩大内需需求，聚焦天山北坡特色优势农产品生产，以推进农产品加工业高质量发展为主题，以科技创新为引领，以转变发展方式为主线，以提高综合效益为核心，重点围绕中高端油脂加工、畜产品加工、特色农产品加工等主导产业，突出发展葵花籽油、番茄籽油、玉米胚芽油等特色中高端油脂产品和绿色肉品加工，引导中粮屯河、利华油脂等龙头企业广泛引进现代加工技术、现代加工设备和先进管理方法，向精深加工发展，促进农产品多次加工，实现多次增值，鼓励大型农业企业推进加工副产物循环利用、全值利用、梯次利用，实现变废为宝、化害为利，推动农产品加工业从数量增长向质量提升、要素驱动向创新驱动、分散经营向集群发展转变，全力打造天山北坡中高端农副产品加工创新高地。

（六）打造全疆数字农业发展高地

以玛纳斯县数字农业智能装备产业园和新疆玛纳斯县国家数字种植业创新应用基地建设为契机，以"农字号"领军企业为龙头，加快以棉花、制种玉米、酿酒葡萄、加工番茄、蛋鸡生产为主的全产业链数字化改造，以产业链关键产品、创新链关键核心技术为支撑，打造一批高新技术产业，大力推广应用卫星遥感、水肥一体化、智能滴灌、智慧农场、智能决策等数字农业新技术，建设全疆第一个集数字农业大数据采集、数字农业新技术研发、数字智能设备生产、数字农业培训基地等功能于一体的新疆数字农业智能装备产业园，创建全疆数字农业示范县。建设新疆玛纳斯县国家数字种植业创新应用基地，进一步完善智慧农业大数据中心、玛纳斯国家级玉米制种基地云平台，建设智慧农场管理系统，建设作物生长环境和作物本体实时观测体系和智能农机精准作业体系，全面提升县域农业生产智能化、经营网格化、管理高效化、服务便捷化水平，为全疆数字农业提供装备制造支持，示范带动全疆数字农业发展。

■ 四、农业主导产业发展重点

（一）棉花产业发展重点

立足发展棉花产业的资源优势、产业基础优势和区位优势，依托自治区级现代农业产业园，基本形成棉花种植规模化、加工集群化、科技集成化、营销品牌化的全产业链开发格局，全力打造全国棉花高标准种植示范区，棉花产业高科技研发应用示范区、循环农业示范区、一二三产业融合发展示范区。深化农业供给侧结构性改革，健全产销链接与利益联结机制，构建现代农业产业体系。

（二）制种玉米产业发展重点

立足资源禀赋、区位环境和杂交玉米制种产业比较优势，以种子加工产业园区建设为重点，按照优质化、规模化、机械化夯实基础，信息化、标准化、品牌化、市场化提质增效，强基础、扬优势、严标准、抓融合、增效益，奋力推动玉米制种产业高质量发展。依托新疆好日子种业股份有限公司、新疆金玉米农业科技有限公司以及九圣禾种业股份有限公司等龙头企业，采取"企业＋合作社＋基地＋农户"合作模式建立稳定的种植基地，借助新疆农业科学院玛纳斯试验站的科研力量开展制种玉米新品种选育，构建"育繁推"一体化现代种业服务体系，形成产业集聚、规模集聚、效益集聚。

（三）酿酒葡萄产业发展重点

以酿酒葡萄产业建设为抓手，以文化旅游引领一二三产业融合发展，以优势特色产业的龙头企业为引领，着力优化葡萄酒产业布局，结合酿酒葡萄天山北麓玛纳斯小产区认证，发展"现代农业＋康养旅游"，实现玛纳斯县酿酒葡萄产业高质量发展。

（四）现代畜牧业产业发展重点

以畜牧产业园为核心，加强玛纳斯萨福克羊农产品地理标志品牌建设，构建优质肉羊、肉牛生产、加工与销售的"种、繁、育、加、销"全产业链生产体系。南部依托县域南侧清水河乡坎苏瓦特村养殖区、旱卡子滩乡石灰窑子村养殖区、塔西河畜牧养殖产业园，建立优质商品牛、羊培育区和规模化养殖示范推广区。中部依托县域中部玛纳斯镇草滩村蛋鸡产业园、兰州湾镇锦水湾村畜牧养殖区、玛纳斯县万隆生猪养殖繁育农民专业合作社和玛纳斯天康畜牧科技有限公司健全畜禽产业链条，重点发展并壮大优质商品鸡蛋、三黄肉鸡、生猪产业，积极创建鸡蛋品牌，推动精深加工、保鲜仓储、物流（冷链）配送、电子商务等发展，促进产业转型升级，全面推进畜牧产业高质量发展。

五、农业科技现代化发展路径

（一）提升农业科技创新能力

1. 加强基础设施建设

积极推进高标准农田建设，建改并举，保质保量完成新增高标准农田建设任务，改造提升已建高标准农田，实行田、土、水、路、林、电、技、管综合配套，在土地平整、土壤改良、灌溉排水、田间道路、农田防护与生态环境保持、农田输配电、技术配套服务等方面加大建设管理力度，有效提升高标准农田建设质量。加快农业高效节水体系建设，推进工程节水、品种节水、农艺节水、管理节水，增强农民节水意识，提高水资源利用效率。围绕棉花和制种玉米积极推进信息化、智能化生产装备的应用，引导信息化技术和现代农业相融合，支持发展数字农业。重点推进水肥药一体化、作物长势及农田环境监测、机械化采收等技术设施和设备，促进农业生产的数字化、智能化。

2. 强化科技示范基地建设

积极推进棉花高产优质示范基地建设，示范量质协同技术、绿色防控技术、集中成熟技术、智能采收技术、农业机械化技术、智慧农业生产和管理技术。推进制种玉米信息化示范基地建设，信息化基础设施建设，建立覆盖整个基地的无线网络、物联网设备、传感器等信息化基础设施，用于监测土壤、气象、病虫害等环境因素，收集各种数据。推进酿酒葡萄高标准种植示范基地建设，试验示范酿酒葡萄高标准种植模式与技术、灌溉与施肥、病虫害防治、采收与加工、质量检测与控制，开展技术培训和交流活动。推进畜禽养殖标准化示范场建设，示范牛羊品种改良和良种繁育、标准化规模养殖、饲草饲料加工、饲料配方改良、粪污资源化利用、疫病防控技术、智能化养殖等绿色、高效养殖技术和模式。推进循环农业示范基地建设，将畜禽养殖与种植业相结合，通过种养结合、农牧循环的方式，实现农业废弃物资源化利用，降低环境污染，提高经济效益。推进休闲农业示范基地的建设，利用农业资源和农村环境，结合景观规划理念，打造具有地方特色的农田景观、果园景观、养殖景观等农业景观。打造进出口加工基地，围绕农牧机械装备制造业等重点发展领域，打造丝绸之路经济带上重要的先进装备制造加工基地。围绕番茄制酱、葡萄酒酿造等加工业，打造丝绸之路经济带上重要的农特产品精深加工基地。

3. 加快产学研一体化平台建设

依托新疆农业科学院、中国农业大学、新疆大学、新疆农业大学、石河子大学等科研院所，建设产学研一体化平台。围绕玛纳斯县棉花、玉米、酿酒葡萄、畜禽、农产品加工等主导产业科技需求，进行现代农业科技的研发创新、孵化转化、技术服务、科技示范和培训教育，解决玛纳斯县目前农业生产、加工等环节的关键技术和短板。同时，加强创业孵化基地、众创空间、星创天地、创业孵化器等创新创业平台建设，加快创业孵化基地配套政策落实，为创新创业人员提供专业化服务。建立与高校合作的科技成果转化玛纳斯分中心，加速科技成果的转移转化和应用。

4. 探索"院县共建"新模式

成立新疆农业科学院玛纳斯农业产业技术研究院,将政府、科研单位、企业、合作社等主体进行有机整合,充分发挥科研院所学科齐全、人才众多、成果丰硕的优势,精准对接县域农业农村发展过程中从生产到加工到品牌创建的需要,推动科技、人才、资本、数据等各类创新要素在县域集聚,加快玛纳斯县主导产业提质升级和增产增效。

(二)围绕农业短板开展科技攻关

1. 加快推进绿色高效农业投入品

选育和推广一批资源高效利用、优质多抗、污染物低吸收、适宜轻简栽培和机械化的粮棉、加工番茄等作物新品种,以及高效优质多抗专用畜禽品种,提高农产品的生产效率和优质化率。研发一批绿色高效液体肥料、水溶肥料、缓/控释肥料、有机无机复混肥料等功能性肥料和生物肥料、新型土壤调理剂,高效低毒低风险化学农药、新型生物农药、施药助剂、理化诱控和种子生物制剂处理产品等绿色防控品,微生物、酶制剂、高效植物提取物等绿色高效饲料添加剂,低毒低耐药性兽药、动物专用药、动物疫病生物防治制剂等新型产品,以及新型可降解地膜及地膜制品、农产品包装材料与环境修复制品。创制一批节能低耗的种子优选、耕地质量提升、精量播种与高效移栽、作物修整、精准施药、无人机施药、精准施肥、节水灌溉、低损收获与清洁处理、秸秆收储及利用、残膜回收、绿色高效设施园艺、精准饲喂、废弃物自动处理、饲料精细加工、采收嫁接、分级分选、智能挤奶捡蛋、屠宰加工,以及农产品智能精深加工关键技术装备,以提升农业生产过程的信息化、机械化、智能化水平。

2. 发展绿色环保现代农业生产技术

耕地质量提升与保育技术重点围绕盐碱地改良与地力提升技术、作物生产系统少免耕地力提升技术、作物秸秆还田土壤增碳技术、有机物还田及土壤改良培肥技术、秸秆综合利用及肥水高效技术、土壤连作障碍综合治理及修复技术等。农业深度节水技术重点围绕农业用水生产效率研究与监测技术、作物需水过程调控与水分生产率提升技术、农田保水和高效利用技术、土壤墒情自动监测技术、不同作物灌溉施肥制度、非常规水循环利用技术等。作物绿色增产增效技术重点围绕研发用养结合的种植制度和耕作制度、轮作休耕与轮作培肥种植制度与技术、增产增效与固碳减排同步技术。开展重大灾害发生规律、成灾机理和监控、预警与防治技术,农作物病虫草害绿色防控技术等研究。畜禽产品安全绿色生产技术重点攻关畜禽饲料营养调控关键技术、饲料精准配方技术、发酵饲料应用技术、促生长药物饲料添加剂替代技术、兽用抗生素耐药性鉴别与风险预警技术、兽药残留监控技术、新型疫苗及诊断制品生产关键技术、禁用药物替代技术、兽药合理应用技术、动物重要疫病综合防控技术、重要人兽共患病免疫与监测等防治技术、畜禽水产疫病快速检测技术、养殖屠宰过程废弃物减量化和资源化利用技术、肉品品质检验技术、畜禽冷热应激调控技术、畜禽健康养殖及清洁生产关键技术等。

3. 发展绿色产后增值技术

农产品低碳减污加工贮运技术，重点研发绿色农产品质量监测控制技术、农产品质量安全监管与溯源关键技术、农产品产地商品化处理和保鲜物流关键技术、农产品物理生物保鲜和有害微生物绿色防控关键产品和技术、新型绿色包装材料制备技术、农产品智能化分级技术等。农产品智能化精深加工技术，重点研发加工过程中食品的品质与营养保持技术、畜禽血脂综合利用关键技术研发、畜禽肉蛋制品加工关键技术等。

4. 发展数字农业技术

推动数字技术在农业领域的应用，实现农业生产的智能化和数字化管理，强化大数据、区块链、物联网等现代信息技术在农业农村的应用，重点围绕提升农业现代化综合管理水平，延展到农业生产、气象、防灾减灾、农资储运、农产品加工等方面，向智慧管理要效益。重点攻关天空地种养生产智能感知、智能分析与管控技术，农业传感器与智能终端设备及技术，分品种动植物生长模型阈值数据和知识库系统，农作物种植与畜禽养殖的气候变化适应技术与模式，农业农村大数据采集存储挖掘及可视化技术等。

（三）创新农业一二三产业融合发展

1. 培育多元融合主体，打造产业融合龙头

支持农民合作社发展农产品加工、销售，拓展合作领域和服务内容，积极培育发展农民合作社联合社、家庭农场、龙头企业、大型农产品加工、流通企业、电子商务平台等市场主体。依托区域特色产业，引导融合主体向优势产区、加工园区集中，因地制宜组建农业产业化联合体，实现规模化集约化经营。鼓励一批在经济规模、科技含量和社会影响力方面具有引领优势的企业突出主业，大力发展农产品精深加工、流通服务、休闲旅游、电子商务等，推进产业化经营，增进融合，依托一产，带动产业链前拓后延、左右联动，实现一产为基、"接二连三"的融合发展。挖掘各环节潜力，创新多种业态，增强核心竞争能力和辐射带动能力。

2. 创新利益融合方式，完善利益分配机制

通过"公司＋农户""公司＋合作社＋农户"等模式强化企业和农户的农产品交易利益联结；通过土地流转、土地入股、土地托管，固定租金、"保底租金＋二次分红"、按股分红等不同方式，强化土地要素合作利益联结；通过固定工资雇工、"保底工资＋超奖减赔"、劳务分成制等多种劳务合作方式，探索"劳动创造收益"的合作机制；引导农户将闲置资金投入到农业企业，产生资金的财产性收益，重点支持企业从农牧业的产业链、供应链金融角度设计资金合作机制，实现资金收益共享；通过技术投入和合作建立起紧密的利益联结机制，实现企业获得高质量农畜产品、农户获得稳定的生产效益。

3. 壮大优势特色产业，推进产村融合

串联玛纳斯国家湿地公园、国家森林公园及塔西河流域景观带、香海酒庄特色小镇等特色农牧场吃、住、玩、研、学、游为环线的全域旅游建设。建设一批休闲观光农业示范点、示范区、示范基地，拓展休闲观光农业形式和内容，支持乡村民宿、农事体验、度假观光、文化创意等文旅产品开发和推广，打造头工村共享农庄、西凉州户村桃园观光园、园艺场共享酒庄等，建设一批特色旅游示范村。

4. 创新农业融合发展模式

棉花产业以打造农业全产业链分工协作为前提、以规模经营为依托、以利益联结为纽带，将龙头企业、农民合作社、家庭农场、农户以及育种公司、农资供应、科研团队、技术培训、生产服务和贷款担保等主体一体化打造，组建农业产业化联合体，延伸生产、加工、流通、服务等增值增效链条。制种玉米产业形成种业科研联盟，借助国内科研单位的优势，解决玛纳斯县制种玉米产业"育繁推"一体化中"育"的短板问题。畜牧产业加强萨福克羊农产品地理标志品牌建设，打造种羊生产与供种、肉羊杂交改良、优质肉羊生产、羊肉加工与销售的"种、繁、育、加、销"全产业链生产体系。发展"葡萄酒＋文化旅游"，开发具有新疆特色的葡萄酒原酒及佐餐酒、酒庄酒等中高端葡萄酒产品，建设一批集葡萄种植、葡萄酒酿造和休闲旅游一体的葡萄酒文化旅游示范基地。

5. 培育优势农业品牌

打造一批地域优势突出、产品特性鲜明的区域公用品牌。培育和提升一批发展潜力大、产品质量优的特色农产品品牌。打造特色品牌，加快形成一批竞争力强的品牌产品和驰（著）名商标，不断提升农产品品牌影响力。实施农业生产"三品一标"提升行动，建设一批现代农业全产业链标准化基地，积极开展绿色食品标志许可、有机农产品认证和农产品地理标志登记保护工作。加快品牌标准体系建设，进行标准化生产，提高产品质量，促进品牌标准与产品质量深度融合。打造一批品质优良、特色鲜明的"土字号""乡字号"特色农产品品牌，促进产业与品牌融合发展。加强品牌维护和营销推介，鼓励设立农产品品牌消费体验馆、电商直播基地、产地品牌创新工场等，打造沉浸式、体验式、互动式营销场景。积极对接自治区品牌营销体系和宣传平台，开展多种形式的品牌展示、推介和宣传，提升品牌影响力和产业竞争力。

（四）打造绿色生态循环农业

1. 强化资源环境保护，推进农业绿色发展

坚决守住生态保护红线、环境质量上线、资源利用下线，执行最严格的生态环境准入清单制度。统筹山水林田湖草沙一体化保护修复，增强山水林田湖草沙"生命共同体意识"，强化绿色生态安全屏障建设与保护，落实生态保护、环境质量目标管理、资源利用管控要求，筑牢生态基底，推动绿色发展。严守耕地保护红线，强化土壤污染管控和修复，打赢净土保卫战。贯彻"节水优先、空间均衡、系统治理、两手发力"治水方针，全面落实最严守水资源管理制度。严守水资源开发利用控制、用水效率控制和水功能区限制纳污"三条红线"。按照水资源、水环境、水安全与经济社会协调发展的要求，加强水资源调控，优化水资源配置，优化调整农业产业结构。

2. 应用农业绿色环保技术，改善乡村人居环境

科学使用农业投入品，全面推广配方施肥和水肥一体化等新技术，集成推广化肥减量增效技术模式。推动农作物秸秆、畜禽粪污等固体废弃物综合利用，持续推进秸秆肥料化、饲料化、基料化、燃料化、原料化利用。推动统防统治与绿色防控相结合，大力推广标准地膜，稳步推进可降解地膜示范应用，健全废旧地膜回收加工体系。持续推进控药减害，加快实施化学农药减量替代计划。开展兽用抗菌药使用减量行动试点，兽用抗菌药使用量实现"零增长"。加强农药包装废弃物回收处理，建立农药包装废弃物分类回收试点。持续加强农业绿色生产和污染防治技术应用，保护农业农村生态环境，用科技助力改善人居环境、打造美丽宜居乡村。

3. 创建种养结合农牧循环模式，打造绿色产业链

加快构建农牧结合、资源循环、养殖健康、高效生态、协调发展的现代种养业新型产业体系，促使县域种养业结构更加合理、区域布局更加协调、生态环境更加优化、产业集群明显形成、产品更加优质安全、品牌优势更加突出、增收效果更加显著，培育一批可借鉴、可复制、可推广、可持续的种养结合循环农业发展典型模式。依托新疆农业科学院和石河子大学、新疆大学等高等院校和科研机构，集成推广节肥节药节水等绿色技术模式，发展粮饲—牛羊—肥等生态循环种养，保障绿色种养、清洁生产。在农产品产前、产中及产后初加工、精深加工等环节加强绿色生产技术和措施的应用推广，打造农产品生产绿色产业链。

4. 加强质量监管，实施标准化生产

推行农产品质量全程可追溯管理，建设农产品质量全程追溯体系，加强信

息技术应用,推进生产标准化、监管智慧化、特征标识化、产品身份化。严厉查处禁限用农药、食品动物禁止使用的药品和其他化合物使用及超标问题。抓好绿色标准化生产基地建设,按照"有标采标、无标创标、全程贯标"的要求,加快产地环境、投入品管控、农兽药残留、产品加工、储运保鲜、分等分级关键环节标准的制修订和应用,推动建立现代农业全产业链标准体系,培育一批农业企业标准"领跑者"。

(五)加强科技人才队伍建设

1. 完善人才培养体系

完善人才培养机制,建立人才队伍信息数据库,分类制订培养计划,着力提升各层面人才能力素质。培育科技创新引领主体,以农业龙头企业、农民专业合作社、家庭农场和农家乐经营业主为培训对象,依托县中等职业技术学校加大培育力度,打造一支能担当起引领乡村人才振兴重任的高素质农牧民队伍。加强新型农村经营组织带头人培训,扶持培养一批农业职业经理人、经纪人、农产品营销人员和财务专业人员,不断提升新型农村经营组织经营管理能力。强化技能人才培养,紧紧围绕现代产业体系建设的需要,推行联合培训、一体培育的现代学徒制度,建立产教融合、校企合作的技能培养机制,在园区、企业创建技能大师工作室,培养技能拔尖、技艺精湛的骨干技术人才,推进人才与产业项目深度融合。

2. 加强农业技术推广人才队伍建设

提升基层农技推广机构履职能力,围绕关键适用技术试验示范、动植物疫病监测防控、农产品质量安全技术服务、农业防灾减灾、农业农村生态环境保护等,履行好公益性服务职责。巩固"百名大学生赴基层"引才成果,鼓励大学生扎根农村、建设农村,打造一支新时代基层青年人才队伍。实施专业技术人员下沉服务计划,鼓励县直部门专业技术人员农忙季节到乡镇技术服务部门下沉服务;广泛开展拔尖人才、优秀专业技术人才等高层次人才团队和服务项目下乡;充分发挥对口援疆技术人才作用,深入农村广泛开展支农活动。扎实推进农村科技特派员工作,做到乡乡都有科技特派员、村村都有农技服务队、户户都有技术明白人。

3. 实施农民科技素质提升行动

聚焦关键环节加强农民培训,开展增产提质、防灾减损和重大病虫害防治等全生产周期技术技能培训;加强良种识别、选购和消费者权益保护等方面的培训,指导农民科学用种;加大农民耕地保护知识培训,提升高标准农田建设管护能力;加大农机装备使用维修和机收减损技能培训,提升农机专业服务能力;大力开展金融担保知识培训,加大对高素质农民的金融扶持力度;普及绿色种养、科学施肥用药、农产品质量安全、农业减排固碳、生物育种与生物安全等专业知识，加强农业绿色发展、"两品一标""三品一标"知识技能培训；开展电商、直播等技能培训，积极培育农村电商带头人、农民主播；鼓励开展农产品产地仓储保鲜实用技术和冷链物流运营管理能力等相关培训。

4. 大力发展农业专业化社会化服务

支持发展规模适度的农户家庭农场和种养大户，鼓励农民以土地、林权、资金、劳动、技术、产品为纽带，开展多种形式的合作与联合，积极发展生产、供销、信用"三位一体"合作，依法组建农民合作社联合社；支持农业产业化龙头企业和农民合作社开展农产品加工流通和社会化服务，带动农户发展规模经营；支持新型农业经营主体带动普通农户连片种植、规模饲养，并提供专业服务和生产托管等全程化服务，提升农业服务规模水平。

下　篇　产业专题研究

第9章 粮食产业高质量发展典型研究

我国是人口众多的大国，解决好吃饭问题，始终是治国理政的头等大事。新疆是我国西北地区的重要商品粮基地，粮食总产量常年居西北地区第一位。本章围绕新疆粮油产业集群建设中的小麦和大豆产业，分析产业发展现状、发展比较优势和存在的问题，提出产业高质量发展的建议。

一、新疆小麦产业高质量发展研究

（一）我国小麦产业发展概况

1. 小麦生产情况分析

据国家统计局数据，2023 年全国小麦播种面积达 3.54 亿亩，产量 1.37 亿吨，单产为 385.4 千克/亩。2010—2023 年我国小麦种植面积有减少的态势，但随着农业科技进步，小麦平均亩产量在不断增加，总产量连年递增。我国小麦种植生产主要集中在河南、山东、安徽、江苏、河北、新疆、湖北、陕西、甘肃、四川等省份，河南、山东、安徽常年稳居全国小麦种植面积与产量前三位。见表 9 - 1、表 9 - 2。

表 9 - 1 2010—2023 年我国小麦生产情况

年份	面积/万亩	产量/万吨	单产/（千克/亩）
2010	36 663	11 609	316.6
2011	36 760	11 857	322.5
2012	36 826	12 248	332.6
2013	36 660	12 364	337.3
2014	36 664	12 824	349.8
2015	36 850	13 256	359.7
2016	36 999	13 319	360.0
2017	36 717	13 424	365.6

（续）

年份	面积/万亩	产量/万吨	单产/(千克/亩)
2018	36 399	13 144	361.1
2019	35 592	13 360	375.4
2020	35 070	13 425	382.8
2021	35 353	13 695	387.4
2022	35 278	13 772	390.4
2023	35 441	13 659	385.4

数据来源：国家统计局数据库，下同。

表 9 - 2　2010—2023 年我国小麦主产区域分布情况

单位：万亩、万吨

区域	2010 年		2015 年		2020 年		2023 年	
	面积	产量	面积	产量	面积	产量	面积	产量
全国	36 663.40	11 609.30	36 850.40	13 255.50	35 070.00	13 425.40	35 440.90	13 659.00
河南	8 046.84	3 121.00	8 434.71	3 526.90	8 510.55	3 753.10	8 529.10	3 549.73
山东	5 473.05	2 108.79	6 052.17	2 391.69	5 901.60	2 568.90	6 013.28	2 673.76
安徽	3 928.77	1 242.37	4 286.96	1 661.05	4 237.80	1 671.70	4 294.06	1 740.72
江苏	3 300.30	1 059.70	3 615.99	1 248.96	3 508.35	1 333.90	3 584.28	1 373.53
河北	3 677.16	1 246.60	3 591.27	1 482.79	3 325.35	1 439.30	3 371.50	1 485.56
新疆	1 636.05	596.11	1 737.07	691.52	1 603.50	582.10	1 813.83	702.84
湖北	1 517.55	347.05	1 683.22	431.99	1 547.10	400.70	1 557.58	410.42
陕西	1 679.59	393.55	1 503.90	423.07	1 446.30	413.20	1 411.58	416.63
甘肃	1 327.99	253.52	1 209.58	285.10	1 063.05	268.90	1 110.23	299.17
四川	1 576.86	355.91	1 120.36	284.55	895.20	246.70	889.50	265.93
山西	1 018.18	216.89	863.82	231.54	803.85	236.50	803.81	247.08
内蒙古	884.64	174.28	925.82	179.15	718.50	170.80	601.43	132.46

2. 小麦价格情况分析

2006 年 5 月，我国正式启动小麦最低收购价政策，对于小麦市场价格的调控作用显著，同时也确保了在全球小麦价格剧烈变动下我国小麦价格的稳定，对我国经济稳定和粮食安全具有重要意义，2023 年我国小麦最低收购价为 2 340 元/吨。

2023 年我国小麦市场价整体以下跌为主，小麦均价为 2 964.2 元/吨，较上年下降 5.02%；面粉均价为 3 188.48 元/吨，较上年下降 8.22%；小麦麸均价为 2 212.28 元/吨，较上年下降 6.21%。面粉企业需求稳定，面粉及其副产品销售相对迟缓，对小麦的采购积极性不足。2010—2023 年，小麦平均价格增速平稳，为 2.61%；面粉平均价格增速较缓，为 1.51%，麦麸平均价格增速最大，达到 4.24%。见图 9-1。

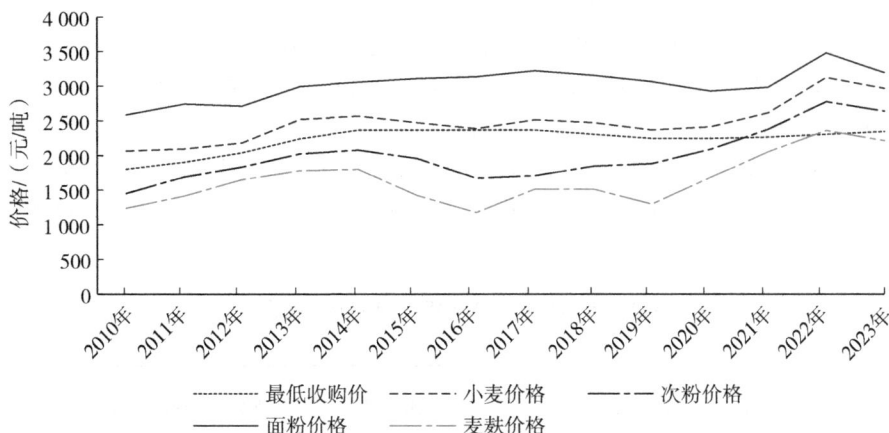

图 9-1 2010—2023 年我国小麦及产品价格趋势图

3. 小麦进出口情况分析

随着国际小麦价格的下跌，我国小麦进口量呈不断增加趋势。2023 年我国进口小麦 1 000 万吨，较上年减少 289.2 万吨；出口 90 万吨，较上年增加 4.6 万吨，主要进口国为加拿大（占 61%）、澳大利亚（占 19%）、法国（占 8%）和美国（占 7%）。2010—2023 年我国小麦进口波动幅度较大，由 2010 年的 88 万吨增加到 2023 年的 1 000 万吨，年均增速 20.56%。我国小麦的进口主要以优质小麦为主，用于补充优质专用小麦的市场需求。见图 9-2。

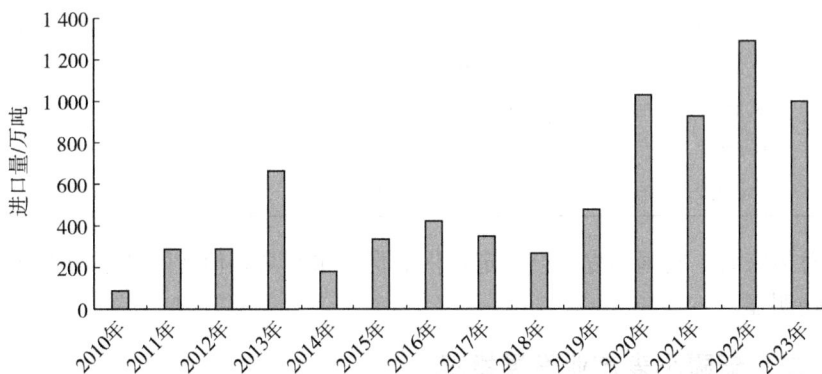

图 9-2 2010—2023 年我国小麦进口变化趋势图

4. 小麦供需平衡分析

2023 年国内小麦总供给 2.81 亿吨，其中国内生产量 1.366 亿吨，总需求 1.51 亿吨。国内小麦消费情况为：制作面粉 1.092 亿吨（占 72.53%），被用于替代玉米成为饲料原料 0.29 亿吨（占 19.26%），加工用 0.055 亿吨（占 3.65%），种子 0.05 亿吨（占 3.32%），库存消费比 86.49%。2010—2023 年，我国小麦的总供给和总需求均呈逐年上升趋势，总供给年均增速 3.76%，总需求年均增速 2.11%，其中，面粉加工消费年均增速 1.25%，饲用消费增加最快，年均增速 7.37%，工业消费年均增速 4.25%，种用消费呈下降趋势，年均增速 -0.28%。自国家 2015 年提出粮食去库存以来，库存消费比由 2019 年最高的 116.23% 下降到 2023 年的 86.49%，已见成效。见表 9 - 3。

表 9 - 3　2010—2023 年我国小麦消费情况

单位：万吨、%

年份	总供给	总需求	面粉加工消费	饲用消费	工业消费	种用消费	库存消费比
2010	17 379.3	11 475.4	9 310	1 150	320	520	51.45
2011	18 049.8	12 215.8	9 415	1 800	320	500	47.76
2012	18 371.1	12 952.6	9 500	2 450	320	500	41.83
2013	18 449	12 075.4	9 540	1 500	350	510	52.78
2014	19 378.1	11 840.1	9 610	1 200	350	510	63.67
2015	21 128.8	11 875.7	9 780	1 070	350	510	77.92
2016	22 994.8	12 008	9 860	1 100	370	510	91.49
2017	24 760	12 074.4	10 050	950	370	510	105.06
2018	26 097.8	12 412.6	10 110	1 200	400	510	110.25
2019	27 523.1	12 728.4	10 290	1 320	420	500	116.23
2020	29 249.1	15 570.3	10 450	4 000	450	500	87.85
2021	28 301.6	14 943.4	10 680	3 100	480	500	89.39
2022	28 419.7	15 001	10 810	3 000	500	500	89.45
2023	28 077.7	15 055.6	10 920	2 900	550	500	86.49

总体来看，我国小麦生产稳定，供需保障水平高，但受国外市场影响，价格波动明显。

（二）新疆小麦产业发展概况

抓好小麦生产是筑牢粮食绝对安全底线的重中之重。自治区严格落实粮食安全党政同责，积极推进提升粮食产能工作。按照"区内结余、供给国家"的粮食工作方针，夯实"藏粮于地、藏粮于技"生产基础，稳政策、扩面积、提单产，小麦实现面积、总产、单产"三增"态势。制订了产业集群建设行动计划，科学引导小麦优势产区集中。聚焦耕地和水资源两个关键要素，不断夯实小麦增产物质基础，有力保障了新疆小麦的连年增产丰收。

新疆坚持将科技作为提高粮食综合生产能力的重要支撑，立足全疆粮食安全和产业发展需求，强化技术创新引领，按不同生态区域进行品种布局，一批品质优、产量高、适应性强的小麦优良品种在全疆得到大面积推广应用，为小麦稳产高产奠定了基础，确保了新疆口粮绝对安全目标任务。

1. 小麦生产情况分析

2022 年，新疆粮食种植面积 3 650.85 万亩，其中，小麦种植面积 1 730.4 万亩，占比 47.4%，占全国的 4.9%。冬小麦种植面积 1 258 万亩，占小麦总种植面积的 72.7%，春小麦种植面积 472.4 万亩，占 27.3%。新疆小麦种植面积常年稳定在 1 500 万亩以上，其中最高年份 2016 年达到 1 823.8 万亩，最低年份 2018 年降为 1 547.2 万亩，年均种植面积波动系数 9.17%。其中冬小麦种植面积除 2018 年以外均稳定在 1 000 万亩以上，年均波动系数 13.93%；春小麦种植面积自 2013 年以来波动较大，年均波动系数 25%。见表 9-4、图 9-3。

表 9-4　2013—2022 年新疆小麦种植面积统计表

单位：万亩、%

年份	总面积	冬小麦		春小麦	
		面积	占比	面积	占比
2013	1 612.6	1 046.3	64.9	566.3	35.1
2014	1 666.2	1 115.3	66.9	551.2	33.1
2015	1 737.1	1 141.8	65.7	595.2	34.3
2016	1 823.8	1 143.9	62.7	680.0	37.3
2017	1 690.2	1 078.2	63.8	612.0	36.2
2018	1 547.2	986.1	63.7	561.2	36.3
2019	1 592.4	1 087.2	68.3	505.2	31.7
2020	1 603.5	1 126.1	70.2	477.6	29.8
2021	1 702.9	1 283.6	75.4	419.3	24.6
2022	1 730.4	1 258.0	72.7	472.4	27.3

数据来源：2014—2023 年《中国农村统计年鉴》。

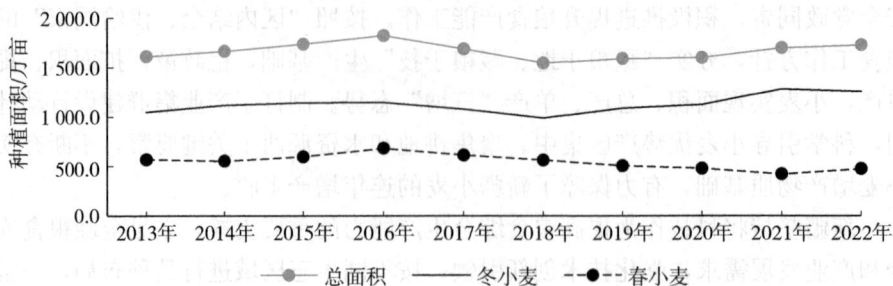

图 9-3 2013—2022 年新疆小麦种植面积趋势图

2022 年新疆小麦总产量 653.5 万吨，比上年增产约 2.1%。从近十年趋势分析，2013—2016 年小麦产量总体呈现上升态势，2017 年和 2018 年呈下降趋势，2019 年开始产量又呈逐年增长的态势。总体来看，总产量随种植面积变化呈波动趋势。见图 9-4。

图 9-4 2013—2022 年新疆小麦产量变化趋势图

2022 年新疆小麦单位面积产量为 377.65 千克/亩，较上年增长 0.52%。自 2013 年以来，新疆小麦单位面积产量呈现一增一减的波动态势，最高年份 2015 年达到 398.1 千克/亩，最低年份 2019 年为 361.72 千克/亩，年均波动系数为 4.59%，2020 年以来再次呈逐年上升的趋势。见图 9-5。

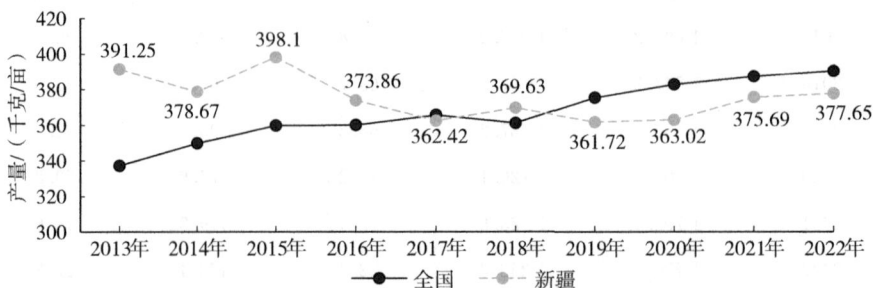

图 9-5 2013—2022 年新疆小麦单位面积产量变化趋势

从区域分布来看，喀什地区、阿克苏地区、伊犁州直、昌吉州是新疆小麦主产区，2022年4个地州小麦总面积1 054万亩，占全疆小麦面积的60.9%；小麦总产量392万吨，占全疆小麦产量的60%。单产最高的为巴州和阿克苏地区，2022年平均单产分别达到402.72千克/亩和391.08千克/亩。见图9-6。

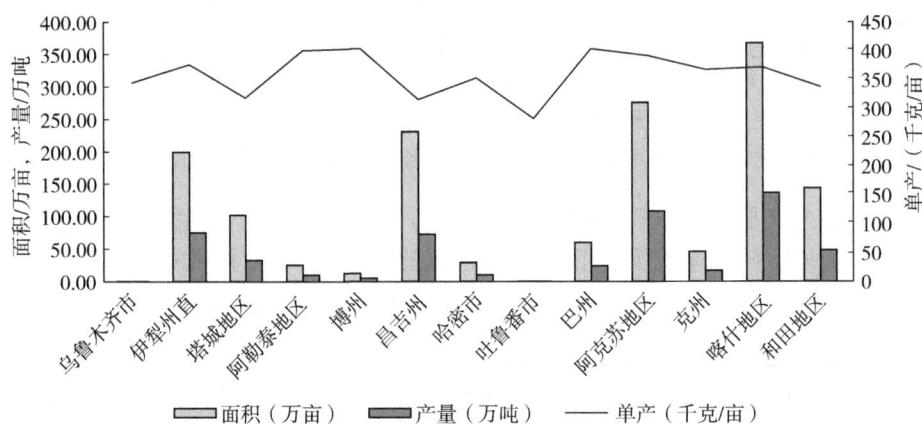

图9-6 2022年新疆小麦生产区域布局图

2. 小麦化肥农药施用情况分析

化肥及农药的施用量直接关系到小麦生产的质量安全。新疆小麦生产化肥施用量自2016年以来在全国小麦种植面积超过1 000万亩的9个省份中总体处于最高水平。2022年新疆小麦亩均化肥施用量35.68千克，较全国平均水平29.13千克/亩高出6.55千克/亩，较国际公认的化肥施用安全上限15千克/亩高出1.38倍。见表9-5、图9-7。

表9-5 2016—2022年全国小麦生产大区化肥施用量对比表

单位：千克/亩

年份	全国	河北	江苏	安徽	山东	河南	湖北	陕西	甘肃	新疆
2016	27.35	30.47	28.67	27.72	29.82	28.17	18.72	27.87	23.22	30.88
2017	27.67	31.32	29.51	29.66	29.85	27.98	18.34	27.37	23.87	31.52
2018	27.41	30.52	28.68	29.52	28.97	26.40	19.49	27.05	24.44	30.88
2019	28.13	31.14	28.82	28.73	29.39	26.79	19.70	27.88	23.77	36.13
2020	28.33	31.78	29.09	29.20	30.24	26.71	20.11	29.07	23.57	31.71
2021	28.80	31.70	30.25	30.28	30.52	27.14	20.40	29.18	23.66	32.42
2022	29.13	31.72	30.17	29.34	31.59	27.74	20.32	29.22	23.61	35.68

数据来源：2017—2023年《全国农产品成本收益资料汇编》，下同。

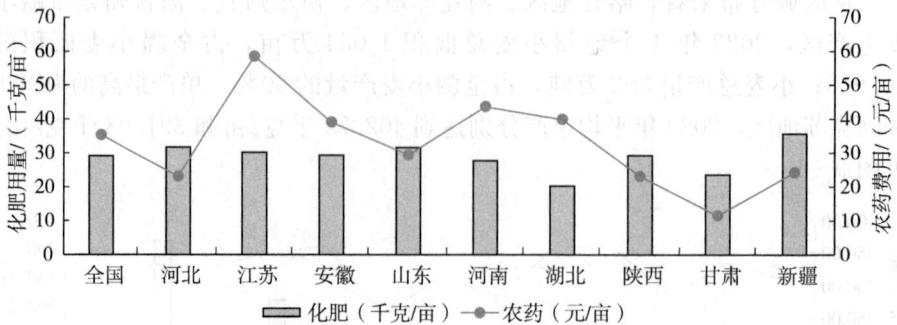

图 9-7 2022 年我国小麦主要种植区化肥施用量及农药费用示意图

2022 年新疆小麦农药费用 24.25 元/亩，在全国 9 个小麦生产大区中排第 6 位。自 2016 年以来农药费用呈逐年上升趋势，年均增长 10.49%（表 9-6）。

表 9-6　2016—2022 年全国小麦生产大区农药费用对比表

单位：元/亩

年份	全国	河北	江苏	安徽	山东	河南	湖北	陕西	甘肃	新疆
2016	20.94	15.86	38.84	24.76	16.53	26.7	20.66	16.10	9.93	13.33
2017	22.31	15.82	40.24	24.09	17.57	29.94	24.83	18.57	9.14	11.97
2018	23.39	17.21	44.20	28.29	18.65	28.66	24.75	20.15	8.85	10.44
2019	25.64	18.36	49.37	30.00	20.67	29.50	24.21	21.53	10.07	14.19
2020	28.13	19.69	50.99	32.68	22.45	33.01	28.71	23.24	10.56	15.95
2021	30.69	22.87	55.39	34.60	25.64	35.02	32.47	23.01	11.02	16.81
2022	35.28	23.10	58.49	39.00	29.38	43.58	39.84	23.14	11.52	24.25

总体来看，新疆小麦化肥施用量较高，农药施用量相对较低，但与国家及新疆提出农药、化肥零增长目标还有差距。

3. 小麦生产机械化分析

2022 年新疆主要农作物综合机械化率达到了 85.7%，其中小麦机械化率达到 98.9%。统计资料显示，2022 年新疆小麦机耕面积 1 473.45 万亩，占当年小麦播种面积的 98.37%；机播面积 1 477.62 万亩，占 98.65%；机收面积 1 470.65 万亩，占 98.18%[①]。新疆现有山旱地 330.75 万亩，按照新疆的总体种植习惯，山旱地主要用作种植小麦，受地形影响，山旱地机械化利用程度相对较低。见表 9-7。

---

① （1）机耕水平是指机耕面积占各种农作物播种面积中应耕作面积的百分比。（2）机播水平是指机播面积占各种农作物播种总面积的百分比。（3）机收水平是指机收面积占各种农作物收获总面积的百分比。（4）农作物综合机械化作业水平＝机耕水平×0.4＋机播水平×0.3＋机收水平×0.3。

表 9 - 7　2012—2022 年新疆小麦机耕、机播、机收面积统计表

单位：万亩、%

年份	机耕		机播		机收	
	机耕面积	占播种面积比例	机播面积	占播种面积比例	机收面积	占播种面积比例
2012	1 474.43	89.48	1 523.61	97.30	1 397.58	89.26
2013	1 474.43	89.89	1 523.61	94.48	1 397.58	86.66
2014	1 528.50	88.68	1 624.50	97.50	1 543.50	92.64
2016	1 890.72	90.02	1 991.84	109.21	1 926.72	105.64
2017	1 466.70	90.10	1 518.08	89.81	1 487.36	88.00
2018	1 284.65	91.80	1 320.56	85.35	1 287.62	83.22
2019	1 260.75	92.22	1 282.14	80.52	1 253.76	78.73
2020	1 392.68	93.27	1 423.44	88.77	1 393.02	86.87
2021	1 467.47	98.36	1 480.37	99.23	1 452.05	97.33
2022	1 473.45	98.37	1 477.62	98.65	1 470.65	98.18

数据来源：2013—2023 年《中国农业机械工业年鉴》。

4. 小麦价格分析

新疆小麦价格受全国市场影响，但由于其与全国距离较远及小麦品质的差异又有其独特性。小麦价格总体呈上升趋势，波动不大，2008—2013 年小麦销售价格（田间地头价）增长幅度较快，年均增速 5.39%；2014—2017 年趋于稳定，维持在 2.7 元/千克；2018—2019 年小麦价格进入 2 年下降期，从 2.7 元/千克降至 2.4 元/千克；2020 年至今呈上升趋势，2022 年小麦价格为 2.7 元/千克。见图 9 - 8。

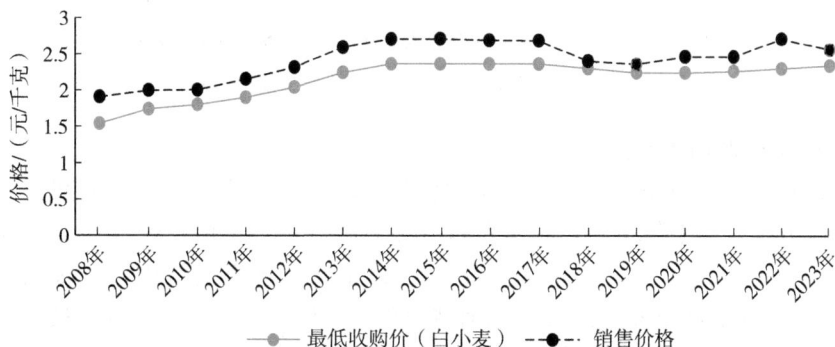

图 9 - 8　2008—2023 年新疆小麦价格变化趋势

资料来源：新疆维吾尔自治区发展和改革委员会。

5. 面粉加工情况分析

新疆是我国重要的面粉加工区域，2022 年新疆拥有面粉加工企业 143 家，年处理小麦 699 万吨，年生产面粉 247.66 万吨，工业总产值 91.24 亿元，销售收入 100.94 亿元，实现利润总额 1.91 亿元。见表 9-8、图 9-9。

表 9-8 2015—2022 年新疆面粉企业加工情况

年份	加工企业/个	处理小麦/万吨	加工面粉/万吨
2015	164	528	156.9
2016	106	475.4	157.4
2017	156	525.4	160.7
2018	120	518.1	164.6
2019	109	546.8	185.0
2020	134	655.1	214.8
2022	143	699.0	247.66

数据来源：《中国粮食年鉴》（2019 年开始更名为《中国粮食和物资储备年鉴》），新疆维吾尔自治区粮食和物资储备局，下同。

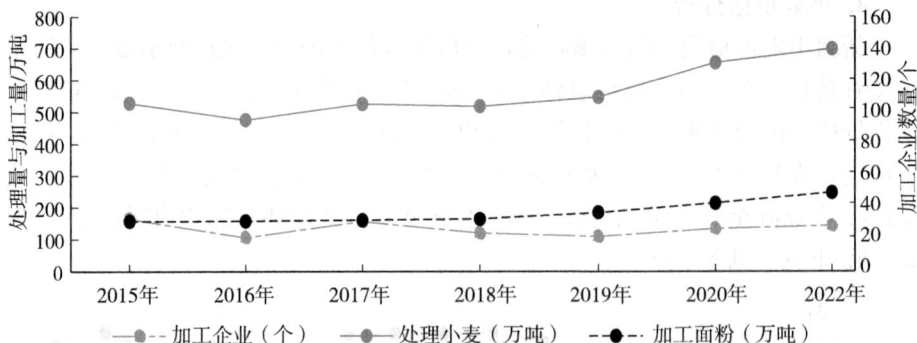

图 9-9 2015—2022 年新疆面粉加工企业及加工能力发展趋势示意图

6. 小麦产销平衡分析

2014—2022 年新疆小麦消费量整体呈一增一降趋势，2022 年总供给量达到 654 万吨，与上年持平，总消费量 572 万吨，较上年增长 4.57%。口粮消费是小麦消费的重点，常年维持在 80% 以上，在各类消费中，口粮消费占 80.82%（其中城镇人口占口粮总消费量的 32.24%，农村人口占口粮总消费量的 48.57%），种子用粮占 6.94%，工业用粮占 6.12%，饲料用粮 2.86%。2022 年新疆小麦销往区外 81 万吨，小麦商品量 555 万吨，商品率达到约 85%。见表 9-9、图 9-10、图 9-11。

表 9-9 2021—2022 年新疆小麦供需平衡表

单位：万吨

项目		2021 年	2022 年	变化情况
年初社会粮食库存	合计	1 306	1 307	1
	各类经营主体库存	916	911	−5
	乡村居民存粮	360	361	1
	城镇居民存粮	31	35	4
本年粮食供给	合计	654	654	0
	本年粮食产量	640	653	13
	商品量	555	555	0
	进口	15	0	−15
	省外购进	0	0	0
本年粮食需求	合计	547	572	25
	本年粮食消费量	489	490	1
	城镇人口口粮	158	158	
	农村人口口粮	248	238	
	饲料用粮	10	14	
	工业用粮	35	30	
	种子用粮	39	34	
	出口	0	0	0
	销往区外	59	81	22
年末社会粮食库存	合计	1 414	1 389	−25
	各类经营主体库存	981	820	−161
	乡村居民存粮	381	507	126
	城镇居民存粮	52	63	11

数据来源：新疆维吾尔自治区粮食和物资储备局。

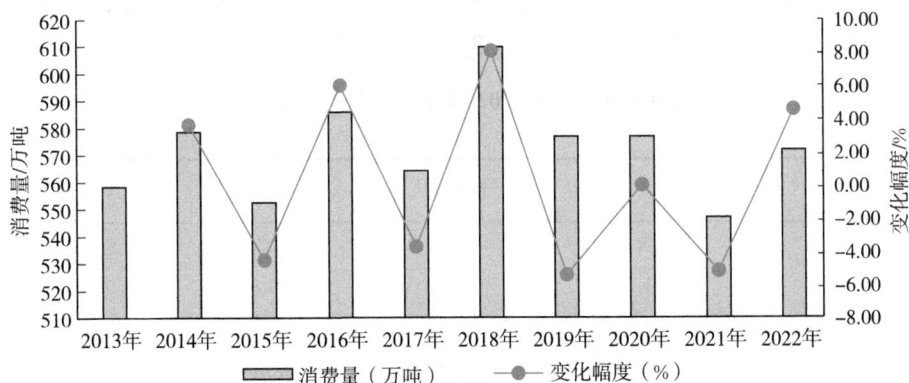

图 9-10 2013—2022 年新疆小麦总消费量趋势图

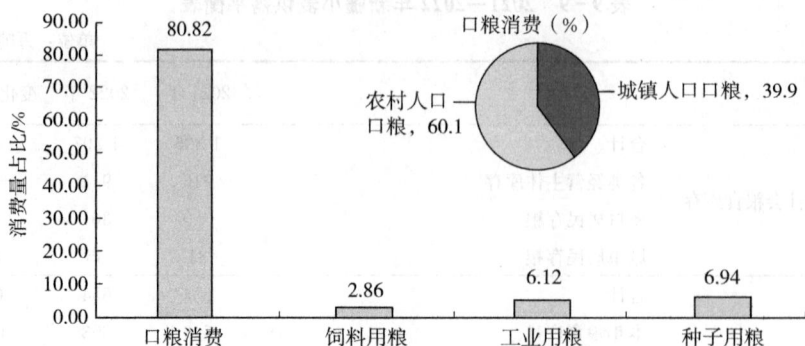

图 9-11 2022 年各类小麦消费量示意图

2022 年新疆小麦产销平衡后，结余 82.49 万吨，比上年减少 25 万吨。运用产销平衡指数测算新疆小麦产销平衡水平，N 指数为 0.124 6，自我供给基本平衡。产销平衡指数（N），以反映粮食自我供给水平。

$$N = \frac{F - R}{F} \qquad (9-1)$$

$$N_{ij}(t) = 1 - \sum_{i}^{m} \sum_{j}^{n} R_{ij}(t) / F_{ij}(t) \qquad (9-2)$$

其中：$N_{ij}(t)$：t 年 i 地区 j 种粮食供求平衡指数；

$F_{ij}(t)$：t 年 i 地区 j 种粮食总产量；

$R_{ij}(t)$：t 年 i 地区 j 种粮食消费量；

$i = 1，2，3，……m$：为不同地区；

$j = 1，2，3，……n$：为不同粮食品种；

t：测算年份

从历史发展分析，新疆小麦的供应能力有所波动，N 指数在 $0.1 \leqslant N \leqslant 0.3$ 之间，自我供给能力较强年份只有 2015 年、2016 年和 2021 年，2018 年和 2019 年 N 指数为负值，表明其自我供给小于需求。见表 9-10。

表 9-10 2014—2022 年新疆小麦产销平衡表

单位：万吨

年份	生产量	消费量	产销差	N 指数
2014	630.95	578.72	52.23	0.083
2015	691.52	552.67	138.85	0.201
2016	681.84	585.93	95.91	0.141
2017	612.58	564.18	48.4	0.079
2018	571.89	609.82	−37.93	−0.066

（续）

年份	生产量	消费量	产销差	N 指数
2019	576	576.8	−0.8	−0.001
2020	582.1	576.8	5.3	0.009
2021	639.75	547	92.75	0.145
2022	653.49	572	82.49	0.124 6

备注：当 $N \geqslant 0$，表明自我供给大于需求。其中：$N \geqslant 0.3$，自我供给能力极强；$0.1 \leqslant N \leqslant 0.3$，自我供给能力强；$0 \leqslant N \leqslant 0.1$，自我供给基本平衡。

当 $N < 0$，为自我供给小于需求。其中：$0 \geqslant N \geqslant -0.1$，自我供给紧平衡；$-0.1 \geqslant N \geqslant -0.5$，自我供给能力弱；$-0.5 \geqslant N \geqslant -1$，自我供给能力差；$-1 \geqslant N \geqslant -5$，自我供给能力极差；$N < -5$，无自我供给能力。

（三）新疆小麦产业发展比较优势分析

1. 小麦成本收益趋势分析

通过对 2013—2022 年小麦生产成本收益分析，小麦亩均产值由 2013 年的 1 224 元增加到 2022 年的 1 321 元，年均增长 0.85%；亩均总成本由 2013 年的 947 元增加到 2022 年的 1 379 元，年均增长 4.3%；亩均净利润由 2013 年的 277 元下降到 2022 年的 −58 元，年均下降 50.3%。综合分析，新疆小麦的总成本增速大于总产值增速，小麦利润整体呈逐年下降的趋势。见图 9 - 12。

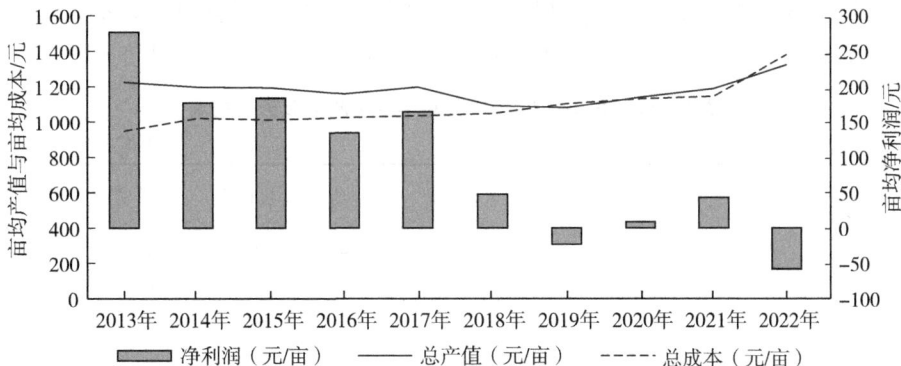

图 9 - 12　新疆 2013—2022 年小麦生产成本收益变化趋势

数据来源：2014—2023 年《新疆农牧产品成本收益资料汇编》。

2022 年新疆小麦每亩 1 379 元的生产总成本中生产成本 1 020 元，约占总成本的 74%，土地成本约占总成本的 26%。生产成本中物质与服务费用约占 67%，人工成本约占 33%。2013—2022 年小麦生产成本呈逐年上升的趋势，年均增长 3.4%，其中物质与服务费用年均增长 3.7%，人工成本年均增加

3%。土地成本也呈逐年上升的趋势，年均增长 7%。见表 9 - 11。

表 9 - 11　2013—2022 年新疆小麦生产成本收益表

单位：元/亩

年份	总成本合计	生产成本			土地成本
		小计	物质与服务费用	人工成本	
2013 年	947	752	494	258	195
2014 年	1 018	810	482	328	209
2015 年	1 010	794	497	297	215
2016 年	1 023	808	505	304	215
2017 年	1 032	828	517	311	204
2018 年	1 044	832	536	296	212
2019 年	1 102	861	590	271	241
2020 年	1 129	830	557	273	300
2021 年	1 144	833	560	273	311
2022 年	1 379	1020	684	337	359

数据来源：2014—2023 年《新疆农牧产品成本收益资料汇编》。

在物质费用中化肥占 34.8%，机械费占 20.8%，种子费占 14.6%，排灌费占 14.8%，农家肥占 5.4%，农药占 3.6%，其他占 6.0%。从 2013—2022 年物质费用上涨趋势分析，成本上升幅度最大的为农药费，年均增长 7.78%；其次为排灌费，年均增长 5.58%，第三为化肥，年均增长 4.82%。见表 9 - 12。

表 9 - 12　2013—2022 年新疆小麦物质与服务费用表

单位：元/亩

年份	合计	种子	化肥	农家肥	农药	机械费	排灌费	其他
2013	494	83	156	34	12	119	62	28
2014	482	86	136	34	13	118	64	31
2015	497	91	140	34	11	122	71	28
2016	505	96	131	34	13	122	80	28
2017	517	98	133	34	12	131	82	27
2018	536	97	147	37	10	130	79	36
2019	590	95	177	51	14	134	81	39
2020	557	98	147	49	16	143	75	29
2021	560	94	160	45	17	134	77	35
2022	684	100	238	37	24	142	101	41

数据来源：2014—2023 年《新疆农牧产品成本收益资料汇编》。

总体来看,新疆小麦生产成本随着农资价格的上升,呈不断上升的趋势,生产成本的上升严重影响了种植收益,一定程度上也降低了农民的种植积极性。

2. 与全国小麦生产效益比较分析

(1)与全国对比,小麦生产成本高、收益低。从对 2013—2022 年小麦生产的总产值、总成本、净利润、现金收益和成本利润率 5 项指标的分析可知:

全国小麦总产值表现为波动上升,年均增速 6.3%,新疆小麦总产值 2013—2019 年表现为波动下降,2020—2022 年逐步回升,年均增速 0.9%,新疆小麦总产值年均增速低于全国小麦 5.4 个百分点。

全国小麦与新疆小麦总成本均表现为波动上升,年均增速分别为 2.5% 和 4.3%,新疆小麦总成本年均增速高于全国小麦 1.8 个百分点。

全国小麦净利润表现为波动上升,2022 年较 2013 年增加 439 元/亩,新疆小麦净利润表现为波动下降,2022 年较 2013 年减少 335 元/亩,2022 年新疆小麦净利润低于全国小麦 484 元/亩。

全国小麦现金收益表现为波动上升,年均增速 8.4%,新疆小麦现金收益表现为波动下降,年均增速 -25%,新疆小麦现金收益年均增速低于全国小麦 33.4 个百分点。

全国小麦成本利润率表现为波动上升,年均增长 3.58%,新疆小麦成本利润率表现为波动下降,2018 年以后年均增长 0.7%,新疆小麦成本利润率低于全国小麦成本利润率。见表 9-13、图 9-13。

表 9-13 2013—2022 年全国与新疆小麦生产成本收益对比表

单位:元/亩、%

年份	总产值		总成本		净利润		现金收益		成本利润率	
	全国	新疆	全国	新疆	全国	新疆	全国	新疆	全国	新疆
2013	902	1 224	915	947	−13	277	461	653	−1.4	29.2
2014	1 053	1 195	965	1018	88	177	602	629	9.1	17.4
2015	1 002	1 193	984	1 010	17	184	543	619	1.8	18.2
2016	930	1 157	1 013	1 023	−82	134	456	573	−8.1	13.1
2017	1 014	1 196	1 008	1 032	6	164	532	590	0.6	15.9
2018	854	1 092	1 013	1 044	−159	47	359	466	−15.7	4.5
2019	1 044	1 079	1 029	1 102	15	−24	525	404	1.5	−2.2
2020	1 010	1 138	1 027	1 129	−17	9	494	498	−1.6	0.8
2021	1 170	1 187	1 041	1 144	129	43	631	450	12.4	3.7
2022	1 567	1 321	1 141	1 379	426	−58	949	49	37.3	0.2

数据来源:2014—2023 年《全国农产品成本收益资料汇编》、2014—2023 年《新疆农牧产品成本收益资料汇编》。

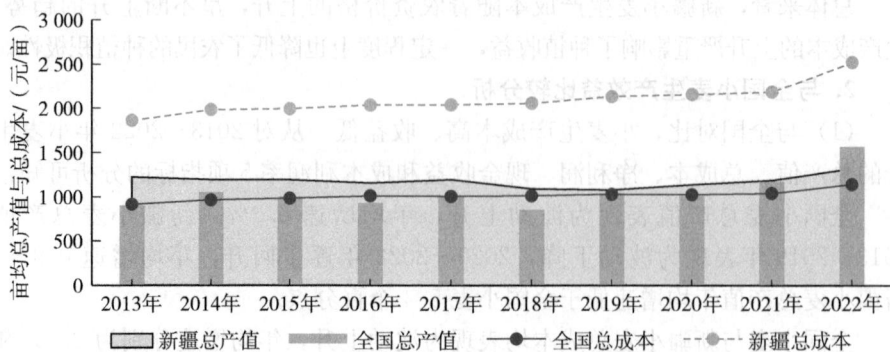

图 9-13　新疆与全国 2013—2022 年小麦总产值与总成本对比趋势

由此可见，新疆小麦生产成本高、效益低、增收难，产业竞争力不强。

通过 2022 年新疆与全国及小麦生产大省每亩小麦生产情况比较可知：

每亩产值比较分析：2022 年新疆小麦亩均产量低于全国平均水平 92 千克；小麦单价低于全国平均水平 0.3 元/千克；小麦亩均产值低于全国平均水平 246 元，与小麦生产大省河南、山东、安徽的差距更大，整体表现为低产、低价、低产值的特征。

每亩成本比较分析：2022 新疆小麦年亩总成本高于全国平均水平 238.2 元，其中生产成本高于全国平均 121 元；物质与服务费用高于全国平均 124 元；土地成本高于全国平均水平 118 元。亩总成本与小麦大省相比，较安徽高出 367.26 元，较江苏高出 270.07 元，亩均成本总体表现为高投入。

每亩净利润比较分析：2022 年新疆小麦亩均净利润为－58 元，在不考虑土地成本的情况下，低于全国平均水平 367 元；在考虑土地成本的情况下，低于全国平均水平 484 元，亩均利润主要表现为低收益。见表 9-14。

由此看出，新疆小麦生产总体表现出高投入、低产出、低效益的特征。提高小麦产量、价格和政策性补贴，降低物质与服务费用投入将直接影响小麦生产的收益和农民种粮的积极性。

（2）小麦生产具有综合优势，但效率和效益优势不强。利用综合比较优势指数计算方法，得出新疆与全国相比的小麦种植规模优势指数、效率优势指数、效益优势指数及综合优势指数。规模优势通过小麦种植面积和粮食作物种植面积的比较得出，效率优势通过小麦单产与粮食作物平均单产的比较得出，效益优势通过小麦现金收益与玉米现金收益的比较得出。详见表 9-15。

总体可以看出，与全国相比，新疆小麦具有一定的综合比较优势，自 2012 年以来综合优势指数均达到 1.5 以上，且在区域发展中占有一定的规模优势，规模优势指数基本维持在 2 以上。但新疆小麦的效率优势指数不强，

表9-14 2022年新疆与全国小麦生产大省亩均比较效益测算明细表

指标	单位	全国	新疆	河北	江苏	安徽	山东	河南	湖北	陕西	甘肃
主产品亩产量	千克	511	419	516.58	475.17	544.85	539.3	584.71	396.62	486.76	394.59
主产品单价	元	3	2.7	3.06	2.93	3.00	3.06	3.03	2.86	3.05	2.93
一、亩产值	元	1 567	1 321	1 607.31	1 452.92	1 652.44	1 664.36	1 798.07	1147	1 510.35	1 014.29
主产品产值	元	1 537	1 136	1 581.2	1 430.32	1 634.3	1 647.91	1 771.13	1 133.65	1 486.04	973.41
副产品产值	元	30	185	26.11	22.63	18.14	16.45	26.94	13.35	24.31	40.88
二、亩总成本	元	1 140.8	1 379	1 244.29	1 108.93	1 011.74	1 156.57	1 167.19	775.86	1 174.18	1 268.98
生产成本	元	899	1 020	1 038.79	826.09	749.31	957.71	868.66	657.14	1 070.37	1 093.65
物质与服务费用	元	560	684	603.65	597.05	559.4	583.05	538.36	414.51	491.99	513.8
人工成本	元	340	329	435.14	229.04	189.91	374.66	330.3	242.63	578.38	579.85
三、土地成本	元	241	359	205.5	282.84	262.43	198.86	298.53	118.72	103.81	175.33
四、亩净利润	元	426	-50	363.02	344.02	640.7	507.79	630.88	371.14	336.17	254.69

数据来源：2023年《全国农产品成本收益资料汇编》。

表 9 - 15 新疆与全国小麦生产综合比较优势指数表

年份	规模优势	效率优势	效益优势	综合优势
2012	2.261 6	0.787 4	0.960 0	1.588 6
2013	2.259 2	0.779 6	1.541 8	1.660 8
2014	2.317 3	0.731 7	0.925 9	1.584 1
2015	2.333 2	0.743 1	1.190 1	1.621 9
2016	2.443 5	0.842 9	0.957 3	1.619 0
2017	2.365 8	0.808 6	0.792 2	1.583 0
2018	2.241 3	0.810 7	0.923 0	1.584 1
2019	2.356 5	0.748 9	0.564 8	1.542 5
2020	2.394 0	0.725 0	0.659 2	1.557 5
2021	2.389 1	0.721 4	0.502 7	1.534 5
2022	2.384 1	0.753 4	0.348 2	1.516 2

注：指数＞1表明具有比较优势，优势指数值越大优势越强。

10 年间基本维持在 0.7～0.8；效益优势指数波动较大，且呈逐年下降的趋势，只有 2013 年和 2015 年的效益优势指数＞1，自 2019 年以来，效益优势指数下降较为明显。

由此可见，新疆小麦生产具有一定的综合比较优势，规模优势贡献大，效率优势和效益优势贡献不足，发展质量不高，特别是在效率和效益上仍需持续发力。

3. 与玉米、棉花生产效益比较分析

新疆小麦与玉米、棉花生产的比较效益直接影响农民的种粮意愿和产业发展的价值趋向。2022 年新疆小麦生产的每亩净利润为－50 元，玉米生产的每亩净利润为 632 元，棉花生产的每亩净利润为－80 元，显现出玉米生产的比较效益相对高，高于小麦 682 元，高于棉花 712 元。若考虑政策性补贴，小麦、玉米和棉花每亩净利润分别为 184 元、656 和－7 元。由此看出，如果没有政策性补贴，种植小麦优势并不强。

每亩产值比较分析：按照新疆小麦、玉米和棉花的平均单产水平及其市场价格，2022 年新疆小麦亩产值分别低于当年玉米和棉花的亩产值 800 元和 1 141 元。

每亩生产成本比较分析：根据新疆主要农产品成本收益统计数据，2022 年新疆小麦生产亩生产成本分别低于玉米和棉花 68 元和 876 元。且小麦生产的物质和服务费用和人工成本均低于玉米和棉花，其中棉花的物质与服务费用约是小麦该项费用的 1.8 倍。

每亩土地成本比较分析：根据不同作物生长需求，2022 年新疆小麦、玉米和棉花的平均每亩土地成本也存在差异，小麦的每亩土地成本与玉米和棉花的每亩土地成本相比，分别低 29 元和 295 元。

每亩净利润比较分析：考虑到国家及自治区政策性补贴和土地成本要素对每亩净利润的影响，进行不同条件下新疆小麦、玉米和棉花的比较效益分析。详见表 9 - 16。

表 9 - 16　2022 年新疆小麦与玉米、棉花比较效益明细表

指标	单位	小麦	玉米	棉花
主产品亩单位产量	千克	419	819	151
主产品单价	元	2.7	2.4	12.4
一、亩产值合计	元	1 321	2 100	2 462
主产品产值	元	1 136	1 999	1 865
副产品产值	元	185	101	597
二、亩生产成本	元	1 012	1 080	1 888
物质与服务费用	元	684	693	1 258
人工成本	元	329	388	629
三、亩土地成本	元	359	387	654
四、亩补贴	元	235	24	73
五、亩净利润（1）	元	308	1 020	574
六、亩净利润（2）	元	543	1 044	647
七、亩净利润（3）	元	−50	632	−80
八、亩净利润（4）	元	184	656	−7

数据来源：2022 年《全国农产品成本收益资料汇编》。

（1）不考虑生产补贴、土地成本的亩利润。新疆小麦每亩净利润为 308 元，比玉米和棉花的亩净利润分别低 711 元和 266 元。

（2）考虑生产补贴、不考虑土地成本的亩利润。新疆小麦种植在补贴的情况下，每亩净利润为 543 元，比玉米和棉花的亩净利润分别低 501 元和 104 元。

（3）不考虑生产补贴、考虑土地成本的亩均利润。由于不同作物对土地需求不同，各作物土地成本也存在差异。新疆小麦每亩净利润为 −50 元，较玉米每亩净利润低 683 元，较棉花每亩净利润高 30 元。

（4）考虑生产补贴和土地成本的亩利润。新疆小麦每亩净利润为 184 元，较玉米每亩净利润低 472 元，较棉花每亩净利润高 191 元。

4. 盈亏平衡分析

按照 2022 年新疆小麦单产 378 千克/亩、总成本 1 379 元/亩，农民平均主产品出售价格 2.7 元/千克、副产品出售价格 0.49 元/千克，补贴 230 千克/亩

（每千克 0.61 元）测算，盈亏平衡价格为 3.65 元/千克，实际每千克主产品销售价格＋副产品销售价格＋补贴为 3.80 元，较盈亏平衡价格高 0.25 元/千克，即每千克小麦收益 0.25 元。如要保证农民保本，扣除每亩副产品收益（副产品自留饲喂牲畜）和每亩补贴后，小麦最低收购价需达到 2.5 元/千克，才能保证粮农实现盈利。

（四）新疆小麦产业发展存在的主要问题

1. 小麦单产水平总体偏低，区域差异较大

（1）与全国相比单产水平较低。2022 年，新疆小麦单产较全国平均水平 390 千克/亩低 12.75 千克/亩，在全国排名第九位，与全国单产水平最高的上海和山东相比分别相差 87.4 千克/亩和 69.7 千克/亩。近 10 年年均增速 0.4%，低于同期全国年均增速（1.6%）1.2 个百分点。而同期，全国小麦生产大省河北、江苏、安徽、山东、河南、湖北、陕西、甘肃的年平均增速已达到 1.1% 以上，其中最高增速甘肃省达到 2.27%。新疆小麦单产增长缓慢，在全国范围内优势不明显。

（2）各区域小麦单产差异较大。巴州、博州单产水平较高，达到 400 千克/亩以上，其中和硕县达到 490 千克/亩，和静县达到 466 千克/亩，博乐市达到 457 千克/亩。而塔城地区、昌吉州单产水平总体较低，仅为 315 千克/亩，其中裕民县为 294 千克/亩，托里县为 304 千克/亩，吉木萨尔县为 313 千克/亩，玛纳斯县为 264 千克/亩。各区域在农业资源、种植方式、技术推广等方面均存在较大差异，使得各区域单产差异较大。

（3）不同播种季节及种植模式单产差异较大。冬小麦和春小麦单产差异较大，白地和间套作小麦单产差异较大。通过抽样调查，新和县冬小麦平均单产 451.54 千克/亩，春小麦仅为 383.23 千克/亩；白地滴灌小麦平均单产 555.1 千克/亩，果粮套种滴灌小麦 388.3 千克/亩。阿克苏市白地滴灌小麦平均单产 553.60 千克/亩，果粮套种滴灌小麦 398.10 千克/亩。木垒县山旱地小麦平均单产仅 70 千克/亩，由于该县缺乏品种选育和配套高产关键性技术，从整体上拉低了全疆小麦单产水平。

2. 小麦种植成本高、收益低，比较优势不显著

（1）与全国对比，小麦生产成本高、收益低。2022 年新疆小麦产值低于全国平均水平 246 元/亩，成本高于全国平均水平 238 元/亩，净利润较全国平均水平低 484 元/亩，现金收益较全国平均水平低 471 元/亩，成本利润率较全国平均水平低 37.1 个百分点。由此可见，新疆小麦生产成本高、效益低，粮农增收难，产业竞争力不强。

（2）与其他作物相比，小麦生产利润低、无优势。2022 年新疆小麦生产

每亩净利润为—50 元,玉米生产每亩净利润为 632 元,棉花生产每亩净利润为—80 元,玉米生产比较效益相对较高,高于小麦 683 元,高于棉花 712 元。若考虑政策性补贴,小麦、玉米和棉花的每亩净利润分别为 184 元、656 元和—7 元。通过典型地市调查,阿克苏市小麦亩均纯收入 631.8 元,较同年该市核桃亩均纯收入低 1 338 元。

(3) 不同播种季节之间相比,小麦收益差异较大。冬小麦和春小麦收益有明显差距,通过典型调查,2022 年沙雅县春小麦亩均纯收入 403.5 元,冬小麦亩均纯收入 765.75 元,与本县正播玉米亩均纯收入 1 026.88 元对比,春小麦低 623.38 元,冬小麦低 261.13 元;与本县棉花亩均纯收入 1 377.3 元对比,春小麦低 973.8 元,冬小麦低 611.55 元。

3. 南疆小麦高标准生产基地建设仍然滞后,抵御灾害风险能力不足

(1) 南疆小麦生产高效节水发展滞后。全疆粮食作物高效节水建设总体发展滞后,仅占总节水面积的 40% 左右。通过典型调查,2022 年阿克苏地区滴灌小麦仅占小麦总面积的 24.5%,而通过滴灌小麦和常规灌溉小麦单产比较,滴灌小麦单产较常规灌溉小麦单产高出近 100 千克。

(2) 果粮间套作仍是小农户种植小麦的主要模式。南疆红枣和小麦、核桃和小麦等间作模式依然大面积存在,特别是在和田地区、喀什地区。通过典型调查,阿克苏地区小麦间套作面积大致在小麦总播面积的 30% 以上,实测单产 414.3 千克,较全县平均单产低 63.32 千克,间作模式仍是制约南疆小麦单产水平提升的重要因素。

(3) 小麦受天气等自然灾害影响较大。南疆干旱、大风、低温、倒春寒、洪涝等灾害时有发生,现有灾害预警监测能力不足,防灾减灾信息服务、技术措施落实不到位,救灾资金、物资配备不充足,减灾能力较弱。通过典型调查,阿克苏地区、喀什地区的小麦均不同程度地受到冻害的影响,重播后直接带来成本的增加。

4. 小麦收购主体缺乏诚信机制、仓储设施不完善、收购资金短缺

原料收购主体多,交易双方缺乏诚信机制,导致小麦价格存在波动。部分企业难以收足加工用粮,影响加工产能,且存在跨区域收粮情况,直接拉高了面粉加工企业生产成本。小麦仓储设施不完善,损耗较大,影响小麦分类收购和按质定价,粮食收储设施陈旧老化问题依然突出,标准化粮仓运行管理成本较高,防鼠难度大,影响加工产品质量。民营企业融资困难,收购原料资金压力大,金融机构对小规模民营企业贷款的限制条件多、手续复杂、流程时间长,小额信贷额度小、利息较高。

5. 面粉加工企业盈利弱,缺乏实力强劲的加工龙头企业

小麦加工产品单一,加工转化能力不强,加工产品只涉及初级加工各类面粉、麦胚及麸皮，初加工产品仍是市场产品的主体，且产品存在同类差别极小、品种缺乏多样化、产业链较短、附加值偏低、精细化不足等问题，主食工业化进程缓慢。副产品开发利用不足，存在过度加工现象。面粉企业盈利能力弱，行业竞争力不强，优质专用小麦品种规模小，不利于专用产品开发，不能满足个性化加工需求，产品附加值不高。缺乏实力强劲的加工龙头企业，现有农业产业化重点龙头企业数量少、规模小，精深加工能力不足，市场竞争力不强，加工产品种类雷同、链条延伸短、辐射带动面窄，联农带农还不够紧密。与内地相比，新疆面粉销价过高，盈利偏低，市场竞争力不强。

（五）新疆小麦产业高质量发展建议

1. 建设高标准小麦生产基地全面提高单产水平

（1）以种子为突破口提高小麦单产水平。目前通过科研单位的试验，新品种高产纪录不断产生，新疆小麦产业技术体系专家在各区域的主推品种试验单产均达到 700 千克以上，可见小麦具有较大增产潜力空间。提升育种创新能力，加快选育一批高产、优质、专用、多抗及适应机械化的小麦新品种，加大分子生物育种技术的支持力度，加强抗旱、抗病、节水、耐盐碱小麦，以及南疆早熟优质冬小麦、北疆强筋高产冬小麦、强筋超强筋高产春小麦等小麦种源创制及新品种选育，探索南疆冬小麦复播玉米种植新模式及推广应用。因地制宜做好区域作物结构调整，做好小麦生态区划，明确主推品种、种植模式，提高栽培管理技术水平，从源头解决单产水平不高的问题。

（2）持续加强对小麦高效节水的政策扶持和项目投入。继续加大新建一批以小麦为主的高效节水工程，因地制宜采用膜下滴灌、低压管道灌等不同节水模式，建成一批高效节水粮田灌溉工程。持续加大对粮田高效节水工程建设补贴力度。制定支持粮田高效节水与高标准农田建设统筹推进扶持政策。支持将高效节水建设中涉及的土地平整、条田整治、水利配套、水肥配套建设等纳入高标准农田建设中统筹推进实施。全面推进间作果园节水灌溉设施建设，在果树行间安装专用节水灌溉设备，实现果树与间作物两套控制系统，做到各类作物按需供水，互不影响。制定出台老旧滴灌维修、改造升级扶持政策。多渠道筹措资金，加大对粮食高效节水项目倾斜。通过采取先建后补、以奖代补，以及金融优惠贷款等方式，引导带动各级财政和社会资金，加大对粮田高效节水项目的投入支持。

（3）严格落实南疆果粮间作退出制度，扩大"白地"小麦种植。严格按照"宜果则果、宜粮则粮"的原则，科学解决南疆果粮间作问题。科学规划、合理布局林果最佳种植面积和树种，建议依据树龄及长势情况，有序退出果粮间作，增加"白地"粮食种植，严格防止耕地"非粮化"。引导农民加快调整间作农作物种植结构，对标准化模式建园的果园和进入郁闭封行的盛果期果园，严格要求其退出果粮间作；对品种差、效益低的果园按照相关政策要求其有序退出，改为白地种植小麦。新定植果树均采取标准建园模式，不再采用间作模式。

（4）强化科技支撑，完善小麦技术服务体系。鼓励和支持各级各领域主体加大对小麦全产业链的研发投入，引导走"产学研推用"发展路子，围绕现代种业、农机装备、水肥一体、储藏保鲜、精深加工等关键领域，加强与科研院所合作，瞄准"卡链处""断链点"联合攻关，通过政策集成、要素集中、产业集聚、经营集约，推动园区、企业建设研发中心，推动加快技术研发和转型升级。充分发挥自治区科研院校的作用，借助新疆小麦产业技术体系人才、项目优势，各县（市、区）要积极配合开展技术培训，制定小麦增产方案，优化产业布局，试验推广小麦高产、稳产、低成本综合栽培技术，编制技术规程提升自然灾害防御能力和农业有害生物监测预警能力。

2. 以社会化、品牌化提升小麦质量效益竞争力

（1）健全小麦生产社会化服务体系。推广"龙头企业＋合作社＋家庭农场＋农户""龙头企业＋合作社＋种子企业＋基地"模式，合理控制小麦生产成本，提高种植收益。重点支持龙头企业通过订单收购、二次返利、土地流转入股等方式，与新型农业经营主体和农户构建稳固的利益联结机制。培育壮大粮食生产家庭农场和专业合作社，发展优质专用粮食订单，推进粮食适度规模经营，提高粮食规模效益。因地制宜发展土地托管模式，进行小麦种植，降低小麦生产成本。积极引导科研院所、农技推广机构和各类市场主体建设高产优质粮食示范基地，推广示范新品种、新技术、新模式。完善粮食生产技术标准，以标准化助力粮食生产方式变革。

（2）加大品牌建设力度，促进产业集聚化发展。小麦产业发展数量导向的同时，要向质量导向转变。科学制定施肥方案，加大推进优质绿色小麦生产基地建设。打造优质小麦品牌，做大做强国家级农产品地理标志，培育壮大特色专用面粉品牌。实施粮食市场开拓行动，积极与西北五省份、对口援建省份开展粮食产销战略合作，组织举办各类展销会，宣传推介新疆特色粮食产品。培育打造区域性公用品牌和企业品牌，提升粮食产品市场竞争力。开发一批功能性食品，提升小麦产品的知名度。依托现有产业园区，引导粮食、食品加工企业向园区集中，推进粮食产业集群发展。规划建设集粮食储备、加工、物流于一体的产业园区。

（3）壮大龙头企业，拓展小麦精深加工。壮大一批优势突出、创新能力强、带动作用大、有基地、有加工、有品牌的粮食产业领军龙头企业，鼓励企业通过兼并重组、股份合作、资产转让等形式融资发展。推进农产品精深加工和副产物综合利用加工。扶持一批农业产业化龙头企业牵头、家庭农场和农民合作社跟进、广大小农户参与的农业产业化联合体，带动大规模标准化生产基地建设，开展精深加工、物流配送和市场营销。推广网上粮店、主食厨房、农商直供等新型业态。完善小麦产业链，推动小麦一二三产业融合发展，加大典型案例宣传力度，加快形成小麦产业与文化、旅游相结合的新质生产力。

3. 加大政策支持力度促进小麦产业可持续发展

（1）持续深化粮食收储制度改革。优化小麦应急收购政策，增加政策弹性和灵活性，推动粮食市场化收储，保护好种粮农民基本收益。鼓励多元市场主体入市收购，推动优质粮食单品种规模化种植，鼓励家庭农场、农民合作社、种粮大户与粮食龙头企业开展订单生产，实现专种、专收、专储、专加、专销。建议中储粮和地方储备粮公司在新粮上市后，及时启动保证小麦中央储备和地方储备量的收储工作，将农户小麦最低收购价格稳定在 2 500 元/吨。鼓励金融机构创新信贷机制，为面粉企业及其他市场化主体提供收购资金。

（2）积极探索新型农业保险保障机制。进一步完善农业保险政策，提高农业保险服务粮食生产的能力。推进完全成本保险和收入保险试点，防范自然灾害和市场变动双重风险。探索构建涵盖财政补贴基本险、商业险和附加险等的农业保险产品体系，逐步推广指数保险、区域产量保险、涉农保险，探索开展一揽子综合险。鼓励探索开展"农业保险＋"试点，通过农业保险的增信功能，提高农户信用等级，缓解农户"贷款难、贷款贵"问题。

（3）强化粮食产业化发展政策扶持。完善和落实粮食补贴政策，提高补贴精准性、指向性。设立粮食产业发展专项资金，重点支持粮食精深加工、主食产业化、品牌建设和科技创新等。鼓励各地统筹利用产粮大县奖励资金等，支持粮食产业经济发展。强化金融信贷服务，鼓励金融机构加大对粮食产购储加销各环节的信贷支持力度。在土地利用年度计划中对粮食产业化项目予以重点支持。构建新型粮食市场监测预警体系，强化监测预警分析，强化预期管理。

■二、新疆大豆产业高质量发展研究

（一）我国大豆产业发展概况

1. 我国大豆种植规模与布局

近年来，国家出台稳定大豆生产一揽子支持政策，诸如提高大豆生产者补贴、加大金融信贷支持、推广大豆玉米带状复合种植、引导新型农业经营主体种植大豆、稳定大豆种植规模等，我国大豆总产量、单产和播种面积均实现了增长。

2023 年，全国大豆播种面积 1.57 亿亩，比上年增加 330 万亩，增长2.2%，连续两年稳定在 1.50 亿亩以上；总产量 2 084 万吨，比上年增加56 万吨，增长 2.8%；大豆单产 133 千克/亩，比上年增加 0.73 千克/亩。经过多年的布局积累，我国大豆的优势产区按气候条件、耕作制度、品种类型等，已形成以北方春大豆区、黄淮海流域夏大豆区、长江流域和东南地区春夏大豆区、华南和云贵高原四季大豆区为主，辅之以全国其他大豆散播区，优势主产区与辅助散播区相协调的生产布局。见表 9-17、表 9-18。

表 9-17　2010—2023 年国内大豆生产情况

年份	面积/万亩	单产（千克/亩）	产量/万吨
2010	13 050.30	115.60	1 508
2015	10 241.10	120.80	1 237
2016	11 397.75	119.33	1 360
2017	12 367.20	123.53	1 528
2018	12 619.20	126.53	1 597
2019	13 997.55	129.20	1 809
2020	14 823.75	132.20	1 960
2021	12 623.10	130.20	1 640
2022	15 365.55	132.00	2 028
2023	15 710.80	132.66	2 084

数据来源：国家统计局数据库，下同。

表 9-18　2023 年国内大豆生产布局情况

序号	省份	面积		产量	
		数量/万亩	占比/%	数量/万吨	占比/%
	全国	15 710.8	100.0	2 084.2	100.0
1	黑龙江	7 330.3	46.7	927.8	44.5
2	内蒙古	1 852.9	11.8	244.4	11.7
3	安徽	947.3	6.0	97.8	4.7
4	四川	831.0	5.3	124.7	6.0
5	河南	571.2	3.6	92.7	4.4
6	吉林	493.2	3.1	74.4	3.6
7	湖北	363.3	2.3	42.8	2.1
8	贵州	357.5	2.3	27.2	1.3
9	山东	348.6	2.2	64.0	3.1
10	江苏	338.0	2.2	62.4	3.0
11	其他省市	2 277.4	14.5	326.0	15.6

2. 我国大豆消费

我国国产大豆的消费需求主要集中于食品加工领域，主要涵盖下游的豆制品、酱油、酱类、大豆蛋白等产品，形成了"食用为主、少量压榨，深加工为特色"的消费格局。根据 2023 年我国豆制品行业品牌企业 50 强名单，全国豆制品企业品牌已经超过 1 500 个，四川、重庆、湖南休闲豆制品市场优势突出，黑龙江、广东地区豆奶市场较为集中，河南上榜企业主要经营鲜冻豆制品，上海上榜企业基本为生鲜企业；山东省借助沿海及区位优势，有众多蛋白生产厂家，属行业上游。进口大豆主要用于压榨豆油以及豆粕等饲料产品。2023 年我国大豆消费总量 11 076 万吨，压榨消费 9 380 万吨，占消费总量的 84.7%；食用消费 1 320 万吨，占消费总量的 11.9%；种用消费 86 万吨，占消费总量的 0.8%；损耗及其他消费 290 万吨，占消费总量的 2.6%。见表 9-19。

表 9-19　2015—2023 年我国大豆消费结构

单位：万吨

年份	总数	种用消费	压榨消费	食用消费	损耗及其他
2015	8 953	55	7 837	956	105
2020	11 730	80	9 885	1 435	330
2021	11 138	76	9 420	1 312	330
2022	10 855	84	9 182	1 300	289
2023	11 076	86	9 380	1 320	290

数据来源：农业农村部全国重点农产品市场信息平台。

根据中国食品工业协会豆制品专业委员会（以下简称中豆委）的统计数据显示，我国每年豆制品行业大豆需求量约为 900~1 000 吨，酱油及酱类大豆需求量在 300 万~400 万吨，其他包括直接食用、制作豆芽、种用、非转基因大豆油生产、大豆蛋白生产等，需要大豆为 400~500 吨，综合每年的需求为 1 800万~1 900 万吨。目前，国产大豆的产量已经突破 2 000 万吨，供大于求的局面非常明显。在这一背景下，市场行情整体走弱，2022 年同期大豆的收购价格为 5 950 元/吨，2023 年大豆平均收购价为 5 210 元/吨，较上年下降 12.4%，国产大豆的市场价格明显下滑。见图 9-14。

3. 我国大豆进出口贸易

2023 年我国进口大豆 10 171 万吨，占粮食进口总量的 62.8%，大豆对外依存度高达 85% 以上。其中，从巴西进口 6 996 万吨，占比 68.8%；从美国进口 2 648 万吨，占比 26.03%；从阿根廷进口 203 万吨，占比 2%；剩余部

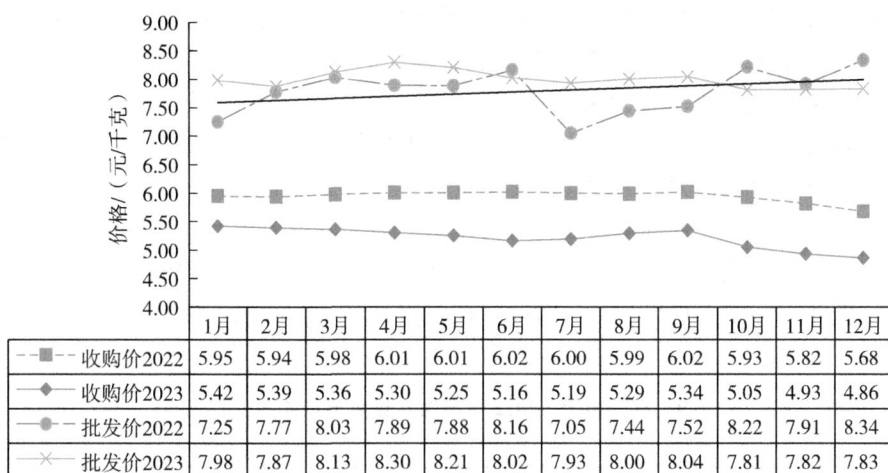

	1月	2月	3月	4月	5月	6月	7月	8月	9月	10月	11月	12月
收购价2022	5.95	5.94	5.98	6.01	6.01	6.02	6.00	5.99	6.02	5.93	5.82	5.68
收购价2023	5.42	5.39	5.36	5.30	5.25	5.16	5.19	5.29	5.34	5.05	4.93	4.86
批发价2022	7.25	7.77	8.03	7.89	7.88	8.16	7.05	7.44	7.52	8.22	7.91	8.34
批发价2023	7.98	7.87	8.13	8.30	8.21	8.02	7.93	8.00	8.04	7.81	7.82	7.83

图 9-14　2022—2023 年我国大豆月度价格变化趋势

分从俄罗斯、加拿大、乌克兰、乌拉圭、埃塞俄比亚及坦桑尼亚等国进口。见表 9-20。

表 9-20　2000—2023 年我国大豆进口情况

单位：万吨

年份	合计	美国	阿根廷	巴西	加拿大	俄罗斯	乌克兰
2000	975.4	497.3	260.3	212.0	1.4		
2005	2 659.0	1 104.8	739.6	795.2	1.3		
2010	5 478.6	2 359.1	1 118.7	1 858.6	7.4	0.1	
2015	8 174.0	2 841.2	943.7	4 012.7	107.1		0.1
2016	8 322.9	3 365.7	801.4	3 803.7	145.5	11.2	0.4
2017	9 553.0	3 285.3	658.3	5 092.9	204.9	4.0	2.1
2018	8 912.9	1 664.3	188.1	6 650.5	206.4	33.5	0.1
2019	8 858.5	1 701.5	879.2	5 767.7	226.5	73.2	2.2
2020	10 032.8	2 588.9	745.6	6 427.7	24.5	69.3	6.5
2021	9 653.3	3 231.3	374.7	5 814.9	58.8	54.4	6.3
2022	9 108.1	2 953	365.0	5 440	71.9	69.5	6.8
2023	10 171	2 648	203	6 996	142	132	

数据来源：布瑞克数据库。

　　我国进口主要是转基因大豆，主要用于榨油和生产豆粕，每年还有 150 万吨左右的非转基因大豆用于生产非转基因豆粕。未来几年，大规模进口大豆的格局不会有明显改变，预计大豆进口量将保持在 0.9 亿~1 亿吨。2022 年，我国出口大豆 12 万吨，主要出口韩国、日本、荷兰等地。

4. 我国大豆产业商业模式

目前国产大豆种植环节包括农户以及大型的农业企业或者农场，农业企业和农场由于面积较大，因此普遍使用机械化进行播种和采购，农户的经营成本比较高，主要是因为种植大豆所需的化肥、种子以及地租等成本不断上涨，目前大豆的种植成本至少在 6 100 元/吨，而 2023 年大豆平均收购价在 5 210 元/吨，因此大部分农户出现亏损情况，在有政策补贴的区域，种植大豆尚有一定收益。见表 9 - 21。

表 9 - 21　2010—2022 年我国大豆生产成本收益情况

单位：元/亩、元/千克

项目		2010 年	2015 年	2016 年	2017 年	2018 年	2019 年	2020 年	2021 年	2022 年
单位面积生产成本	产值	586	560	469	538	474	492	660	823	845
	总成本	431	675	678	669	666	686	721	781	885
	净利润	155	−115	−210	−131	−192	−194	−60	42	−40
单位产品生产成本	产值	3.96	4.04	3.90	3.84	3.75	3.83	4.94	5.89	5.83
	总成本	2.91	4.88	5.64	4.78	5.27	5.34	5.39	5.59	6.10
	净利润	1.05	−0.83	−1.75	−0.93	−1.52	−1.51	−0.45	0.30	−0.27

数据来源：2011—2023 年《全国农产品成本收益资料汇编》。

大豆的中游主要是贸易商或者批发商，这些人从农户手中收购大豆，之后再转卖给大豆的生产加工企业，这一部分的利润也比较薄，基本上从市场反应来看，一吨大豆的贸易商收益在 10~20 元。大豆的加工产品包括豆制品、调味酱、豆浆、腐竹、腐乳等，豆制品大部分是在商超市场、批发市场售卖，也供应给餐饮店，大部分的商品利润相对较薄。但是由大豆制成的豆干，以及辣条等休闲零食增长速度较快。大豆单一加工产品如酱油、酱类等在市场上占比较大。此外，大豆蛋白粉等产品主要在超市等地售卖，也有部分在电商等渠道售卖。该行业利润较高，与国内食用油加工行业不到 5% 的利润率相比，大豆蛋白产品可以达到 25%~30% 的利润率。

（二）新疆大豆产业发展概况

1. 新疆大豆生产规模与区域布局

据国家统计局数据显示，2000 年以来，新疆大豆种植面积最高为 2004 年的 120 万亩，总产量最高为 2005 年的 23.2 万吨。2005 年以来，受比较效益低等因素影响,新疆大豆种植面积呈波动下降趋势。2021 年,我国启动了国家大豆和油料产能提升工程,受此影响,新疆大豆呈恢复性增长,2022 年全疆大豆种植面积为 63 万亩、产量为 12.1 万吨,分别达历史最高水平的52.5% 和 52.2%。见图 9-15。

新疆大豆种植分布广泛,全域均可种植,且主要以复播夏大豆为主。按照行政区划分,新疆大豆种植主要集中在 4 个产区:伊犁州直、喀什地区、阿克苏地区和阿勒泰地区。其中伊犁州直(伊宁县、巩留县、察布查尔锡伯自治县、霍城县和新源县)和喀什地区(叶城县、泽普县和莎车县)大豆种植高度集中,这两个区的大豆种植面积约占全疆(地方)大豆总种植面积的95%;阿克苏和阿勒泰地区为少量集中种植,其余地(市、州)均为零星种植。

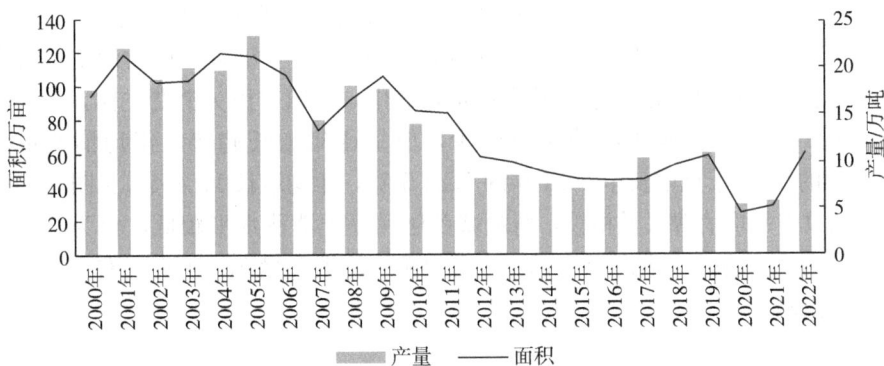

图 9-15　2000—2022 年新疆大豆生产趋势图

2. 新疆大豆仓储与流通

目前,自治区粮油储备体系主要以小麦、玉米和食用植物油储备为主,原粮储备中不涉及大豆,大豆仓储以农户和各类经营主体为主。随着新疆大豆产能提升,大豆社会库存明显增加。据相关调查数据显示,截至 2022 年底,新疆大豆库存达 10 万吨,较 2021 年增长 57.0%,创近年来历史新高。其中各类经营主体库存占 30.0%、农户存粮占 70.0%。大豆库存消费比达 17.2%,较上年提高 10.0 个百分点,处于国际公认的 17%~18% 粮食安全线水平。

受国家政策影响,新疆大豆面积和产量呈恢复性增长,但大豆产量及质量均未能满足当地加工企业和市场消费需求,大豆供应主要依赖东北等内地大豆主产省份购进和进口两个渠道。新疆大豆对外依存度由 2014 年的 28.2% 增长至 2021 年的 91.3%。2022 年,随着本地大豆产量增加,全疆大豆对外依存度下降至 80.0%。新疆当地大豆供给能力显著提升,但生产供不应求的局面短期内仍将长期存在。

3. 新疆大豆加工与消费情况

目前，大豆加工业主要包括三大类：大豆种子加工、大豆食品加工（以豆制品为主）、大豆压榨与精炼油。新疆当地具有规模以上豆制品加工企业数量较少，大豆小规模作坊式加工较多，缺乏精深加工产品。从加工大豆消耗量分析，食用油加工消耗大豆最多，其次为大豆食品加工，大豆精深加工少。大豆加工企业主要地域分布表现为北疆多、南疆少。

近年来，随着人们收入水平提高和消费理念变革，新疆城乡居民对肉类和蛋白的消费需求攀升，对大豆的消费量呈波动上升趋势。据统计，2021—2022年新疆大豆年均消费量在 60 万吨左右，2015 年以来，新疆大豆消费量年均增长达 10.0％以上。2022 年，新疆大豆消费主要以饲料用粮为主、工业用及种用为辅。其中饲料用粮占比为 86.0％；工业用粮占比为 15.0％，主要以食品副食品及酿造业用粮、榨油为主；城乡居民口粮及种子用粮占比为 9.0％。根据 2016—2022 年《新疆统计年鉴》中居民平均每人全年主要食品消费量数据显示，新疆居民豆类消费水平基本稳定，其中，城镇居民为消费主体，年均消费量为 5 千克；农村居民消费量较少，但呈逐年增长趋势，年均消费量由 2015 年的 0.64 千克增长至 2021 年的 1.22 千克，年均增长 11.4％。见图 9 - 16。与全国豆类平均消费水平相较，新疆城乡居民豆类消费水平较低，仅为全国平均水平的 30％左右。见图 9 - 16。大豆口粮年均消费量在 2 千克左右，不足豆类消费量的一半。

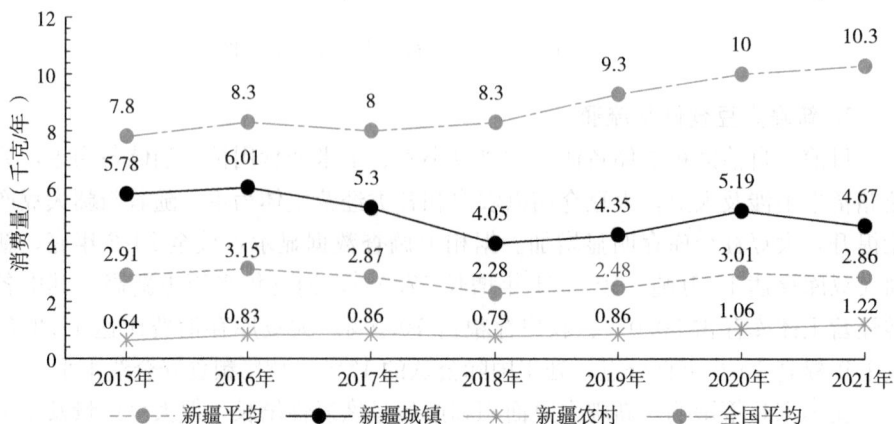

图 9 - 16　2015—2021 年新疆城乡居民年均豆类消费趋势图

4. 新疆大豆国际贸易情况

新疆在我国大豆国际贸易中占据份额很少，不足 0.2％。新疆大豆进口数量明显大于出口数量，且年际波动较大。2017 年，新疆大豆进口量最高达到 16.87 万吨，进口额达到 7 074 万美元，均较上年增长了 75% 左右。
2020 年以来，受新冠疫情影响，新疆大豆进出口大幅下降。2023 年，新疆
大豆进口量恢复到 8 490 吨，进口额 573 万美元，分别是最高水平的 5.03%、
8.11%。本地产大豆主要满足本地食品加工需求，出口量相对较少，价格相对
较高。从进出口均价来看，新疆大豆出口均价远高于进口均价，2023 年新疆
大豆进口均价为 675 美元/吨，出口均价为 1 122 美元/吨。2023 年国内大豆生
产者价格为 722 美元/吨，高于进口大豆，国内外大豆价格存在倒挂现象。见
表 9-22。

表 9-22 2015—2023 年新疆大豆国际贸易情况

年份	进口量/ 万吨	出口量/ 吨	进口额/ 万美元	出口额/ 万美元	进口单价/ （美元/吨）	出口单价/ （美元/吨）
2015	5.65	7.00	2 330.11	0.63	412	900
2016	9.68	106.02	4 032.29	16.48	417	1 554
2017	16.87	30.00	7 073.61	3	419	1 000
2018	6.67	0	2 959.97	0	444	
2019	1.50	0	735.37	0	490	
2020	0.73	0	334.86	0	458	
2021	0.01	7	6.46	0.95	479	1 357
2022	0.12	0	54.63	0	457	
2023	0.85	40.2	573.39	4.51	675	1 122

数据来源：农业农村部全国重点农产品市场信息平台。

从进口来源国看，2017 年之前，新疆大豆进口来源国主要是美国、巴西
和阿根廷，其中从美国进口的大豆数量占全疆大豆进口总量的 50% 以上。
2017 年起，随着中国粮食进口来源更趋多元化，俄罗斯、哈萨克斯坦等国对
华出口潜力逐步显现。2017 年，中哈有关方面签订有关质检协定，开启了哈
大豆对华进口，同年，新疆大豆进口量达到 0.69 万吨，进口额达到 282 万美
元，哈萨克斯坦成为新疆大豆新的进口来源国；2019—2023 年，除 2020 年从
俄罗斯少量进口大豆外，其余全部从哈萨克斯坦进口。进口大豆品种主要以非
转基因黄大豆为主。大豆出口目的地由哈萨克斯坦、巴基斯坦及中国台湾等为
主转向以马来西亚为主，出口大豆品种主要为非转基因黄大豆、黑大豆。总体看，
哈萨克斯坦对新疆大豆出口处于起步阶段，出口量绝对值较小，但其扩种面积潜力
大，有望成为我国周边地区新的大豆进口来源地，未来可替代部分美洲大豆进口。
见表 9-23、表 9-24。

表 9 - 23　2015—2023 年新疆大豆分国别进口情况表

单位：万吨、万美元

数据年月	全部		哈萨克斯坦		美国		巴西		阿根廷		俄罗斯	
	进口量	进口额	进口量	进口额	进口量	进口额	进口量	进口额	进口量	进口额	进口量	进口额
2015 年	6.40	2 657.30			3.20	1 334.97	2.40	988.88	0.80	333.45		
2016 年	9.68	4 032.29			5.20	2 146.75	1.40	573.00	3.08	1 312.53		
2017 年	16.87	7 073.61	0.69	281.7	3.00	1 310.32			1.00	410.56		
2018 年	6.67	2 959.97	1.72	754.15	1.50	625.61	3.45	1 580.22				
2019 年	1.50	735.37	1.50	735.37								
2020 年	0.73	334.86	0.68	312.36							0.03	10.58
2021 年	0.01	6.46	0.01	6.46								
2022 年	0.12	54.63	0.12	54.63								
2023 年	0.85	573.39	0.85	573.39								

数据来源：中华人民共和国海关总署。下表同。

表 9 - 24　2015—2023 年新疆大豆分地区出口情况表

单位：吨、万美元

年份	合计		哈萨克斯坦		中国台湾		巴基斯坦		马来西亚	
	出口量	出口额	出口量	出口额	出口量	出口额	出口量	出口额	出口量	出口额
2015	7	0.63	7	0.63						
2016	152.04	16.48	106.02	9.38	46.02	7.10				
2017	30	3.00					30	3		
2021	3	0.45							3	0.45
2023	40.2	4.51							40.2	4.51

5. 新疆大豆产业政策

近年来，在我国"扩大豆，提产能"的政策背景推动下，新疆逐步加大大豆产业支持力度，主要集中在标准生产基地、大豆育种家基地建设和大豆生产补贴方面。2022 年，国家发展改革委下达新疆中央预算内投资，支持新疆 5 万亩大豆生产基地建设，推动大豆优势产区提升生产水平。新疆发展改革委投资 1 600 万元支持新疆阿勒泰地区哈巴河县、喀什地区泽普县建设大豆育种家基地建设，有效提高大豆良种供给率、促进科技服务与成果转化。新疆农业农村厅出台《2022 年自治区大豆、花生专项补贴实施方案》（新农种植〔2022〕170 号），对合法从事大豆种植的实际种植者，按 300 元/亩的标准进行补贴，释放政府支持大豆生产的有利信号，进一步调动农民种豆积极性。见表 9 - 25。

表 9-25　我国及新疆大豆生产主要政策

时期	时间	全国政策	新疆政策
大豆振兴时期（2019 年以来）	2019 年	农业农村部办公厅印发《大豆振兴计划实施方案》，旨在通过政策、科技、投入等综合措施推动形成大豆振兴的合力	《新疆维吾尔自治区优势农产品区域布局规划（2020—2025 年）》提出到 2025 年新疆大豆种植面积将达到 65 万亩
	2021 年	中央一号文件强调，要坚持并完善大豆生产者补贴政策；国家启动转基因大豆产业化试点工作，在科研试验田开展	新疆落实中央大豆生产者补贴政策，每亩补贴 300 元
	2022 年	中央一号文件强调，要大力实施大豆和油料产能提升工程；转基因种植扩展到内蒙古、云南的农户大田	出台《2022 年自治区大豆、花生专项补贴实施方案》；成立大豆产业技术体系
	2023 年	中央一号文件强调加力扩种大豆油料，深入推进大豆和油料产能提升工程；出台"稳定 2023 年大豆生产一揽子支持政策（豆十条）"；转基因品种试点范围扩展到河北、内蒙古、吉林、四川、云南 5 个省份 20 个县，并在甘肃安排制种	自治区一号文件提出支持大豆种植；引导退出低质低效棉田种植玉米、大豆等粮食作物；加快大豆采收等专用农机装备研发应用

（三）新疆大豆产业发展比较优势分析

1. 具有稳定的生态类型和灌溉优势

新疆作为我国特殊的生态类型区和绿洲灌溉农业区，具备大豆生产适时灌溉、水肥一体、机械化栽培、绿色生产和规模发展等得天独厚的生产条件和优势。新疆耕地资源丰富，人均耕地超过 4 亩，是全国平均水平的 2 倍多，且 96% 以上是水浇地，适宜规模化、先进生产技术和大型农机装备推广应用。荒漠绿洲灌溉农业的生产方式，可以根据农作物生长的需要适时灌溉，而农业灌溉用水主要来自高山冰雪融水，使得农作物生长水热同季，保证了农业生产具有持续的稳定性。经过多年的建设，农田水利设施基本完备，为农作物生长及时灌溉提供了保证，作物生产受旱涝灾害的影响小，土地产出率高。截至 2022 年底，全疆已建成高标准农田 5 003 万亩，占永久基本农田的 47.39%。高效节水应用面积近 6 300 万亩，粮食作物良种覆盖率达 98% 以上，全疆（地方）农作物综合机械化水平达 85.7%，高于全国平均水平 13 个百分点。同时，新疆干旱半干旱的气候特征，使农作物病虫害发生少。加之绿洲经济的空间格局、绿洲之间的荒漠隔离，一定程度上阻碍了农作物病虫害的传播和大面积爆发，绿色生产环境优势突出，为大豆的大规模生产提供了良好的发展条件和稳定的生产优势。

2. 大豆具有显著的高产优势

新疆属于温带大陆性气候，降水少，光照充足，晴天多，沙漠广布，昼夜温差大，加上大豆品种优良、种植技术先进，大豆生产的优势十分明显。新疆具备了大豆超高产的现实条件和实践记录，2016 年以来，全国大豆高产记录基本是新疆创造的。其中，2020 年，国家大豆产业技术体系石河子综合试验站利用膜下滴灌技术种植的大豆品种（吉育 86）单产达到 454 千克/亩，再次创造了全国大豆单产最高纪录；2022 年，南疆示范田里的冀豆 17 号大豆单产首次突破 405 千克/亩，创造了南疆春播大豆单产新纪录；2023 年，新疆农垦科学院示范田龙垦 324 大豆单产达 467 千克/亩，将全国大豆单产纪录又提高了 13 千克/亩，最大程度地释放了品种的增产潜力。从大田生产来看，新疆大豆单产是全国平均水平的 1.5 倍左右，与全国主要大豆主产省份相比，新疆大豆单产水平也位居前列，其中 2017 年新疆大豆单产达到 230 千克/亩，创全国实际生产最高水平，是全国平均单产水平的 1.85 倍。见表 9 - 26、图 9 - 17。与国际大豆主产国美国相比，新疆单产年均增速高于美国，与美国单产差距日趋缩小。

表 9 - 26　2016—2023 年新疆大豆高产纪录创建情况

栽培方式	单产/（千克/亩）	品种	创建年份
石河子精量播种机点播	319	中黄 45	2016
石河子深松整地	416	吉育 86	2017
石河子覆膜滴灌	424	合农 91	2018
石河子精量播种机点播	370	吉育 86	2019
石河子膜下滴灌、宽窄行种植	454	吉育 86	2020
石河子覆膜滴灌、精量播种	442	吉育 86	2021
石河子覆膜滴灌、精量播种	425	龙垦 324	2022
南疆春播大豆	405	冀豆 17 号	2022
南疆麦茬夏播	330	合农 71	2023
南疆轻度盐碱地麦后夏播	300	东生 118	2023
北疆春播大豆	467	龙垦 324	2023
春播大豆玉米带状复合种植	玉米 1 046，大豆 78	合农 71	2023

注：表格中 2016—2022 年数据来源于黑龙江省作物学会《东北地区大豆产能提升思考》，其他据文献资料整理。

图 9 - 17　2016—2023 年新疆大豆高产纪录对比情况

3. 大豆生产品质优势较为突出

根据自治区粮食和物资储备局《关于 2022 年新疆新收获粮食质量调查和品质测报结果的公告》，自治区首次对 2022 年新收获大豆开展质量调查，新疆大豆完整粒率平均值 93.4%（二等）、变幅 88.2%～98.6%。一等至三等比例分别为 50.0%、16.7%、33.3%。与全国及主要大豆产区相比，新疆大豆完整粒率略低于山东省和辽宁省，较黑龙江省、四川省有较大优势。新疆维吾尔自治区与内蒙古自治区调查大豆均符合三等以内标准要求，但新疆维吾尔自治区一等大豆占比远超内蒙古自治区。新疆大豆损伤粒率平均值 2.4%，变幅 0.9%～4.7%，高于山东省和内蒙古自治区，较其他大豆主产区有一定优势。见表 9 - 27。

4. 具有独特的海外辐射区位优势

中亚五国光热资源丰富，与新疆属于同一农业生态类型区域，土地资源丰富，农田面积 5.80 亿亩，其中可耕地面积 5.70 亿亩，相当于我国耕地总面积的 30%。人均农田面积 7.65 亩，其中哈萨克斯坦人均农田面积高达 23 亩，耕地资源最为丰富。中亚各国具备大规模发展大豆产业的条件和优势。2021 年，中亚五国大豆收获面积 188.70 万亩，总产量 27 万吨。除土库曼斯坦外，其余四国均有大豆种植。其中，哈萨克斯坦是中亚大豆主产国，哈萨克斯坦大豆收获面积 169.5 万亩、总产量 23.8 万吨，分别占中亚五国的 89.8%、88%。从大豆单产水平来看，乌兹别克斯坦、哈萨克斯坦大豆单产分别达到 177 千克/亩、140 千克/亩，均高于我国平均水平，但低于新疆平均水平；吉尔吉斯斯坦大豆单产 112 千克/亩，低于我国和新疆平均水平。在新疆建立干旱半干旱灌溉大豆生产标准化体系，将新疆日益成熟的大豆良种和生产技术标准应用到中亚各国，形成大规模的大豆生产能力，以利于进一步拓宽我国大豆进口多元化的局面，同时，新疆干旱半干旱气候特点有利于大豆储存，具备建立西北地区面向中亚的大豆战略吸储、加工基地优势。

表 9-27 2022 年主要大豆质量情况对比表

单位：%

地区	完整粒率								损伤粒率	粗蛋白（干基）		粗脂肪（干基）	
	平均值	一等（≥95）	二等（≥90）	三等（≥85）	四等（≥80）	五等（≥75）	等外（<75）	三等以上		平均值	达标高蛋白大豆比例	平均值	达标高油大豆比例
合计	90.3							89.8	3.8	38.6	29.5	20.2	55.1
内蒙古	92.9	12.3	54.4	33.3				100	2.1	39.6	36	19.6	32
辽宁	93.6	55	22.5	15	5	2.5		92.5	4.8	41.6	84	20.2	60
吉林	93.3	42.9	34.3	21.4	1.4			98.6	3.2	38.9	33.3	21.1	76.7
黑龙江	88.8	7.5	30.6	49.2	9.4	2.9	0.4	87.3	4.3	37.9	19.8	20.5	66.2
安徽	91.2	26.9	40.9	17.2	9.7	3.2	2.2	84.9	4.5	35.9	0	18.8	13.3
山东	95.7	72.5	23.2	2.9	0	1.4		98.6	1.8				
河南	92.8	36.8	38.9	21.1	2.1	1.1		96.8	2.4	42.5	93.3	20.3	66.7
四川	88.8	36.7	18	21.1	11.7	7	5.5	75.8	6	41.1	55.3	18.8	21.3
新疆	93.4	50	16.7	33.3				100	2.4				

注：根据国家及自治区粮食和物资储备局数据整理。新疆粗蛋白和粗脂肪两项指标暂未测报。

（四）新疆大豆产业发展存在的主要问题

尽管国家和地方政府不断加强大豆产业的支持和引导，但作为种植主体的中小规模种植户获得的支持相对缺乏，其种植技术、风险防控能力、盈利能力等依然存在很大差距，需要国家和地方政府进一步引导和支持。

1. 水土资源约束趋紧

一是水资源短缺问题突出，用水保障压力大。新疆水资源时空分布极不均衡，资源性和工程性缺水并存。2023 年兵团部分大豆主产区受水资源限制，春播、夏播大豆均大范围受旱。二是种植大豆土地质量不高。目前，全疆耕地质量整体不高，七至十等的耕地占 30.26%，这部分耕地灌溉能力基本为基本满足和不满足，生产力水平低。新疆是我国盐碱化土壤面积分布较广、土壤积盐较重的地区，盐碱土的面积达到 3.27 亿亩，占全国盐碱土总面积的22.01%；在耕地中，受不同程度盐渍化危害的耕地面积达 1 800 万亩以上，占总耕地面积的 30.12%，极大地限制了新疆农业生产力的进一步提高。三是大豆农田基础设施建设滞后。全疆累计建成高标准农田仅占耕地总面积的22.5%，低于全国 40% 的平均水平，高标准农田建设滞后，而建好的高标准农田各地基本首选种植粮食作物、棉花，种植大豆的土壤有的肥力不够，有的旱、涝、草、病虫害严重。

2. 农机农技农艺融合相对滞后

一是大豆种业发展相对滞后，良种覆盖率低。长期以来，由于缺乏制种企业参与大豆商品种生产，农民种植大豆以使用自留种为主，仅伊犁地区、阿勒泰地区从黑龙江省引入少量特早熟良种，全疆大豆良种率不足 30%。二是大豆专用机械保有量低。大豆专用播种、收获机械不足，播种质量不高，播种效率低，配套播种设施缺乏，缺少质量高的免耕播种机械，机收损失率高，大豆收获时含水量 8%～11%，机械收获破碎率很高，尤其是中大粒破碎粒高达30%。大豆玉米带状复合种植机械化配套尚在探索阶段。三是大豆配套生产技术落实到位率低，农民田间管理不科学。高效节水灌溉、水肥一体化、免耕复播、精量穴播等先进技术普及率低，且滴水量过大返盐碱重、水肥管理和化控措施与品种习性不匹配，使得大豆土地产出率不高。四是大豆病虫害防治压力较大。大豆重大病虫害蔓延加重或再猖獗、次要病虫害上升为主要病虫害等问题突出。绿色防控比率较低，化学治理技术在大豆病虫害整体防治中占 80%以上。同时，大豆植保产品严重匮乏，正式登记的杀菌剂和杀虫剂品种仅为水稻的 2%，且现有产品存在严重的同质化和配方老化等问题。

3. 大豆比较效益低，发展空间受限

新疆北疆冷凉地区作为大豆种植优势区，也同样适宜其他多种作物的种植。其中北疆种植食葵、打瓜等籽用经济作物面积广，新疆大豆种植在与上述作物竞争过程中比较效益劣势较为明显。据调查，与种植玉米、葵花籽相比，种植大豆单位面积的现金收益仅为两种作物的 40% 左右；单位产量收益虽然较玉米有优势，但仅为葵花籽的 50%。同时，上述籽用产业已形成被大型加工企业垄断局面，北疆冷凉地区作物种植区在市场竞争条件下已俨然成为大型籽用加工企业原料生产基地，与之相较，其他产业无法与其竞争，不具备比较效益优势。与此同时，北疆伊犁产区的复播大豆基本处于复播作物的临界点上，属于风险复播区域，品质较差，发展潜力十分有限。同时，北疆冷凉地区也是新疆重要的农区畜牧业基地，青贮玉米产业较为发达，春播大豆的发展空间因此受到进一步挤压和影响。南疆主要复播作物除了大豆，还包括复播籽粒玉米、复播青贮玉米、复播小米等。根据喀什地区调查数据分析可知，复播大豆的亩均平均现金收益仅高于青贮玉米，而较复播籽粒玉米低 308～459 元，较复播小米低 280～364 元，在能获取 300 元/亩的补贴情况下，复播大豆才勉强能赶上复播玉米、复播小米的收益。同时，南疆饲草问题突出，复播玉米的生物量大，是南疆复播作物的首选，南疆复播大豆受制于复播玉米，同时又要受到南疆传统豆制品消费主体数量较小影响，种植规模发展受限。

4. 大豆全产业链发展迟滞

目前，大豆生产、加工和消费等环节仍然存在较大的脱节，"为加而种"的产业链发展模式尚未建立。一是大豆加工小、散、弱问题突出。新疆大豆加工以手工作坊式生产为主，本地具有规模以上豆制品加工企业数量屈指可数，缺少产业化龙头企业带动。且加工企业在南北疆分布不均匀，北疆大豆加工企业数量多于南疆企业数量，同时加工产品品类也存在较大差异，南疆大豆原料的油脂加工企业较少。二是大豆产业链条延伸不足。新疆大豆加工企业以油脂和高温粕产品为主，且油脂加工企业大部分很少涉足油料收储、物流、贸易、深加工等产业链的上下游环节，造成新疆大豆产业链短、大豆产品结构不合理，抗风险能力弱。三是企业与农户利益联结关系不紧密。目前，加工企业不愿零散收购当地商品性能不稳定且价高的大豆，转向采购蛋白质含量较低的进口转基因大豆和因国家补贴而价格较低的东北非转基因大豆，形成了区内农民卖豆难而生产徘徊、加工企业原料短缺而外购的局面。缺乏标准化大豆原料基地，大豆混种、混收、混储现象凸显，且高油、鲜食等优质、专用、特色大豆供给不足。订单农业发展滞后，农户生产还是以小家小户的分散经营为主，抗市场风险能力弱。四是大豆品牌培育滞后。目前，全疆仅有布尔津哈纳斯黄豆获评国家地理标志产品，但近年来随着布尔津大豆种植规模的大幅萎缩，该品牌市场知名度和竞争力也严重下降。

5. 自然灾害与市场风险加剧

一是自然灾害多发。2023 年春季，新疆大部分地区遭遇低温多雨，大豆生育进程比上年推迟，夏季持续高温对大豆生长不利，受气候和后期栽培措施不当等影响，大豆植株矮小、不能完全成熟、倒伏等问题突出。据调查，察县大豆倒伏较为普遍，而大豆倒伏对产量影响较大，一般情况下会减产 20% ～30%，严重的可达到 50% 以上，甚至更多。大豆根腐病、红蜘蛛等有害生物风险大大增加，对农业生产影响不容忽视。二是生产成本居高不下。受疫情等影响，农资、物料、油料价格一路飙升，2022 年二铵、尿素等化肥价格较上年翻了一番，土地流转成本上涨到 1 000 元/亩以上。种植成本大幅增加，严重挤压农业收益。三是市场价格呈波动下行趋势。目前，国产大豆产量已突破2 000 万吨，供大于求的局面非常明显，在这一背景下，市场行情整体走弱。新疆大豆虽每年有 40 万吨左右的缺口，但 2023 年以来，充足的肉、蛋及蔬菜等食品供应挤占了豆制品的消费需求，同时，对比进口转基因大豆及东北等主产区大豆，新疆地产夏播大豆在油、粕得率方面有所不及。受此影响，2023年新疆大豆收购价较上年下跌 1 元/千克以上。

（五）新疆大豆产业高质量发展建议

1. 优化大豆区域布局与品种结构

加快大豆产业结构调整，综合考虑资源条件、生产基础等因素，优先稳定伊犁州直、喀什地区及兵团第四师、第一师等传统大豆主产区大豆生产，重点发展高油、高蛋白、黑大豆等优质、特色、专用大豆品种，尽快形成规模和质量优势。在北疆阿勒泰地区青河县、伊犁州新源等冷凉区、高海拔区引进、示范、推广黑龙江第五积温带耐寒大豆品种，扩大大豆种植区域。积极引导北疆伊犁地区退出低质低效棉田种植大豆。坚持"以种适地"同"以地适种"相结合，支持南疆喀什地区、阿克苏地区等通过挖掘盐碱地开发利用潜力，提升耐盐碱大豆种植水平。乌伊公路沿线地区，以乌鲁木齐市都市圈大市场为目标，重点选育和推广高油高蛋白、豆腐加工型、菜用型、鲜食型中熟大豆新品种，提高大豆单产和品质。优化大豆油脂、豆制品和深加工业的布局，实现大豆主产区与主销区之间、初加工与深加工之间的协调发展。支持采用"原料基地＋中央厨房＋物流配送""中央厨房＋餐饮门店"等模式积极发展豆制品预制加工、配送服务和精深加工。

2. 建设标准化大豆原料生产基地

在大豆主产区、优势区建立大豆标准化种植基地，加大高标准农田建设、高效节水灌溉等项目倾斜力度，推广水肥一体化灌溉技术。以产品为主线、全程质量控制为核心，加快构建大豆全产业链标准体系及相关标准综合体，提升按标生产水平。建设标准化原料和生产基地，按照"专种专收专储专加专用、优产优购优储优加优价"要求，建设标准化、规模化、机械化、优质化原料基地。集成推广适应性广、实用性强的绿色技术模式，促进种养循环、产加一体、粮饲兼顾、农牧结合、草畜配套，实现大豆产业链全程绿色化发展。提升基地设施装备数字化水平，加强田间路渠管网建设，配套高效机械设施和智能化生产，有效运用物联网、大数据、节水灌溉、测土配方、生物防治等新技术。

3. 推进规模化生产促进节本增效

大豆产业是弱质产业。大豆属于土地密集型农作物，也是形成蛋白质和油脂等高能量物质的作物，生长消耗的能量较高，单产远低于水稻、小麦、玉米等淀粉类作物。大豆适合于大规模机械化种植，但新疆特别是南疆地区大豆农户规模普遍很小，大豆种植较为分散，无法获得规模化带来的效益。美国户均大豆种植规模为 4 545 亩，在密西西比州更是高达 10 140 亩，巴西和阿根廷的户均种植规模比美国更大。因此，美国、巴西、阿根廷等国家种植大豆的规模效益十分明显，种植收益也好于我国。近年来，以农民专业合作社、家庭农场和农业企业为代表的新型农业经营主体数量快速增长，实力逐渐增强。这些新型经营主体便于形成规模化、标准化生产，可保证商品大豆品质的一致性，并与加工企业对接，形成生产、销售、收购的良性循环。为此，建议一方面支持新型经营主体通过土地流转发展大豆适度规模经营，支持生产基础设施建设、出台农业信贷专项资金、建立生产和收入保险等种粮收益保障体系。另一方面大力发展大豆社会化服务，由社会化服务组织等经营主体为小农户提供耕、种、收全环节社会化服务，从而达到降低种植成本、提高作物标准化水平的目的。

4. 完善大豆科技创新与推广体系

目前，新疆农业科技进步贡献率不足 60％，科技进步对农业农村经济发展的支撑作用显著增强，但仍然远远低于我国 62.4％的平均水平和美国 80％的贡献率。以良种为基础、以机械化为载体、以社会化服务为支撑，建设生产全程机械化、投入品施用精准化、田间管理智能化的标准化生产基地，集成组装一批适合不同优势区域、不同栽培模式、不同品种类型的绿色优质高产、节本增效的大豆栽培技术模式，提升大豆生产科技水平。选择大豆面积具有一定规模、产业基础较好的县，示范推广高产抗逆、高产耐密宜机化、高产优质大豆新品种，重点推广窄行密植、麦后免耕覆秸精播、玉米大豆带状复合种植等增产增效技术，全面推广高效节水灌溉、水肥高效利用、病虫害防治、土壤修复等技术，提高农机农技农艺融合水平。鼓励农户进行规模化种植，加大对大豆规模化种植的技术指导和政策扶持，进一步推广机械化作业，提高机械化收割普及率，降低机械作业成本，提高生产效益及农户种植大豆积极性。积极引导农户严格控制化肥农药使用量，推动发展大豆绿色种植。健全农业技术推广体系，打造一批农业科技示范区，培育一批科技示范户，提高大豆主导品种和主推技术入户率和到位率。

5. 积极融入大豆国内国际双循环

一是持续关注大豆市场形势和价格走势，建立大豆价格预警机制，探索建立大豆收购收储支持政策。积极引导本地有一定规模大豆加工企业，与疆内外大豆主产区市县对接，发展订单生产，推动大豆生产向规模化、产业化、产品专用型转变，真正做到优质优价，以提高大豆的种植效益。二是加强与哈萨克斯坦等周边国家大豆合作，促进大豆多元化进口。加强哈国大豆生产、加工等实地调研，进一步摸清哈萨克斯坦大豆生产和出口潜力。提前谋划在中哈口岸建设大豆仓储、加工基地，合理布局大豆仓储、加工能力，积极应用现代智能化、高效化仓储、加工设施设备，大力发展进口大豆的仓储、加工。

6. 优化大豆产业发展扶持政策

一是继续完善大豆生产者补贴政策。新疆参照我国大豆主产区大豆生产者补贴政策，于2022年开始实行大豆生产者补贴政策，但随着大豆种植比较效益的下降，补贴政策对大豆种植面积和农民种植收入增长的影响将逐步缩小。而且，从2020年开始，我国现行的大豆生产者补贴政策被划入WTO"蓝箱"补贴的范围。从国际经验来看，脱钩化补贴是国际农业补贴政策的一种发展趋势，可降低政策执行成本，且属于"绿箱"补贴范畴，可以大幅拓展补贴空间。从OECD（经济合作与发展组织）国家直补结构来看，到2016年，已有46.65％的生产者补贴与当期生产脱钩。脱钩补贴的效果最好，政府支出最少，可控程度最强，脱钩补贴可作为大豆生产者补贴政策的发展方向。因此，未来新疆要根据不同作物的比较收益，建立区域内作物间补贴联动机制，通过差异化补贴方式平衡大豆和竞争性作物的比较收益，同时完善补贴发放程序和时间，以更好发挥补贴政策的作用。根据补贴对象的不同执行差异化的补贴标准，重点向新型经营主体倾斜，促进大豆适度规模经营。同时，新疆可以先行先试，积极探索出台大豆脱钩补贴政策。

二是完善农业支持保护补贴政策。2016年开始，我国将中央农资综合补贴、中央种粮农民直接补贴、国家农作物良种补贴合并为"耕地地力保护补贴"，每年发放一次。根据《2022年新疆耕地地力保护补贴方案》，目前耕地地力保护补贴作物以种植冬小麦、春小麦、正播籽粒玉米、青贮饲料、苜蓿和特色经济作物的先后顺序依次发放补贴。大豆属于养地作物，却没有纳入耕地地力保护补贴，因此，应积极向国家争取将大豆纳入耕地地力保护补贴对象，比照小麦、玉米、饲草料等作物合理确定种植大豆耕地补贴标准。

三是积极争取将新疆纳入国家轮作试点项目。从 2016 年开始，为更好地调整种植结构，促进生态环境改善和绿色发展，我国在粮食主产区实行了耕地轮作休耕试点。黑龙江省自轮作补贴试点以来，持续以三年为周期，推广"一主多辅"的种植模式，以玉米和大豆轮作为主，小麦、杂粮杂豆、薯类、饲草、油料作物等轮作为辅，按照 150 元/亩、每年 1 000 万亩以上的规模进行轮作补贴。经过多年试点，"调茬"种植已经成为一些农户的自觉行为。新疆的大豆主产区也是粮食主产区，伊犁州直、喀什地区 2022 年粮食总播种面积、总产量占全疆的比重均在 33％左右。因此，要积极向国家争取在新疆也实施大豆轮作补贴政策，带动土地耕作制度和种植模式调整，探索建立科学的"麦＋豆""薯＋豆"轮作制度，为实现用地养地结合、农业可持续发展、护航粮食安全探索出新路径。

四是完善大豆良种繁育和推广等支持政策。高产优质品种的繁育和推广是提升大豆市场竞争力的根本和关键。大豆属于自交种，长期以来大部分种植大豆的农户普遍都有种植自留种的习惯，但即便好的大豆品种经过多年的自留种植，其品种特性也会发生退化。目前，新疆尚没有专门的大豆制种企业。大豆良种的推广和地方政府的引导和鼓励密切相关。因此，下一步应在提升新疆农业科学院、新疆农垦科学院等科研院所大豆育种基础科研能力和资源储备的基础上，将大豆种业纳入国家和自治区种业振兴行动，加大大豆种业发展项目补贴力度，加快大豆制种大县建设，提升大豆种质资源保护开发利用能力、育种创新能力、种业基地建设水平、种子质量检测能力和制种基地信息化管理能力。同时，考虑将大豆良种繁育和推广的政策支持重点放在市场化育种和推广上，通过对企业研发环节和贷款环节进行补贴等手段，切实调动种子企业开展良种繁育和推广的积极性，从源头上提高大豆的生产效率。

五是建立大豆加工流通等产业配套政策。目前，大豆种植、加工、产品消费市场之间信息严重不对称。为此，今后在完善大豆生产补贴政策的同时，建议特别增加对生产、加工、消费全环节的通盘考虑，支持引导大豆产加销一体化，面向市场和加工企业选择品种、扩大面积、提高单产，缩小地产大豆供给与加工企业需求之间的差距。引导规模种植户与加工企业提前对接，大力发展订单农业，促进品种引进、技术推广、专收专储专加等，形成优质优价机制，增加本地大豆有效供给。对有一定规模和发展潜力的大豆加工企业，加大项目扶持，支持企业完成由初加工向精深加工转化，延长产业链，增加附加值，稳定大豆生产。探索出台大豆加工补贴，对大豆加工企业符合条件的用地、固定资产投资、技术研发费用予以补助，对流动资金贷款予以贴息，培育一批有品牌影响力的大豆加工龙头企业。

六是加大粮改饲政策和草原生态保护补助等奖励政策的落实力度，提高优质饲草料产量，持续提升优质饲草料供给能力，引导鼓励养殖场户使用低蛋白、低豆粕日粮饲喂技术，使用多元化原料配制饲料，减少饲用豆粕使用量。

七是完善保险补贴保护制度，鼓励引导保险公司试点推广"主险＋完全成本＋收益"保险，确保农民"减产不减收"。支持种豆农民备耕资金金融服务，满足农民种豆资金需求。

八是加大大豆消费端项目支撑。历史上，我国实施过"国家大豆行动计划""学生豆奶计划""豆奶计划""推广学生营养餐"等项目，《国民营养计划（2017—2030 年）》强调要"强化双蛋白工程等重大项目实施力度，以优质动物、植物蛋白为主要营养基料，开展双蛋白工程重点产品的转化推广"。

7. 营造大豆消费良好环境

在健康中国战略和消费升级等众多因素联合驱动下，作为集美味、健康、营养、环保、方便等于一身的"好吃无负担"营养食品和平衡饮食结构的关键食品，大豆食品已经迎来了又一个"觉醒年代"。2023年初，国家卫健委发布的《成人高脂血症食养指南（2023 年版）》第三条"食养原则和建议"中明确："应提高大豆蛋白等植物性蛋白质的摄入，每天摄入含 25 克大豆蛋白的食品，可降低发生心血管疾病的风险。"据此，以大豆为原料的豆制品产品包装上合规标注"每天摄入含 25 克大豆蛋白的食品，可降低发生心血管疾病的风险。"有了合规的政策依据，我国也成为第 14 个批准大豆蛋白健康声称的国家。

根据《中国居民膳食指南（2022）》，推荐居民每日食用大豆（包括黄豆、黑豆、青豆等）及其常见的制品（如豆腐、豆浆、豆腐干及千张等）15～25 克/人，据此计算，全疆 2 587 万人常住人口年需要消费大豆 14 万～24 万吨，较目前消费量看还有 12 万～22 万吨的潜力。因此，建议要大力宣传食用大豆蛋白及豆制品营养健康价值，加大豆制品科普宣传和促销宣传力度，打造健康饮食理念，进一步激活消费者豆制品消费意识，引导城乡居民调整优化膳食结构和消费行为。将地产大豆加工业即豆制品提升至与肉、奶同等地位，营造更加公平的市场环境，以促进地产大豆产业加工端的活力，不断拓展地产大豆食用消费增长空间。围绕生活消费、旅游消费、医药消费等领域，支持加工企业结合疆内外大豆消费市场需求开发新产品。用好"餐餐食豆，健康驾到"与"早晚两杯奶：一杯豆奶、一杯牛奶"这两个豆制品行业的公共品牌，开展新疆地产大豆品质检测，在重振布尔津黄豆地理标志基础上，鼓励和支持大豆主产区创建大豆区域公用品牌，提高企业品牌知名度和市场竞争力，通过"企业品牌＋区域品牌"双驱动，实现"1＋1＞2"的品牌效应，推动新疆豆制品行业和企业高质量发展。

第10章
棉花产业高质量发展典型研究

棉花是关系我国国计民生的重要战略物资和棉纺工业发展的重要原料，中国作为世界棉花生产、消费，纺织工业、纺织品服装出口创汇大国，棉花产业不仅在国民经济中占有重要地位，而且对国际棉花市场以及世界棉花产业的发展也具有举足轻重的影响。同时，随着国际市场棉花供需形势和格局的变化，我国棉花产业发展也面临着新形势和新挑战。本章围绕新疆棉花和纺织服装产业集群的发展现状、发展比较优势和存在的问题，提出产业高质量发展的建议。

■ 一、我国棉花供需形势分析

2010 年以来，中国的棉花供需形势经历了显著变化，受到多种因素的影响，包括国内生产情况、国际市场波动、政府政策等。

（一）棉花生产情况

2010 年以来，中国的棉花种植面积和产量经历了波动。由于生产成本上升、利润下降以及农民种植意愿下降，棉花种植面积在某些年份有所减少。近年来，国家加大了对棉花主产区（如新疆）的政策支持，使得产量有所恢复。新疆已经成为中国最重要的棉花生产基地。

1. 棉花主产区播种面积变化

2010 年以来，全国棉花种植面积从 2010 年 6 548.96 万亩上升至 2011 年 6 785.99 万亩，之后逐渐降至 2022 年 4 500.47 万亩，总体呈下降趋势。由表 10-1 可知，新疆、山东、湖北、河北四省份播种面积居于全国前列，近十几年我国棉花种植面积居前十位的省份基本稳定不变，但各省份种植面积波动极大。2010—2020 年，新疆的棉花种植面积呈逐年上升趋势，2022 年降至3 745.34 万亩，但仍位居全国第一。2010 年以来，除新疆的棉花种植面积大幅上升外，山东、河南、河北、江苏、安徽省的棉花种植面积均逐年下降，

2020 年河北省取代山东省位列全国第二，但种植面积逐年下降，由 2010 年701.42 万亩降至 2022 年 174.21 万亩，播种面积大幅缩减。山东省的棉花种植面积显著下降，由 2010 年 950.57 万亩降至 2022 年 170.03 万亩，排名也由第二位降至第四位。总体而言，我国棉花传统产区的种植面积不断萎缩，新疆棉区快速发展。见表 10-1。

表 10-1　2010—2022 年中国主要棉花种植省份播种面积变化

单位：万亩

排序	2010 年		2015 年		2020 年		2022 年	
	省份	面积	省份	面积	省份	面积	省份	面积
1	新疆	2 309.57	新疆	3 216.39	新疆	3 752.88	新疆	3 745.34
2	山东	950.57	山东	676.52	河北	283.80	河北	174.21
3	湖北	720.08	河北	447.08	山东	214.32	湖北	173.70
4	河北	701.42	湖北	397.11	湖北	194.60	山东	170.03
5	河南	531.35	安徽	348.75	湖南	89.21	湖南	96.93
6	安徽	516.60	湖南	155.40	安徽	76.80	安徽	45.44
7	湖南	262.50	江西	121.65	江西	52.50	甘肃	30.47
8	江苏	121.59	河南	96.51	甘肃	24.89	江西	29.58
9	江西	119.61	江苏	75.35	河南	24.30	河南	16.28
10	甘肃	75.96	甘肃	43.67	江苏	12.53	江苏	6.23
11	天津	74.85	天津	25.98	天津	11.70	天津	3.72
12	陕西	57.77	陕西	21.99	山西	1.70	山西	0.48
13	山西	57.12	山西	12.44	陕西	1.08	陕西	0.21

数据来源：国家统计局。

2. 主要省份棉花产量变化

2010 年以来，全国棉花产量总体呈波动增长趋势。2010 年全国棉花总产量 577.04 万吨，2012 年升至 660.8 万吨，后波动下降，2022 年降至 598.02 万吨，但其总体呈增长趋势。近十几年我国棉花产量排名前十的省份位次变化显著，但新疆棉花产量一直居于全国前列。新疆地区棉花产量位列我国第一，产量呈逐年上升趋势，从 2010 年 276.31 万吨升至 2022 年 539.37 万吨；山东省棉花产量位列我国第二，但产量不断萎缩，由 2010 年 72.41 万吨降至 2022 年 14.48 万吨。2010 年以来，除新疆棉花产量大幅上升外，山东、河南、河北、江苏、安徽和湖北等省份棉花产量均波动下降。其中河南省棉花产量显著下降，由 2010 年 33.89 万吨降至 2022 年 1.36 万吨，排名由第五位降至第九位。见表 10-2。

表 10-2 2010—2022 年中国主要棉花种植省份产量变化

单位：万吨

排序	2010 年		2015 年		2020 年		2022 年	
	省份	产量	省份	产量	省份	产量	省份	产量
1	新疆	276.31	新疆	419.10	新疆	516.08	新疆	539.37
2	山东	72.41	山东	47.77	河北	20.86	山东	14.48
3	湖北	47.18	湖北	29.76	山东	18.30	河北	13.90
4	河北	42.74	河北	23.90	湖北	10.79	湖北	10.33
5	河南	33.89	安徽	23.40	湖南	7.45	湖南	8.23
6	安徽	31.60	湖南	12.30	江西	7.45	甘肃	3.99
7	湖南	22.70	江西	11.52	安徽	4.10	安徽	2.56
8	江西	13.08	河南	6.77	甘肃	3.01	江西	2.17
9	江苏	9.79	甘肃	4.82	河南	1.80	河南	1.36
10	甘肃	7.99	江苏	4.25	江苏	1.06	江苏	0.58
11	天津	6.04	天津	2.35	天津	1.02	天津	0.32
12	陕西	5.26	陕西	2.07	山西	0.16	山西	0.04
13	山西	3.98	山西	0.83	陕西	0.07	陕西	0.02

数据来源：国家统计局。

3. 中国棉花生产集中度分析

我国棉花生产区域分布广泛，但目前棉花生产集中于少数省份。将各省份假定为一个生产单位，以集中度指数 CRn（反映棉花产量前 n 位的地区产量占全国总产量比重）进行说明。2022 年我国棉花产量第一位的新疆产量占全国总产量 90.19％，棉花产量前三位和前五位的省份产量占全国总产量比例分别达 94.94％和 98.04％。表明棉花生产地高度集中，少数主产省份产量占绝大部分比重。2010—2022 年我国棉花产量 CR1、CR3 值总体呈波动上升趋势，且上升趋势保持一致；同时 CR5 值缓慢上升，CR10 值基本稳定。2010—2022 年，我国棉花产量 CR1、CR3、CR5、CR10 值分别从 2010 年 47.88％、68.61％、81.89％和 96.65％升至 2022 年 90.19％、94.94％、98.04％和 99.83％，表明 2010 年以来，我国棉花生产快速向主产区、新疆地区集中。见表 10-3。

表 10-3 2010—2022 年中国棉花产量 CRn 值

单位：％

年份	CR1	CR3	CR5	CR10
2010	47.88	68.61	81.89	96.65

（续）

年份	CR1	CR3	CR5	CR10
2011	53.67	71.14	83.84	96.81
2012	58.79	75.64	86.32	97.41
2013	62.65	78.46	88.62	97.84
2014	65.86	81.12	91.01	98.44
2015	70.94	84.07	92.08	98.79
2016	76.33	86.96	92.87	98.84
2017	80.79	88.71	93.89	99.04
2018	83.75	91.22	95.12	99.24
2019	84.94	92.13	95.96	99.34
2020	87.32	93.94	97.03	99.61
2021	89.49	94.72	98.03	99.75
2022	90.19	94.94	98.04	99.83

（二）棉花消费需求情况

1. 中国棉花消费需求现状

作为全球最大的纺织品生产国和出口国，中国的棉花需求量一直较大。纺织业的需求是棉花市场的重要驱动力。自 2001 年中国加入 WTO（世界贸易组织）开始，中国棉花消费量呈快速增长态势，由 2000 年的 421 万吨快速增加至 2007 年的 1 122 万吨，达到中国棉花消费量的历史最高值。然而，随着我国劳动力成本上升和环保压力的增加，部分低端纺织产能向东南亚等地转移，影响了棉花需求量，使得中国棉花消费量一路下滑至 2015 年的 721 万吨。近些年来由于中美贸易摩擦影响，使得我国棉花消费量出现了较大波动，2019 年我国纺织品服装出口不畅，棉花消费需求也降至 633 万吨，为 2002 年以来的最低点；随后随着我国加大纺织品服装的出口布局优化，近几年棉花消费量呈恢复增长态势。见图 10 - 1。

2. 中国棉花消费需求的影响因素

总体来看，2010 年以来影响我国棉花消费需求的影响因素主要有三方面。

（1）纺织业发展。一是纺织业规模增速放缓。自 2001 年加入 WTO 以来，中国作为全球最大的纺织品生产国和出口国，纺织业的快速发展带动了对棉花的巨大需求。2010 年以来，中国纺织业总体规模保持增长态势，但增长速度有所放缓，使得对棉花的消费需求逐渐减弱。二是结构有所调整。为了应对劳动力成本上升和环保要求的提高，中国的纺织业在结构上进行了调整。部分低

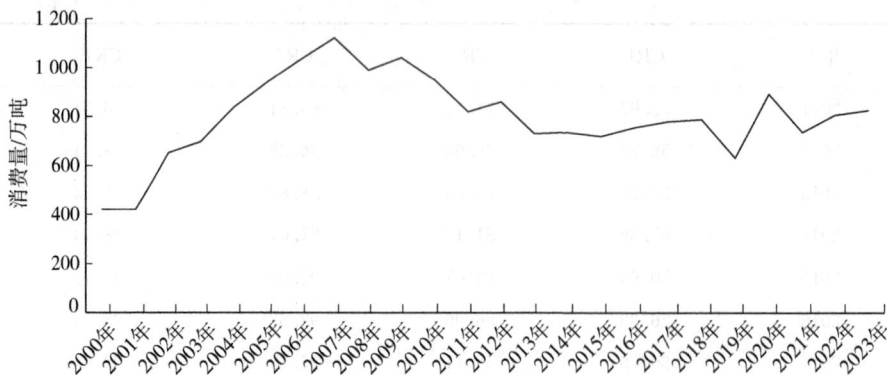

图 10-1　2000—2023 年中国棉花消费量变化情况
数据来源：布瑞克数据库。

端生产线向东南亚等劳动力成本较低的国家转移，使得对棉花的消费需求总体走弱，但高附加值、高技术含量的纺织产品生产继续在国内扩展，这对高品质棉花的需求量有所增加。

（2）消费习惯变化。一是内需逐步增长。随着中国经济的发展和居民收入水平的提高，国内市场对高品质纺织品和服装的需求增加。这种消费升级趋势推动了对高品质棉花的需求，推动了对优质棉花的需求。二是快时尚的影响。快时尚品牌的崛起和消费者对时尚变化的快速响应也对棉花需求产生了影响。快时尚强调快速生产和更新，增加了对纺织原材料的需求，包括对棉花品质的需求。

（3）政策因素。一是棉花临时收储政策。2011 年启动的临时收储政策对棉花市场产生了重大影响，政府通过高价收储棉花，导致国内棉花价格高于国际市场价格。该政策在一定程度上稳定了国内市场，但也造成了高库存和价格扭曲。二是目标价格政策。2014 年起，国家实施的棉花目标价格政策，对新疆棉花生产给予补贴，稳定了棉农收入，保证了棉花供应的稳定性，但也间接影响了消费。

（三）棉花贸易情况

棉花进出口贸易是调节国内棉花市场供需平衡的重要手段。长期以来，受国内棉花产量、棉花消费量状况、国家贸易政策变化、国内外棉花市场价格、贸易环境等诸多因素的影响，中国棉花进出口贸易形势不稳定，棉花进出口量波动幅度较大。近 20 年（2004—2023 年），棉花进口最多的年份（2012 年）进口量达到 514 万吨，最少的年份（2016 年）进口量仅为 89.44 万吨。历史上，我国为了出口创汇，曾经大量出口棉花，但是自 2001 年加入 WTO 以来，由于棉花需求量大幅增长，棉花出口量逐步减少，近 20 年（2004—2023 年），棉花出口最多的年份（2019 年）出口量仅为 5.21 万吨，出口最少的年份（2020 年）出口量仅为 0.34 万吨。中国棉花的进口量远大于出口量。见表 10 - 4。

表 10 - 4　2000—2023 年我国棉花进出口情况

年份	进口		出口	
	进口量/万吨	进口额/亿美元	出口量/万吨	出口额/亿美元
2000	5.22	0.82	29.21	3.06
2005	257.22	31.97	0.51	0.08
2010	283.91	56.59	0.65	0.09
2015	147.48	25.72	0.79	0.14
2020	215.82	35.62	0.34	0.05
2021	214.42	41.09	0.93	0.22
2022	192.76	52.33	3.37	1.05
2023	195.10	41.62	0.70	0.17

中国进口棉花供应国主要有美国、巴西、澳大利亚、印度、乌兹别克斯坦等近 40 个国家，其中，美国、印度、巴西是进口量较大的供应国。

二、新疆棉花产业发展概况

新疆是中国棉花产业的核心区域，其棉花生产在全国乃至全球范围内具有重要地位。以下是新疆棉花产业的详细情况，包括种植面积、产量，以及主要产区的生产等方面的情况。

（一）新疆棉花生产历史演变

1. 棉花种植规模变化情况

1978—2022 年的 40 多年中，新疆棉花播种面积在新疆农业结构中所占比重在不断提高，在全国棉花播种面积中的比重也快速上升。棉花播种面积从 1978 年的 225.60 万亩增长到 2022 年的 3 745.35 万亩，增长了 15.6 倍，年均增幅达到 6.6%。棉花在新疆农作物总播种面积中的比重也由 5% 提高到 38%，增加了 33 个百分点，发展成为新疆第一大农作物；同期新疆棉花在全国棉花播种面积中的比重也快速上升，由 1978 年的 3.09% 提高到 2019 年的 83.22%，增加了 80 多个百分点，成为全国最大的商品棉生产基地。见图 10 - 2。

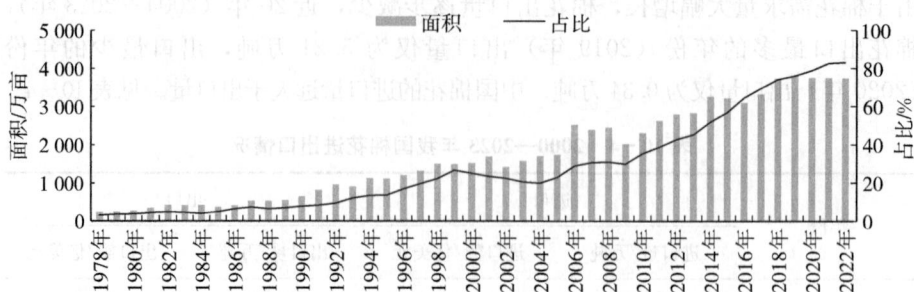

图 10 - 2 1978—2022 年新疆棉花播种面积及在全国棉花播种面积中占比情况

从新疆棉花历年播种面积变化看,"六五"(1981—1985 年)和"七五"(1986—1990 年)期间,是新疆棉花初步发展阶段。此时正处于改革开放初期,在农村经济结构调整的过程中,根据因地制宜的基本原则合理安排新疆农业种植结构成为可能。地膜植棉的新技术与棉花矮、密、早种植模式的研究与推广,使棉花在新疆干旱区显著的丰产性与规模种植明显的比较效益逐渐被人们所认识。面对旺盛的社会需求,新疆棉花的播种面积由 1978 年的 225.60 万亩增至 1990 年的 652.80 万亩,增长约 1.9 倍,年均增加约 36 万亩。正是在 20 世纪 80 年代末期,新疆的棉花经济与相关产业初步显示出强劲的发展势头,从而为 90 年代新疆棉花产业的超常规发展奠定了坚实基础。见表 10 - 5。

表 10 - 5 1978—2022 年新疆棉花播种面积增长情况

年份	棉花播种面积/ 万亩	当年增长率/ %	棉花占农作物总播种 面积比重/%
1978	225.60	4.88	4.98
1980	271.80	12.20	6.05
1985	380.25	−9.95	8.91
1990	652.80	18.55	14.61
1995	1 114.35	−0.92	24.35
2000	1 518.45	1.64	29.87
2005	1 740.77	2.08	31.13
2010	2 309.57	15.04	32.36
2015	3 216.39	−1.21	35.00
2020	3 752.88	−1.52	39.84
2021	3 759.11	0.17	39.23
2022	3 745.35	−0.37	38.45

（续）

年份	棉花播种面积/ 万亩	当年增长率/ %	棉花占农作物总播种 面积比重/%
近 40 年平均增速	5.57		
近 30 年平均增速	4.62		
近 20 年平均增速	4.98		
近 10 年平均增速	2.97		
近 5 年平均增速	2.40		

注：数据来源于历年《新疆统计年鉴》。

　　"八五（1991—1995 年）"和"九五"（1996—2000 年）时期，是新疆棉花产业全面快速发展阶段。"八五"期间国家把"新疆建成国家级优质商品棉生产基地"的方案正式纳入国民经济发展规划，"九五"期间明确提出将新疆棉区建成国家级的年产 150 万吨优质商品棉生产基地，对新疆优质棉基地特别是水土资源开发方面给予了大力支持。同时，国家对棉花产业发展作了具体安排，棉纺织业向西迁移的方针得以确立，并且在"九五"期间实施了包括"东锭西移"在内的全国性棉纺织业结构调整。在国家大力扶持下，新疆棉花产业得以全面快速发展。1994 年，新疆的棉花种植面积首次超过 1 000 万亩，2000 年棉花种植面积又突破 1 500 万亩，棉花面积比 90 年代初期增长了1.33 倍。棉纺织工业的生产加工能力 10 年中也随之增长了 1.5 倍。

　　"十五"（2001—2005 年）和"十一五"（2006—2010 年）时期，是新疆棉花产业的巩固提升阶段。该阶段新疆棉花经受住了加入 WTO 和国际金融危机的冲击，植棉面积呈现波动上升趋势。在"十五"时期，也就是中国加入WTO 后，由于受到国内国际棉花市场的影响，棉花播种面积出现大幅波动，2001 年新疆棉花播种面积达到 1 694.58 万亩，随后出现快速下滑又逐步反弹的趋势，到 2005 年超过了 2001 年播种面积，达到 1 740.77 万亩。"十一五"期间，受国际金融危机影响，新疆棉花播种面积继续出现大幅波动，由 2006年的 2 526.11 万亩波动下降到 2010 年的 2 309.57 万亩。

　　"十二五"（2011—2015 年）和"十三五"（2016—2020 年）时期是新疆棉花产业一枝独秀阶段。"十二五"以来，受临时收储制度特别是棉花目标价格补贴政策支持，新疆棉花播种面积出现较快的增长，棉花播种面积由 2011 年的 2 624.55 万亩增长到 2019 年的 3 810.75 万亩，增长了 1 186.2 万亩，年均增长约 148.28 万亩。

　　随着棉花生产的发展，棉花播种面积在新疆农作物总播种面积中的比重也由 1978 年的 4.98% 上升到 2022 年的 38.45%。自 2000 年起，棉花成为新疆第一大作物。新疆棉花种植规模在全国棉花播种面积中的占比也发生了明显的变化。1978年新疆棉花播种面积在全国棉花总播种面积的占比为3.09%，位居全国第十一；到1993年比重超过了10%，位居全国第三；到1998年超过了20%，位居全国第一；到2010年超过了35%，到2014年超过了50%，到2022年则史无前例地占全国棉花总播种面积的83%。见图10-3、表10-6。

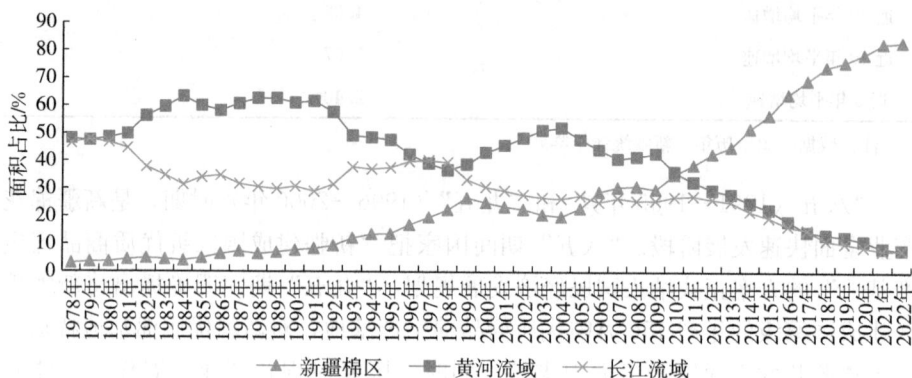

图10-3　1978—2022年新疆及黄河流域、长江流域棉区棉花面积占比情况

表10-6　1978—2022年新疆及黄河流域、长江流域棉区棉花面积变化对比

年份	棉花播种面积/万亩				播种面积占比/%		
	全国	新疆	黄河流域	长江流域	新疆	黄河流域	长江流域
1978	7 299.60	225.60	3 507.60	3 383.25	3.09	48.05	46.35
1980	7 380.41	271.80	3 583.20	3 444.90	3.68	48.55	46.68
1985	7 710.50	380.25	4 625.70	2 626.80	4.93	59.99	34.07
1990	8 382.20	652.80	5 110.50	2 573.55	7.79	60.97	30.70
1995	8 132.40	1 114.35	3 881.10	3 053.55	13.70	47.72	37.55
2000	6 061.80	1 518.45	2 617.80	1 853.55	25.05	43.19	30.58
2005	7 592.70	1 740.77	3 648.00	2 094.32	22.93	48.05	27.58
2010	6 548.96	2 309.57	2 373.66	1 776.62	35.27	36.24	27.13
2015	5 662.47	3 216.39	1 280.66	1 115.10	56.80	22.62	19.69
2020	4 753.37	3 752.88	536.91	436.28	78.95	11.30	9.18
2021	4 542.26	3 759.11	399.17	357.35	82.76	8.79	7.87
2022	4 500.47	3 745.34	364.92	357.51	83.22	8.11	7.94

注：数据来源于国家统计网站数据。

　　虽然新疆棉花种植规模在全国一枝独秀，然而新疆植棉规模的扩张也受到

了水资源约束①以及林果与棉花争地争水矛盾②的制约。退地减水必将对新疆农作物特别是棉花播种面积产生不利影响。

此外，新疆为了充分发挥特色林果业的资源优势以促进农业农村经济结构优化、农民增收，于 2005 年出台了《关于加快特色林果业发展的意见》，将特色林果业作为农业农村主导产业予以大力扶持。政策出台以后，新疆林果种植面积由 2005 年的 716 万亩迅猛发展到目前的 1 857 万亩，其中南疆棉区占 80% 以上。受水土资源限制，南疆棉区特别是南疆四地州粮棉果争水争地矛盾突出，许多棉区采用果棉、果粮间作的生产模式兼顾粮棉和林果的发展。根据在原新疆林业厅的调研数据，目前南疆棉区果棉、果粮间作面积占林果面积的 60% 左右。在林果尚未进入盛果期前，粮棉、林果的经济效益差别不大，这种间作模式得以维持。但是随着林果逐年进入盛果期，经济效益凸显，粮棉与果树间作模式在灌溉制度、施肥制度和病虫害防治上的矛盾日益突出，导致粮棉与林果生产相互影响，许多地区存在保粮棉还是保林果的发展问题。近几年虽然林果价格趋于回落，林果经济效益有所下降，但是由于林果多年生、生长周期长的特点，使得林果种植结构调整的灵活性远低于粮棉，许多地区为了提升林果效益，采取了减棉甚至全面退棉发展标准果园的措施以促进林果发展。棉花目标价格政策的出台，切实保障了棉农收益，减缓了这一趋势，但总体上林果的发展还是对新疆棉花播种面积产生了持续的负向影响。

2. 棉花单产水平变化情况

20 世纪 80 年代中期以前，新疆棉花单产一直低于全国平均水平，随着覆膜栽培技术、矮密早栽培技术、棉花膜下滴灌、缩节胺化学调控、病虫害综合防治及品种更换等新技术的采用和推广，新疆棉花单产水平稳步提高。1980 年，新疆棉花单产水平为 29 千克/亩，比全国平均水平低 7.6 千克/亩，比黄河流域平均水平低 23%，比长江流域平均水平低 20%。经过 40 多年的发展，新疆棉花单产水平已经达到 131 千克/亩，增长了约 3.52 倍，棉花单产比全国平均水平高 13.7 千克/亩，比黄河流域平均水平高出 76%，比长江流域平均水平高出 84%。从新疆棉花单产历史变化趋势来看，1980—2007 年，新疆棉花呈现较为平稳的线性增长趋势，年均增加 3.28 千克/亩；2007 年以后棉花单产水平徘徊在 132 千克/亩左右。见表 10 - 7。

---

　① 根据新疆自治区政府下发的《关于实行最严格水资源管理制度落实"三条红线"控制指标的通知》，计划通过到 2030 年发展高效节水 2 535 万亩、退减灌溉面积 1 410 万亩，逐步降低农业用水量以保障生态环境保护用水。

　② 目前新疆南疆棉区林果面积已发展到 1 500 多万亩，受水土资源限制，南疆棉区特别是南疆四地州粮棉果争水争地矛盾突出，许多棉区采用果棉、果粮间作的生产模式兼顾粮棉和林果的发展。

表 10 - 7 1978—2022 年新疆及黄河流域、长江流域棉区棉花单产对比

年份	单产/(千克/亩)				新疆与全国及其他棉区平均单产比/%		
	全国	新疆	黄河流域	长江流域	全国	黄河流域	长江流域
1978	29.69	24.38	19.22	41.62	82.12	64.73	140.19
1980	36.67	29.07	37.73	36.26	79.25	102.88	98.86
1985	53.78	49.44	51.49	58.78	91.93	95.75	109.29
1990	53.78	71.84	47.55	61.59	133.60	88.42	114.52
1995	58.62	89.20	45.24	64.52	152.16	77.22	110.05
2000	72.87	95.89	64.37	65.20	131.58	88.34	89.48
2005	75.26	107.65	64.87	64.71	143.04	86.20	85.98
2010	88.11	119.64	69.25	71.54	135.78	78.59	81.19
2015	104.33	130.30	65.36	74.07	124.90	62.65	71.00
2020	124.34	137.51	78.62	67.83	110.59	174.91	202.74
2021	126.17	136.43	79.95	70.28	108.13	170.64	194.12
2022	132.88	144.01	82.58	68.19	108.38	174.40	211.18
近40年增长率	2.97	3.66	1.88	1.02			
近30年增长率	3.75	2.47	3.36	0.36			
近20年增长率	2.68	1.63	0.97	-0.40			
近10年增长率	2.78	0.35	2.15	-1.24			
近5年增长率	2.41	0.96	1.72	-0.82			

注：数据来源于国家统计网站数据。

3. 棉花产量变化情况分析

1978—2022 年的 40 多年间，新疆棉花生产取得了长足发展，在全国的比重总体呈现逐年增长的趋势，棉花产量从 1978 年的 5.50 万吨跃居到 2022 年的 539.37 万吨，增长约 97 倍，年均增幅达 10.98%，占全国棉花产量的比重也由 1978 年的 2.54% 增长到 2022 年的 90.19%。新疆作为我国最大的产棉省份和我国最大的优质棉生产基地的地位日益突出。见表 10 - 8。

表 10 - 8 1978—2022 年新疆及黄河流域、长江流域棉区棉花产量对比

年份	产量/万吨				占比/%		
	全国	新疆	黄河流域	长江流域	新疆	黄河流域	长江流域
1978	216.7	5.50	67.40	140.80	2.54	31.10	64.97
1980	270.67	7.90	135.20	124.90	2.92	49.95	46.14

（续）

年份	产量/万吨				占比/%		
	全国	新疆	黄河流域	长江流域	新疆	黄河流域	长江流域
1985	414.67	18.80	238.20	154.40	4.53	57.44	37.23
1990	450.77	46.90	243.00	158.50	10.40	53.91	35.16
1995	476.75	99.40	175.60	197.00	20.85	36.83	41.32
2000	441.73	145.60	168.51	120.86	32.96	38.15	27.36
2005	571.42	187.40	236.66	135.52	32.80	41.42	23.72
2010	577.04	276.31	164.37	127.09	47.88	28.48	22.02
2015	590.74	419.10	83.71	82.60	70.94	14.17	13.98
2020	591.05	516.08	42.21	29.59	87.32	7.14	5.01
2021	573.09	512.85	31.91	25.12	89.49	5.57	4.38
2022	598.02	539.37	30.13	24.38	90.19	5.04	4.08
近 40 年增长率	1.28	9.44	−4.53	−4.44			
近 30 年增长率	0.95	7.21	−5.81	−6.74			
近 20 年增长率	0.98	6.69	−9.19	−7.99			
近 10 年增长率	−0.99	6.59	−13.80	−12.18			
近 5 年增长率	−1.34	3.81	−15.64	−17.04			

注：数据来源于国家统计网站数据。

4. 新疆机采棉发展

近些年来，随着新疆供给侧结构性改革的不断深入，新疆机采棉得到了大力发展。2022 年，新疆棉花机械化采收面积达到 3 225.11 万亩，占全疆棉花播种面积的 86.11%。与 2008 年相比，新疆棉花机械采收面积增长了 26.66 倍，其中新疆地方棉花机械化采收面积由 0.11 万亩增加到 2 004.80 万亩，增长了约 18 224.45 倍，年均增加 143.19 万亩，年均增长率 100.3%。见表 10-9。

表 10-9　新疆棉花机械化采收情况

单位：万亩、%

年份	合计			新疆地方			新疆兵团		
	播种面积	机收面积	机收率	播种面积	机收面积	机收率	播种面积	机收面积	机收率
2008	2 502.02	116.60	4.66	1 545.12	0.11	0.01	844.76	116.49	13.79
2009	2 113.97	176.12	8.33	1 314.51	2.06	0.16	731.78	174.06	23.79
2010	2 167.98	263.30	12.14	1 421.01	5.30	0.37	746.97	258.00	34.54
2011	2 425.56	419.48	17.29	1 623.63	33.27	2.05	801.93	386.21	48.16

（续）

年份	合计			新疆地方			新疆兵团		
	播种面积	机收面积	机收率	播种面积	机收面积	机收率	播种面积	机收面积	机收率
2012	2 492.64	552.09	22.15	1 662.18	60.09	3.62	830.46	492.00	59.24
2013	2 530.88	720.00	28.45	1 648.01	135.00	8.19	882.87	585.00	66.26
2014	4 005.66	976.50	24.38	2 954.81	297.00	10.05	1 050.86	679.50	64.66
2015	3 415.56	1 045.10	30.60	2 471.54	395.10	15.99	944.03	650.00	68.85
2016	3 273.69	1 136.28	34.71	2 342.19	486.23	20.76	931.50	650.06	69.79
2017	3 682.23	1 542.53	41.89	2 641.83	718.28	27.19	1 040.40	824.25	79.22
2018	3 736.95	2 056.53	55.03	2 535.54	1 026.53	40.49	1 201.41	1 030.01	85.73
2019	3 810.75	2 495.07	65.47	2 507.58	1 415.07	56.43	1 303.16	1 080.00	82.88
2020	3 752.85	2 836.58	75.58	2 454.9	1 656.57	67.48	1 297.95	1 180.01	90.91
2021	3 759.11	3 070.52	81.68	2 453.91	1 840.52	75.00	1 305.20	1 230.00	94.24
2022	3 745.34	3 225.11	86.11	2 469.46	2 004.80	81.18	1 275.88	1 220.31	95.64

注：数据来源于历年《中国农业机械工业年鉴》。

与人工采收相比，机采棉可大大降低棉花生产成本，提高劳动生产力，从而推动棉花生产方式的变革，促进新疆棉花产业的发展。根据国家棉花市场监测系统调查数据，与手摘棉相比，新疆地方机采棉 2022 年不含租地成本的机采棉生产成本仅为手摘棉生产成本的 68.3%，机采棉较手摘棉可节约生产成本 741 元/亩。见表 10 - 10。

表 10 - 10　新疆与内地省区棉花生产成本对比

单位：元/亩

年份	内地省份		新疆地方				新疆兵团	
	手摘棉		机采棉		手摘棉		机采棉	
	含租地成本	不含租地成本	含租地成本	不含租地成本	含租地成本	不含租地成本	含租地成本	不含租地成本
2015	1 125	834	1 714	1 334	2 185	1 805	1 739	1 359
2016	1 233	793	1 564	1 171	2 140	1 747	1 810	1 417
2017	1 214	771	1 600	1 190	2 289	1 879	1 860	1 450
2018	1 243	791	1 633	1 199	2 303	1 869	1 887	1 453
2019	1 258	798	1 656	1 214	2 322	1 880	1 902	1 460
2020	1 291	804	1 696	1 218	2 372	1 894	1 941	1 463
2021	1 492	927	2 228	1 420	2 944	2 136	2 462	1 654
2022	1 622	1 041	2 755	1 595	3 496	2 336	2 981	1 781
平均	1 310	845	1 856	1 293	2 506.4	1 943	2 073	1 505

注：数据来源于国家棉花市场监测系统调查数据。

（二）新疆棉花加工情况

1. 棉花加工企业情况

第三轮棉花目标价格政策实施以来，新疆轧花厂数量呈上升趋势，生产线数量呈下降趋势。2021 年新疆轧花厂 675 家，较 2019 年增加 32 家；生产线数量 929 条，较 2019 年减少 24 条；加工能力约 743 万吨，较 2019 年加工能力减少 19 万吨。2021 年全疆棉花总量为 512.9 万吨，全部加工完之后轧花厂产能过剩 230 万吨左右，约 285 条生产线。

2023—2024 年度全疆（含兵团）棉花累计完成入库量 558.26 万吨，1 018家棉花加工企业参加了监管棉花公证检验，共检验棉花 24 726 763 包，占全国公检量的 97.47%。

2. 棉花产业化发展情况

2014 年第二次中央新疆工作座谈会后，新疆启动"发展纺织服装产业带动百万人就业"工程。自此，新疆棉花生产、加工、纺织服装等全产业呈现快速发展势头，基础设施持续完善，承接产业转移步伐加快，棉花全产业链基本建成，产业布局初步形成，产业集聚效应开始显现。按照自治区提出的纺织服装产业"三城七园一中心"（"三城"即阿克苏纺织工业城、石河子纺织工业城、库尔勒纺织工业城；"七园"即哈密、巴楚、阿拉尔、沙雅、玛纳斯、奎屯、霍尔果斯；"一中心"即乌鲁木齐纺织品国际商贸中心）发展思路，全力推进产业集聚区建设，取得了明显成效。截至 2020 年底，新疆纺织服装企业猛增到 3 328 家，全疆棉纺纱锭达 2 146 万锭，约占全国纱锭总数的 18.5%。纺织服装产业吸纳就业成效明显，截至 2021 年，全行业累计新增就业 68.6 万人次，新增就业中，本地员工占比达 70% 以上，纺织业已经成为解决新疆维吾尔自治区少数民族就业最多的产业之一。

■ 三、新疆棉花产业发展比较优势分析

（一）资源禀赋指数分析

赫克歇尔-俄林资源禀赋理论（H－O 定理）指出，生产要素价格差异是由生产要素在不同地区或不同国家禀赋——丰裕程度差别引起的，生产要素丰缺可解释国际贸易产生原因。赫克歇尔-俄林定理不仅可解释不同国家间比较优势差异和国际贸易发生条件，还可解释国家内部不同区域比较优势差异和国内贸易形成（陈甜，2015）。对农业生产而言，不同地区气候、土壤、生产技术、种植制度等差异较大，各地区根据比较优势状况优化布局和专业化生产，扩大具有比较优势作物生产、减少比较劣势作物生产，合理配置资源，提高土

地产出效率，达到资源配置效率最佳化和整体福利效用最大化（王志丹等，2014）。

资源禀赋指数（EF）指某个国家或地区某种资源拥有量在世界或全国拥有量中所占份额与该国或该地区国内生产总值在世界或国内生产总值中所占份额之比，通常反映国家或地区某种资源相对丰富程度。该指标计算公式如下（李晓云等，2004）：

$$EF_{it} = \frac{V_{it}/V_t}{Y_{it}/Y_t} \qquad (10-1)$$

其中，EF_{it} 代表 i 地区 t 年棉花生产资源禀赋指数；V_{it} 和 V_t 分别表示 i 地区和全国 t 年棉花产量；Y_{it} 和 Y_t 分别表示 i 地区和全国 t 年国内生产总值。一般认为，$0 < EF_{it} < 1$ 时，i 地区 t 年棉花生产资源禀赋缺乏区域比较优势；$1 < EF_{it} < 2$ 时，i 地区 t 年棉花生产资源禀赋具有一定区域比较优势；$EF_{it} \geqslant 2$ 时，i 地区 t 年棉花生产资源禀赋具有较强区域比较优势。见表 10-11。

表 10-11 2010—2022 年新疆与我国主要棉花生产省份资源禀赋指数变化情况

年份	新疆	河北	江苏	安徽	江西	山东	河南	湖北	湖南	陕西	甘肃
2010	36.816	1.695	0.169	1.703	0.995	1.525	1.068	2.077	1.041	0.382	1.447
2011	40.094	1.582	0.176	1.728	0.923	1.174	0.769	1.973	0.934	0.291	1.265
2012	42.719	1.456	0.109	1.306	0.969	1.104	0.477	1.918	0.965	0.256	1.330
2013	44.266	1.508	0.088	1.152	0.864	1.063	0.348	1.710	0.794	0.211	1.219
2014	45.749	1.499	0.077	1.194	0.872	1.191	0.249	1.300	0.509	0.143	1.128
2015	52.510	1.056	0.070	1.145	0.801	1.008	0.213	1.144	0.503	0.135	0.857
2016	59.154	1.173	0.067	0.588	0.757	0.782	0.169	0.796	0.571	0.124	0.462
2017	60.233	1.155	0.044	0.424	0.762	0.484	0.143	0.726	0.476	0.079	0.634
2018	60.102	1.109	0.033	0.392	0.478	0.491	0.114	0.535	0.355	0.062	0.656
2019	61.625	1.089	0.027	0.252	0.446	0.466	0.085	0.530	0.344	0.050	0.628
2020	64.127	0.993	0.021	0.352	0.421	0.341	0.057	0.430	0.307	0.026	0.575
2021	63.050	0.793	0.013	0.137	0.116	0.339	0.048	0.436	0.353	0.002	0.599
2022	60.222	0.667	0.026	0.116	0.140	0.333	0.047	0.395	0.349	0.001	0.722

数据来源：根据 2011—2023 年《中国统计年鉴》计算所得。

随着我国经济社会快速发展及城市化进程加快，包括棉花产业在内的农业部门生产机会成本大幅提高，各省份生产发展重心发生变化和调整，导致土地、劳动力、资本等生产要素从农业生产逐渐向非农产业转移（孙致陆等，2012）。具体而言，2010—2022 年我国各省份棉花生产资源禀赋优势发生一系列变化，部分地区棉花生产资源禀赋优势日益增强，部分地区逐渐丧失资源禀赋优势。其中，2010 年棉花资源禀赋指数大于 1 的棉花主产省份尚有 8 个，到 2020 年则仅剩新疆 1 个。从各年份棉花资源禀赋指数变化情况可以看出，自 2014 年棉花目标价格政策实施以来，新疆棉花生产资源禀赋优势不断扩大；内地省份棉花资源禀赋优势迅速减弱，其资源禀赋指数呈快速下降趋势，特别是湖北省，2010 年资源禀赋指数为 2.077，到 2022 年则已降至 0.395。见表 10-12。

表 10-12　2010—2022 年中国棉花资源禀赋优势省份

年份	省份（1<EF_i<2）	省份（EF_i>2）
2010	安徽、河北、山东、甘肃、河南、湖南	新疆、湖北
2015	安徽、湖北、河北、山东	新疆
2020	无	新疆
2022	无	新疆

数据来源：根据 2011—2023 年《中国统计年鉴》计算所得（省份顺序按棉花资源禀赋指数值由大至小排列）。

（二）生产成本概率优势分析

1. 生产成本区域比较

由于各省份在物质与服务费用、人工成本及土地成本、棉花市场条件、棉花品质等方面差异较大，2006—2022 年各主产省份棉花生产成本和收益呈显著地区差异。从生产成本看，近年来棉花生产成本快速上涨，2006 年 11 个省份中 6 个省份的平均生产成本低于全国平均水平，而 2022 年仅新疆棉花平均生产成本低于全国平均水平，且显著低于其他省份。从生产收益看，2006 年河北、安徽、山东、河南和甘肃 5 省棉花平均出售价格高于全国平均水平，2022 年新疆棉花平均出售价格低于全国平均水平，且显著低于其他省份。从收益与成本之比看，2006 年 11 个省份中 6 个省份的棉花出售价格与生产成本之比高于全国平均水平，2022 年仅新疆棉花出售价格与生产成本之比高于其他省份，且高于全国平均水平。见表 10-13，图 10-4。

表 10-13　主要年份主产省份棉花成本和收益变化情况

单位：元/50 千克

省份	2006 年		2010 年		2015 年		2020 年		2022 年	
	出售价格	生产成本	出售价格	生产成本	出售价格	生产成本	出售价格	生产成本	出售价格	生产成本
全国	607	385	1 238	616	595	874	693	648	640	548

（续）

省份	2006 年		2010 年		2015 年		2020 年		2022 年	
	出售价格	生产成本	出售价格	生产成本	出售价格	生产成本	出售价格	生产成本	出售价格	生产成本
河北	629	382	1 303	611	640	935	731	1 059	819	1 125
江苏	606	447	1 274	607	617	1 235	649	1 247	756	1 273
安徽	639	445	1 261	690	630	945	697	1 064	798	1 148
江西	585	370	1 249	732	660	1 288	749	1 856	902	2 206
山东	616	391	1 264	698	631	1 168	750	1 056	791	1 130
河南	652	446	1 434	761	630	1 159	719	1 088	772	942
湖北	584	357	1 219	696	596	976	637	1 244	753	1 388
湖南	562	350	1 331	662	596	1 064	604	1 420	915	1 889
陕西	583	502	1 291	952	654	1 783	707	1 854	781	1 970
甘肃	648	364	1 221	470	629	600	803	664	686	658
新疆	575	330	1 147	515	565	676	689	540	618	453

数据来源：《全国农产品成本收益资料汇编》（2007、2011、2016、2021、2023，下同）。

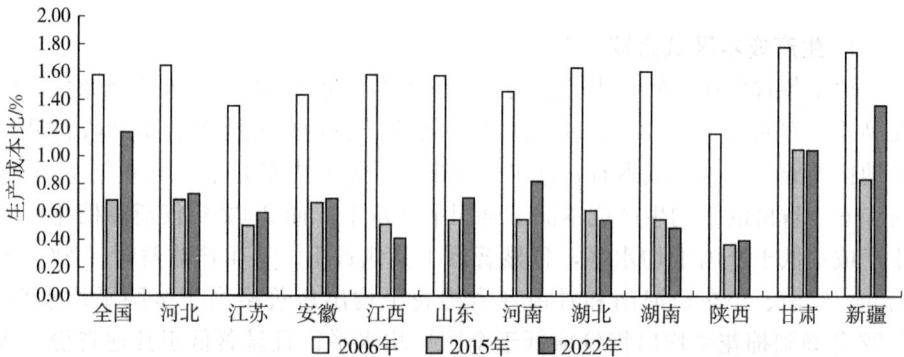

图 10-4 主要年份主产省份棉花出售价格与生产成本比变化情况

2. 生产成本概率优势分析

概率优势分析法由 Quirk 和 Saposnik 于 1962 年提出，此方法指在自然条件变动、出售价格变动等不确定状态下，以某些已知分布或假设性质明显、易计测的有效函数为前提，测量特定作物品种间、地域农业地区间甚至个别经营者间风险特性和位置的一种指标（Quirk，1962）。通常采用一级概率优势（FSD），选取较长时期单位产品成本计算，不仅反映一个地区在较长时期内成本变动趋势及在竞争对手间排序，还同时反映经济效益。本文采用该方法分析主产省份棉花生产成本，以了解各主产省份成本优势，具体步骤如下（司伟，2004；肖海峰，2018）：

（1）将历年每 50 千克棉花生产成本通过农业生产资料价格指数作可比价调整（统一以 2000 年为基期）；

（2）计算一个地区历年每 50 千克棉花生产成本发展速度 V，并对 V 按由小到大顺序排列（n 个）；

（3）假设每年为一个样本，则各生产成本发展速度 V 出现概率为 $1/n$；

（4）计算累积概率 S（最高值取 0.999 9）；

（5）S 和 V 存在线性关系：$V=-a/b+1/b\times ln\ (1/S-1)$[①] （10 - 2）

以 V 和 $ln\ (1/S-1)$ 作为两个变量，对 $V=-a/b+1/b\times ln\ (1/S-1)$ 作最小二乘估计，$-a/b$ 为棉花生产成本一级概率优势（FSD）。FSD 值越小，该地区棉花生产成本比较优势越大。见表 10 - 14。

表 10 - 14 中国棉花主产省份 50 千克生产成本 FSD 值

地区	FSD	排名	地区	FSD	排名
全国	0.964		河南	0.993	2
河北	1.011	7	湖北	1.024	8
江苏	1.003	5	湖南	1.043	10
安徽	1.003	4	陕西	1.027	9
江西	1.053	11	甘肃	0.994	3
山东	1.004	6	新疆	0.938	1

由表 10 - 14 可知，2006—2022 年仅有新疆、甘肃、河南三个棉花主产省份每 50 千克生产成本一级概率优势 FSD 值均低于 1。全国平均棉花生产成本一级概率优势 FSD 值为 0.964，仅新疆棉花生产成本 FSD 值低于全国平均水平，较其他产区具有生产成本概率优势。甘肃和河南棉花生产成本 FSD 值和全国平均水平接近，较其他产区具有生产成本概率优势。

（三）综合比较优势指数分析

根据区域比较理论，区域农作物比较优势是农业自然资源禀赋、社会经济及区位条件、科学技术、种植制度及市场需求等因素综合作用的结果。一个地区一种作物单产水平是当地自然资源禀赋及物质投入水平和科技进步等因素的综合体现；一种作物生产规模，即种植面积，是劳动与物质可投入能力、市场

---

① 根据已知的累计概率 S 和发展速度 V 拟和出 Logistic 曲线 $S=(1+e^{a+bv})^{-1}$。然后对两边取对数，转换为线性方程 $V=-a/b+1/b\times ln\ (1/S-1)$；当累积概率 $S=1/2$ 时，称截距 $-a/b$ 为一级概率优势（First Degree Stochastic Dominance，FSD）。

需求、种植制度、政策支持及自然资源禀赋等因素的综合体现（陈甜，2015）。效率比较优势（EAI）反映某时期一定区域内某种农作物生产相较于同期全国水平的土地产出率；规模比较优势（SAI）指某时期一定区域内某种农作物播种面积占该区域所有农作物面积比重与同期全国该农作物播种面积占全国农作物播种面积比重；综合比较优势指数（AAI）结合效率比较优势和规模比较优势，更全面反映了某种农作物区域生产的优势程度。本文采用该指标分析各省份棉花生产与全国平均水平相比的比较优势，计算公式如下（张怡，2014）。

$$AAI_i = \sqrt{EAI_i \times SAI_i} = \sqrt{\frac{AP_i}{AP} \times \frac{GS_i / TS_i}{GS / TS}} \quad (10-3)$$

其中，AAI_i 为 i 区棉花综合比较优势指数；EAI_i 为 i 区棉花效率比较优势指数；SAI_i 为 i 区棉花规模比较优势指数；AP_i 为 i 区棉花单产；AP 为同期全国棉花平均单产；GS_i 为 i 区棉花播种面积；TS_i 为 i 区所有农作物播种面积之和；GS 为全国棉花播种面积；TS 为全国所有农作物播种面积之和。$AAI_i < 1$，说明 i 区棉花与全国平均水平相比处于劣势，不具综合比较优势；$AAI_i > 1$，说明 i 区棉花与全国平均水平相比处于优势，具有综合比较优势。AAI_i 值越大，说明 i 区棉花综合比较优势越强。

根据 2011—2023 年《中国统计年鉴》相关数据计算得到 2010—2022 年我国棉花生产综合比较优势指数。由表 10-15 可知，2010—2022 年我国棉花生产具有综合比较优势的地区主要集中于新疆、天津 2 省份，指数平均值分别为 4.67、1.27。具体而言，2010—2022 年，新疆棉花生产综合比较优势指数平均值大于 4，表明新疆棉花生产具有绝对的综合比较优势，天津棉花生产综合比较优势指数平均值均大于 1 且小于 2，表明其棉花生产具有一定综合比较优势，河北、湖北、山东三省的棉花生产综合比较优势指数平均值大于 0.9 小于 1，表明其已由传统的棉花优势产区逐渐转为不具棉花生产优势产区。见表 10-15。

从棉花生产综合比较优势指数动态变化来看，除了新疆棉花生产综合比较优势指数呈波动增长态势外，其他省份的棉花生产综合比较优势指数均呈现波动降低态势，表明近些年来，新疆棉花生产优势得到不断巩固，而内地棉花生产优势在不断弱化。

表 10-15　2010—2022 年中国主要棉花生产省份综合比较优势指数变化

年份	新疆	天津	河北	湖北	山东	湖南	江西	安徽	甘肃	河南	江苏	陕西
平均	4.67	1.27	0.96	0.95	0.93	0.66	0.66	0.65	0.59	0.37	0.36	0.32
2010	4.23	1.95	1.19	1.33	1.37	0.88	0.81	0.96	0.77	0.81	0.60	0.58
2011	4.39	1.96	1.16	1.32	1.18	0.84	0.80	0.99	0.73	0.68	0.61	0.53

（续）

年份	新疆	天津	河北	湖北	山东	湖南	江西	安徽	甘肃	河南	江苏	陕西
2012	4.52	1.72	1.10	1.30	1.15	0.86	0.82	0.88	0.76	0.54	0.48	0.51
2013	4.65	1.64	1.10	1.24	1.12	0.79	0.78	0.84	0.73	0.46	0.44	0.47
2014	4.63	1.45	1.07	1.10	1.17	0.63	0.79	0.85	0.71	0.39	0.41	0.40
2015	4.78	1.24	0.89	1.03	1.09	0.64	0.76	0.83	0.60	0.36	0.39	0.38
2016	4.64	1.22	0.94	0.87	0.95	0.69	0.74	0.63	0.44	0.32	0.39	0.36
2017	4.78	1.29	0.92	0.82	0.74	0.62	0.74	0.54	0.50	0.30	0.32	0.29
2018	4.78	1.08	0.89	0.71	0.73	0.54	0.59	0.52	0.50	0.26	0.27	0.26
2019	4.78	1.12	0.89	0.72	0.71	0.53	0.58	0.42	0.49	0.23	0.24	0.23
2020	4.83	0.83	0.85	0.62	0.69	0.50	0.52	0.36	0.47	0.19	0.20	0.07
2021	4.86	0.52	0.76	0.63	0.60	0.53	0.51	0.31	0.47	0.17	0.18	0.05
2022	4.86	0.45	0.70	0.60	0.61	0.52	0.33	0.29	0.53	0.16	0.15	0.04

数据来源：根据 2011—2023 年《中国统计年鉴》计算所得（省份顺序按棉花综合比较优势指数平均值由大至小排列）。

■ 四、影响新疆棉花产业高质量发展的制约因素与问题

（一）棉花生产环境存在的问题

高标准农田建设不充分，生产环境治理和耕地质量修复体系尚未完全建立，制约了棉花高质量发展。

1. 耕地碎片化影响标准化措施落地，棉田盐渍化威胁严重

目前新疆已建成高标准农田 4 289 万亩，仅占耕地总面积的 40.6%，耕地破碎化状态依然严重，南疆这一问题更为突出。一家一户的小农经济无法实现集约化、规模化、标准化、产业化经营，全程机械化、滴灌水肥一体化、精准防控等轻简高效生产技术措施无法落地，已成为棉花产业发展的"绊脚石"、农民增收致富的"拦路虎"。同时，干旱缺水、盐碱、瘠薄、沙化和板结等障碍因素突出的中低产田占新疆耕地总面积的 72.6%。其中，因缺水、不合理灌溉及灌排措施不到位，"只灌不排、重灌轻排"等生产方式使得盐分在耕地累积，盐渍化加重已成为新疆棉花生产突出的限制因素。

2. 棉田绿色高效生产标准和模式缺乏，环境风险加剧

一是全疆棉田地膜平均残留量虽然从 2014 年的 14 千克/亩下降到 2020 年的 6.8 千克/亩，但棉田土壤残膜问题仍未得到根本解决，标准地膜应用、机械化捡拾、专业化回收、资源化利用等仍有待加强。二是耕地用养不合理，养

分严重不均衡，耕地地力提升缓慢，氮磷化肥长期过量施用，利用率偏低，资源浪费严重。以磷肥过量施用为例，减施潜力平均可达49.2%，按纯量计可达5.1千克/亩。

（二）棉花农机装备环节存在的问题

智能化农机装备与技术等发展相对薄弱，农机农艺技术融合发展不到位，农机社会化服务体系亟待完善。

1. 农机装备的成组配套和智能化发展相对薄弱

智能化、信息化程度不高，装备迭代优化不够充分，生产上缺乏标准化应用技术。近几年国产采棉机竞争力有所提升，市场占比达到75%，已经初步实现对外资品牌采棉机的替代。然而，目前国产采棉机研究基础相对薄弱，液压系统、动力换挡变速箱、阀组等关键零部件主要依赖进口。

2. 农机农艺融合不够紧密

农机农艺融合标准化生产技术体系不完善，农业生产的各个管理部门相互独立，缺乏有效沟通，农机农艺融合技术应用联动机制薄弱，造成棉花生产全程机械化作业效率降低、生产成本增加。

3. 残膜回收技术与装备存在短板

当前，机械化残膜回收面积仅占覆膜播种总面积的18%~25%，生产残膜回收机具表层捡拾率可达到80%以上，基本可满足生产要求，但是回收物料含杂率达到90%以上（全疆每年有近100万吨的农用残膜堆存），实际回收利用率不足20%。耕层残膜占残留量40%以上，农机装备与技术关于去存量的问题还没有行之有效的解决途径和办法。

4. 新疆农机社会化服务体系尚不健全，不能适应棉花高质量发展的需求

实践中缺乏农机作业规范化、标准化模式，影响了棉花机械作业效率的持续提高、作业质量的不断提升和节能减排潜力的挖掘；当前农机社会化服务推广体系人员素质普遍不高，服务质量和工作效率不能适应新的要求；在管理上缺乏更加高效的运行管理机制。这些突出问题均不同程度制约了棉花全程机械化技术的发展和应用。

（三）棉花育种和科技创新支撑环节存在的问题

面对棉花高质量发展的新变化、新要求，棉花科技创新支撑作用亟待提升。

1. 棉花种业创新不足，难以适应棉花产业高质量发展的需要

一是长期以来新疆棉花遗传育种资源挖掘不足，尤其是对育种资源的精准鉴定和利用率低，导致对优质、抗逆、特色等功能基因资源挖掘利用不足，育种效率低，基础研究整体水平与国内外先进水平相比有较大差距。据统计，目

前新疆收集、保存的棉花种质资源总量 6 000 余份，深度挖掘利用率不足
10％。二是以基因编辑为代表的生物育种发展滞后，育种理论和育种技术创新
不足。目前新疆育种技术仍以传统技术为主，遗传改良效率低，对控制性状的
基因、基因间及其环境互作的遗传和分子基础研究不到位，生物育种的高效应
用与市场需求不匹配。三是多类型高产、优质、抗逆机采棉突破性新品种选育
滞后，生产上品种良莠不齐，同质化严重。因长期追求高产、高衣分而造成纤
维类型单一，不能满足棉花产业发展对中高端原棉品种的需求；品种布局不合
理，主导品种不突出的问题仍然存在。据统计，新疆推广面积在 5 万亩以上的
主栽品种有 46 个，一些植棉县（市）实际种植品种普遍在 20～30 个。四是种
子生产、加工等技术环节衔接不够紧密，难以适应棉花产业高质量发展的需
要。突出表现在：良种繁育体系不健全，缺乏行之有效的监管措施，不能严格
按良种繁育流程生产种子现象普遍，造成品种退化严重、生产种子质量低；棉
种加工质量良莠不齐，种子纯度和质量不达标，难以满足精量播种的需求。凡
此种种，在很大程度上制约了棉花高质量发展。

2. 面向棉花高质量发展，棉花生产关键技术突破不足，智能化融合不够

一是水资源紧缺成为新疆棉花生产的刚性约束条件，节水技术及装备创新
不足。耐盐耐旱品种选育、节水抑盐灌排协同技术、水肥盐热耦合调控技术及
装备研发和储备不足，冬春灌压盐大量用水、微咸水利用不够等农业综合节水
技术体系不健全，以及无序开荒，使得有限的水资源与耕地灌溉面积不匹配，
加上干旱少雨资源性缺水，共同造成水资源短缺，成为新疆棉花生产的刚性约
束条件。二是适合机采的绿色轻简高效栽培模式及配套关键技术突破不足。当
前机采棉最优株行配置、群体和个体精准塑型、机采棉集中成熟调控、化学封
顶和化学精准脱叶催熟、抗逆减损、量质协同等关键技术尚未形成重大突破，
病虫草害防治依然沿用以化学防控为主的综合防治技术等，凸显出现行技术体
系优化不足，难以支撑新疆棉花安全、优质、高效、绿色生产需求。三是棉花
智能化栽培技术应用尚处于起步阶段。生产过程精确感知和农业"四情"智能
监测体系尚未建立，基于空天地一体化遥感"数据获取"和"定量解析"关键
技术研发尚未取得实质性突破，生产数据准确性、时效性、系统性和实用性不
足。生产过程科学决策环节过分依赖经验，缺乏基于作物模型等科学决策工具
开发和应用品种优化布局、生长动态模拟、产量品质预测、灾害预警等领域的
功能。在生产过程精准控制环节，水、肥、药装备信息化、智能化水平低，变
量调节复杂，靶向精准控制难度大、利用率偏低、投入过高，劳动强度过大。
四是病虫害智能化精准监测和绿色防控技术及产品亟待突破。首先，棉蚜、蓟
马、枯萎病、黄萎病和铃病等棉花多种病虫害叠加危害严重。据统计，近 20
年来新疆棉花病虫害发生面积扩大了 55％以上，潜在产量损失增长了 2.1 倍

以上。部分棉区长期连作种植，使棉花黄萎病等土传病害病原菌基数逐年累积、危害严重，常年造成减产 20%～30%，部分田块减产达 50%以上。棉花病虫害成为制约棉花安全生产的重要因素之一。针对棉花病虫害发生与危害出现的新特点、新趋势，部分棉花重要病虫害演替规律与灾变机制缺乏持续跟踪研究。其次，病虫害防控过度依赖化学农药问题突出，凸显出当前智能化精准监测预警和绿色防控技术与产品创新不足。据调查，2020—2022 年南疆部分棉区棉田盲目用药导致防治成本增幅达 50%～143%，棉蚜对常用氟啶虫胺腈抗性倍数在 13.5～30.1 倍。北疆部分棉区因长期使用 42%氟啶草酮防控棉田恶性杂草龙葵，导致土壤残留氟啶草酮，对棉田后茬作物的安全性造成威胁，问题突出。针对当前农药利用率偏低等问题，低成本、高精度、智能化、专用型棉田施药技术及装备研发亟待加强。

（四）棉花支持保护政策环节存在的问题

针对新疆棉花高质量发展的新变化、新特点和新趋势，棉花支持保护政策存在一些短板。

1. 现行目标价格政策对棉花增产导向激励效应明显，提质导向激励不足

由于现行目标价格补贴与棉花交售量直接挂钩，加之轧花厂在收购棉花时注重参照棉花衣分确定等级定价，对棉花纤维主要质量指标考虑较少，使得棉花种植者重产量、轻质量，倾向于采用高产高衣分品种，忽视了棉花品质提升。尽管新疆正在推行目标价格补贴与质量挂钩试点，但补贴对象主要针对 500 亩以上的规模种植户和合作社，广大小规模植棉者没有受益，对提升棉花品质的积极性不高。

2. 与目标价格补贴挂钩的棉花质量补贴缺乏专项资金支持，影响政策持续稳定发挥提质导向作用

为了引导广大棉农推进棉花生产提质增效，新疆推出了棉花质量补贴政策试点。政策试点资金全部来源于棉花目标价格补贴资金，且随着目标价格补贴资金总额的变化而变化。由于 2021 年籽棉折皮棉市场收购价高于 18 600 元/吨的目标价格，因此国家未启动目标价格补贴，造成 2021 年棉花质量补贴试点由于资金缺乏而未实施，试点效果和示范作用受到影响。调研中发现，2021 年试点县（市）对棉花种植者开展了大量政策宣传，但因没有资金支持而未能向植棉者兑现，在一定程度上影响了当地政府的公信力。

3. 棉花品种审定与生产应用"两张皮"问题突出

一是目前新疆审定品种均为非转基因品种，而生产上推广品种基本上都是转基因品种，不仅造成套牌严重，而且制约了优良品种的大面积推广。棉花品种审定与推广"两张皮"的根本原因是转基因棉花品种审定和推广政策在新疆没有放开，导致了育种与生产的脱节。二是目前新疆棉花品种审定数量较多，但同质化程度高，品种一经审定便多家转让授权，部分生产经营企业为谋取更大商业利益对种子进行套牌销售，监管和品种溯源亟须跟进。

4. 棉花科技创新体系建设相对滞后，影响了科技创新和技术支撑作用

目前新疆缺乏能将各领域棉花科技人才有效整合、分工协作、高效运转的科技创新体系，棉花领域科技人才和资源未能形成合力。由于人才大战、高校"重金挖人"和市场化竞争日益激烈，作为科技支撑棉花产业主力军的科研单位在吸引人才政策和人才激励方面尚未建立更加适应市场的运行机制，某种程度上制约了棉花科技创新能力和水平的提升。

（五）棉花产业发展模式和机制环节存在的问题

当前棉花产业发展的模式和机制难以契合棉花高质量发展的需要，亟待改进和完善。

1. 棉花新型经营主体力量不足，棉农组织化程度不高，缺乏适应大规模生产的有效组织模式

分散的生产经营是新疆特别是南疆棉花高质量发展面临的首要问题。据调查，新疆有各类棉花经营主体 29 万户左右，其中，新型经营主体占棉花经营主体总数不足 12%，棉花生产仍然以一家一户小农生产为主。实践中虽然探索了一些成功的模式，但推广应用到全域的有效组织模式依然不多，已经应用的组织模式以农民合作社为主。以南疆为例，2019 年以棉花经营为主的种植业合作社不足 1 200 个，仅占全疆总数的 35.3%，而真正能充分发挥组织作用的合作社不多，效果不好，具有社会化服务能力的占比不足 10%。围绕棉农组织化的问题又表现出农村专业人才匮乏、农民合作社带头人不足、具有经济实力承接土地流转的企业不多、社会化服务滞后和基层组织带领村民实现土地规模经营办法不多等问题。

2. 棉花产购加销一体化经营格局尚未形成，棉花产业链脱节的问题尚未根本解决

据调查，新疆棉花生产、收购、加工、销售一体化水平很低，如喀什地区20 家受访企业仅有 2 家实行了产加销一体化经营模式。棉花产业链上中下游各方为追求自身利益最大化各行其是，产业链条松散，产业各方难以互动，导致棉花产销脱节。下游纺织端企业对棉花的质量和产品结构需求很难及时有效传递到上游种植环节，导致棉花生产与纺织企业用棉需求相脱节，严重影响了新疆棉花的供给质量和效率。棉花收购加工主体作为上下游供需信息传导的关键环节，在棉花收购环节更多注重籽棉衣分指标，进一步削弱了市场传导机制的作用。

3. 棉花标准体系建设滞后，影响了新疆棉花产业国际话语权

目前，国际市场并没有一个通用的棉花生产标准，澳大利亚、巴西、印度等棉花生产大国均制定了本国标准体系，我国的相关标准体系尚不健全。瑞士良好棉花发展协会（BCI）凭借其棉花评判标准，会员遍布全球数千家棉花种植、纺织企业和零售品牌企业，在近几年抵制新疆棉事件中起到了工具性作用。我国棉花标准体系的制定和认证工作开展较晚，国家棉花产业联盟（CCIA）于 2017 年发布了《CCIA 棉花生产技术指南（试行）》《CCIA 棉花加工技术指南（试行）》等团体标准，目前棉花认证量达到 50 多万吨；中国棉花协会于 2021 年发布了《"中国棉花"可持续生产》团体标准，审核认证可持续棉花 10 万～15 万吨。但与瑞士良好棉花发展协会相比，要想打通和连接国际棉花产业链、供给链和品牌商，形成具有国际影响力的话语权，我国还有很大差距。由于棉花相关标准和品牌建设滞后，我国作为全球棉花生产大国和纺织品服装大国，在棉花产业链、供应链、价值链中国际话语权不强，制约了整个棉纺织产业国际竞争力的提升。

（六）棉花高质量发展格局构建环节存在的问题

以市场为主体的棉花高质量发展格局尚未形成，技术、政策和市场"三位一体"联动及双向调节机制尚不健全。

1. 以市场调节机制为核心，技术、政策和市场"三位一体"的联动及双向调节机制尚不健全

一是棉花技术研发与生产、需求脱节，棉花生产技术不能依据市场需求变化做出及时调整优化。当市场对原棉需求和成本要求发生变化时，科研部门不能及时从棉花品种选择、技术应用成本等方面开展技术研发，为棉花生产提供有效的科技支撑。技术研发也未能有效发挥降低棉花生产成本和市场价格、提高棉花品质、增强棉花市场竞争力的引领作用。二是棉花储备调节机制不完善，与棉花市场机制和目标价格补贴机制的互补格局尚未形成。自 2014 年国家在新疆实施棉花目标价格政策以来，国家弱化了棉花储备的调节作用，完全放开棉花市场价格，强调市场机制对资源的配置作用和目标价格补贴机制对生产的保护作用，但忽视了棉价异常波动对产业的不利影响。近两年受国际市场需求、投机因素等叠加影响，我国棉价波动率高达 20％左右，整个棉花产业链运行风险增大，亟须加强棉花储备调节机制，达到适度稳定棉价的目的。

2. 面向高质量发展的棉花全产业链市场监测预警体系建设相对滞后

棉花全产业链市场监测预警体系是构建技术、政策和市场"三位一体"联动和双向调节机制、应对市场风险挑战的关键技术支撑。棉花产业发展的国际国内形势和市场需求形势发生了重大变化，不确定因素较多，进一步加剧了棉花市场风险，新疆棉花全产业链市场监测预警体系和能力亟须加强。

■ 五、促进新疆棉花和纺织服装产业高质量发展的对策建议

（一）强化高标准农田建设、生产环境治理和耕地质量修复，提升农机装备水平，推动棉花绿色高效可持续生产

1. 加大资金投入，强化高标准农田建设

完善引导土地流转的相关政策，加大补助力度，提高田间基础设施工程标准，加大地力提升工程、科技支撑改造的建设力度，把棉田建设成土地平整、集中连片、设施完善、土壤肥沃、生态良好、抗灾能力强，与现代农业生产和经营方式相适应的旱涝保收、高产稳产的高标准农田，夯实新疆棉花高质量发展的现代农业基础。

2. 聚焦耕地修复关键技术及配套装备和产品研发，提升中低产棉田产能

以构建"淡盐化耕层、肥沃耕层和健康耕层"为核心，通过创新深松深翻、轮作休耕、高效秸秆还田、增碳扩容等关键技术，创新盐渍化耕地"干播湿出"技术、水肥盐热耦合调控技术和节水抑盐灌排协同模式，研发快速增碳扩蓄改良剂、促生调盐控盐腐殖酸等产品，改善土壤微生态微生物菌剂等定向调控产品，为新疆棉花高质量发展提供优质耕地基础。

3. 加强棉花生产装备技术攻关，完善农机社会化服务体系，推动绿色高效可持续生产

一是推进棉花生产装备"卡脖子"关键技术攻关。围绕棉田智能农机装备重大科技需求，支持农机装备的战略性、前沿性、基础性和多学科交叉的研究，解决好信息感知和决策智控等关键问题；针对大型农机装备关键部件体积大、寿命低、可靠性差等共性问题，加强农机装备新材料和新工艺的研究；适应智慧农业发展的战略需求，大力推动传统农机装备的数字化、智能化水平；围绕推进农机节能减排，加快绿色智能农机装备和节本增效农机技术的研发推广应用，支撑棉花生产全程机械化发展。二是加强残膜污染治理技术和装备迭代研发。设立专项或创新研发资金，开展产、学、研、推、用联合攻关，以技术与装备创新为突破口，针对地表残膜、历年耕层残膜、膜秆土分离设备、资源化利用技术等方面开展系统研究和推广应用，为棉田残膜污染治理提供重大技术和装备支撑，推动棉花绿色高效可持续生产。三是健全新型农机社会化服务体系建设。建立适应市场机制和棉花高质量发展的"覆盖全程、服务全面、机制灵活、运转高效，综合配套、保障有力"的新型农机社会化服务体系；实施农机人才培养计划，提升农机从业人员素质；建立农机服务信息共享平台，拓宽农机服务渠道；建立农业经营主体和农机服务主体信息收集、共享查询及

发布平台，实现农机社会化服务全覆盖，促进棉花全程机械化技术快速发展。

（二）围绕市场重大技术需求，以棉花高效、绿色生产为导向，进一步加强科技支撑，提升棉花市场竞争力

1. 加快建设与新疆棉花生产规模和市场地位相匹配的种业创新技术体系

一是当前全球种业已开启"常规育种＋生物技术＋信息化"的育种"4.0时代"，育种效率大幅提高，正由"经验"向"科学"转变。新疆应进一步提升棉花育种创新能力。坚持生物技术与传统育种技术相结合，全面系统保护和利用棉花种质资源，深度挖掘更多性状优异的新基因，为棉花重要性状的定向选育、协同改良提供基因资源和材料保障。二是进一步深化棉花种业产学研合作，加快选育、推广适合市场需求的宜机采、耐盐、抗旱、高产、优质的突破性新品种。根据南北疆自然生态和生产条件，形成北疆以早熟、特早熟棉花为主的生态区，种植纤维绒长、纤维比强度大于 29 厘牛/特以上，马克隆值 3.8～4.2 的早熟、高产、抗病机采棉品种；形成南疆以早中熟棉花为主的生态区，种植采收品质好的"双 30"（纤维绒长 30 毫米、纤维比强度 30 厘牛/特、马克隆值 3.7～4.3）以上的耐盐碱、高产、抗病、宜机采的棉花品种。长绒棉品种要重点突破适宜机采性状的早熟、抗病新品种研发问题。三是加大多元化科技投入。鼓励和支持种子企业，特别是区内优秀的种子企业强强联合，整合成更大规模、更加多元化经营的种业集团，发展成为具有自主研发能力的巨型种业龙头企业，实现生产种子的质量标准化；以市场为导向，构建更加优化、高效、适应市场变化，各环节衔接紧密的创新技术体系，实现育繁推一体化，为推动棉花高质量发展提供品种保证。

2. 加强棉花生物节水、农艺节水关键技术研发

一是创新生物节水技术，筛选节水潜力突出的抗旱优良品种，提高作物自身节水潜力。二是加强"减蒸降耗"农艺节水技术研究，精确量化棉花耗水特征及耗水结构转化特征，建立高光效、低耗水株群结构，形成"减蒸降耗"农艺节水技术措施，促进无效耗水向生产性耗水转化。三是创新集成农艺节水技术，综合耕作、覆盖、土壤碳氮比调节、水肥耦合、智慧灌溉等技术，提升土壤的蓄水保肥能力，促进深层水的吸收和利用，提升棉花土壤—植物—大气（SPAC）系统综合节水能力。

3. 加大棉田资源利用关键技术创新

一是加强高光效群体构建技术研发，形成光热资源高效利用栽培技术体系并大面积推广，最大限度提升光温生产潜力。二是创新养分资源高效利用关键技术。研究养分协同优化高效利用新方法、肥料新产品，减施增效技术模式，实现化肥减施或有机替代 20%～30%、作物持续高产目标。三是创新水肥精

准施用技术。创新水肥"供需双控""同步同位"协同优化技术，实现供需平衡、靶向高效利用，力争到 2025 年，棉田灌溉水利用系数提高到 0.58、氮肥利用率提高到 42%。

4. 提高棉花绿色防控能力和水平

一是加大棉花重大新发病虫害生物学、生态学规律和灾变机制研究，为科学防控提供依据。二是加强棉花抗性品种利用、生态调控、理化诱控等环境友好型绿色高效防控和抗药性治理绿色防控技术与产品的研发。三是利用卫星遥感、人工智能识别和神经网络模型等技术，探索有害生物实时化、可视化和智能化精准监测预警技术。四是加强无人机等农药靶向精准喷药装备和技术的创新，有效解决棉田喷施化学农药利用率低的难题。五是农业有害生物防控从监测、应急、单项和碎片化技术向全程技术体系和模式发展。

5. 加强棉花生产关键技术与智能装备研发与应用

一是创新农情遥感监测及定量解析技术。开展棉田重要农情的无人机遥感监测和定量解析研究，形成无损诊断和早期预警技术。二是创新生产过程的科学决策技术。开发优化棉花结构与功能模型，实现棉田重要生理生态过程实时监测和动态预警，形成栽培措施的优化方案和耕作管收的系统决策方案。三是研发水肥一体化智能装备。创制水肥分布与高效吸收区动态吻合的多通道、多浓度自由切换的智能水肥装备，实现水肥时序、浓度、分布深度精准控制。四是加强灾害预警技术的研发应用，有效提高防灾减灾科技支撑能力。围绕品种、化控、打顶等重要生产措施开展生产方案的模拟、优化和评估，为优化管理措施、防灾减灾等提供科学依据。

6. 推进棉花农机装备技术标准体系与数字化平台建设

加快推进棉花生产全程农机装备智能化，从技术和管理层面制定相关标准、规范和协议，对农机大数据资源进行有效整合和共享，建立健全农机大数据平台管理机制，加快自动化、数字化和智能化技术普及应用，稳步提升棉花全程机械化自主可控能力，为充分满足棉花生产各环节机械化需求创造良好条件。

（三）进一步优化和完善棉花支持保护政策，为棉花高质量发展提供政策保障

1. 调整优化目标价格政策，设立棉花质量补贴和生产效益补贴专项资金或基金，增强棉花高质量发展的政策导向

将棉花质量补贴试点、棉花生产效益补贴试点政策与棉花目标价格补贴脱钩，设立棉花质量补贴和生产效益补贴专项资金或基金，将相关补贴单独拨付、单独核算，增强补贴的靶向性。为有效应对棉花生产成本激增、植棉收益

亏损面扩大的不利形势，建议自治区提请国家适度提高棉花目标价格水平，提升棉农植棉收益、缩小植棉收益亏损面，稳定棉农植棉积极性。

2. 严把品种审定关，切实促进棉花品种升级换代

严把棉花品种审定关，对品质欠缺、增产优势不明显、抗病性不突出、机采性能不足的品系坚决不予审定，从根源上杜绝棉花品种多乱杂问题。把具有资源优势的区域建设成规模化良种繁育基地，实现良种良繁。针对审定的优质棉新品种，各地结合实际选定1～3个通过审（认）定的品种作为本地主推棉花品种，逐步压缩种植品种数量，提高棉花品质一致性。修订新疆棉花品种审定办法和推广政策，尽快批准转基因抗虫棉的品种审定和推广应用，使新疆棉花品种选育、生产用种真正统一起来。

3. 加强棉花产业科技创新体系建设，提升棉花科技支撑能力

面向未来，构建符合新疆棉花产业发展需求的科技创新体系，解决制约产业高效、绿色、可持续发展的重大技术难题，需要从战略高度多维度加强研究，既要整体布局，更要有重点突破，同时在产业路径与模式、产业政策与保障措施等方面进行全面调整和提升。一是持续增加棉花科技创新投入，通过政策引导，不断拓宽创新经费来源渠道，形成全社会各方面支持棉花科技创新工作合力。二是积极布局建设一批国家和省部级重点实验室、技术创新中心、工程技术研究中心等棉花重大创新平台，依托自治区棉花产业技术体系，整合各领域棉花科技人才，推进棉花科技创新。三是建立有效的科技支撑体系。从当前迫切需要和长远需求出发，启动实施一批棉花科技重大专项和重大工程协作研究，加快突破新一代系统设计育种、生物节水、资源高效利用、绿色高效生产、智能化信息化管理等重大科学与前沿技术问题。四是建立符合产业需求的成果应用与集成示范基地。以技术集成为支撑，按照"全产业规划、全链条示范"目标，开展现代棉业新品种、新技术、新装备、新模式集成示范，形成更多可复制、可推广的突破性技术模式。五是加大人才培养和引进。围绕棉花产业关键技术领域，持续加大高层次科技人才的培养、引进和激励等特殊支持力度。落实基层农技队伍经费保障机制，保证专人专岗，全面推行县乡农技人员包村联户制，确保"有人管事、有钱办事"。

（四）建立产销对接、产业融合的新型棉花产业发展机制，提升棉花产业化发展水平

1. 大力培育新型农业经营主体，推进多种形式适度规模经营，提升标准化生产水平

一是切实解决南疆棉农的组织建设关键问题。制定政策，在南疆稳步推广由村"两委"牵头的村级"合作经济联合体"组织模式，提升南疆棉花生产的

规模化、标准化，为推动棉花高质量发展提供组织保证。二是加大农民土地流转力度。鼓励农户将土地入股（或流转）到合作社和龙头企业，提高棉花生产规模化、标准化、集约化水平，提升棉花生产经营管理水平。三是提升社会化服务水平。支持新型农业经营主体开展土地托管、联耕联种、代耕代种、统防统治等生产性服务，依托有实力的合作社建设"全程机械化＋综合农事服务中心"，为棉农提供全程机械作业、农资统购、培训咨询、产销对接、收购加工等综合服务。鼓励推行订单作业、合同作业、承包作业、跨区作业及耕、种、收、运"一条龙"作业模式；鼓励农机经营服务主体充分利用"互联网＋农机作业"平台，提高服务效率，为农户提供农机作业市场分析、作业需求、价格行情、天气资讯、油料供应、维修服务等信息。

2. 创新经营模式，完善产业链利益分配机制，进一步提升产业化发展水平

一是积极推进棉花全产业链布局。支持组建棉花产业联盟，整合形成"棉纺企业＋原棉加工企业＋合作社＋农户"全产业链布局，按照市场需求进行标准化订单生产，提升棉花生产、经营、管理、服务、交易协调联动能力。二是建立完善利益联结机制。引导龙头企业与农户、合作组织建立契约型、股权型利益联结机制，推广"订单收购＋分红""土地流转＋优先雇用＋社会保障""农民入股＋保底收益＋按股分红"等多种利益联结方式。支持合作社、家庭农场、大户入股棉花企业，形成利益共同体，促进产业链上下游协作，提升产业化经营水平。

3. 鼓励棉花生产标准体系认证，提升棉花产业链供应链自主可控能力

支持棉花行业协会、联盟等组织制定新疆棉花可持续生产标准，积极推动新疆棉花认证体系发展，引导更多知名服装品牌和产业链各个环节的企业加入新疆棉花认证体系，补齐棉花标准认证的短板。以行业领军企业培育为核心，借力"一带一路"共建国家优化布局棉花产业链，支持建立跨国涉棉公司，增强我国在世界纺织产业经济格局中的话语权和定价权，提升棉花产业链供应链自主可控能力。

（五）建立技术、政策和市场"三位一体"联动和双向调节机制，加快形成以市场为主体的新疆棉花高质量发展新格局

1. 以市场调节机制为核心，推动产学研一体化深度融合

以棉花技术方、生产方、需求方为主体，构建棉花产业联合体，充分吸纳加工、流通、纺织等企业参与，从需求方入手，按照"需求方需要什么、生产方就生产什么、研发机构就研制什么"的基本思路进行一体化布局，加快构建科技协同创新与成果推广、高品质棉花生产基地与供应链协作、产品全程质量控制标准与追溯体系保障、新疆棉花品牌培育推广及棉花三产深度融合机制。

2. 完善棉花储备调控机制，促进棉花产业链平稳运行

建议自治区与国家相关部委及中国储备棉管理总公司建立联系协调机制，构建与市场机制和目标价格补贴机制互补的棉花收储调节机制，加大对棉花市场价格异常波动的调控，确保棉价在合理区间范围内波动，保障棉花产业平稳运行。

3. 构建棉花全产业链监测预警体系，保障新疆棉花产业发展

由政府牵头、专业部门实施，组建资源开放共享、业务协同联动的"新疆棉花全产业链大数据服务平台"，开展棉花全产业链实时监测预警分析，确保棉花生产的供需对接和产能动态布局。重点开展国内外棉花消费需求变化、成本收益监测，棉花价格风险预警，棉花供需中长期展望，跟踪评估美西方禁用新疆棉对新疆棉花产业影响和风险预警。

4. 采取有效措施积极应对，从战略高度重视美西方禁用新疆棉的影响

美西方借口所谓"人权"问题打压新疆棉，对我国棉花供应安全和纺织产业发展带来严重威胁，必须积极探索出台系列应对措施予以破解。一是通过科技创新实现关键技术突破，降低新疆棉花生产成本，提升新疆棉花竞争力，缓解美西方打压新疆棉的负面影响。二是建议自治区与国家有关部门协商制定新疆棉收储预案，建立新疆棉商业动态储备机制，统筹衔接好进口棉与新疆棉定向收购，以稳定棉花市场价格和企业信心。三是建议自治区与国家相关部门加强协商，建立新疆棉制品制裁受影响企业名单目录，为受影响的纺织企业提供贸易救济。四是建议向甘肃、内蒙古等与新疆地理生态环境类似的省份输出新疆成套的棉花技术和生产模式，转移棉花生产能力，消除和减缓美西方打压新疆棉的影响。五是大力宣传提升新疆棉知名度，加强与"一带一路"共建国家间合作，积极开拓新疆棉制品国内外市场。六是充分依托"一带一路"倡议，发挥新疆地缘区位优势，将新疆建成面向中亚、南亚、西亚区域的棉花产业品种、技术、装备、人才高地，实现新疆棉花基地战略定位的转型升级和探索保障国家棉花安全的新格局。

第11章 绿色有机果蔬产业高质量发展典型研究

新疆具有独特的水土光热资源条件，不断扩大果蔬产业发展规模，推动生产要素向优势产区集聚，逐步形成了果蔬产业聚集发展新格局。本章围绕新疆绿色有机果蔬产业集群建设中红枣、中草药、加工辣椒、设施蔬菜四大产业，分析产业发展现状、发展比较优势和存在的问题，提出产业高质量发展的建议。

■ 一、新疆红枣产业高质量发展研究

中国是红枣的发源地，拥有悠久的红枣种植历史和深厚的红枣文化底蕴。据考证，先民们采摘和利用枣果已有 7 000 多年的历史，而种植历史也已达 3 000 多年。中国的枣树种植面积和产量均居世界首位，占全球总量的 95% 以上，成为红枣的主要生产国和出口国。同时，中国的红枣品种繁多，品质优良，深受全球消费者的喜爱。

（一）我国红枣产业发展概况

我国红枣种植面积及产量稳居世界第一，近年来，虽然红枣种植面积有所回落，但由于枣园进入盛果期，红枣产量基本保持稳定。2000 年我国红枣产量为 131 万吨，2015 年达到历史最高、产量为 808 万吨，2017 年以来产量稳定在 740 万吨左右。2022 年我国红枣产量 747 万吨，是 2000 年总产量的 5.7 倍，年均增速达 8.24%，产量占世界总产量的 98%。见图 11-1。

我国红枣种植主要集中在我国北方地区，该区域的气候和土壤条件适宜红枣生长，主要集中在新疆、河北、山东、陕西、山西 5 个省份，这 5 个主产省份的产量占全国的 90% 左右。2000 年，新疆、陕西、山东、河北、山西五大产枣大省的红枣产量分别为 0.71 万吨、7.92 万吨、35.36 万吨、44.17 万吨、

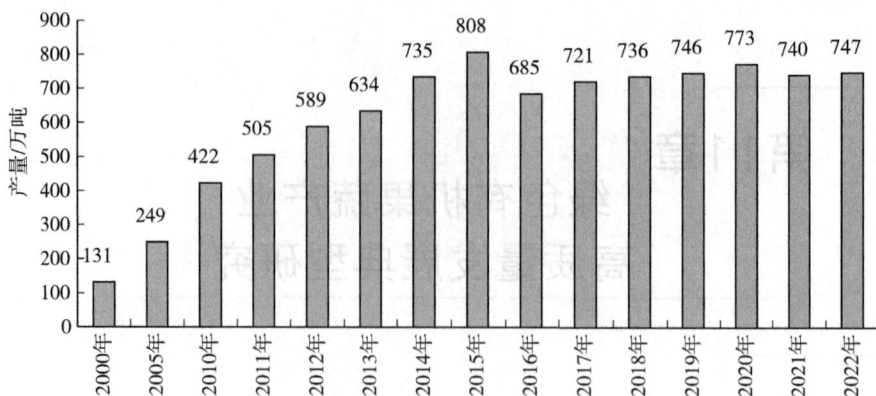

图 11-1 中国红枣产量变化趋势图

数据来源:《中国农村统计年鉴》。

11.33 万吨,分别占全国总产量的 0.54%、6.05%、26.99%、33.72%、8.65%,5 个省份总产量占全国总产量的 75.95%;2022 年,新疆、陕西、山东、河北、山西五大产枣大省的红枣产量分别为 337.9 万吨、127.1 万吨、61.3 万吨、78.2 万吨、79.3 万吨,分别占全国总产量的 45.23%、17.01%、8.21%、10.47%、10.62%,5 个省份的总产量占全国总产量的 91.54%。见图 11-2。

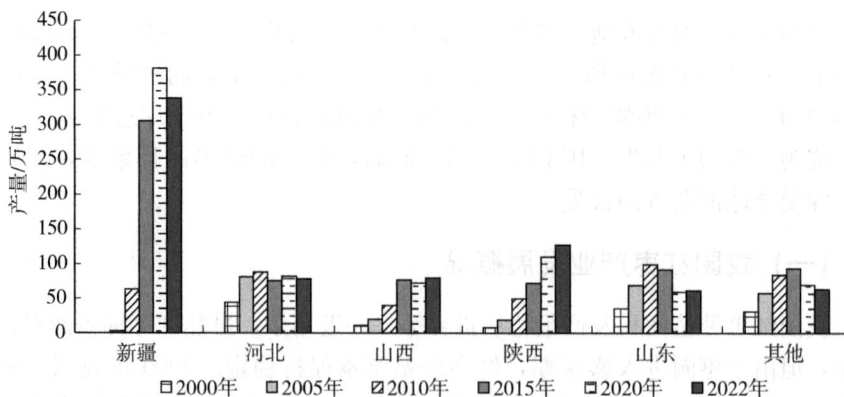

图 11-2 中国五大红枣主产区产量图

数据来源:《中国农村统计年鉴》。

(二) 新疆红枣产业发展概况

新疆独特的水、光、温差等自然条件,以及远离污染源、空气质量和灌溉水质量优良等优势,使种植的红枣品质卓越、口感甜美、深受消费者喜爱。新疆红枣种植面积和产量均居全国前列，成为中国最大的优质干枣生产基地。据统计数据显示，2000—2009 年新疆红枣产量占全国比重不足 10％，到 2010 年比重达到 15％，2010 年以来新疆红枣产量直线上升，自 2016 年之后新疆产量占全国比重均在 45％以上，可见新疆红枣产业发展之快；同时，新疆红枣在全国具有举足轻重的地位，有"世界红枣看中国、中国红枣看新疆"之说。

1. 新疆红枣生产规模

2000 年以来，新疆大力发展特色林果业，尤其自 2003 年确立林果业为新疆农业农村经济发展的支柱产业之后，几乎每年都会出台一系列意见措施以扶持林果产业的发展。近年来，新疆红枣发展尤其迅猛，红枣种植面积和产量位居全国第一，已成为新疆农民增收致富的主导产业，更成为新疆农业支柱产业之一。新疆也已成为全国和世界优质红枣（干枣）生产和销售基地。新疆红枣种植面积和产量自 2000 年以来逐年上升，到 2016 年种植面积达到最高值756.8 万亩，当年产量达到 326 万吨。随后新疆红枣面积下降到 480 万亩左右，但由于枣园逐步进入盛果期，红枣产量未出现大幅下降而保持在 340 万吨左右（表 11-1）。据统计数据分析，2022 年新疆红枣的种植面积、产量和产值分别占全疆特色林果的 22.71％、18.61％和 23.19％。

表 11-1　"十一五"以来新疆红枣生产情况表

年份	种植面积/万亩	总产量	
		产量/万吨	占全国比重/％
2000	10.0	0.7	0.54
2005	82.3	2.9	1.2
2010	596.2	62.7	14.0
2011	684.1	106.0	19.5
2012	710.5	145.0	24.6
2013	729.2	199.0	31.4
2014	725.4	257.0	35.0
2015	743.3	305.0	37.8
2016	756.8	326.0	47.6
2017	714.4	347.0	48.1
2018	714.4	361.2	49.1
2019	667.8	372.8	49.9
2020	620.2	381.2	49.3
2021	477.9	345.4	46.7
2022	480.0	337.9	45.2
2000—2022 年均增长	19.2％	32.4％	2.03 个百分点

数据来源：历年《新疆统计年鉴》。

2. 新疆红枣种植区域分布

新疆地处北纬 32.22°—49.33°，是世界公认的水果优生区域，是农业农村部确认的国家级绿色食品基地。太阳辐射总量全年为 5 000～6 490 兆焦/米²，仅次于青藏高原。新疆日照时数总值居全国首位，全年日照 2 550～3 500 小时，夏至日更是长达 14～16 小时，日照充足，昼夜温差超过 20℃，为新疆红枣生长提供了更充分的光合作用，储蓄了更多的营养成分，尤其有利于枣果可溶固形物和糖分积累，这也是造就新疆红枣品质极优的根本原因。全年长达 220 余天的无霜期，使新疆红枣的成熟期更长；无污染碱性沙质土壤和富含氧离子的水土条件，使新疆大枣的矿物质含量更加丰富。2021 年，新疆红枣种植总面积477.91 万亩，其中地方 343.31 万亩、占全疆红枣面积的 71.84%，兵团134.60 万亩、占全疆红枣面积的 28.16%；红枣总产量 345.41 万吨，其中地方 134.44 万吨、占全疆红枣产量的 38.92%，兵团 210.97 万吨、占全疆红枣产量的 61.08%。兵团红枣生产水平要高于地方。见表 11-2。

表 11-2　2021 年新疆红枣生产布局表

种植区	规模		产量	
	种植面积/万亩	占比/%	产量/万吨	占比/%
总计	477.91	100.00	345.41	100.00
1. 地方	343.31	71.84	134.44	38.92
南疆	327.52	68.53	129.67	37.54
巴州	52.93	11.08	17.35	5.02
阿克苏地区	80.19	16.78	31.85	9.22
克州	1.50	0.31	0.08	0.02
喀什地区	106.52	22.29	57.81	16.74
和田地区	86.38	18.07	22.59	6.54
东疆	15.70	3.28	4.72	1.37
吐鲁番市	8.56	1.79	2.49	0.72
哈密市	7.14	1.49	2.23	0.65
北疆	0.09	0.02	0.05	0.01
昌吉州	0.01	0.00	0.01	0.00
伊犁州直	0.08	0.02	0.04	0.01
2. 新疆生产建设兵团	134.60	28.16	210.97	61.08

数据来源：《新疆统计年鉴 2022》。

新疆红枣主要种植在南疆环塔里木盆地和东疆吐哈盆地。2021 年，新疆南疆环塔里木盆地红枣种植面积 327.52 万亩（不含兵团，下同），产量 129.67 万吨，分别占新疆地方红枣的 95.40％、96.45％，主要分布在阿克苏、喀什、巴州和和田地区四地州。东疆吐哈盆地红枣种植面积 15.70 万亩，产量 4.72 万吨，分别占新疆地方红枣的 4.57％、3.51％，主要分布在吐鲁番市和哈密市。新疆在伊犁州直、昌吉州、乌鲁木齐市等地零星种植，红枣种植面积 0.09 万亩，产量 0.05 万吨。

3. 新疆红枣品质类型

新疆红枣品种主要有新疆灰枣、新疆骏枣、新疆哈密大枣。目前市场上最受欢迎的是新疆灰枣，品种优势较为明显，其代表是若羌红枣，也称为若羌香枣、楼兰红枣等，主产于新疆巴州若羌县，部分产于阿克苏地区。灰枣在将要成熟的时候，颜色不是通常见到的那种鲜红的颜色，而是像被霜覆盖了一样的灰色，所以称为灰枣。新疆灰枣果肉质感非常好，清甜味，枣肉细腻，个头不大，皮薄肉嫩，口味很纯正。一般常见的是二级三级，大小在 2.5 厘米左右，比骏枣小很多，其因纯正的口味一直在江浙、湖南、湖北、广西、广东等地销量大。新疆骏枣以个头大而闻名，其代表为和田玉枣，主要产于新疆南疆阿克苏地区、喀什地区和和田地区。新疆骏枣平均每颗重量都能达到 15 克，特级的可以到 25 克左右。因为大，所以这种枣的果肉可食用部分较多，但在甜度上比灰枣低，果肉相对粗糙。目前，市场上销售的和田玉枣、和田大枣、新疆大枣、新疆骏枣等一系列产品都属于骏枣产品。新疆哈密大枣原产地为新疆哈密市。哈密大枣栽培历史已有两千余年，古代被称为"香枣"。哈密大枣果实个大肉厚，核小，外观紫红艳丽具有光泽，食用时有浓郁的枣香味，产品质量水平处于国内乃至世界红枣的前列。哈密大枣出肉率高，适合长期贮藏，腐烂、发霉情况较少，因甜度高、糖分大，营养成分得以保留，晾干后不变形、皱纹不多，这是哈密大枣的显著特点。新疆灰枣占全疆红枣总产量的 60％左右，骏枣占 35％左右，其他枣品种占 5％左右，全疆范围内灰枣与骏枣产量之比约 2∶1。

4. 红枣加工销售情况

（1）红枣加工情况。红枣产业呈现出"新疆生产，内地中转，南北分销"的贸易格局。2018 年前，河北省沧州市崔尔庄的红枣加工量约占全国总加工量的 70％，河南省新郑市孟庄镇的红枣加工量占比为 15％左右，新疆的红枣加工量占比为 10％左右，其他地区加工量约为 5％。近年来，新疆大力发展本地红枣加工业，给予农机补贴等政策优惠，新疆果业集团有限公司、新疆阿拉尔聚天红果业有限责任公司、新疆瀚海绿洲农业发展有限责任公司等红枣加工龙头企业大力引进自动化生产线、色选机等设施，加大了红枣加工力度，使新疆红枣加工产业得到快速发展，部分终端市场逐渐跳过沧州市场直接从新疆购买红枣。2022年，新疆红枣加工量占全国总加工量的比重提高到40%，推动了冷库、物流等配套设施的建设，加快了新疆红枣产业链发展进程。以喀什地区麦盖提县为例，截至2022年底，其共吸引7家红枣加工企业入驻，年加工量从2019年的2 000吨增至10万吨，使当地90%以上的红枣实现了就地加工。

（2）红枣价格。红枣价格波动较大。从长期来看，2000—2011年为新疆红枣价格增长期，2012—2014年为新疆红枣价格下降期，2015—2022年为新疆红枣低价平稳期。新疆红枣收购价格出现了长达10年的增长期，由2000年的18元/千克增长到2011年的41.02元/千克，年均涨幅达7.8%。其间红枣价格持续上涨，推动新疆红枣种植面积于2006—2010年大幅上涨，随着红枣陆续进入盛果期，红枣连年丰产，逐渐供大于求，于是随后的2012—2015年，新疆红枣收购价直线下降，由2012年收购价格最高点下降到2015年的5.69元/千克，年均降幅达61%。2015—2022年收购价稳定在5.5元/千克左右。见图11-3。

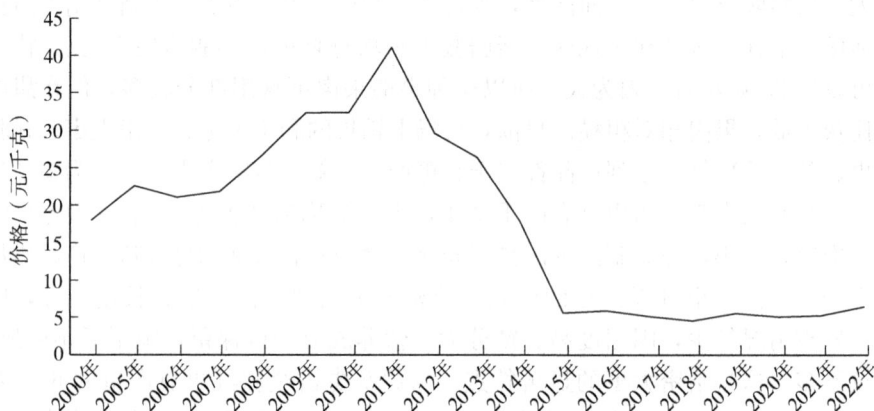

图11-3 新疆历年红枣统货收购价格

数据来源：历年《新疆农牧产品成本收益资料汇编》。

从短期来看，红枣价格波动呈现"春冬高、夏秋低"的特征。以全国红枣平均价格为例，自10月中旬新疆红枣陆续上市以来，直至12月，我国红枣价格整体呈下降趋势，到次年1月再开始缓慢上升，到4月价格开始回落，到6—7月再次上升，一直到新枣上市，开始新一轮的价格波动周期（图11-4）。灰枣和骏枣价格波动呈现差异性，灰枣价格1月开始下降，到4月左右小幅回升，之后持续下降到7月，到8月开始逐步上涨到全年最高价；骏枣1—2月价格上升到最高，之后持续下降到7月并达到全年价格最低点，其间，5月和8月会出现小幅回升，10—11月会有小幅下降。

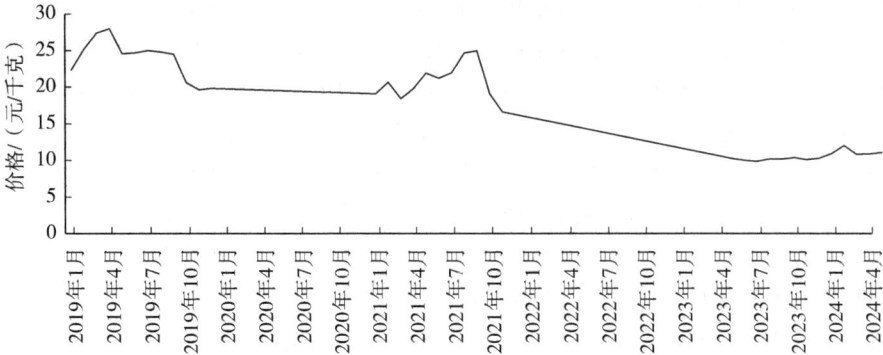

图 11-4　红枣价格指数波动情况

数据来源：中国农业农村信息网。

2022 年，新疆红枣恢复性增产，但受新冠疫情期间管控影响，物流不畅，红枣上市推迟，统货价格高开低走，销区价格一路下滑。阿克苏、阿拉尔、且末地区红枣上市统货收购价格在 6.00～7.50 元/千克，到 12 月中下旬喀什地区红枣上市时收购价格降至 4.50～6.00 元/千克。近五成的红枣在 12 月中下旬后开始收购，收购价格在 3.50～5.50 元/千克。新疆各地生产的红枣因品种不同及品质差异，价格也有一定差异。如 2022 年的灰枣统货收购均价阿克苏地区为 6.5 元/千克、阿拉尔为 6.55 元/千克、喀什地区为 7.90 元/千克、和田地区为 8.00 元/千克、且末县为 6.9 元/千克、若羌县为 8.65 元/千克，若羌县灰枣统货收购价较阿克苏地区高 2.15 元/千克。新疆当地批发市场特级灰枣批发价格为 15.57 元/千克，一级为 11.31 元/千克、二级为 8.29 元/千克、三级为 6.04 元/千克；骏枣特级批发价格为 20.89 元/千克、一级为 16.22 元/千克、二级为 12.22 元/千克、三级为 8.89 元/千克；灰枣和骏枣的特级枣批发价格分别较三级枣高 9.53 元/千克和 12 元/千克。

（3）红枣消费情况。红枣销售的国内市场占红枣总销售量的 90% 以上。红枣消费具有鲜明的季节性特征，每年 12 月至次年 3 月是红枣的销售旺季，每年 4—9 月是红枣的销售淡季；红枣消费具有显著的地域特征，一般为北骏南灰；高档精品干果受到消费者青睐；红枣消费以休闲消费为主。鲜枣不耐储存、不便运输，约 95% 的鲜枣在自然干制为红枣后，被加工成为各种红枣产品进行销售。根据加工品形态的不同，红枣的加工方式分为红枣原枣加工、红枣粗加工和红枣深加工，3 种加工方式的用枣量占红枣总产量的比重分别约为 80%、10% 及 10%。国内红枣消费区域主要集中在经济条件相对发达的省份和城市，如浙江、江苏、上海、广东、福建等，广大的农村市场和小城市需求潜力大。从中国消费者购买行为上看，市场上消费者数量众多，区域分布分散，成交次数频繁，交易品种零星，大部分产品都通过渠道商销售，能够方便消费者购买和降低成本。前两年我国红枣消费量较为低迷，除了人们消费偏好的转变外，新冠疫情也对红枣消费产生了较大的负面影响。红枣作为非必需消费品，一旦错过节日需求，对消费量的影响较为明显。此外，受疫情影响民众消费降级，高品质红枣消费量不佳，低价红枣消费量相对较好。

我国红枣消费通常以国内生产红枣为主，进口量占比极少，但受"一带一路"贸易增加以及人们对枣类品种多元化需求的影响，近年来我国红枣进口数量整体呈增加态势。2020 年红枣进口量增长 34 倍；2021 年我国共进口红枣1 236 吨，同比增加 139%；2022 年上半年进口量同比下滑严重，但仍高于2020 年以前的进口量。目前，红枣进口量占比仍远远小于 1%，对国内价格的影响极其有限。出口方面，我国红枣主要在东亚、东南亚市场销售，包括新加坡、马来西亚、日本、韩国等，购买的主要对象是外籍华人。根据海关统计数据显示，2021 年红枣全年出口量 2.04 万吨，同比增长 22.57%；2022 年出口2.22 万吨，同比增幅明显，出口量达到 2000 年以来的最高水平，但红枣出口量占比同样小于 1%，对整体消费量拉动较为有限（图 11 - 5）。就我国红枣出口目的地而言，我国红枣出口全球近 60 个国家和地区，其中亚洲占比最高。海关总署数据显示，2022 年我国红枣出口亚洲 1.78 万吨，占中国红枣出口总量的 87.1%；其中出口中国香港地区达 0.38 万吨，约占红枣出口总量的18.75%；向越南和马来西亚分别出口 0.38 万吨和 0.27 万吨。

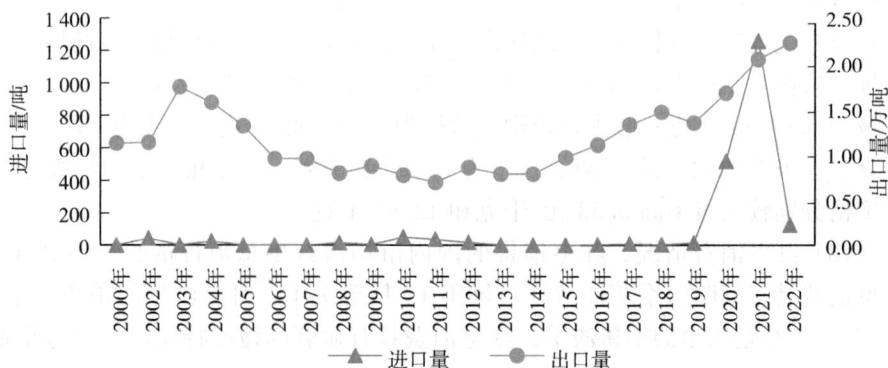

图 11 - 5　我国历年红枣进出口情况

数据来源：中国海关网。

（三）新疆红枣产业发展比较优势分析

1. 红枣成本收益

2000—2022 年，红枣生产成本整体呈现逐年上涨的情况，其主要原因是人工成本上涨幅度较大。生产成本由 2000 年的 526.44 元/亩上涨到 2022 年的 3 766.23 元/亩，年均增长率 9.35%；物质与服务费用由 2000 年的 263.24 元/亩上涨到 2022 年的 687.45 元/亩，年均增长率 4.46%；人工成本由 2000 年的 263.2 元/亩上涨到 2022 年的 3 078.78 元/亩，年均增长率 11.18%。其中：2004 年红枣生产成本涨幅最大，达到 26.16%，人工成本当年涨幅 37.76%；2011 年和 2015 年，生产成本分别涨幅达到 25.25% 和 25.22%，当年人工成本涨幅分别是 32.16% 和 32.81%。见表 11 - 3。

表 11 - 3　2000—2022 年红枣成本变化情况表

单位：元/亩、%

年份	生产成本		物质与服务费用		人工成本	
	生产成本	变化率	物质与服务费用	变化率	人工成本	变化率
2000	526.44	—	263.24	—	263.2	—
2005	880.47	23.38	437.43	33.56	443.04	14.75
2010	1 452.93	18.46	525.18	−0.7	927.75	32.98
2015	2 723.28	25.22	531.03	1.31	2 192.25	32.81
2016	2 664.38	−2.16	508.44	−4.25	2 155.94	−1.66
2017	2 441.68	−8.36	538.44	5.90	1 903.24	−11.72
2018	2 739.00	12.18	553.00	2.70	2 187.00	14.91
2019	3 196.58	16.71	563.62	1.92	2 632.98	20.39
2020	3 245.00	1.51	581.40	3.15	2 664.20	1.19
2021	3 435.36	5.87	605.09	4.07	2 830.27	6.23
2022	3 766.23	9.63	687.45	13.61	3 078.78	8.78

数据来源：《新疆农牧产品成本收益资料汇编》。

根据典型调查数据显示，骏枣每亩总成本 1 830.84 元/亩、灰枣每亩总成本 2 231.29 元/亩，骏枣单位成本 4.35 元/千克、灰枣单位成本 5.13 元/千克。调研区域统货价骏枣为 5.21 元/千克、灰枣为 7.12 元/千克。2022 年红枣每亩净利润 614.28 元，其中，骏枣每亩净利润 362.78 元、灰枣每亩净利润 865.79 元，灰枣的每亩净利润远高于骏枣。

2. 红枣生产比较效益分析

根据新疆统计数据，2005—2022 年，红枣和竞争作物棉花、葡萄（指酿酒葡萄，下同）的生产成本都呈上升趋势，2022 年较 2005 年红枣、棉花和葡萄的总成本分别上涨了 252.98%、140.14% 和 60.02%。由于 2009 年以来红枣收益大幅降低，2022 年红枣、棉花、葡萄成本收益率分别为 −70.59%、−2.46% 和 −17.57%。红枣自 2015 年以来，净利润均为负且亏损额逐年上升，到 2022 年红枣净利润达 －3 081.98 元/亩。棉花净利润在 2015 年、2018 年、2019 年和 2022 年为负，但自 2014 年以来，新疆开始实施棉花目标价格政策，棉农植棉收益得到保障。葡萄净利润仅 2011 年和 2022 年为负，但与红枣相比，亏损额度小且盈余年份多。仅从总成本和净利润来看，红枣与棉花、葡萄相比已经不具有竞争优势。见表 11－4。

表 11－4　红枣与主要竞争作物成本收益表

单位：元/亩

年份	红枣		棉花		葡萄	
	总成本	净利润	总成本	净利润	总成本	净利润
2005	1 236.97	1 504.73	1 051.03	434.87	1 929.37	2 032.3
2010	1 861.55	1 516.45	1 486.59	1 060.8	1 602.48	1 502.76
2015	3 699.21	－2 200.26	2 107.4	－621.04	1 916.02	978.31
2016	3 846.91	－2 167.97	2 115.1	43.43	1 609.97	405.14
2017	2 441.68	－1 935.47	2 205.8	107.4	1 378.33	376.38
2018	2 739.23	－2 373.23	2 191.66	－123.52	1 643.87	628.69
2019	3 196.58	－2 696.47	2 236.9	－519.02	2 321.49	736.44
2020	3 695.61	－2 737.39	2 316.19	7.39	2 200.96	107.46
2021	3 985.36	－2 977.36	2 460.56	1 292.77	2 494.48	29.76
2022	4 366.23	－3 081.98	2 523.94	－62.15	3 145.35	－552.78

数据来源：历年《新疆农牧产品成本收益资料汇编》。

借鉴农产品价格指数的计算思路，通过各类作物与特定作物生产指标相对比的相对数反映不同时期各作物与红枣生产主要指标变化方向、趋势和程度。本部分以红枣为基准，计算棉花、葡萄的单位面积比较指数，主要指数类型为亩总成本比较指数和亩均收益比较指数。根据历年棉花、葡萄、红枣亩均总成本和亩均收益，分别计算历年棉花、葡萄与红枣的亩均成本和亩均收益比较指数，进一步分析比较红枣与棉花、葡萄的比较优势。

红枣和棉花相比较，2005 年以来棉花生产成本低于红枣生产成本，2014 年以前棉花亩均收益相对较低，红枣较棉花更具有生产优势；但 2014 年以来，棉花亩均收益指数有所上升，说明红枣相较于棉花比较优势在逐步丧失。此外，新疆棉花自 2014 年开始实施棉花目标价格政策，该政策的实施有效保障了棉农的植棉收益，稳定了棉农的植棉信心，同时也进一步削弱了红枣种植的比较优势。

葡萄和红枣相比较，2005—2009 年，葡萄生产成本高于红枣生产成本，且亩均收益也低于红枣，红枣较葡萄更具优势。2009—2013 年，葡萄较红枣亩均成本优势指数呈上升趋势，但亩均收益优势指数低于红枣，表明期间葡萄较红枣仍然不具有比较优势。2014 年以来，葡萄较红枣亩均成本优势指数呈上升趋势，同时亩均收益指数也呈上升趋势，葡萄种植比较优势明显，红枣已不具备比较优势。见图 11 - 6、图 11 - 7。

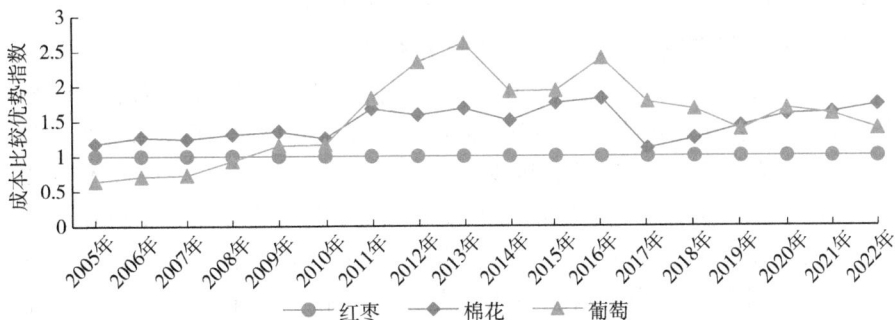

图 11 - 6　历年红枣与棉花、葡萄比较成本优势指数趋势图

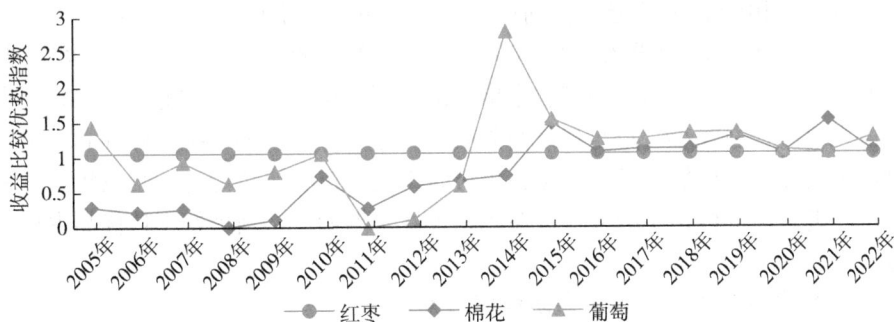

图 11 - 7　历年红枣与棉花、葡萄比较效益优势指数趋势图

（四）新疆红枣产业发展存在的主要问题

1. 种植成本只升不降，基本收益难以保障

一是随着化肥、农药、柴油和人工等成本的不断增加，红枣种植总成本逐年攀升，如遇自然灾害等情况则会导致产量下降或销售价格低迷，直接影响种植户们的收入，种植户的基本收益难以保障。2022 年种植红枣总成本是 2000 年的 7.15 倍，年均增幅达 9.35%。据调研，2022 年南疆红枣每亩管理成本（人工和物化投入）在 1 500～2 000 元/亩；枣农表示如果统货收购价格低于 4 元/千克，亩产量要高于 400 千克/亩才能保本。二是价格普遍走低，市场行情不容乐观。受国内行情影响和内地客商恶意压价，加上本地企业资金有限、收购能力有限，难以抗衡外地客商，制约了本地企业发展，果品价格不理

想。2022年，红枣平均收购价格不足2000年的40%。三是田间管理费时费力，亩均产出时好时坏。因红枣种植户规模有限，分布广泛，大都凭经验进行田间管理，如若病虫不能及时防治、水肥不能及时跟进、灾害不能及时消除、修剪不能正确操作，都会影响红枣产量和品质。枣园需要5～10年才可完全达到盛果期，周期长且费时费力，影响种植户们的积极性。

2. 质量等级存在差异，市场议价能力不足

一是低效密植枣园大面积存在，品质下降严重。2015年左右新增红枣均以直播为主，枣树密度大，目前都已陆续进入完全盛果期，但大部分枣农没有枣园的长远发展概念，舍不得间伐，使密植园管理难度、生产成本节节攀升，品质下降严重。二是枣园的生产投入普遍下降。近年来，受市场价格下跌的影响，部分枣园逐渐形成投入不足与效益低下的恶性循环。红枣售价高的时候，管理水平较高，水肥投入充足，亩均投入一般能达到2 000元以上，产量高，品质好，效益高。但随着价格持续低迷，部分种植大户亏损严重，近几年一直在减少投入，效益和品质也越来越差。部分基本农户不能熟练掌握果树田间管理技能，长期低产低效，更是舍不得投入。调查发现，部分基本农户枣园亩均投入不足600元甚至更低，使得保花保果、肥水管理、整形修剪、病虫害防治等关键技术措施落实不到位，红枣品质低下。三是红枣种植户规模普遍较小，户与户之间品质存在差异，难以形成统一标准和一定规模，优质红枣占比低，导致红枣在销售时不具备市场议价能力，难以售出令种植户们满意的价格，影响种植效益和积极性。据调研，新疆红枣特优品占比仅为4.2%。

3. 品种过于单一，病虫害防控压力大

一是新疆700多万亩的红枣面积主要布局了2个主栽品种（灰枣、骏枣），显然品种过于单一。而且这两个品种也各有不足：灰枣果实相对较小，枣头坐果能力不足，自然坐果率不高；而骏枣果大，产量高，却存在易裂果、果实病害重等缺陷。目前新疆大面积的枣树已进入盛果期，红枣市场价回落，优良品种必将成为今后市场角逐的关键。二是红枣病虫害防控压力增大。枣树除了传统病虫害的危害有逐年加重趋势外，枣树桃小食心虫、枣病毒病等一些新的病虫害也在枣树上产生危害。与此同时，由于植保机械化程度低、劳动强度大、农药利用率低、防治方法和时期不当、农药喷施成本逐年增高等，使得病虫害防控压力越来越大。

4. 加工企业规模小、能力弱，品牌多乱杂

一是目前新疆红枣果品以销售干枣为主，且主要消费市场在内地，交通运输成本很高，产品竞争优势不强。新疆1 600多家农产品销售企业中有89%属于微、小型企业，企业规模小、能力弱，受自身规模和销售能力的限制，企业的市场竞争力不强，在市场开拓中很难发挥主导作用。二是红枣加工企业小而散，行业领军龙头企业缺乏，企业研发能力和投入严重不足，加工设备水平落后，产品加工层次不高且结构单一，以简单的清洗、分级、包装等初加工为主，产品附加值低。新疆红枣半成品红枣、初原料红枣及低等级红枣占比达67.45%。三是新疆现有红枣类企业品牌近3 000个，企业品牌同质化严重，品牌定位模糊，总体呈现多、乱、杂现象，冲淡了品牌效应，不易被识别。加之品牌规模小、市场占有率低，使得企业品牌影响力很弱。我国十大红枣品牌中，新疆本地红枣品牌仅有4家，排名第一的红枣品牌"好想你"品牌价值达154.21亿元，而排名第三的新疆红枣品牌"若羌红枣"品牌价值仅37.76亿元。同时，企业也缺乏闯市场、争市场、占市场的意识，缺乏开拓市场、培育市场的能力，只能被动地参与市场竞争。

（五）新疆红枣产业高质量发展建议

1. 继续推进红枣生产标准化、规模化

一是大力推进标准果园建设，提高品质一致性。要按照红枣标准化生产的要求，加大间作果园标准化改造的力度，全面实施生产全过程的标准化管理，提高红枣品质一致性。积极开展农业标准化示范县创建活动，支持建设红枣标准园，加强对农业产业化龙头企业、农民合作社、家庭农场等规模化生产经营主体的技术指导和服务，充分发挥其示范引领作用。积极借鉴且末县有机枣园建设经验，选择生态环境好、无污染的标准化生产基地，向绿色有机农业红枣生产转换。二是充分发挥新型经营主体的作用，鼓励农民合作组织积极、慎重和稳妥推进土地流转，实现规模化生产。形成小农户大基地、小规模大区域的发展格局，实现小生产与大市场有效对接，提高规模化生产能力，保证产品的质量安全性、稳定性和一致性，放大农业生产基地的集聚效应，提高生产基地供应能力和效益最大化。

2. 强化社会化服务体系，加强基层农技力量

一是大力支持多元化社会化服务组织发展，增强服务的专业性，提高红枣产业社会化服务能力和水平。加强对红枣生产加工龙头企业、农民合作社、家庭农场等规模化生产经营主体的技术指导和服务。重点建设专业化营销社会化服务组织，紧密产销衔接关系，为红枣营销和电商提供技术支持和服务；同时要加强种植大户、经纪人和农民合作社等人员的市场营销知识、电子商务知识培训，培养一批实体销售和网络销售相结合的专项营销本土农产品的职业经理人。提升生产的组织化水平，促进产业链条延伸。二是加强公益性服务体系建设，依托现有农技推广服务体系，丰富农业技术推广手段，加强集成配套技术推广应用，提高科技成果转化率。鼓励开展第三方认证工作，为新疆红枣进入

国际市场提供便利。三是加强基础农技力量，科学管理提质增效。配足配强乡镇农业技术推广干部，利用冬闲时间组织乡镇干部、村干部、致富带头人、种植大户等骨干开展果木技术培训和考评，免费发放技术手册和优质果苗，提高管理的科学性和标准化，推动红枣产业提质增效。鼓励当地政府出台促进红枣产业发展的政策，根据种植面积、树龄、品种、品质、产量等指标合理确定补贴标准，促进红枣持续健康发展，巩固脱贫攻坚成果和推进乡村振兴。

3. 加强精深加工和产地贮藏保鲜能力，提高附加值

大力发展红枣精深加工，延伸产业链，提高附加值。一是要进一步加大对红枣精深加工企业的扶持。吸引国内外投资商、各类工商企业、大型加工企业和集团到新疆投资，充分利用和引导民间资金发展产地加工，提升产业化经营水平。根据新疆红枣的生产布局，建立红枣集中加工工业园区，使红枣加工业布局进一步合理、结构进一步优化、精深加工能力进一步增强。二是加强产地贮藏保鲜能力和冷链物流体系建设。研究开发、示范推广贮藏保鲜技术，加强红枣商品化处理和高效安全贮藏能力建设，减少贮藏损失。三是引导援疆资金投入到产地基础设施和相关配套设施的建设中，同时利用和引导民间资金、鼓励合作社等新型经营主体参与产地贮藏保鲜设施的建设，全方位提高产地贮藏保鲜能力。

4. 加快培育红枣品牌，提升品牌影响力

一是充分发挥农民专业合作社的优势，将散、小、杂等种植户集中起来，通过技术培训、品种改良、统一管理等方式提升红枣品质和标准。加大绿色有机红枣认证面积，推进线上线下相结合，加强与电子商务、助农带货等平台的合作，促进产地和销地有效对接，畅通农产品流通和物流，确保农产品"销得出""售价高"，提升品牌知名度和种植户效益。二是要强化红枣区域公用品牌的申报、维护管理力度，巩固和提升区域公用品牌的影响力。积极开展宣传、培训、参观交流等活动，树立全面的品牌意识。三是加大对区域公用品牌所有者——行业协会的扶持力度，充分发挥协会在区域品牌发展中的服务和指导作用。加大对龙头企业的扶持力度，通过龙头企业的带动力提升区域品牌的影响力。四是建立政府、协会、农民合作组织（农户）、企业等农产品区域公用品牌建设主体之间的协同管理机制，实现对品牌农产品质量标准、销售渠道、技术创新、品牌的协同管理。加大品牌宣传和推广力度，通过参加展会、评选、媒介等方式宣传和推广新疆红枣知名品牌，提高其知名度。

5. 大力培育龙头企业，完善并强化市场开拓支撑体系

一是完善农产品生产的科技支撑体系。加强品种选育和优质高产栽培技术研发。加强产学研的有效合作，抓紧组织良种培育、良法栽培和防灾减灾技术的攻关与研发。突出抓好专用型优质品种的开发和推广，加大优良品种引进、

选育力度，逐步形成生产推广一批、试验示范一批、研制引进一批的品种选育和技术研发格局。二是完善红枣质量安全支撑体系。根据当前农产品食品质量安全监管多头管理和质量安全问题较多的实际，深入推进农产品和食品质量安全监管与服务体系改革。构建企业监产、政府监控、部门监管、社会监督的安全体系，坚持"产出来""管出来"，以抓生产源头的监管和消费市场的终端监管为重点，整合多部门的监管力量，强化农产品质量安全监管综合协调。三是遵循市场规律，鼓励有实力的企业重组、收购、兼并实力弱、规模小的红枣加工企业，提升企业的加工、销售能力。鼓励龙头企业大力发展订单农业，全面提高新疆农业订单生产的覆盖范围；引导龙头企业与农户结成风险共担、利益均沾的经济共同体，实行产加销一体化经营；引导大中型龙头企业与国内外不同区域大型营销企业建立合作营销关系，加快推进本土化连锁经营，提高终端服务水平。四是重点围绕沿海地区，特别是发达地区一线城市的水果专营店，选择一批积极主动、行业领军、有规模、有竞争力的新疆龙头企业，鼓励与其合作，发挥新疆红枣品质和价格优势，利用内地水果专营店的销售网络进行联合经营；加强电子商务交易平台建设，以新疆电子商务科技园为平台，支持疆内的林果网、大唐丝路网开展网上交易；积极利用好国内阿里巴巴、京东等第三方电子商务交易平台，增加线上交易量。

二、新疆中草药产业高质量发展研究

(一) 我国中草药产业发展概况

中国是中草药的发源地，亦是世界上规模最大、品种类型最多、生产体系最完整的中药材生产大国。近年来，我国中草药产业发展迅速，展现出蓬勃的生机与活力，种植面积虽然有波动，但总体呈现增长趋势。2022 年，中药材种植面积约为 5 250 万亩，政府鼓励创建以中药材为主的优势特色产业集群和以中药材为主导的农业产业强镇，因地制宜发展中药材种植产业，进而推动我国中药材资源的可持续利用。中药材种植面积不断扩大，种植技术不断提高。许多地区利用当地的地理、气候等资源优势，发展起了特色中草药种植，形成了具有一定规模的中药材种植基地。同时，随着科技的进步，中药材种植也逐渐实现了标准化、规模化生产，提高了中草药的质量和产量。

2022 年，我国中药材产量及需求量分别为 521.0 万吨、520.7 万吨，产量逐年递增，市场情况也相对稳定。中药材主要用作中药饮片和中成药的原料，经过净制、切制、炮制等加工后制成符合临床需要的饮片、中成药等。2022 年，中国中成药产量为 244.66 万吨。随着中草药加工技术的不断提升，消费者对中草药产品需求的多样化，药企也积极开发新产品，产品种类日益丰富。

　　此外，我国中草药产品也逐渐走向世界，中医药已传播至196个国家和地区，成为中国与东盟、欧盟、非盟、拉美和加勒比国家共同体以及上海合作组织、金砖国家、中国-中东欧国家合作、中国-葡语国家经贸合作论坛等地区和机制合作的重要领域，建设了30个较高质量的中医药海外中心和56个中医药国际合作基地。2022年中药材出口总量13.50万吨，较上年增长7.14%，国际市场的开拓为中草药产业的发展注入了新的动力。

　　近年来，国家出台了一系列支持和扶持中草药产业的政策，为中草药产业的健康发展提供了有力保障。见表11-5。

表11-5　我国中草药产业方面的部分政策梳理

时间	文件名称	主要内容	发文单位
2019年	《中共中央 国务院关于促进中医药传承创新发展的意见》	明确提出大力推动中药质量提升和产业高质量发展，加强中药材质量控制，促进中药饮片和中成药质量提升，加强中药质量安全监管	中共中央、国务院
2021年	《推进中医药高质量融入共建"一带一路"发展规划（2021—2025年）》	加快培育我国中医药国际化企业和国际知名品牌，扩大中药类产品贸易；加强中药类产品海外注册服务平台建设，扩大中医药国际市场准入；推动与共建"一带一路"国家联合开展药用植物的保护、开发与利用，加强中药材产业合作；提升产业数字化水平，推动开展中医药跨境电子商务，引导跨境电商进行中医药产品推广	国家中医药管理局和推进"一带一路"建设工作领导小组办公室
2021年	《"十四五"推进农业农村现代化规划》	提出发展设施农业，因地制宜发展林果业、中药材、食用菌等特色产业	国务院
2022年	《"十四五"中医药发展规划》	支持珍稀濒危中药材人工繁育。公布实施中药材种子管理办法。制定中药材采收、产地加工、野生抚育及仿野生栽培技术规范和标准。完成第四次全国中药资源普查，建立全国中药资源共享数据集和实物库，并利用实物样本建立中药材质量数据库，编纂中国中药资源大典。制定发布全国道地药材目录，构建中药材良种繁育体系。健全中药材种植养殖、仓储、物流、初加工规范标准体系。鼓励中药材产业化、商品化和适度规模化发展，推进中药材规范化种植、养殖。鼓励创建以中药材为主的优势特色产业集群和以中药材为主导的农业产业强镇。加强中药材第三方质量检测平台建设。研究推进中药材、中药饮片信息化追溯体系建设	国务院

（续）

时间	文件名称	主要内容	发文单位
2023 年	《中医药振兴发展重大工程实施方案》	提出中药质量提升及产业促进工程，加快促进中药材种业发展，大力推进中药材规范种植，提升中药饮片和中成药质量，推动中药产业高质量发展	国务院办公厅

我国中草药产业在政策、种植、加工、销售等方面都取得了显著进步，展现出良好的发展前景。然而，也应看到，中草药产业在发展中仍面临一些挑战，如资源保护、质量控制、市场规范等问题。因此，未来中草药产业需要继续加强科技创新和产业升级，推动中草药产业的可持续发展。

（二）新疆中草药产业发展概况

近年来，我国内地中药材种植已明显有向西转移趋势，目前新疆已兴起中草药种植热潮，各县（市）对中药材种植都有强烈的需求，如阿勒泰地区提出打造"新疆药谷"。新疆为全面推进中药材产业发展，在政策、资金等方面给予大力支持和倾斜，吸引众多企业和资本纷纷进疆布局，促进中药材种植面积迅速扩大、种类不断增加、加工转化能力不断提高。新疆中草药产业化取得初步成效。

2021 年，新疆维吾尔自治区人民政府印发《自治区贯彻落实〈国务院办公厅关于加快中医药特色发展的若干政策措施〉的实施方案》，提出实施中药材提升工程；当年还把中药民族药产业高质量发展纳入《新疆维吾尔自治区药品安全"十四五"规划》，规划提出新疆以优势道地药材肉苁蓉、伊犁贝母、板蓝根、阿魏、红花等中药材为抓手，积极推进产地道地化、种源良种化、种植标准化，加快构建规范化中药材种植体系。2022 年，新疆将民族医药产业确定为自治区重点培育的 12 个产业集群之一，并列入 2022 年"六重"清单。

2021 年度新疆中药材种植面积 234 余万亩，其中甘草约 10 万亩，主要分布在南疆及阿勒泰地区；肉苁蓉约 40 万亩，主要分布在吐鲁番地区及南疆和田地区于田县、巴州且末县等；红花约 40 万亩，主要分布在塔城、伊犁、昌吉等地；枸杞约 20 万亩，主要分布在博州、阿勒泰等地；沙棘 30 万亩，主要分布在南疆地区；孜然 70 万亩，主要分布在巴州地区；伊犁贝母约 5 万亩，主要分布在伊犁地区、塔城地区；菘蓝 4 万亩，主要分布在和田、巴州、昌吉州、塔城地区和阿勒泰地区；黄芪约 2 万亩，主要分布在阿勒泰地区；民族药材 3 万亩，主要分布在南疆地区；其他中草药面积约 10 万亩。

随着中药材种植面积不断增加，新疆不少中药材实现规模化、规范化发展，建立起中药材良种繁育基地和生产基地，其中不乏国内知名企业设立的"定制药园"。在伊犁、塔城、喀什、和田等适宜种植中药材的地方，科学规划建设中药材种植基地，促进种植结构调整，带动农牧民持续稳定增收。

新疆以丝绸之路经济带核心区医疗服务中心建设为契机，利用2010年国务院批准新疆的4个中药材进口口岸政策优势，推动以乌鲁木齐为核心，霍尔果斯、喀什为两翼的现代中药材产业基地建设，打造立足国内和中亚市场，集中药材种植、加工、仓储和集散并辐射周边国家的中药材供应基地。

新疆中药、民族药制药企业立足新疆特色品种和资源优势，紧跟国家发展步伐，积极响应国家产业政策号召，紧紧抓住发展机遇，加快推动中药、民族药产业现代化建设。近年来，新奇康药业股份有限公司、新疆维吾尔药业有限责任公司、新疆银朵兰药业股份有限公司、特丰制药有限公司、新疆华世丹药业股份有限公司等一批疆内中药、民族药生产企业逐步崭露头角，形成以维吾尔药为代表的中药民族药龙头和骨干企业，产品站稳新疆、进军全国，布局中亚，打响新疆药品品牌。新疆已形成中药、民族药等门类齐全的医药工业体系，上百条药品生产线能生产颗粒剂、胶囊剂、口服溶液剂等十几种剂型。全疆现有中药品种281个、医疗机构取得注册文号的中药民族药制剂188个、备案的传统工艺中药制剂142个。

（三）新疆中草药产业发展比较优势分析

1. 特殊的生态类型具备丰富多样的中草药资源

新疆地大物博，造就了多样的地理环境和生物资源，大量原生特色药材分布在高原、森林、草原、荒漠，尤其是中药民族药资源位居全国前列，野生道地药材、大宗药材品种优势突出。根据第三次全国中药资源普查和第四次中药资源普查试点数据统计，新疆药用植物、动物、矿物等药材共1 917种、1 208味，以植物药为主，共151科1 791种，位居全国前列。其中植物药材有4个品种的蕴藏量达到万吨以上、7个品种的蕴藏量达到千吨以上。紫草、伊贝母、黑种草子、菊苣、阿魏等百余种地产植物药材被载入中国药典，新疆红花、肉苁蓉、甘草、菘蓝、大枣等享誉全国。

2. 具有适宜生产高品质中药材的优越自然环境

新疆得天独厚的地理、水土、气候条件为新疆中药材种植创造了有利环境。新疆光热资源丰富、气候类型复杂、昼夜温差大，有利于地产资源优势发挥，适宜多种中药材的引种和种植，中药材资源丰富、品质优良，很多中药材在国内外享有盛名。2022年，国家林草局发布《林草中药材产业发展指南》，根据气候、土壤和地理环境条件、林草资源分布及群落特征，将新疆列入全国

9 个林草中药材生产区之一的三北防风固沙区林草中药材生产区，该生产区适宜采用林药混作、药草混生和药草间作模式，发展甘草、黄芪、枸杞、肉苁蓉、天山雪莲、板蓝根、雪菊等中药材种植。新疆中药材种植品种主要包括伊贝母、黄芪、肉苁蓉、甘草、板蓝根、金银花等。伊犁哈萨克自治州生产的伊贝母是一种与川贝、浙贝齐名的贵重中药材；黄芪的品质和有效成分含量为内地主产区同类品种的 2～4 倍。阿勒泰出产的甘草有效成分甘草苷单位含量 1.82，是国家药典规定含量 0.5 的 3.6 倍以上；甘草酸单位含量 3.2，是国家药典规定 2.0 的 1.6 倍。

3. 独具特色的民族医药文化源远流长

新疆的民族医药文化独具特色，具有悠久的历史、多元融合的特点、独特的医学理论以及独特的疗法特点，在中华医药宝库中占有重要地位。例如维吾尔医药学基于气质学说、体液学说和器官学说，形成了一套完整且独特的医学理论体系，经过千百年的实践积累，形成了大量有效的治疗方法和药物配方，尤其在治疗一些慢性疾病和地方性疾病上显示出独特效果。哈萨克医药在治疗跌打损伤、风湿病、关节炎、皮肤病等常见病方面具有独特疗效，不仅深受疆内各族群众的信赖，而且在哈萨克斯坦、塔吉克斯坦等中亚国家也享有良好声誉。近年来，国家加大对民族药、地方药发展的支持力度，新疆的中医药文化将迎来新的发展机遇。

4. 中草药旺盛的市场需求带来良好的经济效益

近年来，新疆多地展开引种试种，如伊犁州多个县（市）试种半夏，阿勒泰地区、塔城地区引种射干、黄芩、防风、桔梗等中药材，南疆地区引种了板蓝根、金银花等中药材，以上引种的中药材品种，不仅在新疆试种成功，并且取得了良好的经济效益。由于新冠疫情和中草药原材料需求量增大，中药材价格呈稳步上升趋势，当前，板蓝根价格 10～12 元/千克，红花价格 150～180/千克，金银花价格 120～160 元/千克，新疆中药材收益呈逐年上升趋势。许多中药材种植和加工企业都有意愿在新疆发展中草药产业，部分合作社和种植企业已经和内地加工企业签订了合作协议并布设了种植基地。

（四）新疆中草药产业发展存在的主要问题

1. 中草药野生资源保护亟待加强，缺乏深层次的开发和利用

新疆特殊的地理位置和气候条件，造就了其特有的中草药植物种类，尤以甘草、雪莲、红花、贝母、紫草、新疆阿魏等最为有名。其中被国家列为重点保护的有 10 余种，肉苁蓉、锁阳、甘草等为国家二级保护植物，阿魏、新疆贝母等为国家三级保护植物。这些道地药材被过度采挖且没有后续的补种、挽救措施，导致其正在慢慢减少甚至濒危。如新疆阿魏、新疆软紫草、伊贝母、甘草、麻黄等资源局部区域的破坏程度达到 80％以上；再如巩留县为新疆伊贝母种植大县，种植面积曾达到 10 余万亩，但该县从 1985 年开始大面积人工繁育种植，由于品种退化严重，药材质量明显下降，目前鲜贝母大如马铃薯，价格降到 5～7 元/千克，前景堪忧。

2. 中草药生产加工的标准化、规范化程度低

中草药讲究道地性。新疆中草药种植、加工环节的标准化、规范化水平有待提高：目前尚无集约化、标准化的中药材种子、种苗繁育体系，中药材种植所需的种子、种苗大部分从外地调入，小部分为自留种或当地繁育种苗；种植种类多而杂，主推品种不明确，难以形成规模效益。大部分中药材仍以农民自己种植为主，依靠自身总结的种植经验和管理方法，缺乏统筹协调和生产技术指导与跟踪服务，缺乏统一的种植技术标准和加工规范，同时缺乏相应的监管，使得中药材的收获、晾晒等一系列程序标准化、规范化程度低，甚至会造成部分产品农药化肥超标，导致产品质量参差不齐。以上这些因素直接影响到新疆中药材的质量控制和市场认可度。

3. 中草药专业技术人才缺乏，科技支撑能力不足

目前，新疆缺少中药材种植的专业技术团队，以企业为主体的产学研合作研发体系尚未形成。在科技推广服务方面，体系尚不完善，专业从事中草药生产的技术人员数量极少，服务机制不活，推广模式陈旧。中药民族药种质资源普查、珍稀中药材引种等基础性工作进展缓慢，中药材的提纯扶壮、良种选育、规范化种植、质量控制等无法开展，难以为中草药产业发展提供有力的科技支撑。对于野生中草药资源的新品种研发、有效成分提纯等方面缺少科研力量的融入。在中药材规模化种植、精细化种植、水肥一体化、测土配方施肥等方面缺少系统的研究。此外，中药材加工产品的开发和中医药科研水平严重滞后，中医药产业链延长存在困难。

4. 中草药精深加工能力不足，产业链不完善

目前，新疆专业从事中药材生产、加工、仓储、流通的企业数量较少，且企业规模小，中药材加工能力弱，精深加工能力不足，产品消化率低。当地生产的中药材主要以原材料形式或初加工后的切片形式卖出，产品附加值低，尚未形成产业优势，对发展中草药生产的影响力和带动力非常有限。农民合作社、家庭农场等新型经营主体发展缓慢，农民的组织化程度仍然很低。在中药材产业的培植中，产业链条很短，中药材种植、产地初加工、生产、流通、产品研发等各个环节严重脱节，信息闭塞、流通不畅、加工落后，缺乏规模优势，产业化水平很低。从全国来看，新疆某种程度上成了全国的种植基地。

5. 中草药规模化程度低，品牌建设意识不强

新疆的中药材种植呈现出生产分散、小而杂的局面，且零星分布在不同的县、乡、村，没有形成规模效应。以伊犁哈萨克自治州的直属县市为例，中草药行业的经营组织多以种植户、家庭农场、合作社等形式存在，鲜有50人以上的规范化、规模化企业，未形成规范的种植管理、完善的市场以及相对稳定的销售体系。品牌建设意识不强。新疆作为中国的重要中药材产区，拥有丰富的中草药资源和独特的地理环境，目前，新疆大部分地区尚无注册具有地域特色的中药材品牌，也没有一个品种实现地理标志认证。许多新疆优质中草药产品缺乏统一、鲜明的品牌形象，品牌认知度低，这导致其即便产品质量上乘，也难以在市场中脱颖而出、获得更高的附加值。如管花肉苁蓉以新疆和田地区产量最多，是新疆道地药材，其药性主要成分松果菊苷和毛蕊花糖苷的总含量为2.26%，高于荒漠肉苁蓉0.73%，品质明显优于内蒙古、甘肃等地的肉苁蓉，但内蒙古阿拉善盟的肉苁蓉市场占有率和认可度更高。

（五）新疆中草药产业高质量发展建议

新疆中草药产业应聚焦"标准化种植、精深化加工、品牌化营销"三大关键环节，构建起全产业链中草药产业体系；合理规划建设中药材加工产业园，引进国内实力药企合作，打造道地药材产业集群；通过政府推动、科研领动、龙头带动、药企联动，逐步形成集药品生产、中药饮片加工、药用原辅料生产、交易与流通、种植于一体的产业体系；推进中草药生产与产业发展、休闲旅游、美丽乡村和康养小镇建设相结合，培育中药材新业态新模式。

1. 加强中药材基地建设，实现中药材标准化生产

优化新疆中草药产业布局，形成"一乡一品、一村一药"发展模式。推动种植公司、专业大户、家庭农场、合作社发展，实现中药材从分散生产向组织化生产转变，以中药材种植绿色化为基础，以建立中药现代化科技创新基地为目标，推动绿色中药材规模化经营、标准化生产、产业化发展，逐步打造绿色道地中药材生产基地。积极推进甘草、黄芪、柴胡、板蓝根、黄芩、小茴香等大宗地道中药材优势品种的标准化种植，同时通过多渠道引种、适应性研究和特色种植培育，搭配其他适宜品种，扩大规范化种植规模。建立现代化中药材制种及种苗基地，实现种子、种苗自给。建立完善中药材质量标准体系，制定标准化栽培技术规程，指导中药材规范化生产。推动中药材精准作业和机械化生产等技术的推广和应用。严格中草药生产全过程质量管控；鼓励以企业为主体，建设中药材原料标准化生产基地和良种繁育基地，支持采用现代技术进行绿色加工，从源头上确保中药饮片和中成药产品质量。

2. 加快中药材市场培育，建立中药材现代流通体系

把建设具有区域特色的充满开放活力和繁荣景象的中药材市场体系作为推进中药材产业有序健康发展的切入点和关键环节进行统筹安排。在新疆合理布局建设集仓储物流、市场交易和电子商务、供应链管理于一体的中药材现代化综合交易中心，发展大宗中药材贸易，形成区域性中药材专业市场。同时，建设中药材仓储基地，开展药材收购、仓储、初加工、物流配送、区域代理等业务，辐射带动周边产区，形成营销物流网络体系。依托口岸优势，建设中医药进出口贸易中心，积极发展中医药进出口国际贸易。

3. 加强中药材加工企业培育，完善产业链

制定优惠政策，引进一批有实力的医药龙头企业，壮大新疆中药材产业。扶持本地具有发展潜力的企业，促进中小企业协作配套，完善产业链条，营造龙头企业成长的产业生态环境，形成区域性、规模化、现代化的企业集群。鼓励中小加工企业向大宗中药材生产基地集中，依托中药材集散地，开展中药材原料收购和初加工，加强分拣、清洗、晾晒、加工、烘干、包装、贮藏等配套设施建设，形成完善的中药材产地初加工体系。鼓励中小企业、专业合作社开展订单加工业务，为大型制药企业、进出口贸易企业提供加工产品，拓宽新疆中药材的市场销售渠道。

4. 加强质量监管，培育地方中药材品牌

完善中药材种子种苗、种植技术、原料生产、质量检验等关键环节的质量技术标准体系，加强各环节的全程质量控制。规范中药材种源及繁育过程管理，严格执行国家关于中药材农药残留、重金属限量标准，加强中药材生产环节投入品监管执法。加强中药材专业市场管理，完善质量检测技术手段，加强对上市交易中药材的质量检测监管。建立中药饮片标准体系，制定实施中药饮片炮制规范，加强中成药质量控制，提高智能制造水平。建立中药材生产、加工、销售、使用全过程质量追溯体系，实现"来源可知、去向可追、质量可查、责任可究"。实施中药材品牌发展战略，从政策、人才、资金等方面支持培育具有突出优势的知名品牌。建立优势品种新品牌培育机制，定向精准培育，扩大产品生产规模和销售规模，提高品牌影响力。同时，以打造品牌为引领，大力推进中药材 GAP 认证和中药材产业发展"两品一标"认证，提升中药材种植基地规范化水平，着力提高产业竞争力，全力打响新疆特色中药材品牌。

5. 创新发展理念，加强中药材的多功能性开发

推广中药材养生理念，将药膳、药浴、药熏等现代休闲方式引至中药材种植基地；发展中药材文化休闲旅游，将中药材、经济作物立体式种植基地和中药材规范化种植示范基地、人文景观、自然风光、休闲农庄等有机结合

起来，大力开发和发展现代中药绿色康养休闲旅游产业，快速扩大中药材产业的影响力；大力弘扬和传承中医药和民族特色医药文化，普及健康养生新文化，传播中药养生新理念，着力打造集中药材观赏、种植、科普、体验等休闲旅游、拓展培训于一体的综合性中药材种植基地和中药材文化休闲旅游基地。

■ 三、新疆辣椒产业高质量发展研究

(一) 我国辣椒产业发展概况

辣椒原产于墨西哥，约在明朝末年传入我国。经过 400 多年的发展，我国已成为世界上最大的辣椒生产国和消费国，种植面积及产量还在逐年增长。得益于辣椒育种水平和栽培技术的提升以及国家产业政策的支持，21 世纪以来我国辣椒产业飞速发展，当前我国辣椒栽培已不受季节和地域限制，形成了"大范围＋小地域"的种植新趋势，种植面积和产量分别约占世界的 40％和 50％，均居世界首位。作为鲜食蔬菜，辣椒已成为我国仅次于白菜的蔬菜品种；作为调味品，辣椒是我国消费量最大的调味品。

1. 我国辣椒产业发展相关扶持政策

有关辣椒产业方面的农业政策梳理如下。见表 11 - 6。

表 11 - 6　我国影响辣椒行业发展相关政策梳理

时间	部门	名称	内容
2016 年 12 月	中共中央、国务院	中共中央　国务院关于深入推进农业供给侧结构性改革　加快培育农业农村发展新动能的若干意见	完善全国农产品流通骨干网络，加快构建公益性农产品市场体系，加强农产品产地预冷等冷链物流基础设施网络建设，完善鲜活产品直供直销体系
2019 年 8 月	国务院办公厅	国务院办公厅关于加快发展流通促进商业消费的意见	扩大农产品流通，加快农产品产地市场建设，实施"互联网＋"农产品出村进城，加快发展农产品冷链物流，完善农产品流通体系，加大农产品分拣、加工、包装、预冷等一体化集配设施建设支持力度，加强特色农产品优势区生产基地现代流通基础设施建设
2020 年 12 月	国家发展和改革委员会	鼓励外商投资产业目录（2020 年版）	推进供应链创新应用，开展农商互联农产品供应链建设，提升农产品流通现代化水平

（续）

时间	部门	名称	内容
2021年2月	中共中央、国务院	中共中央 国务院关于全面推进乡村振兴加快农业农村现代化的意见	鼓励贵州省畜禽、辣椒、苦荞、山药、核桃深加工产业；鼓励陕西省小杂粮、马铃薯、红薯、辣椒、苦荞、山药、核桃种植及开发、生产及深加工产业
2021年8月	商务部	商务部关于加强"十四五"时期商务领域标准化建设的指导意见	加强农产品流通标准化，创新流通方式。进农产品市场标准化、规范化建设，制修订市场管理技术标准，规范市场升级改造，推进市场分级分类管理，推行拍卖、订单等现代交易方式
2021年11月	国务院	"十四五"推进农业农村现代化规划	改造提升农村寄递物流基础设施，推进乡村运输服务站建设，改造提升农贸市场等传统流通网点
2023年2月	中共中央、国务院	中共中央 国务院关于做好2023年全面推进乡村振兴重点工作的意见	全面完善农产品流通骨干网络，改造提升产地集散地、销地批发市场，布局建设一批城郊大仓基地

2. 我国辣椒种植规模及产量概况

据 FAO 数据显示，近10年来，中国与全球辣椒种植面积和产量均呈现波动增长趋势。2000—2021年，全球30%以上的辣椒在中国种植，中国产量占全球产量的近一半，是全球最大的辣椒主产国。

2021年，我国辣椒种植面积达 1 240.5 万亩，较 2020 年的 1 221 万亩增加了 19.5 万亩，增幅约 1.6%；与 2014 年的 1 090.5 万亩相比，8 年间增量为 150 万亩，增幅约 13.76%，年均复合增长率为 1.86%。2017—2021 年，我国辣椒种植面积由 1 164 万亩增长至 1 240.5 万亩，2022 年中国辣椒种植面积达 1 260.7 万亩，2023 年达 1 279.2 万亩。见图 11-8。

随着种植面积的扩大，我国辣椒产量也持续增长。数据显示，2023 年我国辣椒产量达到 2 101 万吨，较上年同比增长 2.34%。与 2017 年的 1 811 万吨相比，6 年间增量约 290 万吨，增幅约 16.01%，年均增长约 50 万吨，年均复合增长率为 2.14%。见图 11-9。

3. 我国辣椒主产区概况

华北、西北是我国辣椒的优势产区，华南是冬季优势产区，主要种植品种

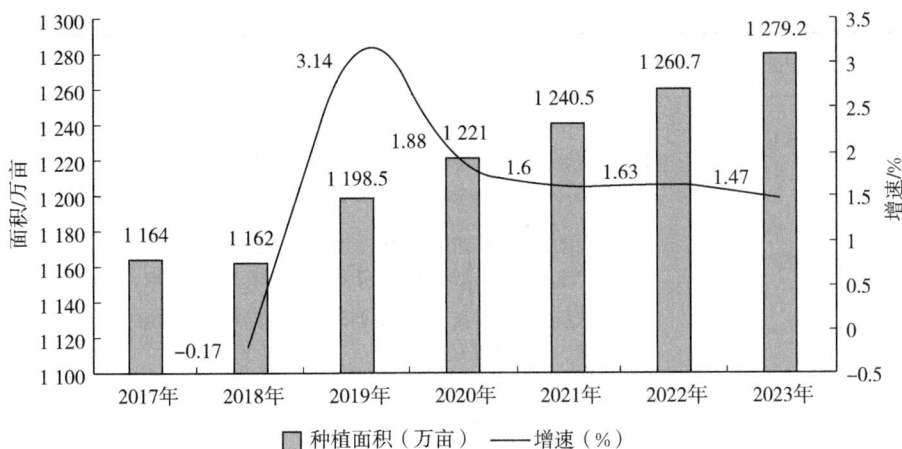

图 11-8　2017—2023 年我国辣椒种植面积及增速
数据来源：联合国粮食及农业组织。

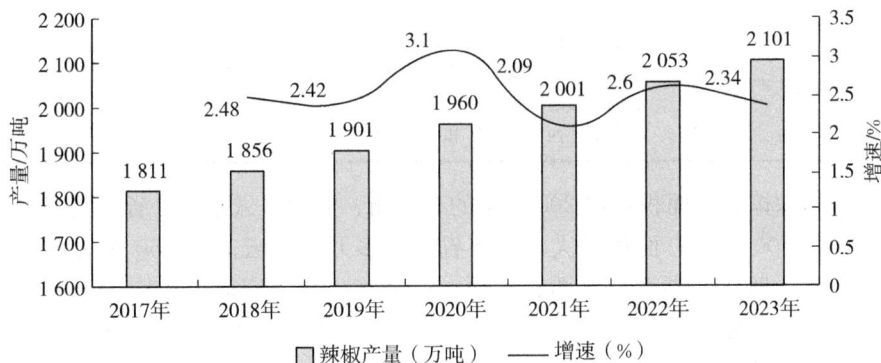

图 11-9　2017—2023 年我国辣椒产量及增速
数据来源：联合国粮食及农业组织。

有线椒、干椒、朝天椒、薄皮泡椒、羊角椒、牛角椒等，西北品种类型以加工干椒、大果型螺丝椒、厚皮甜椒为主。见表 11-7。

表 11-7　我国辣椒主产区及主产区概况

主产区	主产区概况
华中河南、安徽、江苏、河北南部等主产区	该主产区露地栽培以朝天椒为主，越夏麦茬栽培以青皮尖椒为主，部分线椒品种则以辛香 8 号、辣丰 3 号、博辣艳丽为主。早春保护地和秋延保护地栽培以大果型泡椒、薄皮泡椒和早熟黄皮为主。长江中下游地区安徽、江苏等地薄皮泡椒以改良苏椒 5 号类型为主

（续）

主产区	主产区概况
北方保护地辣椒主产区	该主产区含山东、河北、辽宁等华北、华东地区温室、大棚秋延等辣椒种植区域，品种类型以大果型牛角椒、高品质的大果型黄皮椒、厚皮甜椒为主，早熟大果型甜椒种植面积呈增长趋势
华南嗜辣主产区	该主产区主要包括四川、重庆、贵州、云南、湖南、江西、湖北等嗜辣地区，主要品种类型有线椒、干椒、朝天椒、薄皮泡椒、羊角椒等
西北辣椒主产区	主要包括甘肃、新疆、陕西等西北地区，品种类型以加工干椒、大果型螺丝椒、厚皮甜椒为主
东北露地夏秋辣椒主产区	该主产区主要包括东北三省、宁夏、内蒙古等辣椒种植区域，品种类型以厚皮甜椒和粗黄绿皮尖椒为主。麻辣椒在辽宁地区有一定的种植面积，品种以沈椒系列为主；吉林等地干椒品种以金塔类型为主
南椒北运主产区	南椒北运主产区主要是指广东、广西、海南、云南、福建等地南菜北运基地。该区域利用天然的气候条件进行辣椒生产，冬季辣椒北运供应内地市场
高山蔬菜主产区	主要是内蒙古高原和云贵高原形成的第二阶梯地区。在内蒙古、河北、甘肃、宁夏、山西、湖北、贵州、云南等地区，利用高纬度进行辣椒越夏栽培而形成一些自然区域，特点是产品夏秋季供应市场，同时也产生了"西菜东运"和"北菜南运"的说法

我国辣椒栽培面积超过 200 万亩的有贵州、河南、云南 3 个省，其中贵州省已超过 500 万亩，面积最大，河南省 300 多万亩，云南省 250 多万亩。湖南、河北、四川、湖北、江西、陕西、海南、山东、安徽、辽宁、吉林、山西、新疆、宁夏、甘肃、内蒙古等省份也是生产和食用辣椒的主要区域，面积均在 50 万亩以上。

4. 我国辣椒产业产值规模概况

我国辣椒种植面积和产量持续扩大，由辣椒作为原料延伸出的产品也越来越多，如辣椒干、辣椒粉、辣椒酱、辣椒红色素等，辣椒行业发展前景广阔。数据显示，2017—2021 年我国辣椒产业规模由 2 729.27 亿元增长至 3 589.17 亿元，2023 年已超 4 000 亿元。见图 11－10。

5. 我国辣椒交易市场概况

我国辣椒交易量、冷链仓储周转量、物流年吞吐量整体呈正增长态势，辣椒产业初步形成"买全球、卖全球"的格局。从辣椒国内贸易来看，我国辣椒主要贸易集散基地有 5 座。一是柘城辣椒大市场，隶属河南省商丘市柘城县，是全国最大的干椒交易市场，产品销往全国各地和全球 20 多个国家及地区，种植面积常年稳定在 40 万亩，干椒年产量约合 12 万吨，年交易量达 60 万吨、交易额突破 70 亿元。二是中国辣椒城——虾子辣椒批发市场，位于贵州省遵

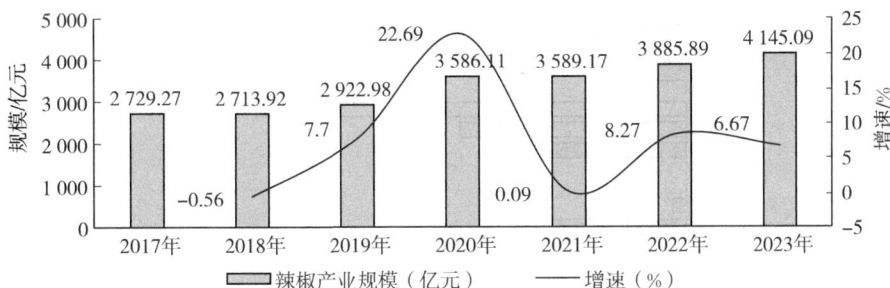

图 11-10　2017—2023 年我国辣椒产业规模及增速

数据来源：行业公开数据。

义市。全市辣椒种植面积稳定在 200 万亩左右，已成为国内规模最大的辣椒专业批发市场，可满足 75 万吨辣椒交易量、56 万吨冷链仓储周转量、120 万吨物流年吞吐量。三是青岛胶州于家村大椒城，位于山东省青岛市，是国内北方地区效益较高的封闭式大椒交易市场，日销量可达 1 000 吨，年交易额接近 120 亿元。每年国内辣椒经由该辣椒城集散流转量约占国内市场份额的 70% 以上，出口数量接近国内总出口数量的 80%。四是中国辣椒第一城——中国武城辣椒城，位于山东省德州市武城县城南郊，是集辣椒收购、储存、加工、销售、服务、科研于一体的大型综合性专业市场，年交易量达到 12.5 万吨，交易额约 10 亿元。五是云南砚山稼依辣椒城，它是全国第二、西南地区最大的辣椒专营市场和集散地。

6. 我国辣椒国际进出口贸易概况

从进口贸易来看，我国辣椒进口商品主要有"鲜或冷藏辣椒（包括甜椒）""未磨辣椒干""已磨辣椒"，其中，"未磨辣椒干"是我国最主要的进口辣椒商品。2021 年，我国进口"未磨辣椒干"22.24 万吨，在辣椒相关商品进口总量中所占的比重约为 85.9%；进口金额为 5.11 亿美元，在辣椒相关商品进口总金额中所占的比重约为 89.94%。

从出口贸易来看，我国主要出口的"鲜或冷藏辣椒（包括甜椒）""未磨辣椒干""已磨辣椒"等辣椒商品中，"已磨辣椒"的出口量及出口金额相对较大。2021 年，全国出口"已磨辣椒"17.34 万吨，出口金额为 4.64 亿美元，在全国辣椒商品总出口量和总出口金额中所占的比重分别为 53.45%、66.38%。见图 11-11。

我国辣椒相关产品进口规模整体小于出口规模，近年来，出口量大幅增加，随着商品标准化水平的提升，出口单价也有所上涨；主要进出口商品为"鲜或冷藏辣椒（包括甜椒）""未磨辣椒干""已磨辣椒"。2021 年，进口量及进口金额最大的商品为"未磨辣椒干"，规模分别为 22.24 万吨、5.11 亿美

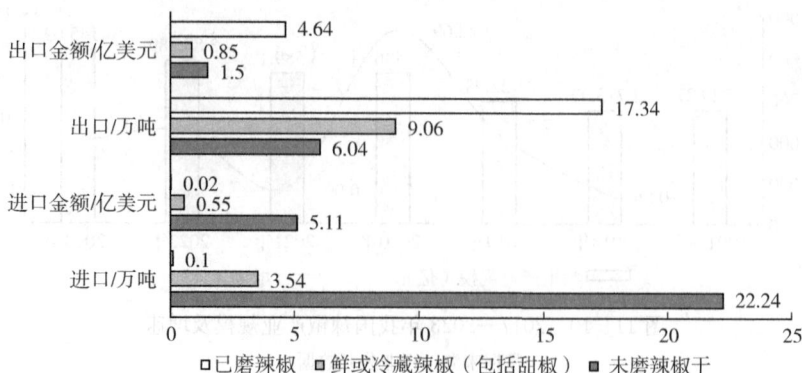

图 11 - 11   2021 年我国辣椒主产品进出口量及金额对比

数据来源：中国海关。

元，各占当年辣椒相关商品进口总量和进口总金额的 85.9%、89.94%，主要进口自印度、越南、缅甸；出口量及出口金额最大的商品为"已磨辣椒"，规模分别为 17.34 万吨、4.64 亿美元，分别占当年辣椒相关商品总出口量和总出口金额的 53.45%、66.38%，主要出口至西班牙、美国、日本。

农业农村部农业贸易促进中心官网数据显示，2022 年，中国辣椒出口额 17 亿美元，同比增长 11.6%。其中，干辣椒出口额 15.6 亿美元，同比增长 8.1%；鲜辣椒出口额 1.4 亿美元，同比增长 71.2%；中国辣椒前三大出口市场依次为美国、日本和西班牙，合计占辣椒出口总额的 41.1%。

（二）新疆辣椒产业发展概况

新疆地处世界加工辣椒适宜种植带（温度 15～34℃ 的区域），阳光资源充足，优越的自然种植条件非常适合辣椒生长。新疆南疆地区常年少雨干旱的天气，既有利于辣椒生长期的水肥调控，又有利于采摘期的晾晒。随着滴灌等栽培模式的普及，再加上新疆土地流转已经大面积推广，更加有利于辣椒集中连片种植，新疆土地集中连片程度高，具备机械化规模种植优势，其规模化种植程度远远高于国内其他产区。另外，新疆干燥少雨，辣椒病虫害的种类和发生程度均小于国内其他产区。病虫害少，就意味着农药残留少，因此，新疆是国内绿色和有机辣椒最理想的产区。新疆辣椒在产量和品质方面优于国内其他辣椒产区，辣椒种植业在新疆的发展势头强劲。新疆已经成为全国制干辣椒的原料基地，正在成为全球加工辣椒主产地之一。

1. 新疆辣椒种植规模概况

从种植规模来看，自 2005 年新疆发展辣椒产业"红色产业发展战略"以来，围绕农业增效和农民持续增收、促进农业产业结构调整、积极发展特色优势农业，新疆辣椒种植面积逐年增加。新疆辣椒种植面积已经从2002年的12.6万亩增加到2019年的105.45万亩，而到2023年，新疆辣椒种植规模又进一步提升到了200万亩以上，辣椒年总产量达到了50万吨以上。其中，制干辣椒种植面积达到了68.55万亩以上，制干辣椒产量已经达到了全国总产量的1/5。

从种植布局来看，自2019年以来，新疆辣椒种植区域逐步稳定，开始呈现北疆地区逐步退出、南疆地区种植面积逐步扩大的趋势。北疆片区主要分布在昌吉州、塔城地区和伊犁州，其中昌吉州的玛纳斯县、呼图壁县为色素辣椒种植区，昌吉市、阜康市为鲜食辣椒种植区，奇台县、吉木萨尔县为加工辣椒种植区。2021年，昌吉州的辣椒种植面积超过1.46万亩，是北疆范围内最大的种植区域；塔城地区的辣椒主要集中在沙湾市安集海镇，主要种植制干辣椒，种植面积达7.88万亩左右，有"中国辣椒之乡"的美称；伊犁州的辣椒种植区主要集中在伊宁市、察布查尔县，以鲜食辣椒为主，每年种植面积稳定在1.61万亩左右；巴州地区是南疆片区最大的辣椒种植区，占全疆辣椒种植面积的比重达到了1/3。

近年来，辣椒产业作为新疆重要的扶贫产业，成为南疆4个地州22个欠发达县的重点扶持产业，喀什地区、和田地区开始大面积推广辣椒种植。其中，巴音郭楞蒙古自治州（简称巴州）的辣椒种植集中在环焉耆盆地，形成了以博湖县、焉耆回族自治县为主的鲜食、制干及色素辣椒种植区，是新疆最大的辣椒种植区，并以其独特的生态优势成为全国优质辣椒原料和半成品供应基地和优质辣椒生产基地，年生产干椒产量45万吨，加工企业已发展到100家。2021年巴州辣椒种植面积为46.16万亩，其中工业辣椒种植面积达45.03万亩，占比高达97.55%，鲜椒平均单产3吨，总产量为135.09万吨，区域良种覆盖率达到99%，主要销往欧洲、中亚等国家；辣椒红素主要出口欧美、日本、东南亚等地区（国家）。见表11-8。

表11-8　2021年新疆辣椒种植规模表

地区	辣椒总规模/万亩	其中	
		工业用辣椒规模/万亩	占比/%
全疆总计	151.23	100.32	66.34
乌鲁木齐市	0.6	0.03	5.00
伊犁哈萨克自治州	1.61	—	
塔城地区	7.88	7.58	96.19
阿勒泰地区	0.11	—	
克拉玛依市	0.17	0.05	29.41

（续）

地区	辣椒总规模/万亩	其中	
		工业用辣椒规模/万亩	占比/%
博尔塔拉蒙古自治州	0.06	0.03	50.00
昌吉回族自治州	1.46	0.03	2.05
哈密市	0.69	—	
吐鲁番市	1.56	—	
巴音郭楞蒙古自治州	46.16	45.03	97.55
阿克苏地区	12.95	9.53	73.59
克孜勒苏柯尔克孜自治州	0.56	—	
喀什地区	28.68	1.58	5.51
和田地区	6.29	2.9	46.10
新疆生产建设兵团	42.47	33.59	79.09

数据来源：《新疆统计年鉴2022》。

2. 新疆辣椒产业链概况

从辣椒产业链发展角度来看，新疆是截至目前全国重要的制干辣椒原料基地之一，其中，焉耆盆地是新疆的制干辣椒优势产区，也逐渐成为全国辣椒交易集散地。新疆每年有70%的辣椒制干产品被销往疆外进行精深加工。

新疆有14家辣椒加工企业，其中新疆隆平高科红安种业有限责任公司、新疆晨光天然色素有限公司、博湖县万福辣椒制品有限责任公司等是规模较大的色素及其制品企业，新疆和硕丁丁食品有限责任公司、乌鲁木齐西尔丹食品商贸有限公司、新疆中亚食品研发中心（有限公司）等是新疆较大的辣椒酱及其制品企业。新疆的辣椒制品主要包括辣椒干、辣椒籽、辣椒粉、辣椒红素、辣椒油树脂、辣椒酱、辣椒碱、辣椒精、油辣椒等，产品在全国具有较高的市场占有率和知名度。新疆辣椒产业从种子引进、种植管理、产品收购到加工销售的产业链条已初步形成。

（三）新疆辣椒产业发展比较优势分析

1. 新疆得天独厚的区位优势，为辣椒产业的发展提供了有力支持

新疆地处亚欧大陆桥经济带核心区，具有便利的交通和贸易条件。亚欧大陆桥经济带是我国"一带一路"倡议的重要组成部分，是连接亚洲和欧洲的重要经济走廊。新疆作为亚欧大陆桥经济带核心区域的重要节点，拥有便利的交通和贸易条件，可以借助这一区域优势，将新疆的辣椒产品输送到欧洲等国际市场。同时，新疆还可以借助亚欧大陆桥经济带的建设，吸引更多的投资和技术进入，推动新疆辣椒产业的技术升级和品牌建设。乌鲁木齐海关统计数据显示，2021 年新疆外贸出口额 1 272.8 亿元，同比增长 15.9%；进口额 296.3 亿元，同比下降 23.1%，贸易顺差 976.5 亿元，较 2020 年扩大 37%。这些数据充分证明了新疆辣椒产业在利用地理位置优势、发展国内外市场方面取得的显著成就。同时，新疆还与周边中亚国家加强了地区间农业科技的合作，促进了农业种植技术和产品的交流与合作，共同推动农业产业的发展。新疆作为中国西北地区的重要省份，拥有得天独厚的地理位置优势，通过"东联西出"策略加强与东部地区的联系，同时向西部拓展，实现了资源的优化配置和经济的快速发展，为辣椒产业的发展提供了有力支持。未来，随着"一带一路"倡议的持续推进和辣椒产业的技术创新，新疆辣椒产业有望迎来更加广阔的发展空间。

2. 新疆优越的自然禀赋，为生产高品质辣椒提供了良好的环境

新疆是中国辣椒产业的重要基地之一，其独特的气候条件为辣椒的生长和品质形成提供了良好的环境。新疆地处温带干旱区，夏季炎热，日夜温差大，这种气候条件非常适宜辣椒的生长。白天炎热的气温有利于辣椒植株的光合作用和养分吸收，促进其生长速度和果实的形成；而夜间较低的温度可以增加辣椒果实营养物质的积累，提高果实的品质。此外，新疆的低湿度气候也有利于辣椒植株的健康生长，减少病虫害的发生。新疆的气候条件在辣椒产业的发展中具有明显的比较优势，干燥的气候、充足的日照和适宜的气温为辣椒的生长和品质形成提供了良好的环境。

3. 新疆现代农业发展基础，为提升辣椒产业竞争力提供了有利条件

新疆土地资源丰富，占全国国土总面积的 1/6，同时农业耕地面积广阔，达到 10 557.88 万亩，耕地总体规模位居全国第五，为辣椒的种植提供了良好的土地基础。新疆是典型的干旱绿洲灌溉农业区，经过多年的发展，其传统种植技术得到了一定的积累；同时，近年来不断通过节水灌溉工程建设和水资源高效配置等一系列举措，使全疆节水灌溉面积超过 6 000 万亩，占播种面积的50% 以上。每亩地灌溉用水可节约 40% 左右，与内地非灌溉农业区相比具有农业灌溉用水供水稳定的显著优势，一定程度上减少了农业干旱对农业生产的影响。经过自治区产业集群发展规划和部署，新疆已具备一定规模的辣椒加工能力和较为完善的技术实力。新疆辣椒可以通过深加工，如干燥、制成辣椒粉、辣椒酱等，增加附加值，延长产品的保鲜期，提高产品的市场竞争力。

（四）新疆辣椒产业发展存在的主要问题

1. 辣椒生产机械化率水平低，现代化生产发展相对滞后

近年来，新疆辣椒育苗移栽面积普及率逐年提升，加工辣椒温室机械化点种普及率达到了 90% 以上，大田机械化育苗移栽率为 40%，但由于种植链下游环节技术优化不足，致使辣椒机械化率水平低。其中大田辣椒直播机械化率仅为 12%，而色素辣椒机械化采收率仅为 20% 左右，辣椒定植、采收环节仍需要依赖大量人力，辣椒品种和农机农艺融合亟须加强，未能实现有效的全程机械化，辣椒生产现代化水平总体滞后。

2. 科技驱动种业发展动力不足，缺乏本土高辣度品种

新疆加工辣椒种植品种近 80% 是常规品种，种植户自留种种植现象普遍，杂交品种的亲本主要通过引种品种的分离纯化，同质化严重。同时，加工企业急需的色素加工品种（ASTA 色价≥400）、辣素加工品种（辣素≥4 万 SHU）等没有及时跟进。目前，国外发达国家农作物育种工作已经全面进入高通量分子育种阶段，新疆仍然处于常规育种阶段，仅有少量的科研院所开始涉猎分子育种，难以实现精确、科学、定向选育和将多个优良性状基因聚合。新疆高辣椒素含量的工业辣椒杂交品种稀少，制约了工业辣椒产业化发展。

3. 产业布局集中度较低，形成规模效益较难

新疆辣椒具有优异的品质优势，但还未结合产业发展优势对辣椒产业进行规范布局和制定发展战略，产业资源整合不到位，辣椒晾晒、销售等环节散乱无序，晾晒、交易、仓储、物流等无固定作业场所。辣椒种植以散户为主，种植范围覆盖南北疆 4 个地（市、州）10 余个县（市），种植主体多而散，不具规模。辣椒市场缺乏有效监管，收购投机商较多，价格未能与市场有机衔接，导致质优价不优。新疆辣椒种植生产基地建设相对滞后，亟须进一步优化辣椒产业在全疆的科学布局。

4. 产业发展环境有待改善，加工转化能力不强

新疆辣椒产业缺少集辣椒集散、信息交易、物流配送等为一体的市场交易平台，销售价格"随行就市"，抵御市场风险能力较差，不利于产业长远发展，产业发展环境需进一步改善。新疆辣椒产业相关科技服务体系不足，龙头企业规模相对较小，辐射及影响能力不足，辣椒标准化生产步伐相对缓慢，集约化发展水平尚有提升空间。根据行业相关统计，截至 2022 年，新疆销往疆外进行加工的干椒为 70%，工业辣椒本地初加工率为 50%，本地精深加工率不足 30%，新疆辣椒产业目前仍以原料销售为主，辣椒产业加工转化能力有待加强。

5. 辣椒品牌建设滞后，产业链延伸提升空间大

新疆辣椒产业集群建设滞后，全产业链间有效衔接不充分，相关技术推广力度不足，缺乏具有特色和知名度的深加工"拳头"产品，品牌建设缓慢，缺乏具有国家级的名牌产品或名牌企业，致使新疆缺少具有特色的辣椒区域公用品牌以及相应产品品牌，市场认可度仅局限于新疆产辣椒未加工及初加工原料产品。由于新疆本地的深加工企业技术落后，生产上还存在不少问题，辣椒色素、辣椒油树脂、辣椒籽油、辣椒碱等高附加值、综合深加工制品较少；且解决辣椒碱纯度、辣椒色素杂质、辣椒油树脂的色度和辣度、辣椒籽油的色值等关键技术问题的能力欠缺，精深加工仍处于起步阶段，这些都影响了辣椒产业链的延伸。同时，新疆的深加工企业很少通过国际质量体系的认证，产品评价体系不健全，检测手段落后，导致新疆深加工产品竞争力弱、出口量少，无法与内地其他省份辣椒产品进行有效竞争。

（五）新疆辣椒产业高质量发展建议

1. 加强辣椒品牌建设和推广，扩大产品市场份额

为了解决市场开发不足的问题，新疆辣椒产业应加强品牌建设和市场推广。首先，可以通过加强品牌宣传和推广活动，提高新疆辣椒的知名度和美誉度。其次，可以积极参加各类食品展览和交流活动，拓展销售渠道，增加产品的市场份额。此外，还可以与大型食品企业合作，共同开展品牌推广活动，提高产品的市场竞争力。

2. 完善辣椒加工和销售环节，提升产业价值链

为了解决产品加工和销售环节比较薄弱的问题，可以引进先进的辣椒加工设备和技术，提高产品的加工水平和质量，通过提高产品的附加值，增加产品的市场竞争力和盈利能力。同时，可以加强与食品加工企业的合作，共同开展产品加工和销售，拓展更广阔的销售渠道，增加产品的销售量，提升市场影响力。

3. 建立健全辣椒产业链，提升产业综合竞争力

为了解决产业链环节缺失问题，可以加强政府、企业和农民之间的合作。政府可以提供政策支持和资金扶持，鼓励企业和农民参与辣椒产业的发展。同时，可以建立产业链各环节协调机制，推动各个环节之间的合作和协同发展，形成完整的产业链，提高辣椒产业的综合竞争力，实现高质量发展。

四、新疆南疆设施蔬菜高质量发展研究

（一）我国设施农业发展概况

21 世纪以来，在国家政策的支持下，我国设施农业进入了快速发展阶段，并开始向规模化、集约化、标准化、品牌化方向发展。截至 2021 年底，我国温室总面积达到了 2 665.95 万亩，其中连栋温室面积 84.6 万亩，约占温室总面积的 3.2%；日光温室面积 781.05 万亩，约占温室总面积的 29.3%；塑料大棚面积 1 765.05 万亩，约占温室总面积的 66.2%。在布局上，中国已逐步

形成黄淮海及环渤海、长江中下游、西北、东北、华南地区五大设施蔬菜优势产区，山东、辽宁、江苏、河北是中国4个设施农业大省，前十位省份温室总面积为2 002.65万亩，约占全国温室总面积的75.1%。见表11-9。

表11-9　2021年全国及各省份温室发展概况

单位：万亩、%

地区	温室	连栋温室	日光温室	塑料大棚
全国	2 665.95	84.6	781.05	1 765.05
山东省	545.25	8.25	197.85	332.25
辽宁省	249	7.8	162.6	80.55
江苏省	238.35	18.6	23.25	196.35
河北省	210	0.6	85.35	116.85
陕西省	154.5	0.45	42.3	100.95
内蒙古自治区	146.7	7.65	55.2	83.7
湖北省	128.4	2.7	1.5	124.2
河南省	117.45	0.9	30.9	85.2
甘肃省	107.7	0.75	48	57.75
四川省	105.15	3.15	0.15	101.1
前十位合计	2 002.65	50.85	647.1	1 278.9
前十位占比	75.1	60.1	82.8	72.5

数据来源：《中国农业机械工业年鉴2022》。

设施蔬菜是设施农业的主体，也是蔬菜产业的重要组成部分。截至2022年，中国设施园艺总面积4 200万亩，其中设施蔬菜（含设施食用菌）生产面积近3 500万亩、约占总面积的83.3%，年产量2.65亿吨、占商品菜的50%以上，年人均可消费设施蔬菜量近190千克，很好地解决了蔬菜市场周年均衡供应问题。

（二）新疆南疆设施农业发展概况

2022年，新疆设施温室规模127.30万座（不含兵团，下同），其中，日光温室规模25.88万座、约占20%，拱棚规模101.42万座、约占80%。设施农业种植面积83.57万亩，其中，设施蔬菜面积70.45万亩、约占84%，主要种植品种以辣椒、番茄、黄瓜、西甜瓜、豇豆、茄子、甘蓝及叶菜等为主。栽培模式以一年两茬栽培模式为主。在设施农业种植中，日光温室种植面积38.70万亩、约占46%，拱棚种植面积44.88万亩、约占54%。设施农业产量219.43万吨，其中设施蔬菜产量200.80万吨、约占92%。在设施农业产量中,日光温室产量107.39万吨、约占49%,拱棚产量112.04万吨、约占51%。

新疆设施农业主要分布在南疆五地州。2022年南疆五地州设施农业种植面积65.59万亩,占新疆设施农业种植面积的78.48%;设施农业产量175.03万吨,占新疆设施农业产量的79.77%;设施农业平均单产为2.67吨/亩,略高于全疆2.63吨/亩的平均水平。见表11-10。

表11-10 2022年新疆设施农业生产统计表

单位:万座、万亩、万吨、%

地区	设施温室规模		设施农业种植面积				设施农业产量			
	温室规模	占地面积	合计		其中		合计		其中	
			面积	占比	日光温室	拱棚	产量	占比	日光温室	拱棚
新疆	127.30	63.07	83.57	100	38.70	44.88	219.42	100	107.39	112.04
一、南疆小计	119.75	48.28	65.59	78.48	24.85	40.75	175.03	79.77	74.23	100.81
1. 巴州	1.98	4.32	4.61	7.02	3.99	0.63	21.64	12.36	19.77	1.87
2. 阿克苏地区	28.63	10.47	14.08	21.47	8.48	5.60	35.2	20.11	21.54	13.66
3. 克州	0.91	1.02	1.32	2.01	1.07	0.25	2.94	1.68	2.54	0.41
4. 喀什地区	66.02	22.18	37.39	57.01	8.75	28.64	94.53	54.01	19.62	74.91
5. 和田地区	22.21	10.29	8.19	12.49	2.56	5.63	20.72	11.84	10.76	9.96
二、北疆小计	4.50	6.16	9.48	11.35	6.18	3.30	26.97	12.29	17.19	9.77
三、东疆小计	3.05	8.63	8.50	10.17	7.68	0.82	17.42	7.94	15.97	1.45

注:1. 数据来源,自治区农业农村厅;报告中设施农业专指设施种植,不含设施养殖和水产。

2. 表中占比,地州小计为占全疆比重,南疆五地州占比为占南疆五地州小计比重。

南疆是新疆设施蔬菜的主产区,约占全疆总面积的80%,主要包括巴州、阿克苏地区、克州(克孜勒苏柯尔克孜自治州)、喀什地区、和田地区五个地州,分布在环塔里木盆地周缘,地处北纬35°—42°,从日光温室蔬菜气候适宜纬度看属于发展适宜区,气候适宜度综合评价为次适宜区。截至2022年初,五个地州的设施蔬菜总面积约为38.43万亩,其中温室蔬菜面积13.91万亩、占36.20%,拱棚蔬菜面积24.52万亩、占63.80%。种植面积较大的蔬菜主要有辣椒、番茄、黄瓜、西甜瓜、豇豆、茄子、甘蓝以及叶菜类蔬菜等。在南疆五地州中,喀什地区的设施蔬菜种植面积最大,达到21.5万亩、占55.95%,其中温室蔬菜面积和拱棚蔬菜面积的比例分别为19.53%和80.47%。见表11-11。

表 11-11 南疆设施蔬菜占地面积统计表

单位：万亩、%

地州	设施面积		温室		拱棚	
	规模	占比	规模	占比	规模	占比
巴州	2.91	7.57	2.51	86.25	0.4	13.75
阿克苏地区	8.36	21.75	3.78	45.22	4.58	54.78
克州	0.56	1.46	0.41	73.21	0.15	26.79
喀什地区	21.5	55.95	4.2	19.53	17.3	80.47
和田地区	5.1	13.27	3.01	59.02	2.09	40.98
合计	38.43	100.00	13.91	36.20	24.52	63.80

注：1. 表中种植面积比重为各地州占南疆设施蔬菜种植面积的比重，温室蔬菜面积、拱棚蔬菜面积占比为占各地州相应设施面积的比重。

2. 以上数据来自地州农口部门。

（三）南疆设施蔬菜发展比较优势分析

1. 气候和土地资源优势

南疆地处"黄金纬度"北纬 37°两侧，光热资源丰富，年平均气温在 10～13℃，年日照时数 2 580～2 870 小时，年有效积温 4 000～4 300℃，无霜期 223～241 天，四季分明，与黄河中下游近似，且昼夜温差大，冬季阴雨雪天气少，比较适合设施蔬菜发展。南疆除了少部分县乡是山区，大部分都位于环塔里木盆地河流冲积扇绿洲农区，土地平坦，特别是绿洲和戈壁沙漠交缘区，若通过实施引水工程、河道整治、节水灌溉等措施，科学系统地协调利用水资源，发展戈壁设施农业的拓展空间巨大，可解决与粮争地矛盾。

2. 劳动力资源丰富

南疆五地州约有 1 200 万人口，占全疆的 46.23%，其中，乡村劳动力 432.8 万人，占全疆乡村劳动力人口的 64.21%。设施农业本身就是一个劳动力密集的产业，健全产业链布局，推进产业融合发展，能就地就近吸纳农村富余劳动力，形成稳定收益链，扩大就业岗位，增加工资性收入。随着社会经济的发展，发达地区劳动力资源已经成为稀缺资源，因此就目前而言，富裕的劳动力仍是南疆的优势资源。

3. 消费需求潜力巨大

南疆 1 200 万的人口基数，按照全国每人年均消费蔬菜 400 千克的标准计算，年需求量达到 480 万吨，以蔬菜混合平均产量 3 000 千克/亩计算，需 160 万亩土地尚能满足，按照设施蔬菜占 50%的比例计算，南疆设施蔬菜 80 万亩即可满足本地消费需求。而从目前南疆蔬菜的现实供应情况看，南疆蔬菜自我保供率冬季在 25% 左右、夏季为 50%~60%，本地消费缺口较大。此外，由于南疆独特的气候条件，使得南疆具备反季节蔬菜生产不需要冬季加温的成本优势，部分特色高品质瓜菜可销往北疆和内地大城市，成为新疆乃至内地部分城市重要的果蔬保障来源地。

4. 具备发展外向型蔬菜的优势条件

随着"一带一路"倡议的深入实施，特别是中巴经济走廊的快速推进，南疆从相对封闭的内陆变成对外开放的前沿，境内有红其拉甫、吐尔尕特、伊尔克什坦等国家一类口岸，周边与巴基斯坦、吉尔吉斯斯坦等多国相邻，已成为中国向西开放的大通道和"桥头堡"，以及面向中亚、西亚、南亚国家的商品集散地。特别是该区域与中亚等国人文相通，风俗习惯、消费偏好极为相似，所产蔬菜、瓜果等农产品在中亚国家很受欢迎，为开辟国外农产品（蔬菜）市场、发展外向型农业提供了便利条件。

5. 规模化集约化趋势明显

相比以前小而散的蔬菜生产基地，近些年来南疆设施蔬菜基地化建设发展较快，集中连片 1 000~2 000 亩甚至 1 万~2 万亩的生产基地在逐年增加，产业化、园区化快速发展。规模化连片建设有利于水、电、路的配套设计与建设，统一规划、统一建设可降低公共配套设施的投入成本，也更有利于全产业链产业化集群发展。如莎车县，2021 年在乌达力克镇绿洲边缘投资 3.6 亿元建设戈壁产业园，开发了 2 万亩戈壁石滩，建设了日光温室 3 000 座，配套了自动控温、自动卷帘、节水滴灌等设施装备，集约化开展番茄和辣椒设施生产。

6. 设施装备水平明显提高

近几年无论是温室还是大拱棚，在建造结构上都更加优化，配套装备也更加齐全，单体温室趋于大型化，生产性能和土地利用率大大提高，自动化、智能化进一步提升。早期日光温室普遍为 50 米×8 米，目前大部分温室宽度达到 10 米以上，棚内生产面积在 1 亩以上，有的甚至达到 3 亩，更符合家庭生产者承包需求；10 年前还在统计棉被、卷帘机的配套率，而今天水肥一体化施肥机、喷灌滴灌、温室环境监测仪，甚至智能化、信息化装备均已推广使用。

7. 栽培模式更优化，特色更突出

南疆设施蔬菜核心示范区标准化的设施田间栽培模式已基本普及，种植的规范化程度提高，以前只会种植辣椒、茄子、西红柿，而现在西瓜、甜瓜、羊角蜜、草莓、蓝莓、火龙果、羊肚菌以及樱桃、蟠桃、葡萄、无花果等特色蔬菜瓜果已较为普遍。如位于疏勒县的新疆喀什山东水发现代蔬菜产业园，无土栽培高品质西甜瓜、彩椒、水果黄瓜等；疏勒县"蔬乐"现代高效农业示范园（郭牌西瓜种植培训基地）专业化栽培高品质西瓜，远销国内外大城市。

8. 设施蔬菜产业化水平在逐步提升

长期以来，南疆设施蔬菜主要以小规模农户（以家庭为主体）承包几座大棚进行生产为主，而近些年来大大小小的专业化企业、合作社连片承包，真正开始了"企业＋基地＋合作社＋农户"的生产模式，设施蔬菜逐步由"种地型"向"经营型"转变。特别是一些大型企业，采用现代的 EPCO 运作模式，更加专业化、现代化，如新疆盛世华强农业科技有限公司在和田县兵地融合设施农业基地，山东寿光恒蔬无疆农业发展集团有限公司在昆玉市、一师七团等地融建设、生产、经营运作为一体，开创了全产业链集群化发展模式。

（四）新疆南疆设施蔬菜发展存在的主要问题

1. 产业规模总体偏小，难以满足消费需求

按照以销定产的原则，南疆 1 200 万人口、38.43 万亩的产业面积，大约能完成 25％的自给率贡献。作为全疆设施蔬菜主产区，其自给率尚且很难承担起优势区、主产区的保障功能，更不用说对外输出缓解北疆城市的供给压力了。

2. 有效生产率偏低，投入产出率仍待提高

尽管南疆设施蔬菜面积不大，但仍存在相当比例的闲置率，空棚率依然偏高，分析原因主要有三点。一是日光温室设施老化，缺少设施农业建设和维护资金。在长期使用后，老棚面临棉被、卷帘机的维护更新，棚架的修缮，后墙和后屋面的维修等问题，有的地方甚至直接推掉改作他用。二是本地能从事大棚的合格劳动力缺乏。近些年，一部分内地到新疆从事设施农业生产的汉族农户又离开新疆返回内地。三是产权不明。南疆设施蔬菜几十年来都是政府主导、政府主建、政府主管、行政推动，政府投资建设温室和大棚，然后交给农民生产，可是农民并没有把温室当成自家财产，棚坏了也不管，菜种得好坏无所谓。

设施蔬菜属于高投入、高产出、劳动力密集、技术要求高的产业，在新疆建一座种植面积 1 亩的日光温室，少则 20 万～30 万元，多则 50 万～60 万元。其设计使用期 20 年，每年的折旧费用达到 1 万元以上，种子、农药、肥料、地膜、水电等物化投入约 3 000～5 000 元，劳动力成本按照 50 元/天计算，每年需要 15 000 元。每亩产值若低于 3 万元，就会连基本的劳动力成本也收不回来；产值若低于 15 000 元，就会连基本的物化投入也收不回来。而目前，南疆投入生产的设施蔬菜年均亩产量达到 7 500 千克以上的比例较低，与全国平均生产水平相比，仍处于较低的水平，这与高额的建棚投入和运行成本形成倒挂。

3. 技术落实难，科技支撑不足

南疆农业科技推广服务体系不健全，基层农技推广人员相对短缺，先进适用的设施蔬菜生产技术得不到有效推广，农业科技贡献率为 40% 左右，技术普及率偏低。此外，南疆农民的文化水平较低、双语普及率不高，接受现代农业生产技术能力较弱，掌握技术较慢，这也和对其的引导管理能力、管理方式关系密切，使技术落实困难。

4. 生产标准化程度不高，缺乏科学合理的茬口安排指导

在南疆设施蔬菜生产中，大多数菜农缺乏先进的种植模式和科学的生产管理，设施蔬菜生产的标准化程度低，蔬菜产品规格、整齐度等指标与市场需求还有较大的差距，且缺少蔬菜种植尤其是设施蔬菜种植典型示范的带动，技术服务和推广任务重。此外，在南疆设施蔬菜种植过程中，农户设施蔬菜茬口安排相对随意，缺乏科学性、合理性，表现在：蔬菜种类单调、重茬严重，以致病虫危害较重，不仅增加了病虫防治上的开支，而且对蔬菜的产量和品质影响也很大，减产严重；生产季节和蔬菜种类安排不合理，播种过早或过晚，出现蔬菜的主要生产时期与市场的"黄金"销售期相脱节，蔬菜上市后价格低、收入减少等现象。

5. 产品要素市场大流通格局尚未有效形成

目前，南疆设施蔬菜主产地和集散地大型批发市场数量少，且分布不均衡，大多数中小型农产品批发市场基础建设落后，功能不配套，作用不突出。除巴州以外，绝大多数设施农业主产区储存保鲜设施和口岸区物流中转型冷库建设不足，产后储藏能力弱。而且南疆尚没有建立起覆盖面广、功能齐全的统一的农产品信息交流、发布和服务网络平台，政府部门、农民、企业获取信息渠道不多，信息量有限，时效性较差。此外，南疆设施农业生产产前物资供应市场化率低、品类匮乏，优质的新型的甚至很多常规的必要的种子、农药、肥料等在县乡农资市场买不到；而在产后环节，受产地市场不健全影响，流通渠道"肠梗阻"，村里的蔬菜卖不掉、批发商买不到蔬菜的现象依然存在。

（五）新疆南疆设施蔬菜高质量发展建议

南疆设施蔬菜产业的发展具备自身独特的气候资源、地理位置和劳动力供给条件，也具备巨大的果蔬产品市场销售潜力，近年来呈现出良好发展势头。为此，"十四五"时期及今后，为促进南疆设施农业高质量发展，巩固拓展南疆脱贫攻坚成果同乡村振兴有效衔接，对南疆设施蔬菜产业发展提出以下意见建议。

1. 适度扩大南疆设施蔬菜种植面积，提高蔬菜生产标准化水平

南疆的设施蔬菜面积与其地域规模、人口规模不相匹配，蔬菜的保障供应还存在很大缺口，结合市场需求，建议再增加 30 万～50 万亩的种植面积

较为合适。分析表明，由于设施建设和装备配套投资巨大，南疆地方财政较为困难，不建议层层分解任务，也不建议把任务分解到县级以下，建议从自治区层面顶层设计、科学布局，统筹建设资金，不能走超出经济能力范围、高额举债发展设施农业的弯路。同时，在蔬菜生产中，加强蔬菜生产的规范化标准化生产技术指导，加强从品种选择、播种育苗、棚内管理、采收、整理等环节进行监管，加强对蔬菜茬口搭配安排的科学指导，提供蔬菜茬口品种生产规范；倡导使用蔬菜育苗机械、直播机、移栽机、田园管理机械、收割机等。

2. 慎重发展戈壁沙漠设施蔬菜

戈壁沙漠设施蔬菜在以色列有成功的先例，新疆也有广阔的发展空间。据有关部门统计，全疆有 8 亿亩以上可利用、未开发的戈壁和沙漠。向非耕地拓展可以缓解与粮争地的矛盾，也是落实"向戈壁荒漠盐碱地要食物""向设施农业要食物"的有效选择，但大规模发展戈壁沙漠设施蔬菜，一定要科学评估论证、合理规划、量力而行，在干旱缺水、生态脆弱的地方不建议超大规模发展戈壁设施农业，绝不能开了沙漠、荒了良田。

3. 降低设施建造成本，提高性价比

南疆设施特别是日光温室，建造价格虚高不下，但建造质量不容乐观，缺陷极大，主要体现在保温被质量差、温室密封性不好、保温性差，施肥机、滴灌系统、卷帘机等配套装备质量差、水电不配套等，有的还过分增加了不必要的装备（如补光灯、生物钠灯、电离子除雾器等），所花费用与温室性能不成正比。据了解，目前温室造价一般为每平方米种植面积 300~400 元，有的甚至更高。据我们测算：

每亩的温室造价为 20 万~27 万元，按照每亩蔬菜年产量 10 吨、每千克收入 4 元、每年收入 4 万元计算，需要 5~7 年才能收回建造成本（不计折旧和投入），而南疆的农民，能把菜种到年亩产量 10 吨的比例并不高。因此，建议优化设施建造技术，尽量降低建造成本，将每平方米造价控制在 300 元以下，不过分追求数量和面积，避免偷工减料、粗制滥造，强化建设项目的招标、监理和验收。

4. 健全地方专业技术队伍，加大技术普及力度，提高生产效率和效益

设施蔬菜是一个技术密集型产业，精耕细作、劳动力密集，机械化作业困难，蔬菜的种类多，技术要求高。种出来不难，种好却有一定难度。建议在农业部门的统筹领导下，形成"自治区蔬菜产业技术体系＋地县乡农业技术推广体系＋生产者""三位一体"格局，加大技术指导与培训，全面提高菜农的生产技术水平。地县乡各级政府应加大服务引导和技术落实，减少行政命令式生产，尊重专业技术，尊重生产者的选择自主权。

5. 加大产地市场建设，优化蔬菜产业链

蔬菜产地市场繁荣与否是产业发展的标志，南疆蔬菜产地市场建设比较滞后。不同于粮食和棉花，蔬菜以鲜食为主，既不耐储存，又有陆续采收、随采随卖的特点。到了采收季节，每天都要采收、每天都要销售，由于产地市场不完善，就会出现蔬菜产量并不多却卖不掉的情况。建议加大产地市场建设，农民到产地市场卖菜的距离，以骑电瓶车不超过 1 个小时的距离为宜，应以20 千米为间隔就建设一个完善的交易市场。

6. 优化管理模式和运营方式，改善生产经营环境

针对当前南疆设施农业生产经营运行效率不高等主要问题，建议各地倡导和鼓励多元化的经济实体参加设施农业建设，明晰产权关系，把国家财政补贴纳入股份，参与分红，增加农民的财产性收入。在设施蔬菜生产用地、用水、用电、用工及金融贷款等方面加大政策支持力度；市场监管等相关部门要管好产前物资、农资供应市场，产后销售市场、产品检测等，保护好农民利益，协助成立合作社等，做好技术服务，为设施蔬菜产业发展提供良好的生产经营环境。加快扶持一批设施农业龙头企业、农民合作社、家庭农场和农业社会化服务组织，积极培育农民经纪人队伍，带动农民积极发展设施农业。同时，建设集约化育苗、统防统治、商品化处理等设施，按设施面积和商品化处理需求，配置相应的预冷设施、整理分级车间、冷藏库，提高产品档次和附加值，不断增强市场竞争能力。

7. 做好智慧化、数字化技术赋能设施蔬菜，提升蔬菜产业现代化水平

建议以设施蔬菜新型经营主体为主，积极引导其将新型传感网、大数据、互联网、人工智能技术装备等现代信息技术与智能化装备、机械等，应用到设施蔬菜生产、加工、经营、管理和服务等全产业链环节，加快扶持一批在设施农业生产领域实现精准化种植、互联网络化销售、智能化决策和社会化服务的现代设施蔬菜生产示范试点链主，引领带动南疆设施农业现代化发展。鼓励南疆设施蔬菜主产区建立蔬菜网，广泛采集和发布设施农业基地种植品种、产品上市时间和数量，以及各大批发市场产品供需状况和交易价格、数量等产销信息，指导企业、基地、农民按照市场需求组织生产和经营。同时，加强市场营销网络和信息化服务体系建设，支持超市与农民合作社等开展"农超对接"。

第12章 优质畜产品产业 高质量发展典型研究

新疆拥有广阔的天然草场资源，是我国重要的牛羊肉生产基地，畜牧业的发展对于促进当地经济增长、增加农牧民收入、带动相关产业协同发展具有重要的作用。本章围绕新疆优质畜（禽）产品产业集群建设中的羊和骆驼产业，分析产业发展现状、发展比较优势和存在的问题，提出产业高质量发展的建议。

■ 一、新疆羊产业高质量发展研究

（一）我国羊业发展概况

我国是羊养殖生产大国，羊肉产量居世界第一位。近年来，我国羊业生产水平不断提高，羊出栏量稳步增长，羊肉产能持续提高，生产效率稳步提升，优势产区逐渐形成，羊业发展整体趋好。

1. 基本生产情况

2021年底全国羊存栏31 969.3万只，较2000年增加4 021.1万只，年均增速0.6%；占全国牲畜存栏的比重为36.59%，较2000年的33.18%增加了约3.4个百分点，整体呈上升趋势。其中，山羊存栏13 331.6万只，较2000年减少1 614万只，年均增速—0.54%；绵羊存栏18 637.7万只，较2000年增加5 635.1万只，年均增速1.73%。从羊业内部结构来看，山羊占比由53.48%减少到41.7%，降低了约11.8个百分点，整体呈下降趋势；绵羊占比由46.52%增加到58.3%，上升了约11.8个百分点，整体呈上升趋势。

2021年底全国羊肉产量514.1万吨，较2000年增加250万吨，年均增速3.22%，占全国肉产量的比重由2000年的4.39%增加到2021年的5.72%，上升了约1.3个百分点，整体呈波动上升趋势，羊肉产量增长速度明显超过了羊存栏量的增长速度。

2. 生产效率情况

羊胴体重反映了羊生产效率和良种化水平，2021 年全国羊胴体重达到 15.55 千克，较 2010 年增长了 0.9 千克，年均增速 0.5%，羊业生产效率和生产性能逐渐增强。见图 12-1。

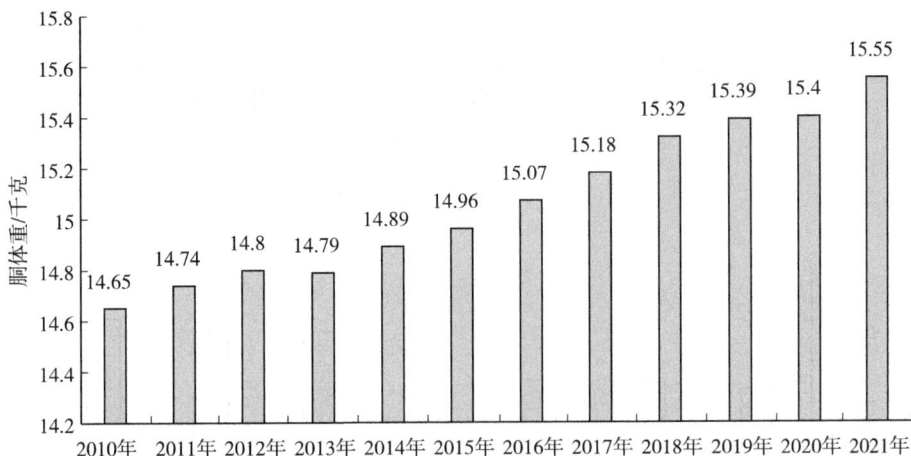

图 12-1　2010—2021 年我国羊胴体重变化趋势图

3. 区域分布情况

从区域分布来看，羊养殖在我国所有省份都有分布，但主要分布在内蒙古、新疆、甘肃、河南、四川、山东、青海、云南、河北和山西，2021 年上述 10 个省份羊存栏占全国羊存栏比重的 72.79%。其中，山羊主要分布在河南、内蒙古、四川和云南，4 个省份山羊占比达到 44.07%；绵羊主要分布在内蒙古、新疆、甘肃和青海，4 个省份绵羊占比达到 64.68%。从生产区域的变动来看，我国羊业生产逐步向西部集中，尤其向内蒙古和新疆两大牧区集中，羊存栏排名前三位的省份由 2000 年的新疆、内蒙古和河南调整为 2021 年的内蒙古、新疆和甘肃，其中，内蒙古和新疆的羊存栏占比由 2000 年的 25.91% 增加到 2021 年的 33.49%，上升了 7.58 个百分点，羊业向优势产区集中的趋势日益明显。

4. 进出口情况

2015—2021 年海关总署统计数据显示，我国羊业进出口主要以羊肉和种羊进口为主。其中，2021 年我国进口羊肉 41.06 万吨，同比增长 12.53%，累计进口额 153.6 亿元，同比增长 26.77%，主要进口来源国为新西兰和澳大利亚；出口羊肉 0.2 万吨，同比增长 15.22%，累计出口额 1.61 亿元，同比增加 22.01%；进口羊肉价格为 37 元/千克，出口羊肉价格为 81 元/千克，两者相差 44 元/千克，进出口单价呈现连年递增的情况。见图 12-2、图 12-3。

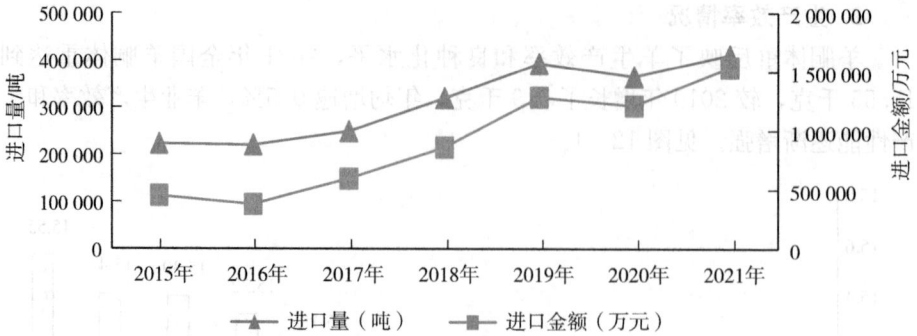

图 12-2 2015—2021 年羊肉进口量和进口额

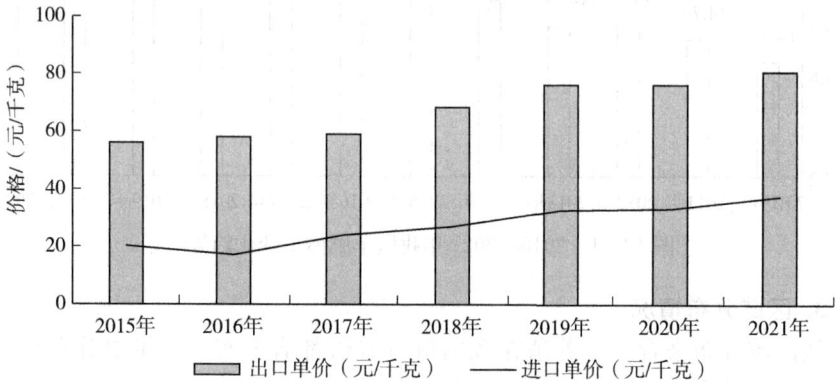

图 12-3 2015—2021 年羊肉进出口单价

2021 年种羊进口 5 855 只，同比下降 38.08%，累计进口额 0.52 亿元，同比下降 43.19%。其中，绵羊进口 3 186 只，同比增长 994.85%，累计进口额 0.29 亿元，同比增长 970.52%；山羊进口 2 669 只，同比下降 70.88%，累计进口额 0.23 亿元，同比下降 73.93%。由于国内消费者对山羊奶的需求增大，使国内奶山羊产业快速发展，对种羊需求增加，2018—2020 年种山羊进口数量均高于绵羊。从种羊进口单价来看，2015—2021 年绵羊平均进口单价 9 500 元/只，上下浮动在 30% 左右，山羊单价基本保持在 9 300 元/只左右。见图 12-4、图 12-5。

5. 种质资源情况

全国第二次畜禽遗传资源调查资料表明，我国羊品种有 146 个，其中地方品种 101 个（绵羊 42 个、山羊 59 个），地方品种中国家级保护品种 27 个、省级保护品种 52 个、其他品种 22 个。我国有 71 个绵羊品种，包括 42 个地方品种、21 个培育品种、8 个引进品种；山羊品种 75 个，包括 59 个地方品种、13 个培育品种、3 个引进品种。

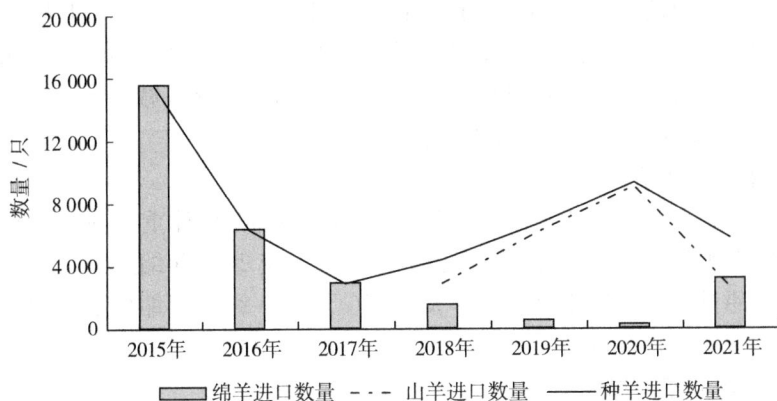

图 12 - 4　2015—2021 年种羊进口数量

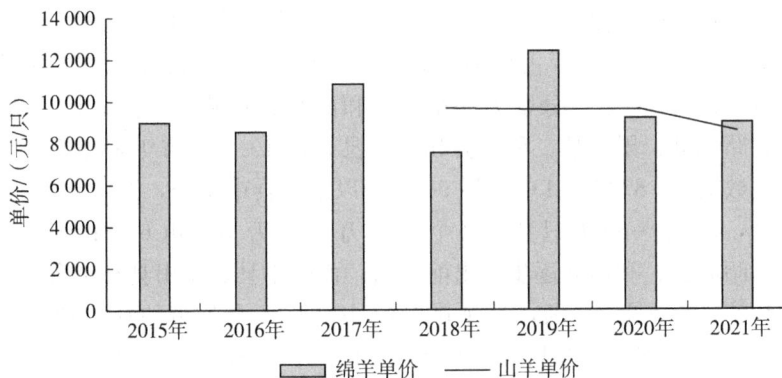

图 12 - 5　2015—2021 年种羊进口单价

（二）新疆羊业发展概况

新疆畜牧业主要以羊、牛养殖为主。全疆牲畜存栏由 2000 年的 4 323.14 万头（只）增加到 2021 年的 5 341.08 万头（只），增长了 23.55%，肉产量从 2000 年的 90 万吨增加到 2021 年的 198.73 万吨，增长了约 1.2 倍。

1. 基本生产情况

2021 年末全疆羊存栏 4 569.56 万只，较 2000 年末增加 879.31 万只，年均增速 1.02%，占全疆牲畜存栏的比重由 2000 年的 85.36% 增加到 2021 年的 85.55%，上升了 0.19 个百分点，变化幅度不大。其中，山羊存栏 426.7 万只，较 2000 年减少 159.98 万只，年均增速 -1.5%；绵羊存栏 4 142.8 万只，较 2000 年增加 1 039.29 万只，年均增速 1.38%。从羊业内部结构来看，山羊占比由 15.9% 减少到 9.34%，降低了 6.56 个百分点，整体呈下降趋势；绵羊占比由 84.1％增加到 90.66％，上升了 6.56 个百分点，整体呈上升趋势。

2021 年末全疆羊肉产量 60.44 万吨，较 2000 年增加 22.94 万吨，年均增速 2.3％，占全疆肉产量的比重由 2000 年的 51.72％减少到 2021 年的 30.41％，下降了 21.31 个百分点，整体呈波动下降趋势。

2. 生产效率情况

随着饲喂水平的逐步提高，2021 年全疆本地绵羊活体重达到 38.38 千克，较 2011 年增长了 0.14 千克；饲养天数 110 天，较 2011 年缩短了 28 天；改良后绵羊体重达到 38.76 千克，饲养天数 110 天，较 2011 年缩短了 34 天，羊业生产效率和生产性能逐渐增强。

3. 区域分布情况

从区域分布来看，2000—2021 年，新疆羊养殖区域逐步由南北疆各占半壁江山向南疆侧重。2021 年南疆羊年末存栏数占全疆羊年末存栏数的比重为 59.59％，较 2000 年提高了约 10 个百分点；而北疆羊年末存栏数占比呈现逐年减少的趋势，到 2021 年占比为 40.41％。从县市层面来看，2000 年羊年末存栏数排名前 10 的县市分别为莎车县、和静县、叶城县、新源县、伽师县、库车市、昭苏县、墨玉县、和田县和拜城县，该 10 个县市年末存栏数占全疆羊总存栏数的 21.87％，其中存栏 90 万只以上的县市 1 个，81 万～90 万只的县市 1 个，71 万～80 万只县市 2 个，60 万～70 万只县市 6 个；到 2010 年，库车市、昭苏县、和田县逐步退出前十名，而疏附县、于田县和奇台县羊养殖业发展较快，跨入前 10 名，当年排名前 10 的 10 个县市的存栏数占全疆的 23.89％，其中存栏 90 万只以上的县市 3 个，81 万～90 万只的县市 3 个，71 万～80 万只的县市 2 个，61 万～70 万只的县市 2 个；到 2021 年，疏附县、伽师县、于田县和奇台县逐步退出前十名，而库车市、策勒县、温宿县和伊宁县羊养殖业发展较快，跨入前 10 名，当年排名前 10 的 10 个县市的存栏数占全疆的 25.97％，其中存栏 100 万只以上的县市 5 个，存栏 91 万～100 万只的县市 4 个，81 万～90 万只的县市 1 个，羊养殖区域进一步集中，优势区逐步形成。见表 12-1、表 12-2。

表 12-1　2000—2021 年南北疆羊年末存栏占比

单位:％

区域	2000 年	2005 年	2010 年	2015 年	2021 年
北疆	50.66	49.93	47.26	44.92	40.41
南疆	49.34	50.07	52.74	55.08	59.59

数据来源:《新疆统计年鉴》，下同。

表 12 - 2 2000—2021 年全疆羊年末存栏数前十名

单位：万只

2000 年		2005 年		2010 年		2015 年		2021 年	
莎车县	91.84	和静县	100.83	叶城县	95.87	墨玉县	111.39	拜城县	151.45
和静县	80.07	莎车县	93.6	墨玉县	95.68	莎车县	109.54	墨玉县	128.98
叶城县	79.06	叶城县	92.6	莎车县	95.48	拜城县	105.48	和静县	124.25
新源县	72.35	库车市	78.39	疏附县	88.28	叶城县	100.65	库车市	115.87
伽师县	68.37	伽师县	77.96	伽师县	87.55	伽师县	96.91	叶城县	112.51
库车市	67.57	新源县	77.92	和静县	80.74	和静县	90.87	新源县	99.22
昭苏县	66.76	疏附县	77.6	于田县	75.03	吐鲁番市	86.42	莎车县	98.44
墨玉县	66.32	昭苏县	74.88	拜城县	72.69	库车市	85.59	策勒县	91.29
和田县	65.18	额敏县	73.81	新源县	68.66	奇台县	81.01	温宿县	91.27
拜城县	64.22	拜城县	70.52	奇台县	64.29	塔城市	80	伊宁县	84.75

4. 种质资源情况

新疆是全国瞩目的畜禽遗传资源基因库，羊、牛、马的遗传资源品种最为丰富。新疆的地方绵羊资源众多、品种优良，占全国绵羊品种总数的 1/3。新疆品种比较有代表性的有按表 12 - 3 中所列品种顺序排列 13 个地方绵羊品种。引入了白杜泊、黑头杜泊、白萨福克羊、黑头萨福克羊、澳洲白羊、陶赛特羊、澳洲美利奴羊、瓦格吉尔羊、德国肉用美利奴羊、南非肉用美利奴羊、小尾寒羊、湖羊、特克赛尔羊、洼地绵羊 14 个国内外绵羊品种。见表 12 - 3。

表 12 - 3 新疆范围内绵羊主要品种情况

品种	产地	特点
哈萨克羊	哈密地区、准噶尔盆地边缘	中国三大粗羊毛羊品种之一，肉脂兼用，具有较高的肉脂生产性能；抓膘力强，终年放牧，对生态条件有较强的适应性
阿勒泰羊	福海县、富蕴县、青河县	具有耐粗饲、抗严寒、善跋涉、体质结实、早熟、抗逆性强、适于放牧等特性；在终年放牧、四季转场的条件下，仍有较强的抓膘能力
巴什拜羊	塔城地区	具有体质结实、产肉性能高、耐寒、脂臀较小、增膘快、耐粗饲、毛质好、适应性广、肉品质好等优点，羔羊肉肌肉纤维细嫩、胆固醇含量低、味美，是适合生产羔羊肉的肉用羊品种

表 12-2 2000—2021 年新疆绵羊主要养殖品种十种

（续）

品种	产地	特点
吐鲁番黑羊	吐鲁番市	适应夏季酷热、冬季严寒、多风沙的吐鲁番盆地气候；能耐受粗纤维多、木质化强、多刺的、耐盐碱抗干旱的牧草植物，且具有能快速增膘和生长迅速等特点的优良地方绵羊品种
巴音布鲁克羊	和静县、和硕县、焉耆县、轮台县	具有早熟、耐粗饲、抗寒抗病、适应高海拔地区等优点；缺点是皮毛品质差，作为肉用品种，体重偏小
罗布羊	尉犁县	具有遗传性稳定，体格中等，适应平原区的荒漠、半荒漠草场，粗耐饲，抗病抗逆性强，放牧育肥能力好等优点，并对自然条件恶劣的干燥地区具有很强的适应能力，是适合荒漠、半荒漠草场放牧的肉脂兼用型绵羊品种类群
和田羊	于田县、洛浦县、和田县、墨玉县、民丰县、策勒县、皮山县	耐干旱、耐炎热和耐粗饲的半粗羊毛羊品种；缺点是体格小，产毛量低，出肉不多
策勒黑羊	策勒县	多胎绵羊品种资源，分布范围较窄，数量不多，应该重视其保护工作。策勒黑羊应实行本地选育，以羔皮产品为主，巩固和提高多胎性能，以生产当地群众最喜爱的颜色和花纹类型的羊为选育目标
多浪羊	麦盖提县	体大、产肉多、肉质鲜嫩，皮毛含绒毛多，毛质较好；繁殖率高，具有早熟性，是组织羔羊肉生产的理想品种
巴尔楚克羊	巴楚县	肉毛兼用型地方品种，具有生产发育快、耐粗饲、肉味鲜美、遗传性能稳定等优良特性
叶城羊	叶城县	是在产区特殊的生态环境和长期的人工选育中形成的一个地方绵羊品种
塔什库尔干羊	塔什库尔干塔吉克自治县	具有体大、早熟、增重快、抗病性强、耐粗饲等优点，且对帕米尔高原高海拔地区的条件有良好的适应能力；缺点是产毛量和繁殖性能一般，体型深度不足
柯尔克孜羊	克孜勒苏柯尔克孜自治州	具有耐粗饲、增重快、适应陡峭山地放牧的特点

注：根据网络平台资料整理。

5. 成本收益情况

新疆羊养殖大多为千家万户散养，因此本文主要分析散养模式下的成本收益。通过对本种绵羊和改良绵羊成本收益数据整理发现，2011—2021 年本种绵羊和改良绵羊个体产值、成本、净利润趋势图基本一致，总成本呈现绝对上升，产值呈现波动上升，净利润各年存在差异，整体呈现下降趋势，其中总成

本在 2012 年呈现大幅上涨，其原因主要是物质成本中的饲草价格上涨，导致
2012 年总成本较 2011 年翻一番；2013—2021 年虽然物质成本略有下降，但下
降幅度小于人工成本上涨幅度，总成本呈现逐年上涨趋势。因受羊市场价格影
响 2013 年产值达到最高值，之后逐年下降，到 2017 年达到最低值，2018 年
国家和自治区提出肉牛肉羊产业振兴实施行动方案，大力发展羊产业，因此
2018—2021 年羊产值逐步上升。因受羊市场价格、饲草成本和人工成本上涨
影响，2011 年羊养殖净利润最大，之后波动下降，2015—2018 年处于低迷阶段，
2019—2021 年羊市场价格逐步回暖，净利润也随之缓慢回升。改良后绵羊和本
种绵羊相比较，净利润差值大致在 110 元/只左右，总成本差值在 50 元/只左右。
见表 12-4，图 12-6、图 12-7、图 12-8。

表 12-4　新疆本种绵羊与改良绵羊个体成本收益情况

单位：元/只

年份	本种绵羊			改良绵羊		
	产值	总成本	净利润	产值	总成本	净利润
2011	698.61	204.26	494.35	850.40	259.56	590.83
2012	795.26	447.06	348.20	952.48	493.65	458.82
2013	862.53	450.45	412.07	998.82	504.71	494.11
2014	731.15	471.39	259.75	835.37	532.38	302.99
2015	602.85	483.01	119.84	724.45	499.96	224.48
2016	584.91	453.23	131.68	716.64	476.04	240.60
2017	584.44	456.19	128.25	763.22	501.01	262.21
2018	629.32	466.70	162.62	844.23	526.81	317.42
2019	706.92	487.32	219.60	935.36	557.38	377.98
2020	794.65	496.57	298.08	996.39	566.89	429.49
2021	821.67	500.84	320.84	1 006.05	569.78	436.27

注：数据来源于《新疆农牧产品成本收益资料汇编》。下同。

6. 政策支持情况

为了推进新疆畜牧业的发展，国家和新疆出台了一系列扶持政策，其中一
些政策通过组织化手段、集约化生产、产业化经营，优化生产要素配置，促进
了羊产业持续健康发展。

（1）退牧还草工程。2003 年国家启动了退牧还草工程，先后在新疆投资
近 30 亿元进行禁牧、休牧轮牧围栏、草原补播等建设，被列入退牧还草工程
的牧户收益主要是禁牧、休牧的饲草料补助资金；牧民定居工程改变了新疆牧
民四季逐水草而居的游牧生产方式，实现了人有住房、畜有棚圈，并配套人工

• 273 •

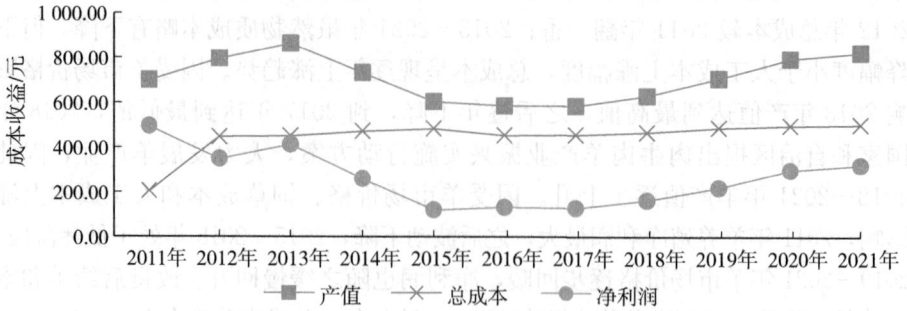

图 12-6 2011—2021 年新疆本种绵羊成本收益

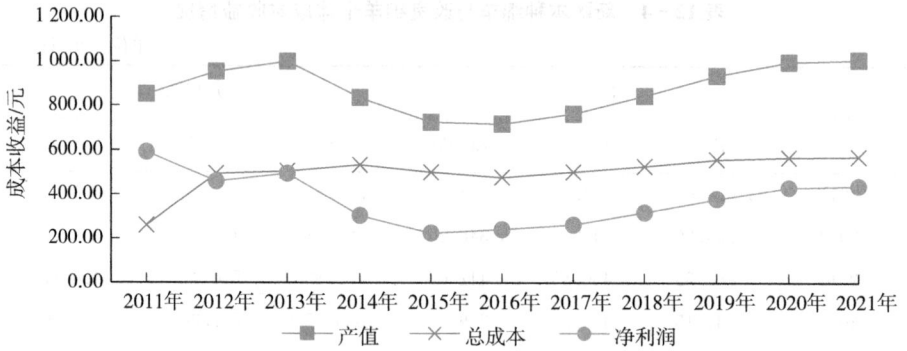

图 12-7 2011—2021 年新疆改良绵羊成本收益

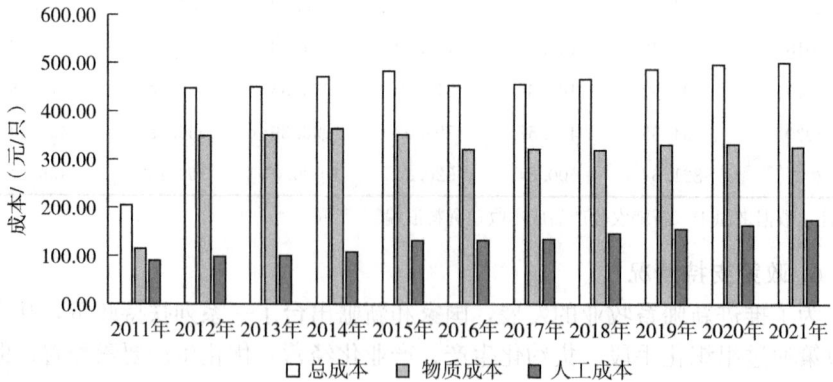

图 12-8 2011—2021 年新疆绵羊成本收益

饲草料地及草料棚、青贮窖等饲草料贮藏设施，使暖季放牧、冷季舍饲养羊成
为可能。人工饲草料地建设是配套牧民定居工程实施的饲草料保障措施，保障
了牧民定居工程中"定畜先定草"措施的落实，为定居后牧民的畜牧业生产提

供饲草料保障，保障了冷季舍饲羊的实施，减少了冷季羊死亡率，增加了羊的出栏率和出栏活重。

2011 年，国务院对草原牧区省份实施草原生态保护补助奖励机制，对草原禁牧实行补助，对草畜平衡实行奖励，对牧区牧草良种和牲畜品种进行改良等实行生产补贴。自治区财政厅和畜牧厅制定的《新疆落实草原生态保护补助奖励机制实施方案》中提出，新疆拟禁牧 1.87 亿亩，把生存环境恶劣、草原退化严重、不宜放牧的草地和风沙源地以及重要水源涵养地和草地类自然保护区划定为禁牧区域，新疆其他所有草原均实行草畜平衡管理；牲畜转移安置计划 3 年完成，达到草畜平衡，奖励资金由草原使用者享受。同时为了提高肉羊综合生产能力，自治区提出"新增 1 000 万只出栏肉羊 1 000 万只综合生产能力建设规划"：2012—2015 年实现年新增出栏肉羊 1 000 万只；建设一批肉羊标准化规模养殖场、养殖小区，安排国家绵羊良种补贴资金、新疆财政资金和财政贷款贴息资金，支持肉羊重点示范工程建设，促进肉羊养殖从粗放型向质量效益型转变。

（2）产品生产扶持项目。自 2011 年起，中央财政设立了"菜篮子"产品生产扶持项目，重点扶持建设一批有一定规模、生产技术基础好，并在增加产品产量和提高产品质量方面有示范带动作用的园艺作物、畜禽和水产品生产基地，以改善生产条件，推进标准化生产，加强产品质量管理，增强"菜篮子"产品综合生产能力和应急保供能力。农业部（于 2018 年更名为农业农村部）通过畜禽标准化规模养殖场（小区）建设项目，投入中央财政资金，同时要求新疆、内蒙古、四川等 14 个省份 2012 年新增资金支持牛羊标准化规模养殖场建设的比重不得低于 50%，这些措施提高了羊标准化规模养殖比例，推动了羊产业持续健康发展。

（3）边境"托羊所"。党的十八大以后，为贯彻国家新的生态发展理念，自治区党委、政府在草原生态保护方面持续发力，加大补贴资金投入。从国家安全的角度考虑，为留住边境居民巡边戍边，国家对边境草场进行了重新规划并在一些合适的地方开垦和扩大种植草场，几年下来边境草场长势良好，很多地方非常适宜牧羊和巡边。2017 年，自治区在边境线上建设了一批富民安居房，并大幅度增加了边境地区护边员，力度空前，边境"托羊所"也应运而生。大批护边员家的羊被集中托管，它的优势是可以边巡逻边牧羊，减轻了边防守边的压力。这种集中牧羊效率高、费用低，不但增加了护边员的收入，而且解除了护边员的后顾之忧，为边境线留住了人。

（4）促进新疆畜牧业高质量发展。2020 年 4 月 30 日，《自治区党委办公厅、自治区人民政府办公厅印发〈关于促进新疆畜牧业高质量发展的意见〉的通知》。通知指出，充分发挥新疆畜牧业资源优势，挖掘产业潜力，补短板、强弱项，加快推进新疆由畜牧大区向强区转变。按照自治区特色优势农产品区域规划布局，立足发挥区域资源优势，分类指导，科学定位畜牧业发展方向。北疆及焉耆盆地重点推进奶业振兴和肉牛肉羊产业，培育壮大畜牧龙头企业，打造高标准现代畜牧业产业示范区；南疆适度发展牛羊，稳步提升产能，巩固完善脱贫攻坚长效机制。实施肉羊增产行动，五年全疆新增 800 万只出栏肉羊生产能力；实施畜禽种业提升计划，依法保护新疆特有畜禽遗传资源，五年牛羊核心种源自给率达到 90% 以上；培育龙头企业，打造产业集群，支持企业集团构建全产业链，重点打造北疆有机牛羊肉产业集群，强化品牌建设，提升新疆畜产品知名度和影响力，推进新疆肉羊产业高质量发展。

（三）新疆羊产业发展比较优势分析

1. 指标选取

羊产业主产区比较优势取决于自然资源禀赋、市场需求、物质和劳动力投入、种群生产发展状况、个体生产能力、产业结构以及政策等因素的共同作用，因此评价畜种区域比较优势指标的选取，既要能综合反映各因素的影响，又要能反映区域羊产业生产能力的现状和变化特征。综合考虑以上因素，本研究选取资源禀赋比较优势指数、存栏规模比较优势指数、产量比较优势指数以及综合比较优势指数四项指标对羊产业主产区进行比较优势分析。

2. 模型构建及评价方法

（1）资源禀赋比较优势指数。资源禀赋优势指数是指某年某省份羊肉产量占全国羊肉产量的比重与某年该省份 GDP 占全国 GDP 比重的比值，可用数学模型表示为：

$$EI_{ij} = \frac{P_{ij} / P_j}{Y_{ij} / Y_j} \qquad (12-1)$$

式中：EI_{ij} 表示为 i 年 j 省份的资源禀赋优势指数，P_{ij} 表示为第 i 年 j 省份的羊肉产量，P_j 表示为第 i 年全国的羊肉产量，Y_{ij} 表示为第 i 年 j 省份的 GDP，Y_j 表示为第 i 年全国的 GDP。

若 $EI_{ij} > 1$，则表明与全国平均水平相比，j 省份羊生产资源禀赋相对丰富，j 省份适宜发展羊产业；

若 $EI_{ij} < 1$，则表明与全国平均水平相比，j 省份羊生产资源禀赋相对匮乏，j 省份不适宜发展羊产业；

若 $EI_{ij} = 1$，则表明与全国平均水平相比，j 省份羊生产在资源禀赋既没有比较优势，也不存在比较劣势。

（2）存栏规模比较优势指数。存栏规模优势指数是指某年某省份羊年末存栏量占该省份所有牲畜年末存栏量的比重与某年全国羊年末存栏量占全国所有牲畜年末存栏量比重的比值，可用数学模型表示为：

$$SC_{ij} = \frac{C_{ij} / C_i}{C_j / C}$$ (12-2)

式中：SC_{ij} 表示为第 i 年 j 省份的羊存栏规模优势指数，C_{ij} 表示为第 i 年 j 省份的羊年末存栏量，C_i 表示为第 i 年 j 省份的牲畜年末存栏量，C_j 表示为第 i 年全国的羊年末存栏量，C 表示为第 i 年全国的牲畜年末存栏量。

若 $SC_{ij} > 1$，则表明与全国平均水平相比，j 省份羊存栏具有规模比较优势，j 省份适宜发展羊产业；

若 $SC_{ij} < 1$，则表明与全国平均水平相比，j 省份羊存栏规模处于劣势，j 省份不适宜发展羊产业；

若 $SC_{ij} = 1$，则表明与全国平均水平相比，j 省份羊存栏规模既没有比较优势，也不存在比较劣势。

（3）产量比较优势指数。存栏规模优势指数是指某年某省份羊肉产量占该省份肉总产量的比重与某年全国羊肉产量占全国肉总产量比重的比值，可用数学模型表示为：

$$SP_{ij} = \frac{P_{ij} / P_i}{P_j / P}$$ (12-3)

式中：SP_{ij} 表示为第 i 年 j 省份的羊肉产量优势指数，P_{ij} 表示为第 i 年 j 省份的羊肉产量，P_i 表示为第 i 年 j 省份的肉产量，P_j 表示为第 i 年全国的羊肉产量，P 表示为第 i 年全国的肉产量。

若 $SP_{ij} > 1$，则表明与全国平均水平相比，j 省份羊肉产量具有比较优势，j 省份是羊肉的主要供给区；

若 $SP_{ij} < 1$，则表明与全国平均水平相比，j 省份羊肉产量处于劣势，j 省份不是羊肉主要供给区；

若 $SP_{ij} = 1$，则表明与全国平均水平相比，j 省份羊肉产量既没有比较优势，也不存在比较劣势。

（4）综合比较优势指数。综合比较指数应该是能较综合、全面反映区域羊产业的比较优势，但在现实中这类指标是不存在的，数据也难以获得，因此本研究选用资源禀赋优势指数、存栏规模优势指数和产量优势指数的几何平均数，既能反映资源条件优势，也能反映生产规模和生产效率的指标，作为一个综合指标来较全面地反映区域羊产业的综合比较优势，可用数学模型表示为：

$$SA_{ij} = \sqrt{EI_{ij} \times SC_{ij} \times SP_{ij}}$$ (12-4)

若 $SA_{ij} > 1$，则表明与全国平均水平相比，j 省份羊业具有综合比较优势，j 省份适宜发展为羊产业的主要供给区域；

若 $SA_{ij} < 1$，则表明与全国平均水平相比，j 省份羊业不具有综合比较优

势，j 省份不适宜发展为羊产业的主要供给区域；

若 $SA_{ij}=1$，则表明与全国平均水平相比，j 省份发展羊产业既没有比较优势，也不存在比较劣势。

3. 优势指数分析

各比较优势指数根据各省份羊年末存栏数、牲畜年末存栏数、羊肉产量和地区 GDP 得到，为消除时间对各指数的影响，取 2010—2021 年各指数平均值。

（1）资源禀赋比较优势指数分析。全国 EI_{ij} 平均值＞1 的省份有 12 个，分别是河北、内蒙古、黑龙江、安徽、河南、四川、云南、西藏、甘肃、青海、宁夏和新疆，其中新疆位列第三（图 12-9）。从 2010—2021 年羊生产资源禀赋比较优势指数排名前三的变化情况来看，西藏 EI_{ij} 值呈持续下降趋势，从 2010 年的 17.26 下降为 2021 年的 5.46。内蒙古 EI_{ij} 值增长趋势最为明显，呈波动上升趋势，从 2010 年的 7.69 增加为 2021 年的 12.33。新疆 EI_{ij} 值变化不大，从 2010 年的 8.69 下降为 2021 年的 8.41，其变化情况大致分为两个阶段，第一个阶段 2010—2016 年，EI_{ij} 值呈波动上升的情况，并于 2016 年达到峰值 9.79；第二个阶段 2016—2021 年，EI_{ij} 值呈缓慢下降的趋势。由此看出，新疆在羊产业资源禀赋方面占有较大优势。见表 12-5，图 12-10。

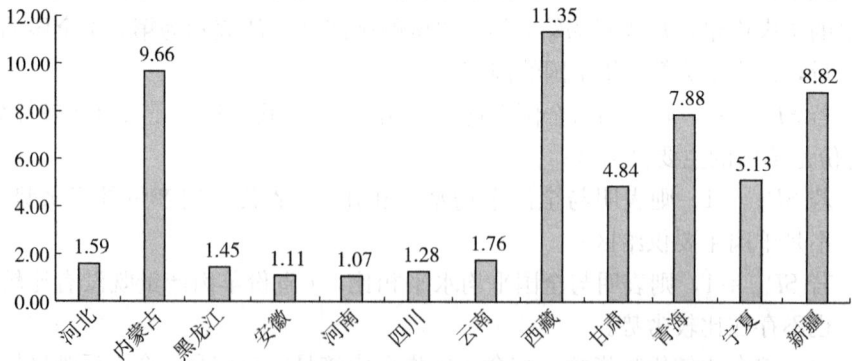

图 12-9　2010—2021 年羊生产资源禀赋指数平均值

表 12-5　2010—2021 年全国羊生产资源禀赋比较优势变化

区域	2010 年	2011 年	2012 年	2013 年	2014 年	2015 年	2016 年	2017 年	2018 年	2019 年	2020 年	2021 年
北京	0.10	0.10	0.09	0.09	0.08	0.08	0.07	0.07	0.04	0.02	0.01	0.01
天津	0.16	0.16	0.15	0.14	0.15	0.15	0.15	0.13	0.12	0.12	0.13	0.15
河北	1.45	1.39	1.40	1.43	1.54	1.65	1.63	1.55	1.61	1.79	1.79	1.87
山西	0.61	0.59	0.63	0.69	0.78	0.84	0.92	0.97	0.92	0.95	1.00	1.02

（续）

区域	2010 年	2011 年	2012 年	2013 年	2014 年	2015 年	2016 年	2017 年	2018 年	2019 年	2020 年	2021 年
内蒙古	7.69	7.31	7.22	7.35	7.80	8.07	8.84	11.36	11.66	12.91	13.43	12.33
辽 宁	0.43	0.43	0.41	0.41	0.46	0.46	0.63	0.53	0.49	0.55	0.56	0.55
吉 林	0.44	0.44	0.44	0.46	0.48	0.53	0.53	0.57	0.58	0.82	0.87	1.28
黑龙江	1.18	1.12	1.14	1.15	1.17	1.27	1.35	1.42	1.44	1.89	2.02	2.24
上 海	0.03	0.03	0.04	0.04	0.03	0.03	0.03	0.02	0.02	0.01	0.01	0.01
江 苏	0.18	0.18	0.18	0.18	0.18	0.18	0.17	0.16	0.16	0.13	0.13	0.13
浙 江	0.07	0.07	0.06	0.06	0.06	0.07	0.07	0.08	0.08	0.07	0.07	0.07
安 徽	1.16	1.11	1.10	1.10	1.10	1.17	1.15	1.07	1.08	1.03	1.10	1.13
福 建	0.12	0.13	0.13	0.13	0.14	0.14	0.14	0.11	0.11	0.11	0.11	0.10
江 西	0.12	0.11	0.11	0.11	0.11	0.11	0.11	0.17	0.18	0.19	0.21	0.22
山 东	0.84	0.86	0.86	0.86	0.90	0.92	0.91	0.87	0.91	1.05	0.96	0.88
河 南	1.10	1.11	1.08	1.07	1.08	1.09	1.06	1.03	1.06	1.05	1.07	1.09
湖 北	0.51	0.49	0.47	0.48	0.47	0.46	0.44	0.48	0.47	0.44	0.42	0.43
湖 南	0.66	0.63	0.60	0.61	0.61	0.62	0.61	0.77	0.78	0.81	0.80	0.85
广 东	0.02	0.02	0.02	0.02	0.02	0.02	0.02	0.04	0.04	0.04	0.04	0.04
广 西	0.35	0.33	0.32	0.31	0.31	0.30	0.29	0.32	0.31	0.33	0.34	0.36
海 南	0.54	0.53	0.47	0.47	0.46	0.43	0.44	0.45	0.45	0.45	0.46	0.38
重 庆	0.31	0.31	0.32	0.33	0.35	0.38	0.38	0.61	0.63	0.58	0.56	0.55
四 川	1.45	1.37	1.30	1.30	1.32	1.36	1.32	1.29	1.23	1.18	1.16	1.12
贵 州	0.74	0.71	0.67	0.61	0.60	0.62	0.62	0.62	0.64	0.60	0.58	0.55
云 南	1.80	1.76	1.70	1.66	1.69	1.71	1.66	1.95	1.98	1.75	1.75	1.73
西 藏	17.26	17.14	15.71	14.78	12.71	12.47	11.58	8.51	7.52	6.88	6.21	5.46
陕 西	0.72	0.64	0.61	0.62	0.63	0.67	0.67	0.79	0.74	0.73	0.77	0.76
甘 肃	3.81	3.70	3.64	3.68	3.89	4.50	4.74	5.36	5.42	5.80	6.32	7.28
青 海	7.28	7.16	7.10	6.99	7.04	7.44	7.54	8.48	8.68	9.50	9.14	8.19
宁 夏	4.35	4.49	4.67	4.91	5.14	5.40	5.38	5.05	5.07	5.62	5.84	5.64
新　疆	**8.69**	**8.45**	**8.28**	**8.29**	**8.59**	**9.24**	**9.79**	**9.40**	**9.22**	**8.98**	**8.52**	**8.41**

（2）存栏规模比较优势指数分析。全国 SC_{ij} 平均值＞1 的省份有 10 个，分别是河北、内蒙古、山西、山东、西藏、陕西、甘肃、青海、宁夏和新疆，其中新疆位列第一（图 12 - 11）。从 2010—2021 年羊生产存栏规模比较优势

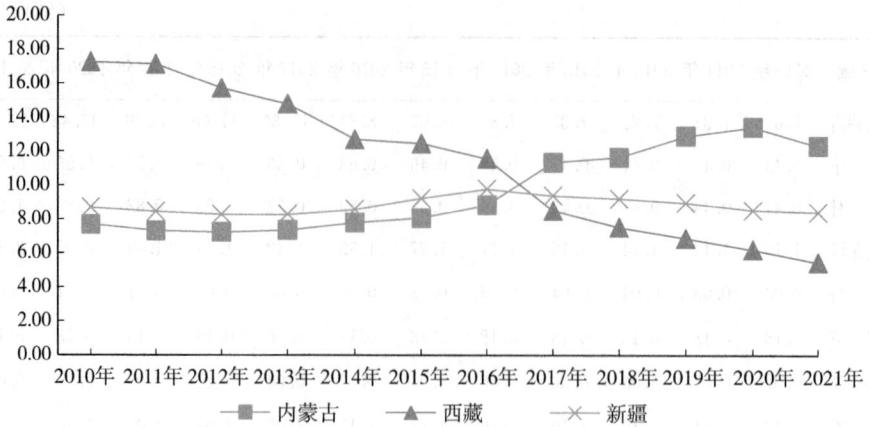

图 12 - 10　2010—2021 年羊生产资源禀赋比较优势排名前三变化

指数排名前三的变化情况来看,新疆、内蒙古、宁夏 SC_{ij} 值均呈波动下降趋势。其中,新疆 SC_{ij} 值从 2010 年的 2.50 下降为 2021 年的 2.16,下降幅度相对较大;内蒙古 SC_{ij} 值从 2010 年的 2.38 下降为 2021 年的 2.21,下降幅度不大;宁夏 SC_{ij} 值从 2010 年的 2.25 下降为 2021 年的 1.9,下降幅度较大,由此看出新疆在存栏规模中占有绝对优势。见表 12 - 6,图 12 - 12。

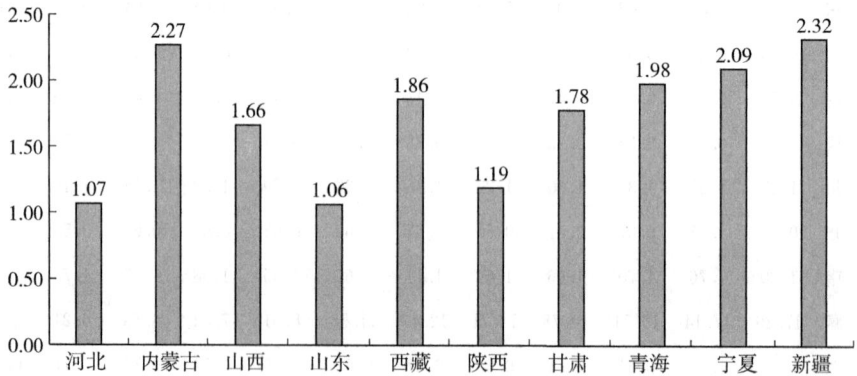

图 12 - 11　2010—2021 年羊生产存栏规模指数平均值

表 12 - 6　2010—2021 年全国羊存栏规模比较优势变化

区域	2010 年	2011 年	2012 年	2013 年	2014 年	2015 年	2016 年	2017 年	2018 年	2019 年	2020 年	2021 年
北 京	0.70	0.69	0.67	0.67	0.75	0.78	0.70	0.61	0.83	1.03	0.76	0.57
天 津	0.46	0.43	0.48	0.50	0.50	0.50	0.50	0.48	0.44	0.49	0.51	0.54
河 北	1.16	1.17	1.16	1.14	1.14	1.08	1.07	0.96	0.97	0.94	0.99	1.02
山 西	1.70	1.78	1.80	1.78	1.73	1.77	1.74	1.64	1.57	1.43	1.55	1.49

（续）

区域	2010 年	2011 年	2012 年	2013 年	2014 年	2015 年	2016 年	2017 年	2018 年	2019 年	2020 年	2021 年
内蒙古	2.38	2.39	2.38	2.36	2.31	2.25	2.23	2.29	2.28	1.96	2.17	2.21
辽宁	0.80	0.79	0.78	0.78	0.82	0.90	0.92	0.92	0.91	0.86	0.89	0.91
吉林	0.64	0.64	0.64	0.63	0.63	0.67	0.67	0.67	0.69	0.62	0.74	0.83
黑龙江	0.98	0.99	0.98	0.92	0.91	0.92	0.92	0.84	0.82	0.74	0.80	0.82
上海	0.37	0.35	0.37	0.37	0.40	0.48	0.56	0.40	0.33	0.44	0.34	0.37
江苏	0.58	0.58	0.56	0.55	0.54	0.53	0.54	0.54	0.55	0.87	0.53	0.55
浙江	0.25	0.24	0.23	0.24	0.30	0.38	0.46	0.54	0.53	0.50	0.48	0.51
安徽	0.84	0.83	0.79	0.78	0.79	0.82	0.81	0.70	0.71	0.75	0.75	0.73
福建	0.23	0.22	0.23	0.24	0.27	0.29	0.31	0.24	0.28	0.32	0.27	0.27
江西	0.09	0.09	0.08	0.08	0.08	0.08	0.09	0.14	0.14	0.19	0.17	0.17
山东	1.23	1.21	1.20	1.17	1.14	1.13	1.14	0.94	0.96	0.99	0.85	0.82
河南	0.78	0.77	0.77	0.77	0.76	0.75	0.75	0.73	0.74	0.82	0.84	0.81
湖北	0.39	0.40	0.41	0.42	0.41	0.40	0.41	0.45	0.46	0.54	0.48	0.44
湖南	0.32	0.31	0.30	0.31	0.30	0.30	0.30	0.37	0.38	0.44	0.41	0.39
广东	0.05	0.05	0.05	0.05	0.05	0.05	0.05	0.11	0.11	0.14	0.13	0.11
广西	0.20	0.20	0.20	0.19	0.19	0.19	0.20	0.22	0.22	0.25	0.26	0.26
海南	0.38	0.37	0.34	0.35	0.36	0.34	0.36	0.37	0.38	0.57	0.48	0.41
重庆	0.28	0.30	0.30	0.31	0.33	0.35	0.35	0.56	0.56	0.56	0.57	0.56
四川	0.65	0.65	0.66	0.66	0.66	0.66	0.67	0.64	0.61	0.67	0.64	0.62
贵州	0.32	0.34	0.37	0.37	0.39	0.40	0.41	0.43	0.46	0.44	0.45	0.44
云南	0.59	0.61	0.62	0.63	0.64	0.65	0.65	0.67	0.68	0.68	0.67	0.66
西藏	2.18	2.17	2.14	2.10	1.99	1.94	1.92	1.73	1.68	1.41	1.53	1.52
陕西	1.15	1.17	1.16	1.14	1.18	1.17	1.21	1.29	1.29	1.09	1.24	1.25
甘肃	1.86	1.86	1.86	1.83	1.80	1.75	1.74	1.78	1.78	1.57	1.74	1.81
青海	2.21	2.21	2.21	2.15	2.07	2.00	1.95	1.90	1.90	1.67	1.72	1.79
宁夏	2.25	2.27	2.30	2.31	2.25	2.18	2.15	1.98	2.00	1.71	1.83	1.90
新疆	2.50	2.51	2.49	2.47	2.39	2.33	2.32	2.31	2.28	1.93	2.13	2.16

（3）肉产量比较优势指数分析。全国 SP_{ij} 平均值＞1 的省份有 9 个，分别是河北、内蒙古、黑龙江、山西、西藏、甘肃、青海、宁夏和新疆，其中新疆位列第二（图 12 - 13）。从 2010—2021 年羊肉产量比较优势指数排名前三的

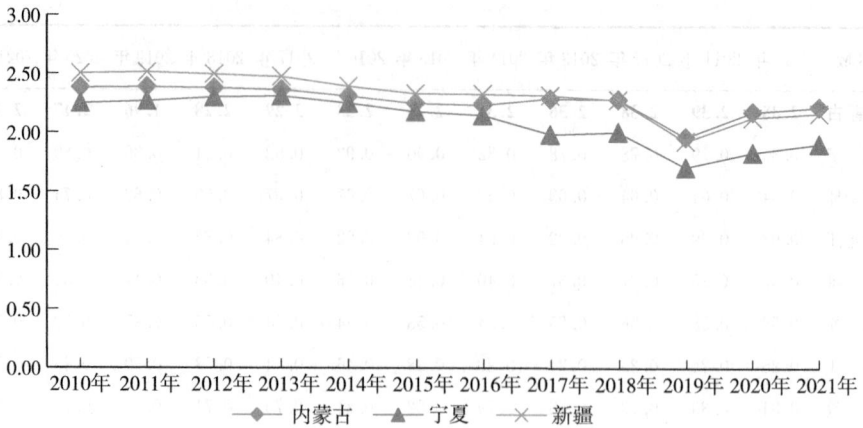

图 12-12　2010—2021 年羊存栏规模比较优势指数排名前三变化

变化情况来看，内蒙古、新疆、青海 SP_{ij} 值均呈现波动下降趋势。其中，内蒙古 SP_{ij} 值从 2010 年的 7.43 下降为 2021 年的 7.17，下降幅度不大；新疆 SP_{ij} 值从 2010 年的 7.66 下降为 2021 年的 5.32，下降幅度较大；青海 SP_{ij} 值从 2010 年的 6.87 下降为 2021 年的 5.38，下降幅度相对较大。由此看出，新疆在肉产量规模中占有较大优势。见表 12-7，图 12-14。

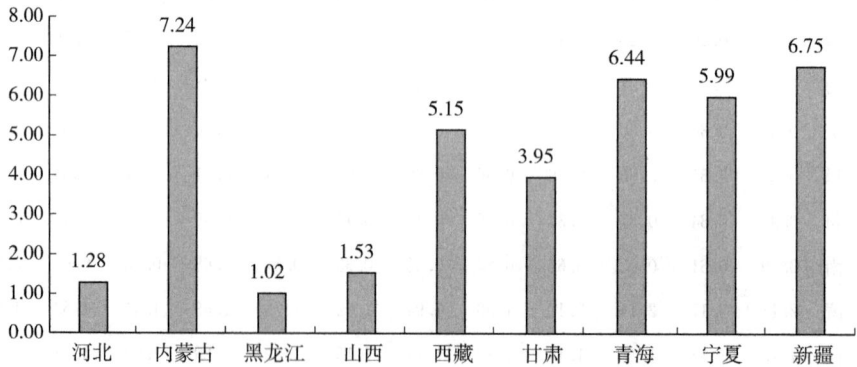

图 12-13　2010—2021 年羊肉产量规模指数平均值

表 12-7　2010—2021 年全国羊肉产量比较优势变化

区域	2010 年	2011 年	2012 年	2013 年	2014 年	2015 年	2016 年	2017 年	2018 年	2019 年	2020 年	2021 年
北 京	0.60	0.59	0.59	0.60	0.61	0.64	0.71	0.73	0.62	1.19	0.99	0.77
天 津	0.70	0.70	0.67	0.67	0.69	0.69	0.66	0.72	0.63	0.44	0.46	0.60
河 北	1.40	1.38	1.36	1.35	1.32	1.34	1.31	1.17	1.19	1.14	1.18	1.28
山 西	1.54	1.58	1.60	1.56	1.56	1.58	1.64	1.68	1.59	1.40	1.32	1.34

（续）

区域	2010 年	2011 年	2012 年	2013 年	2014 年	2015 年	2016 年	2017 年	2018 年	2019 年	2020 年	2021 年
内蒙古	7.43	7.44	7.54	7.58	7.52	7.37	7.11	7.21	7.22	6.60	6.64	7.17
辽　宁	0.39	0.39	0.39	0.40	0.42	0.39	0.38	0.33	0.32	0.29	0.29	0.28
吉　林	0.32	0.32	0.33	0.34	0.35	0.36	0.34	0.35	0.33	0.31	0.34	0.49
黑龙江	1.22	1.18	1.17	1.12	1.05	1.05	1.03	0.91	0.91	0.85	0.83	0.87
上　海	0.41	0.40	0.46	0.49	0.47	0.54	0.53	0.36	0.35	0.31	0.41	0.55
江　苏	0.40	0.39	0.40	0.43	0.43	0.43	0.43	0.43	0.43	0.38	0.37	0.37
浙　江	0.22	0.21	0.19	0.20	0.22	0.27	0.30	0.38	0.40	0.38	0.38	0.41
安　徽	0.75	0.76	0.77	0.78	0.76	0.77	0.78	0.73	0.74	0.74	0.82	0.84
福　建	0.20	0.21	0.20	0.21	0.21	0.21	0.21	0.13	0.14	0.14	0.14	0.14
江　西	0.08	0.07	0.07	0.07	0.07	0.07	0.07	0.11	0.12	0.12	0.14	0.15
山　东	0.92	0.92	0.91	0.91	0.95	0.94	0.92	0.76	0.78	0.83	0.74	0.70
河　南	0.78	0.78	0.76	0.74	0.72	0.71	0.71	0.73	0.73	0.80	0.83	0.78
湖　北	0.42	0.43	0.41	0.40	0.40	0.40	0.39	0.41	0.41	0.45	0.45	0.40
湖　南	0.43	0.42	0.42	0.43	0.41	0.42	0.42	0.51	0.50	0.55	0.56	0.54
广　东	0.04	0.04	0.04	0.04	0.04	0.04	0.04	0.08	0.08	0.08	0.08	0.08
广　西	0.17	0.17	0.17	0.16	0.16	0.15	0.15	0.15	0.14	0.14	0.15	0.16
海　南	0.32	0.31	0.27	0.27	0.28	0.26	0.27	0.27	0.26	0.28	0.33	0.29
重　庆	0.25	0.27	0.29	0.30	0.32	0.35	0.36	0.69	0.67	0.66	0.67	0.62
四　川	0.75	0.74	0.75	0.74	0.72	0.73	0.72	0.77	0.72	0.77	0.72	0.71
贵　州	0.38	0.38	0.39	0.37	0.39	0.41	0.42	0.43	0.43	0.38	0.38	0.37
云　南	0.80	0.81	0.81	0.81	0.78	0.77	0.75	0.80	0.79	0.79	0.78	0.76
西　藏	6.93	6.68	7.06	6.68	6.07	5.75	5.52	3.64	3.75	3.24	3.18	3.26
陕　西	1.41	1.36	1.34	1.31	1.30	1.31	1.33	1.59	1.52	1.34	1.43	1.39
甘　肃	3.67	3.73	3.79	3.81	3.81	3.99	4.02	4.22	4.23	3.91	3.94	4.33
青　海	6.87	6.98	7.13	6.92	6.65	6.51	6.18	6.60	6.52	5.93	5.66	5.38
宁　夏	5.64	6.30	6.67	6.90	6.79	6.77	6.33	5.44	5.27	4.94	5.17	5.68
新　疆	7.66	7.83	7.48	7.46	7.30	7.08	6.73	6.69	6.66	5.62	5.16	5.32

　　（4）综合比较优势指数分析。全国 SA_{ij} 平均值＞1 的省份有 10 个，分别是河北、内蒙古、黑龙江、山西、西藏、陕西、甘肃、青海、宁夏和新疆，其中新疆位列第二（图 12 - 15）。从 2010—2021 年羊产业综合比较优势指数排名前三的变化情况来看，内蒙古 SA_{ij} 值呈波动增长趋势，从 2010 年的 5.14

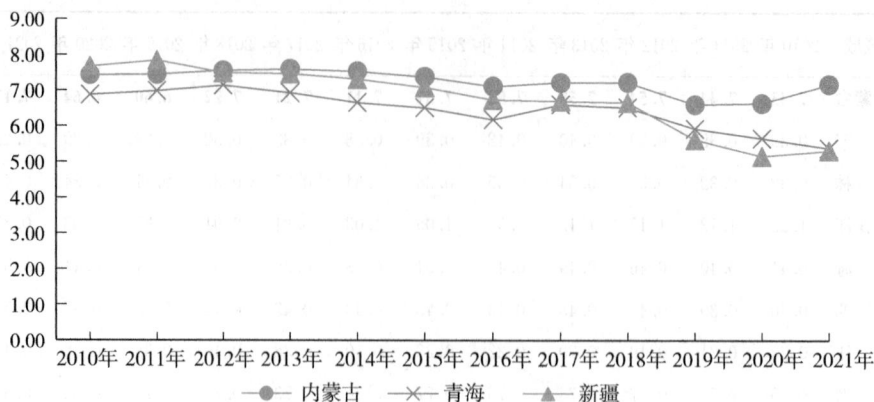

图 12 - 14　2010—2021 年羊肉产量比较优势指数排名前三变化

增加为 2021 年的 5.81，增加幅度不大；新疆 SA_{ij} 值呈下降趋势，从 2010 年的 5.50 下降为 2021 年的 4.59，下降幅度较小；西藏 SA_{ij} 值从 2010 年的 6.39 下降为 2021 年的 3.00，下降幅度较大。由此看出，新疆在羊产业综合比较优势中占有较大优势。见表 12 - 8，图 12 - 16。

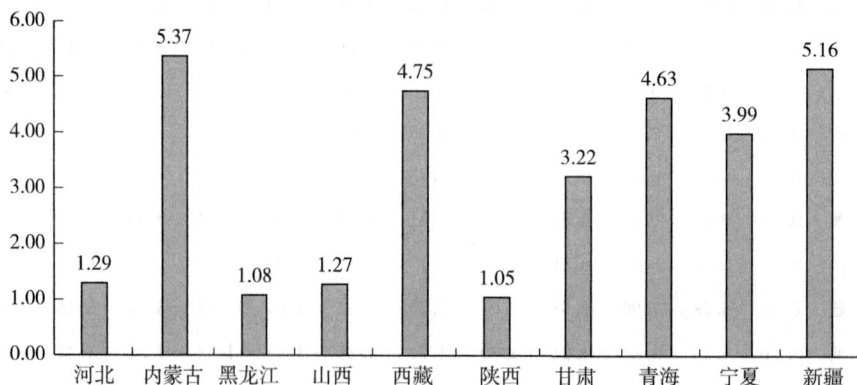

图 12 - 15　2010—2021 年羊生产综合比较指数平均值

表 12 - 8　2010—2021 年全国羊综合比较优势变化

区域	2010 年	2011 年	2012 年	2013 年	2014 年	2015 年	2016 年	2017 年	2018 年	2019 年	2020 年	2021 年
北 京	0.35	0.34	0.33	0.32	0.33	0.34	0.33	0.31	0.27	0.30	0.21	0.17
天 津	0.37	0.36	0.36	0.36	0.37	0.37	0.36	0.36	0.32	0.30	0.31	0.36
河 北	1.33	1.31	1.30	1.30	1.32	1.34	1.32	1.20	1.23	1.24	1.28	1.34
山 西	1.17	1.19	1.22	1.24	1.28	1.33	1.38	1.39	1.32	1.24	1.27	1.27

（续）

区域	2010 年	2011 年	2012 年	2013 年	2014 年	2015 年	2016 年	2017 年	2018 年	2019 年	2020 年	2021 年
内蒙古	5.14	5.06	5.06	5.09	5.14	5.11	5.20	5.72	5.77	5.51	5.79	5.81
辽　宁	0.51	0.51	0.50	0.51	0.54	0.54	0.60	0.55	0.52	0.52	0.52	0.52
吉　林	0.45	0.45	0.45	0.46	0.47	0.50	0.50	0.51	0.51	0.54	0.60	0.80
黑龙江	1.12	1.10	1.09	1.06	1.04	1.07	1.09	1.03	1.03	1.06	1.10	1.17
上　海	0.17	0.17	0.18	0.19	0.19	0.21	0.20	0.14	0.12	0.12	0.12	0.15
江　苏	0.35	0.35	0.34	0.35	0.35	0.35	0.34	0.33	0.33	0.35	0.29	0.29
浙　江	0.15	0.15	0.14	0.14	0.16	0.19	0.21	0.25	0.25	0.24	0.23	0.25
安　徽	0.90	0.89	0.87	0.87	0.87	0.90	0.90	0.82	0.83	0.83	0.88	0.89
福　建	0.18	0.18	0.18	0.18	0.20	0.21	0.21	0.15	0.16	0.17	0.16	0.16
江　西	0.09	0.09	0.09	0.09	0.08	0.08	0.09	0.14	0.14	0.16	0.17	0.18
山　东	0.98	0.99	0.98	0.97	0.99	0.99	0.99	0.85	0.88	0.95	0.84	0.80
河　南	0.88	0.88	0.86	0.85	0.84	0.84	0.82	0.82	0.83	0.88	0.91	0.88
湖　北	0.44	0.44	0.43	0.43	0.42	0.42	0.41	0.44	0.44	0.47	0.45	0.42
湖　南	0.45	0.43	0.42	0.43	0.42	0.43	0.43	0.52	0.53	0.58	0.57	0.56
广　东	0.03	0.04	0.03	0.03	0.03	0.03	0.03	0.07	0.07	0.07	0.07	0.07
广　西	0.23	0.22	0.22	0.21	0.21	0.21	0.20	0.21	0.21	0.23	0.24	0.25
海　南	0.40	0.40	0.35	0.35	0.36	0.34	0.35	0.35	0.35	0.42	0.42	0.36
重　庆	0.28	0.29	0.30	0.31	0.33	0.36	0.36	0.62	0.62	0.60	0.60	0.57
四　川	0.89	0.87	0.86	0.86	0.85	0.87	0.86	0.86	0.81	0.85	0.81	0.79
贵　州	0.45	0.45	0.46	0.44	0.45	0.47	0.47	0.49	0.50	0.47	0.46	0.45
云　南	0.95	0.96	0.95	0.95	0.95	0.95	0.93	1.01	1.02	0.98	0.97	0.96
西　藏	6.39	6.29	6.19	5.92	5.35	5.18	4.97	3.77	3.61	3.15	3.11	3.00
陕　西	1.05	1.01	0.99	0.97	0.99	1.01	1.01	1.17	1.13	1.02	1.11	1.10
甘　肃	2.96	2.95	2.95	2.95	2.99	3.15	3.21	3.42	3.44	3.29	3.51	3.85
青　海	4.80	4.79	4.82	4.70	4.60	4.59	4.50	4.74	4.76	4.55	4.46	4.29
宁　夏	3.81	4.00	4.15	4.28	4.28	4.30	4.18	3.79	3.77	3.62	3.81	3.94
新　疆	5.50	5.50	5.37	5.35	5.31	5.34	5.35	5.26	5.19	4.60	4.54	4.59

　　从各指数前三位省份 2010—2021 年变化情况来看，除内蒙古在资源禀赋比较优势和综合比较优势方面保持上升态势外，其他省份在资源禀赋、存栏规模和产量规模等方面都呈下降趋势，其原因在于随着草原生态保护政策、粮改饲试点和规模化养殖等畜牧业政策的深入推进，各省份羊产业发生了千差万别

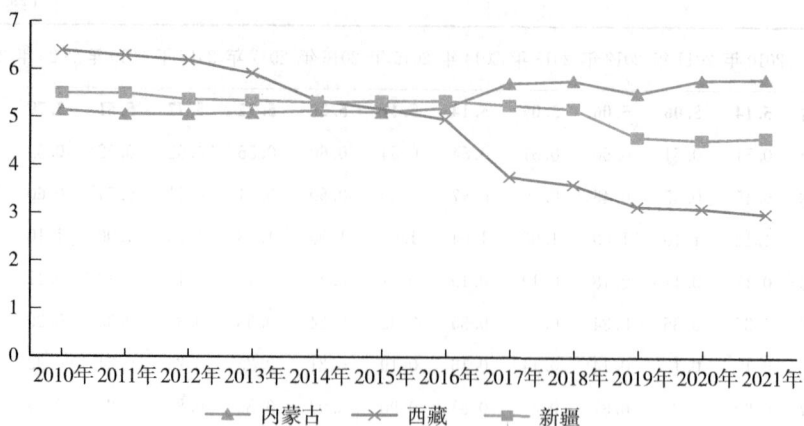

图 12-16 2010—2021 年羊产业综合比较优势指数排名前三变化图

的变化。其中，内蒙古在牧区引导发展生态家庭牧场，在农区推进标准化规模养殖，推广两年三胎双羔繁育技术，该技术得到普遍应用，母羊繁殖率大幅提高，从而提高了内蒙古肉羊产业竞争力；新疆、西藏、青海主要受到草原生态保护奖补政策和退耕还草工程影响，改变了牧区草原过度放牧的局面，草畜平衡基本实现，从而使得羊肉产量和存栏相较于牲畜比重大幅下降，肉羊各比较优势指数均呈下降趋势；宁夏主要受前几年羊价低迷的影响和国家环保政策的实施，肉羊养殖门槛大幅提高，出现部分养殖户退出和未退出养殖户不敢补栏的现象，羊养殖规模大幅缩减，羊存栏规模比较优势呈现下降趋势。综上所述，从全国范围来看，新疆羊产业在资源禀赋、存栏规模、产量规模、综合比较指数等方面都存在较大优势。

（四）新疆羊产业发展存在的主要问题

1. 生产方式有待提高

新疆羊养殖虽然逐步向规模化转变，但仍以散养为主，自给型饲料资源以及劳动力季节性过剩使得这种养殖方式存在合理性、经济性和长期性。这种长期散养的结果使养殖技术进步缓慢，饲养管理方式落后，优良品种退化快、养殖成本高、胴体重小，重大疫病防控难以防范，羊肉质量参差不齐等问题出现，与同时期养猪业、奶牛业和养禽业相比，养羊业比较效益低下，发展后劲不足。

2. 羊养殖成本持续增加

通过对 2011—2021 年羊养殖成本收益数据分析发现，总成本呈现绝对上升、净利润呈现波动下降趋势。羊养殖产值 2021 年较 2011 年涨幅 18%，总成本涨幅 120%，净利润涨幅 -26%，其中饲草料涨幅 475%，人工费用涨幅

122%，医疗防疫、配种、技术及工具费等方面也呈现不同程度的上涨，农户养殖利润空间持续压缩，有些地方农户甚至出现亏损，加之 2017 年、2018 年肉羊市场高位震荡，肉羊养殖数量急剧下降，许多农户对养殖羊持观望态度，农户养殖积极性不高。

3. 羊产业链间风险和收益不对

羊产业链包括养殖户、消费者、活羊商贩、饲料加工企业、屠宰加工、批发与零售商等利益主体。但消费者和养殖户始终是产业链中承担市场波动风险的利益主体，无论市场价格如何波动，产业链中间环节仍可获得固定利润，而养殖户要承担对产业链其他环节产生的自然风险和生产风险，这种风险收益的不对等以及比较利益的低下，势必会挫伤养殖户的积极性，并影响新疆羊产业链发展进程。

4. 良种繁育体系有待健全

目前，新疆羊繁育仍以当地品种羊和杂交羊为主，生产性能低，专门化品种羊数量少，推广慢，本地品种与引进品种之间还存在较大差距，主要表现在体格小、繁殖率低、生长发育速度缓慢等方面。虽然部分地区引进外来品种与当地品种进行杂交，拟培育地方性羊品种，但缺乏系统的、有计划的技术指导，造成杂交比较混乱，在种羊育种中普遍存在"重引进，轻选育"的现象。加之多年来工作体制、投入、机制等方面的因素，基层技术服务推广单位大多工作条件差、人员缺乏、队伍不稳定、服务不到位，甚至有些地方的育种场和扩繁场出现勉强维持或者倒闭的局面，更无从谈起新技术基层推广，新疆肉羊良种繁育体系有待健全。

5. 饲草料难以保障

虽然新疆是我国仅次于西藏和内蒙古的草地资源省份，但新疆草场自20 世纪 50 年代起便出现较大范围的草场退化、沙化现象，并且这种退化正逐年扩大。草场的退化使得天然草场质量变差，草场产草能力逐年下降，优质牧草的匮乏是造成新疆羊产业发展的一个重要制约因素。另外，新疆农业种植结构虽然不断调整，但在粮食安全和比较效益的驱使下，经济作物和林果业面积不断扩大，饲草面积不断大幅减少，因饲草短缺无法保证牛羊草料供给而造成许多地方屡屡出现减少饲养规模、降低饲喂标准的"贫困羊"现象，产肉率低。再者，牧民定居后，许多牧民将配给的饲草料地出租给非定居户耕种，这部分地的种植种类主要以农作物和经济作物为主，只有很少一部分种植饲草，由于饲草匮乏，造成定居牧民因饲草料短缺无法全部做到暖季放牧、冷季舍饲，大部分牲畜冬季仍继续在冬季草场放牧，造成羊胴体重普遍偏轻。

（五）新疆羊产业高质量发展建议

1. 大力发展标准化规模养殖

在农区，发展多胎羊规模养殖，加大政策资金投入，支持建设一批养殖品种优良、配套设施完善、机械化装备水平高的大型规模养殖场；发挥现有示范企业作用，在规模养殖场全面推广"两年三产六羔"高效养殖模式；加大政策支持，协调生产周转贷款等，引导企业、合作社复养增养。在牧区，加快转变传统生产方式，加大天然草原改良和天然打草场建设力度，积极发展家庭牧场、草畜联营合作社等，稳定生产母羊基数，提高生产效率，培育绿色有机羊肉品牌；深挖散户肉羊养殖潜力，突出肉羊主导品种整县推进、专业化布局、标准化生产；打造肉羊产业联合体，建立龙头企业联农带农作用，建立完善企农利益联合机制，支持企业为养殖户提供"保姆式服务"，构建"一人多岗、四员合一"技术服务队伍，推广"六统一"生产模式，在全疆培育发展一批小"链主"企业，带动千家万户肉羊养殖。

2. 提升产业化经营水平

发挥龙头企业引领作用，加快优势资源整合，推进产加销一体化经营。支持企业强强联合，促进养殖、屠宰、加工、销售全链条经营，培育一批有养殖基地、屠宰加工厂、营销网络的示范企业。坚持兵地融合，推进兵地农牧资源有效融合，联合打造肉羊产业企业集团。建设一批肉羊产业强镇，发展一批现代肉羊产业园，打造一批特色鲜明的肉羊产业发展重点县市，培育肉羊产业链。培育新疆羊肉区域公共品牌，整合现有羊肉品牌资源，开展"新疆品质"认证，叫响新疆羊肉品牌。

3. 完善良种繁育体系

加快肉羊品种创新和种源基地建设，持续实施农区高效肉羊、牧区地方品种肉羊、多浪羊、肉毛兼用羊等品种选育推广，加快建设肉羊种源基地，提升改造种羊场设施装备，加强专用肉羊、多胎肉羊种羊场建设。支持多胎肉羊繁育场、规模养殖场等建设，加快生产母羊繁育和推广。加大产学研结合力度，争取在肉羊育种创新、高效繁殖等关键环节完成技术攻关。加强肉羊技术推广服务队伍建设，加强繁育场、示范小区、示范户以及推广技术人员的再培训，注重开展养殖、饲草料及疫病防控等方面的技术服务工作，全方位实现优质良种的顺利推广，促进羊产业可持续发展。

4. 拓宽饲草料供给

进一步推进新疆农业结构调整，在稳定粮食生产、确保粮食安全的前提下，做强国家优质棉生产基地，巩固提高棉花产业基础地位，提升林果业综合生产能力，发展特色优质高效林果业，推广"一年两作"的粮食和饲料作物耕作制度，建议将现有耕地中的部分中低产田、风险棉田退耕还草，种植人工牧草，辅以饲料作物，走农牧结合、以农促牧的发展道路，在考虑经济效益的同时，兼顾生态效益，促进区域可持续发展。

二、新疆骆驼产业高质量发展研究

（一）我国骆驼产业发展概况

1. 骆驼养殖规模

我国土地辽阔，拥有各种特殊的地形地貌，沙漠地区与世界骆驼养殖大国索马里的自然地理环境相似，非常适合骆驼养殖。新中国成立以来我国骆驼养殖规模有较大波动。1950—1981 年，骆驼存栏呈现增长趋势，由 24.6 万峰增长到 62.8 万峰，年均增长 3.07%；1981—2009 年，骆驼存栏呈现波动下降趋势，从 62.8 万峰下降到 22.59 万峰，减少了 40.21 万峰，年均减少 1.44 万峰。近年来，驼奶营养价值和药用价值逐渐为人们所认知，驼奶产品受到大众青睐，从而推动了骆驼养殖业的发展。同时在脱贫攻坚和乡村振兴政策的指引下，国家加大力度推进骆驼产业发展。2010 年以来，全国骆驼养殖规模呈现恢复性增长趋势，2021 年全国骆驼存栏量达到 46.17 万峰，基本恢复到 1990 年的水平。见图 12-17。

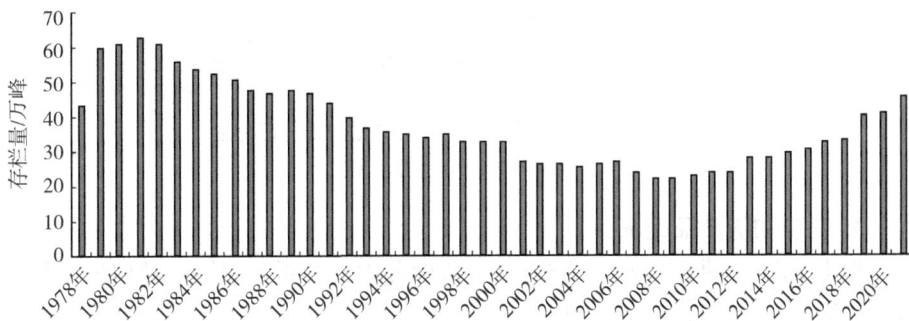

图 12-17　1978—2020 年全国骆驼存栏量

数据来源：《中国统计年鉴》。

2. 骆驼区域布局

我国骆驼养殖区域较为集中，主要分布于新疆、内蒙古、甘肃、青海、河北、宁夏 6 个省份。2021 年，新疆骆驼期末存栏 22.56 万峰，居全国首位，占全国存栏总量的 48.9%；第二为内蒙古，期末存栏 18.68 万峰，占全国的 40.5%；第三为甘肃，期末存栏 3.62 万峰，占全国的 7.8%；第四为青海，期末存栏为 1.15 万峰，占全国的 2.5%；河北和宁夏的骆驼期末存栏量均为 0.08 万峰。

从历史发展趋势来看，新疆和内蒙古一直是我国两个最大的骆驼养殖区，1978—1992年、2016—2017年内蒙古骆驼存栏量居全国首位，1992—2016年、2018年至今，新疆骆驼存栏量居全国首位。见表12-9、图12-18。

表 12 - 9　2021 年中国骆驼生产情况

地区	存栏量/万峰	占比/%
全国	46.17	100.0
河北	0.08	0.2
内蒙古	18.68	40.5
甘肃	3.62	7.8
青海	1.15	2.5
宁夏	0.08	0.2
新疆	22.56	48.9

数据来源：《中国统计年鉴》。

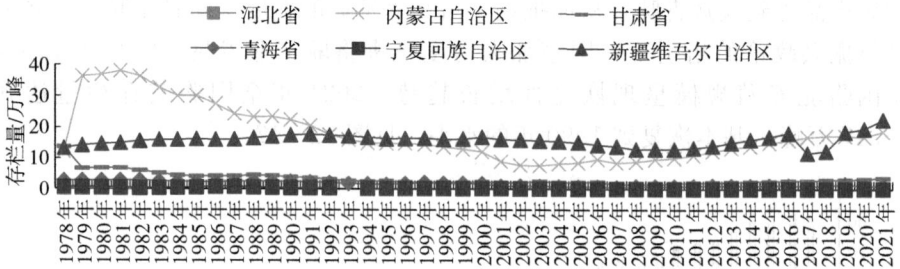

图 12 - 18　1978—2021 年全国骆驼分省份存栏量
数据来源：《中国统计年鉴》。

3. 骆驼初级产品概况

根据 FAO 数据，2000—2021 年，我国驼肉、驼脂和驼奶产量均呈增加趋势。2021 年，我国骆驼屠宰量约为 13.06 万峰，约为 2000 年的 1.95 倍，约占当年骆驼存栏总量的 28.3%；驼肉总产量约 3.27 万吨，约为 2000 年的 2.22 倍；驼肉单产 250.8 千克/峰，为 2000 年的 1.14 倍。奶驼存栏量约 9.62 万峰，约为 2000 年的 1.34 倍，约占当年骆驼存栏总量的 20.8%；驼奶总产量约 1.88 万吨，约为 2000 年的 1.28 倍；驼奶单产水平 195.4 千克/峰，约为 2000 年的 96%。整体来看，我国驼肉单产呈增长趋势，从 2000 年的 220.0 千克/峰增长到 2021 年 250.8 千克/峰，高于世界平均水平，但仅为世界最高水平科威特的 69.7%。奶驼存栏量虽然呈增长趋势，但个体奶产量却呈下降趋势，2021 年为最低，比最高年份 2010 年低 18.9 千克，为世界平均水平的 52%，仅是世界最高水平埃塞俄比亚的 23%。见表 12 - 10。

表 12 - 10　2000—2021 年我国骆驼初级产品生产情况

年份	存栏量/ 峰	屠宰量/ 峰	驼肉产量/ 吨	驼肉单产/ （千克/峰）	驼脂产量/ 吨	奶驼存栏量/ 峰	驼奶产量/ 吨	驼奶单产/ （千克/峰）
2000	330 000	67 000	14 740	220.0	675.58	72 000	14 728	204.6
2005	262 000	65 400	14 388	220.0	659.45	71 000	14 568	205.2
2010	230 200	65 000	14 300	220.0	655.42	54 884	11 763	214.3
2015	280 100	76 521	16 835	220.0	771.59	64 411	13 451	208.8
2020	411 200	116 317	28 968	249.0	1 327.72	87 718	17 408	198.5
2021	461 700	130 602	32 749	250.8	1 500.99	96 193	18 796	195.4

数据来源：FAO。

4. 进口情况

根据 FAO 数据显示，2021 年我国骆驼进口数量为 287 峰，进口驼肉 86.39 吨，进口额 452.2 万美元。主要进口国是智利、澳大利亚和荷兰。见图 12 - 19、表 12 - 11。

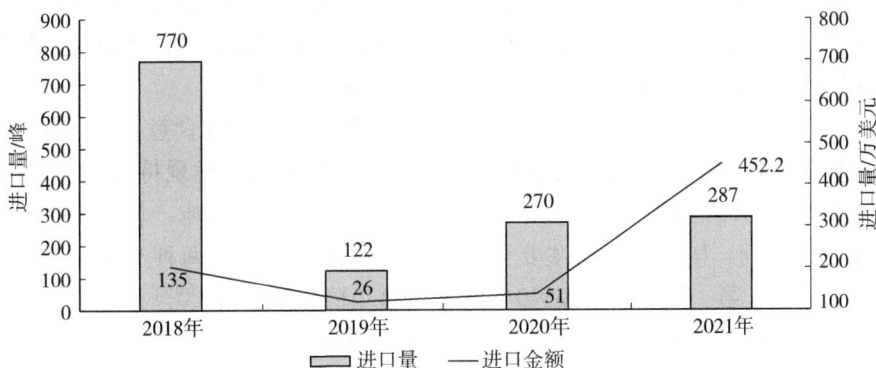

图 12 - 19　2018—2021 年中国骆驼进口情况

数据来源：FAO。

表 12 - 11　2021 年我国骆驼产品进口情况

国家	进口骆驼		进口驼肉		进口额	
	数量/峰	占比/%	数量/吨	占比/%	数量/千美元	占比/%
合计	287	100.00	86.39	100.00	4 522	100.00
澳大利亚	103	35.89	31.10	36.00	1 542	34.10
智利	149	51.92	44.79	51.85	2 565	56.72
荷兰	35	12.20	10.50	12.15	415	9.18

数据来源：FAO。

5. 驼奶产业

（1）驼奶产业的发展历程。2010—2016 年：大多数驼奶仅限于养殖区牧民自己食用，偶尔有个别企业会将驼奶做成酸奶或者奶粉，但销售区域主要集中在产地。销售渠道以会销为主，品牌以单一渠道为导向的地方性小品牌为代表，品类规模较小。

2016—2018 年：配方注册制度的实施，使奶粉行业面临重整，部分企业开始寻找转型产品，驼奶以其营养价值和功能特征进入企业的视线。销售渠道以主流电商为主，以微商和拼购电商为辅，同时开始进入线下销售渠道。部分品牌开始成长为头部品牌，品类规模进入快速增长期。

2018—2019 年：驼奶粉频繁出现在各大二类电商平台，驼奶粉销售达到历史顶峰，驼奶行业进入快速成长期。销售渠道为主流电商、拼购型电商、会销、线下实体、团购等。大量新兴品牌开始涌现，品类进入洗牌的前期；国内新兴的品牌营销步调开始加快，部分海外品牌销量增速加快，品类规模进入爆发期。

2020 年至今：驼奶行业发展减速，虽然依旧保持上升趋势，但发展速度明显放缓。品牌洗牌开始，聚焦于产品力、品牌力和渠道运营能力的综合性竞争开始，头部品牌愈加明显，品类规模进入震荡增长期。

（2）驼奶市场需求。随着居民消费水平的提升、健康饮食意识的增强，在消费升级的影响下，驼奶开始逐渐被我国居民重视，需求呈现持续增长态势。据相关数据统计，2020 年我国对驼奶的需求已突破 1.8 万吨，总销售额约为 44 亿元。目前，国内驼奶粉主要分为驼乳粉和调制驼乳粉两种类型。驼奶含量分 3 个档：第一档驼奶含量 70％以上；第二档驼奶含量 20％～70％，配方奶粉居多；第三档驼奶含量 5％～10％，甚至更低。见图 12 - 20。

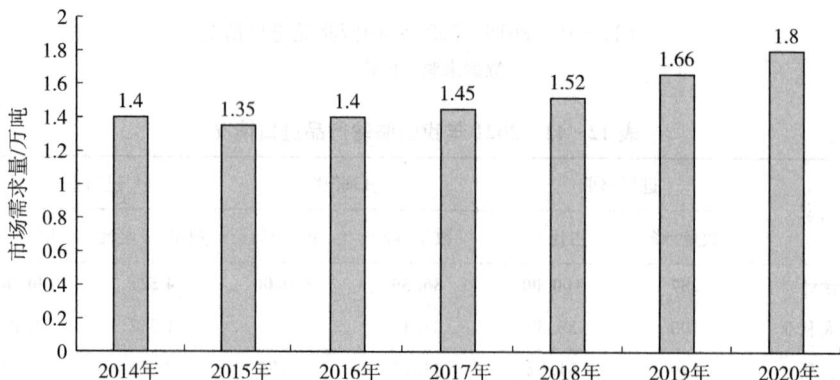

图 12 - 20　2014—2020 年中国骆驼奶市场需求量情况

数据来源：公开资料整理。

我国骆驼奶目前整体供需基本平衡，但预计未来市场可能会形成供不应求的局面。从供给角度看，驼奶奶源有限。虽然我国骆驼数量自 2010 年起开始逐年增长，但 2021 年奶驼存栏量仅为 9.62 万峰。由于骆驼产奶量低，一峰骆驼每天的产奶量在 2.5～3.5 千克，驼奶年产量仅为 1.88 万吨。受奶源紧张影响，目前我国具有驼奶加工能力的企业数量较少，行业尚未形成大规模生产。从消费角度看，驼奶作为一种新型健康奶，具有诸多保健和药用功效，驼奶的推广有利于我国居民的健康，消费者对驼奶的需求增长空间巨大。Age Club 数据显示，2019 年 6 月至 2020 年 4 月，淘宝平台销售的驼奶粉品牌从 18 个增长到 117 个，入驻品牌数量猛增 10 倍；2020 年 4 月淘宝驼奶粉月销售额为 8 183 万元，比一年前的 207 万元增加 38.5 倍；驼奶粉在中老年奶粉市场的份额占比从 2％增加到 42％，增加了 20 倍。

（3）驼奶产品。随着中国骆驼产业的不断更新、进步和发展，12 项骆驼行业团体标准于 2019 年 1 月 7 日正式实施，越来越多的企业加入到推动中国骆驼产业发展的大军中，新疆旺源生物科技集团、新疆驼甘霖生物有限公司、新疆天驼生物科技开发有限公司、新疆中驼生物科技有限公司、内蒙古沙漠之神生物科技有限公司等驼奶品牌先后加入，骆驼产品的种类、品牌日益丰富。目前，市场上国内骆驼奶品牌有新疆旺源、依巴特、原始黄金、王牌驼、美盾、丝路驼宝、源西域、那拉丝醇、欧普善、驼能、驼牧尔、尤爱贝特、卡菲熊、西域之嘉、驼奶故事、驼闻天下、边疆黄金、启舒、金骆驼、Camelicious 骆驼奶等。

（二）新疆骆驼产业发展情况

1. 骆驼养殖规模

新疆是我国骆驼生产最为集中的地区之一，有悠久的骆驼养殖历史，同时也是全国骆驼存栏量最高的地区之一。2021 年，新疆骆驼存栏 22.56 万峰，占全国骆驼存栏量的 48.9％，其中可繁殖母驼达到 13 万峰以上，约占全疆骆驼存栏量 57.6％，约占全国总量 28.2％。

与其他牲畜相比，新疆骆驼养殖规模较小，1978 年以来新疆骆驼存栏量不足大牲畜存栏量的 3％。1978—2021 年，新疆骆驼养殖规模呈现波动增长趋势，可分为三个阶段：1978—2006 年，骆驼存栏量呈现先增加后降低的趋势，由 1978 年的 13.19 万峰增加到 1990 年的 17.43 万峰，又逐渐降低到 2006 年的 14.30 万峰；2007—2018 年，骆驼养殖处于低迷态势，养殖规模维持在 10.70 万～12.63 万峰；2019—2021 年，随着驼奶等产业的发展，骆驼养殖规模快速增长，2019 年达到 18.48 万峰，较上年增长 46.3％，至 2021 年增加到 22.56 万峰。见表 12-12。

表 12 - 12 1978—2021 年新疆骆驼存栏量

年份	存栏/万峰	占全国比重/%	增速/%
1978	13.19	—	—
1980	14.41	—	9.25
1985	16.05	—	11.38
1990	17.43	—	8.60
1995	16.22	—	−6.94
1996	16.34	47.36	0.74
2000	16.70	51.23	3.41
2005	15.09	56.81	−1.37
2010	10.83	47.04	−4.58
2015	11.42	38.00	1.51
2020	19.58	47.61	5.95
2021	22.56	48.94	15.42

数据来源：《新疆统计年鉴》。

2. 骆驼区域布局

新疆骆驼品种主要为新疆准噶尔双峰驼和新疆塔里木双峰驼（南疆地区还有少量的单峰驼与双峰驼杂交骆驼），新疆大部分县市都有骆驼，这在全国是独一无二的。从南北东疆分布来看，北疆居多，占 53.29%，南疆占 36.68%，东疆占 10.05%。从地州分布来看，主要分布在阿勒泰地区、和田地区、昌吉回族自治州、哈密市四个地（市、州），占新疆骆驼总量的 58.5%。见图 12 - 21。

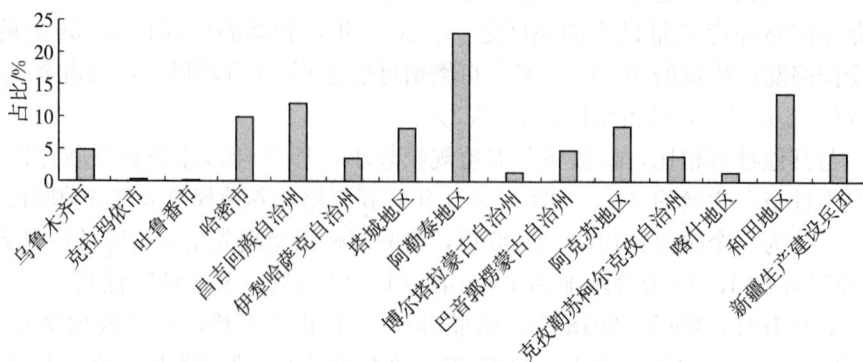

图 12 - 21 2021 年新疆骆驼养殖区域分布
数据来源：《新疆统计年鉴》。

3. 新疆骆驼产业发展情况

（1）奶驼养殖情况。新疆骆驼的饲养管理有两种方式。一种是传统的远距离放牧和补饲方式，这种方式补饲少，养殖成本低，不易患病，投资效益较高；另一种方式是规模化、标准化饲养模式，这种方式易于改进骆驼饲养管理方式，改良骆驼品种，提高骆驼的产乳量和利用率。

（2）驼奶的收购情况。驼奶原料奶收购途径与牛奶类似，一是收购散户的驼奶，二是收购骆驼养殖场的驼奶。散户收购一般由骆驼养殖户将合格的生鲜驼奶自行交售到各片区收奶站，由企业统一安排冷链车辆运往公司车间进行检验，散户驼奶价格区间在 35～60 元/千克。

（3）驼奶生产企业情况。目前新疆生产驼奶的企业有 28 家，较大且单一生产驼奶制品的企业有新疆旺源驼奶实业有限公司、新疆中驼生物科技有限公司等。2020 年驼奶加工量约 2.48 万吨，销售额 11.56 亿元，纯驼奶、配方驼奶以及衍生产品、新产品的产值近 30 亿元，产品 80% 销往疆外。新疆驼奶中异亮氨酸、亮氨酸、赖氨酸、苏氨酸、缬氨酸的构成比例均高于人体、全鸡蛋、鸡蛋白和内蒙古驼奶，具有很高的营养价值。

（4）驼奶的生产加工及商品化情况。生鲜驼奶由于含有较多的活性钙、活性酶及免疫球蛋白等营养成分，冷链储藏仅能保存 2～3 天，时间太长会造成营养物质流失，因此驼奶产品以驼奶粉为主。目前驼奶粉有高温喷粉和真空冷冻干燥（冻干技术）两种方式。由于驼奶中富含乳蛋白、乳脂肪、乳糖等人体必需的营养成分以及 18 种氨基酸、不饱和脂肪酸、矿物质及免疫球蛋白、乳铁蛋白、溶菌酶、类胰岛素等生物活性物质，冻干技术能更好地保存新鲜驼乳中原有的色、香、味和有效活性营养成分，保存期长且脱水时不会发生溶质迁移现象，因此，大部分厂家采用真空冷冻干燥方式加工驼奶粉。驼奶粉产品主要有全脂驼粉、全脂发酵乳粉、驼初乳粉等、酸驼粉等，市场上也有少量液态驼奶产品如罐装高温灭菌奶、脱味液态驼奶、调味驼奶等，其他产品有驼乳益生菌活性片和驼初乳胶囊等，衍生产品有驼奶皂、面膜、护肤品等，部分企业目前正在开发系列驼乳化妆品、口服胰岛素及生物药品等。

（5）驼奶商品市场销售情况。随着消费者对驼奶知晓率和认知度的提高，驼奶产品越来越受到消费者的认可。由于驼奶产品价格相对较高，一般被定位为中高端消费品，目标消费人群为高收入人群、高购买需求人群和高保健意识人群的"三高"客户。驼奶产品区外销量较大，大部分产品销往北京、广州、上海、深圳等一线城市和省会城市，再逐步辐射到地市级城市。销售渠道以专卖店、大型商超专卖店和网络销售为主，各大企业正在搭建全国销售网络和国外销售网点，市场占有率较高的为新疆旺源乳业有限公司，据测算市场占有率超过 50%。

（三）新疆骆驼产业发展比较优势

1. 丰富的种质资源为骆驼品种选育提供了优质的基础

新疆养驼历史悠久，种质资源较为丰富，双峰驼是新疆主要的骆驼品种，单峰驼、细毛驼也较为常见，还有葫芦队驼、雪山驼、特良驼、藏式驼等稀有品种，此外，新疆罗布泊野骆驼国家级自然保护区的野骆驼数量约占世界野骆驼总数的60%，众多的骆驼品种为新疆骆驼的品种改良和优化提供了丰富的种质资源。目前，新疆已经加大对骆驼种质资源的保护，如阿勒泰地区依托高产奶驼核心群示范组建设项目，已完成三个主要骆驼生产线高产奶驼组建核心群摸排工作，取得了阶段性成果，并开展验证工作。同时，按照产业化发展对骆驼品种的要求，新疆引进优秀种公驼改良本地骆驼，新疆准噶尔双峰驼纯种繁育工作正逐步开展，良种骆驼繁育体系已在构建之中。

2. 养殖规模居全国首位，规模化养殖逐渐兴起

随着骆驼产业的快速发展，新疆骆驼养殖规模快速扩大，2018年至今骆驼存栏量居全国首位，2021年新疆骆驼存栏22.56万峰，约为全国总存栏量的一半，较新疆2011年的存栏量翻一番，阿勒泰地区、阿克苏地区等都将骆驼产业作为农牧民脱贫致富的重要渠道。阿勒泰地区作为全疆骆驼养殖规模最大的地区，2021年全地区骆驼年末存栏5万峰，养殖规模50峰以上的合作社、家庭牧场、养殖大户共395家，并且建有养殖规模2000峰和4000峰的规模化养殖基地各1个。柯坪县目前骆驼存栏达4万峰，位居全国前列、新疆第一，拥有骆驼集中养殖场50个，建成万峰驼养殖基地1处、千峰驼养殖基地3处，集中饲养骆驼2.2万余峰，规模化养殖为骆驼产业的标准化、现代化、产业化发展奠定了基础。

3. 骆驼产业化进程加快，产业链进一步完善

随着骆驼养殖规模的扩大，骆驼产业化进程加快，尤其是驼奶产业发展快速。目前新疆生产驼奶的企业有28家，主要企业有新疆旺源驼奶实业有限公司、新疆中驼生物科技有限公司、新疆新驼乳业有限公司等。旺源生物科技集团开发销售产品主要为液态驼奶、驼奶片、驼乳粉、发酵驼乳粉4个驼奶系列品种，包括液态驼奶、酸驼乳、全脂驼乳粉、驼乳益生菌活性片和驼初乳胶囊等20余种产品。新疆新驼乳业有限公司在柯坪县拥有自动化生产线3条，已开发出驼乳粉系列、灭菌驼乳系列、发酵驼乳系列、驼乳含乳饮料系列、冻干粉、压制奶片系列等十余种产品。此外，各地还将骆驼产业与旅游业相结合，如吉木乃县的"万驼园"集生态修复、产业扶贫、旅游富民为一体。在柯坪县开工建设的新疆骆驼交易市场，是全疆首个、最大的骆驼交易市场，为全县及全疆骆驼交易提供平台。骆驼产业逐步实现养殖由"小而分散"转向"大而规

模"、加工由"粗放"转向"精深"、农文旅融合由"单一"转向"多元",产业链进一步完善与拓展。

4. 高度重视驼奶产品品牌建设,市场影响力显著提升

随着新疆驼奶产业的兴起,政府和企业高度重视驼奶产品质量和品牌建设,大力打造新疆优质驼奶品牌,在"品牌网"的中国驼奶粉行业品牌排行榜中,排名前十位的品牌中有 7 个为新疆品牌。阿勒泰地区农业农村局于2020 年 12 月正式启动"阿勒泰驼奶"地理标志证明商标注册工作,并与第三方机构签订了代理委托申报服务协议;2021 年 2 月,国家知识产权局正式受理本商标,并下发了商标受理通知书。旺源驼乳、旺源驼乳粉、旺源驼奶片2021 年成功入选农业农村部农产品质量安全中心发布的第二批全国名特优新农产品名录,旺源驼奶荣获"2021 中国农产品百强标志性品牌"称号。2024 年"那拉丝醇"品牌获得中国轻工企业投资发展协会公布的"行业领导品牌"。驼奶系列产品知名度不断提高,增强了新疆驼奶拓展市场的能力。

5. 技术攻关能力不断加强,为骆驼产业高质量发展奠定基础

随着骆驼产业发展,骆驼养殖区加大与科研院所合作,提高骆驼产业技术攻关能力。2016 年新疆骆驼产业工程研究中心在新疆大学揭牌成立,中心由新疆大学生命科学与技术学院和新疆旺源生物科技集团联合投资建设。新疆旺源生物科技集团有限公司在福海县组建了新疆双峰骆驼研究院,开展骆驼生物技术研究、开发及利用,企业借助科技力量,除了生产驼奶产品,还研发驼绒服饰、驼奶香皂、驼奶面膜等产品。福海县、吉木乃县与新疆农业大学、新疆大学、石河子大学合作,建立了骆驼研究试验基地,已吸引 5个专家团队 10 余名教授、研究生在园区开展试验研究工作,极大促进了驼产业技术进步。这些骆驼研究机构和研究基地的建立,为新疆骆驼产业吸引人才、开展基础研究、推广先进技术等搭建了平台,为骆驼产业高质量发展奠定了基础。

(四) 新疆骆驼产业发展存在的问题

随着骆驼的经济价值越来越大,骆驼产业的利润空间也大为扩展,但是骆驼繁育率低、产奶量低、缺少乳用品种、饲养落后、繁殖周期长、重视程度不够、科技投入较少、产品开发滞后等问题成为新疆骆驼产业发展中的瓶颈。

1. 骆驼品种改良方式落后,良种选育进程迟缓

新疆骆驼品种改良主要通过引进优秀公驼改良本地骆驼,改良方式以组群交配为主,先进的品种改良技术尚未应用。目前,核心群建设以及专门化的肉用、乳用骆驼品种的引种及选育工作才初步展开,品种优化在骆驼产业发展中的基础和支撑作用不明显。

2. 受限于资源和基础设施，骆驼养殖水平低下

骆驼养殖总体上没有摆脱靠天养畜的粗放模式，主要是以户为单位的传统养殖方式，骆驼养殖场的规模普遍不大，多数地区以散户养殖、集中交售为主。散养难以集约生产要素，造成骆驼饲养管理标准化、科学化、集约化进程缓慢，生产效率低下。近年来，牧民的部分草场变更为公益林，草场资源被进一步压缩；牧区基础设施建设滞后，人畜饮水困难，适宜骆驼养殖的放牧草原区域不足，散养骆驼养殖规模扩大受限。同时，骆驼舍饲圈养条件较差，而且尚未研发出适合骆驼舍饲圈养的饲料配方，制约了骆驼舍饲圈养规模的发展壮大。由于骆驼繁殖周期长、周转速度慢、畜群结构不合理，加之饲养方式落后，驼奶的质量和产量不稳定。

3. 骆驼标准化体系不健全，标准化生产滞后

骆驼作为相对小众的家畜，养殖方式以牧民在草场散养为主，由于未形成产业，对骆驼养殖不够重视，骆驼养殖的标准化体系建设未得到重视。1987年，自治区出台《新疆双峰驼地方标准》，而且一直处于建议修改阶段，并未在生产中应用。近年来，随着骆驼产业的发展，自治区逐渐开始骆驼标准化体系的建设，2021年制定了《双峰驼产奶生产性能测定技术规程》（DB65/T 4441—2021）和《新疆准噶尔双峰驼产乳期间饲养规范》（DB65/T 4421—2021），但与牛、羊等主要家畜的行业标准相比还有很大差距，难以满足骆驼产业发展的需求，造成骆驼标准化养殖水平严重滞后。

4. 产业链建设落后，利益联结机制尚未有效建立

目前，新疆骆驼产业仍然以驼奶加工为主，驼绒产品单一、市场占有量小，驼肉只有初加工产品或以原材料销售，以骆驼为主题的旅游业受多种因素影响尚处于起步阶段，骆驼产业链短而脆弱，资源优势和产业潜力未得到充分发挥。骆驼一二三产业融合不强，缺乏全产业链顶层规划设计，未能形成推进产业发展的合力；产业分布呈现"大分散、小聚集"的特点，"公司＋合作社＋牧户"的合作机制和利益联结机制尚未有效建立，难以有效整合资源、创出品牌、开拓市场。

5. 驼奶产业链不完善，产品较为单一

首先，受骆驼数量少、驼奶单产低、生鲜驼奶成本较高等因素制约，驼奶产量难以满足加工的需求，无法通过扩大产能提高市场占有量。其次，由于驼奶奶源较为分散，运距长，保鲜要求高，企业和合作社现有的冷链储运设施设备还不完善，配备的冷藏车、冷藏罐、运输车和冷藏库等还不能满足质量安全需要；部分奶源基地远离企业，部分骆驼养殖地区尚无合格的收奶站，给驼奶运输和管理带来不便。此外，新疆驼奶产品以全脂驼乳粉、驼乳益生菌活性片和驼初乳胶囊等为主，高附加值的保健品、化妆品尚未开发。总体来看，驼奶产业链有待进一步完善，产品开发需要持续加强。

6. 驼奶生产缺乏产业标准，市场开发不足

驼奶收购、生产、加工仍缺乏产业标准和统一规范。由于当前没有驼奶产品配方和含量的限制标准，同时驼奶质量检测软硬件建设不足，对驼奶产品监管不到位，驼奶产品易受市场仿冒和假货的冲击。市场上许多配方和调制产品添加牛奶，纯驼奶含量低，但却标注为驼奶产品，且价格低于真正的驼奶产品，在市场竞争中鱼目混珠，有误导和欺骗消费者行为，影响了新疆驼奶的生产加工和品牌效应。驼奶市场开发仍显不足，一方面，以专卖店销售为主的方式较为单一，驼奶作为保健品和食品，在拓展医药保健销售渠道和商超渠道等通货渠道上仍有欠缺；另一方面，在拓展区外市场和国外市场方面，新疆驼奶的宣传力度较弱，医疗和保健功效并没有广为人知或知之不详。

7. 科技支撑薄弱，科技人才缺乏

骆驼养殖及驼奶加工环节均存在科技支撑不足、生产效率不高、缺乏竞争力等问题。主要表现为对骆驼舍饲圈养、饲草、饲料、疫病防治、挤奶、人工授精、胚胎移植以及驼乳检测、冷藏等研究不足，难以保证骆驼产业健康发展。同时，人才紧缺问题日益凸显，基层专业技术人才不足，高层次专业人才匮乏，科技创新与服务能力不强。

（五）新疆骆驼产业高质量发展建议

新疆骆驼产业高质量发展要立足资源禀赋、科技和区位等优势，有序推进产业健康稳步发展。做优做强主导产业，聚焦准噶尔双峰驼和塔里木双峰驼，建设"生产＋加工＋科技＋营销"全产业链开发的现代骆驼产业。推进产加销、农工贸一体化发展，以骆驼繁育和养殖为基础，以骆驼产品精深加工为延伸，以骆驼文化休闲旅游为核心，拉动作为一二三产业融合发展。促进生产要素集聚，加强骆驼产业的技术攻关和先进设备装备的引进应用，推进适度规模经营，提升骆驼养殖质量效益，积极培育新型经营主体的培育及创业创新基地（孵化园），采取"企业＋合作社＋养殖大户"利益联结机制，实现小农户与大市场的有效结合。坚持"科学规划、生态优先、合理使用"的原则，保护养殖区域生态环境，推行科学饲养模式，实现经济可持续发展。

1. 制定发展规划对产业发展准确定位

依托新疆马（驴、驼）产业技术体系，尽快制定新疆骆驼优质品种资源保护和开发利用以及整体产业规划，严禁一哄而上，重复建设。发挥新疆骆驼特色资源优势，在市场机制下引导畜牧业发展资金和项目有序投入，为产业发展创造良好环境，带动缺水、缺草地区农牧民增收致富。对骆驼产品进行准确定位，尽快制定行业、产品系列标准和配套方案，明确不同产品的生产工艺和产品标准，特别是制定驼奶、驼肉、驼绒快速检测相关标准，促进市场公平竞争。

2. 构建骆驼遗传资源保护与利用体系

系统开展骆驼遗传资源调查工作，申请地理标志产品保护，开展遗传资源种质特征和遗传特性的评估，按照多点保护原则，组建高产骆驼核心群。制定遗传资源保护与利用规划，对骆驼品种进行遗传评估，划分科学的保种区域，形成活体和生物技术保种相结合的保护模式。加强保种场建设，以活体保护为主，以冷冻精液等遗传物质保存为辅，有效开展保种工作，重点保护适应性强、繁殖能力强、产品品质好等优良特征特性。对骆驼品种进行电子芯片登记，开发骆驼遗传资源数据库系统，建设信息共享平台，掌握资源动态变化，实现骆驼品种、饲养繁育、生产性能、管理、销售等内容的信息记录。以提高骆驼产奶量为目标，支持骆驼品种选育和引进扩繁并举，构建乳用型骆驼现代育种体系，培育新品系（种），按照乳用骆驼的品种选择标准，通过个体产奶量、不同生长阶段体尺体重指标的测定，组建骆驼的育种核心群，开展骆驼品种登记、整群鉴定、性能测定、档案管理，保证骆驼质量和种群规模。

3. 加快骆驼标准化养殖体系和养殖基地建设

加快骆驼标准化养殖体系建设，重点支持骆驼育种、繁育、改良、饲养、疫病防控等标准与规程的制（修）订。制定肉用、乳用骆驼体质外貌评定及选育技术规程；制定肉用骆驼、乳用骆驼及各类生产母骆驼饲养管理技术规程；制定骆驼场防疫消毒技术标准；制定骆驼场技术人员，包括配种技术员、兽医等培训考核标准。以"企业引领、整合发展、细化技术"为发展策略，整合骆驼养殖合作社、养驼大户资源，形成规模化养殖区，统一规范管理，推进不同品种、不同生产阶段、饲料日粮、群牧养殖等技术推广。改变零散的牧民家庭饲养模式，加大骆驼养殖场、养殖小区、养殖大户的扶持和培育力度，成立托"驼"所，引导牧民走专业化、规模化道路，实施骆驼标准化养殖、分群饲养、全混日粮、疫病防控等先进技术，提高骆驼养殖的生产效率和经济效益。在龙头企业引领下，围绕品种培育、良种繁育、群体改良主线，加快育种、繁殖、疫病防控、营养等技术组装配套，打造"公司＋良种繁育＋奶源基地＋专业合作社＋养殖户"一体化养殖产业链发展模式，全面提高骆驼标准化规模化养殖生产水平。

4. 延长、拓宽骆驼加工产业链条

推进骆驼奶、骆驼肉、骆驼绒、骆驼脂、生物药品、化妆品等天然、绿色、有机特色产品精深加工，不断延伸骆驼产业链。依托旺源集团等国家级龙头企业已有的硬件设施设备、人才力量，深入开展骆驼奶产品、骆驼肉加工，特色驼乳制品、保健品、生物制药、系列化妆品的研发、生产和销售，建成产

业集聚、衔接紧密的骆驼产品生产、加工和营销体系，坚持品牌化引领，发挥绿色和特色优势，培育更多骆驼产品驰名商标、名牌产品。支持对驼奶理化性质和保健功能的基础研究，支持研发适合不同国家和地区口味的驼奶制品和驼奶衍生制品。引导现有骆驼加工企业整合归并小规模加工企业，逐步构建骆驼产品加工产业链。探索生产加工利益联结和保护机制，形成风险共担、利益共享的经济联合体，实现各方利益的均衡分配。

5. 加强骆驼检疫防疫体系建设

依托自治区、地、县、乡、村五级动物防疫网络，加强疾病防治的基础设施建设，逐步建立设备齐全、功能完善、手段先进的骆驼疫病综合防控体系，重点做好骆驼传染病防控和常见病的治疗工作。支持骆驼疾病防控、保健技术和专属药品的推广应用，提高骆驼疫病防控成效。引进专业兽医人才，配备专业医疗设备，为骆驼疾病的检疫、诊断、治疗及技术培训提供服务和指导。在骆驼养殖重点区域创建无规定疫病小区，制定免疫无规定骆驼疫病区建设规划与方案。完善地、县（市）、乡镇动物疫病防控基础设施设备，建设一批骆驼专科医院、骆驼病综合防治站、骆驼诊疗服务点，为全地区骆驼疾病的检疫、诊断、治疗康复、兽医培训提供专业化的服务和指导。建设骆驼动物医院，开展骆驼疫病防控技术的研究开发、骆驼福利待遇研究及技术推广，为骆驼提供全程的诊疗技术服务，同时为骆驼病的检疫、诊断、康复治疗及骆驼兽医培训提供专业化的服务和指导。

参考文献

白建立，石静瑶，2023. 乡村振兴背景下我国省域农业高质量发展水平测度 [J]. 山西农经
　　(15)：40-44.

白跃世，2004. 中国农业现代化路径选择与分析 [M]. 北京：中国社会科学出版社.

曹明霞，高珊，2023. 农业现代化的江苏实践与推进对策 [J]. 江南论坛 (7)：19-23.

陈晨，2020. 我国农业高质量发展评价指标体系 [J]. 北方经济 (8)：41-43.

陈利圻，陈虹，2023. 湖北省农业高质量发展水平测度与区域差异 [J]. 农村经济与科技，
　　34 (19)：88-90.

陈甜，2015. 中国绒毛用羊生产比较优势与区域布局研究 [D]. 北京：中国农业大学.

崔巍平，陈俊科，李欣，2022. 新疆辣椒产业发展现状及对策 [J]. 现代农业科技 (13)：
　　195-197，201.

代贵金，王彦荣，宫殿凯，2019. 日本农业现代化及其对中国的启示 [J]. 中国农学通报，
　　35 (3)：158-164.

邓涔，陈丽，2023. 农业高质量发展路径探索 [J]. 合作经济与科技 (16)：10-12.

董灿兴，徐凤杰，徐璐，等，2022. 新疆伊犁州直中草药产业现状及发展对策研究 [J]. 耕
　　作与栽培，42 (6)：140-143，147.

董汝晶，谯顺彬，2009. 辣椒产业的研究现状及发展趋势 [J]. 中国调味品，34 (10)：32-36.

董艳敏，严奉宪，2021. 中国农业高质量发展的时空特征与协调度 [J]. 浙江农业学报，
　　33 (1)：170-182.

杜辉，董冉，江山，等，2024. 中国农业高质量发展的空间差异研究 [J]. 信阳师范学院学
　　报（自然科学版），37 (1)：81-87.

杜思梦，刘涛，2021. 基于新发展理念的农业高质量发展：内涵、问题及举措 [J]. 中国
　　农业科技导报，23 (3)：18-24.

杜志雄，罗千峰，杨鑫，2021. 农业高质量发展的内涵特征、发展困境与实现路径：一个
　　文献综述 [J]. 农业农村部管理干部学院学报 (4)：14-25.

丁建国，2022. 我国棉花目标价格政策的经济效应及政策优化研究 [D]. 北京：中国农业
　　大学.

冯锋，战勇，田志喜，2020. 新疆地区发展大豆生产的可行性和初步建议 [J]. 植物学报，
　　55 (2)：199-20.

逄锦聚，林岗，杨瑞龙，等，2019. 促进经济高质量发展笔谈 [J]. 经济学动态 (7)：3-19.

付龙霞，2021.2020 年度骆驼产业生产形势分析与 2021 年展望 [J]. 畜牧产业 (3)：42-44.

高耿子，2020. 从二元分割到城乡发展新思路：中国农村经济高质量发展研究 [J]. 现代
　　经济探讨 (1)：108-116.

高强，2022. 农业高质量发展：内涵特征、障碍因素与路径选择 [J]. 中州学刊 (4)：29-35.

高兴敏，2022. 台湾农业现代化发展对大陆地区小农经济转型的经验借鉴 [J]. 台湾农业探索 (3)：1-5.

甘宜沅，2009. 中国农业和农村可持续发展研究 [M]. 北京：中国传媒大学出版社.

葛菊芬，颜彤，欧阳炜，等，2010. 新疆辣椒产业现状及发展对策建议 [J]. 辣椒杂志，8 (2)：8-10, 16.

耿丹丹，2021. 建强产业链 推进产业化：新疆中药材产业发展调查 [N]. 经济日报，12-06 (9).

郭辉，姚龙，2024. 乡村振兴背景下新疆蔬菜产业高质量发展问题及对策 [J]. 北方园艺 (4)：129-136.

耿红莉.2004. 我国主要粮食作物生产成本概率优势分析 [J]. 北京农业职业学院学报 (6)：37-41.

韩海存，2020. 山东地区绿色生态循环农业途径探索 [J]. 农业工程技术，40 (14)：14，16.

韩长赋，2018. 大力推进质量兴农绿色兴农 加快实现农业高质量发展 [J]. 甘肃农业 (5)：6-10.

何京泽，2023. 基于五大发展理念的青海省农业高质量发展水平测度 [J]. 农技服务，40 (10)：101-106.

侯冠宇，张震宇，2024. 新质生产力赋能共同富裕的理论逻辑、关键问题与现实路径 [J]. 云南民族大学学报 (哲学社会科学版)，41 (3)：93-100.

胡青江.2022. 新疆农业高质量发展水平及提升路径研究 [D]. 乌鲁木齐：新疆农业大学.

黄让，2021. 新时期推动我国农业高质量发展的对策建议 [J]. 农业经济 (1)：18-20.

黄修杰，储霞玲，2020. 基于国际比较的广东农业高质量发展思考 [J]. 南方农业学报，51 (6)：1502-1510.

黄祖辉，2021. 以新发展理念引领农业高质量发展 [J]. 农村工作通讯 (5)：38-40.

霍达，2020. 加快实现我国农村经济的高质量发展 [J]. 人民论坛-学术前沿 (13)：108-111.

季良，彭琳，2010. 新疆大豆发展战略规划 [J]. 安徽农业科学，38 (33)：19146-19147, 19151.

江斌伟，2024. 新疆道地中草药的多样性密码 [N]. 乌鲁木齐晚报 (汉)，06-03 (003).

江山，2023. 中国农业高质量发展的跨区域协同提升研究 [J]. 农村经济与科技，34 (15)：13-16.

姜长云，2021. 科技创新引领支撑高质量发展的着力点 [J]. 开放导报 (3)：3.

焦灰敏，桑玉伟，何宗铃，等，2024. 新疆辣椒产业发展优势分析及发展建议 [J]. 新疆农垦科技，47 (2)：43-46.

焦琳惠，吕剑平，2021. 甘肃省农业高质量发展水平测度及制约因子研究 [J]. 资源开发与市场，37 (3)：333-339.

金碚，2018. 以创新思维推进区域经济高质量发展 [J]. 区域经济评论 (4)：39-42.

孔怡，2023. 基于灰色关联分析和 PEST 分析中国粮食主产区农业高质量发展评价体系研究 [J].

农业与技术，43（11）：158-163.

郎新婷，马惠兰，2016. 新疆小麦生产效率及地区差异研究 [J]. 中国农业资源与区划，37（10）：127-133.

黎新伍，许书彬，2020. 基于新发展理念的农业高质量发展水平测度及其空间分布特征研究 [J]. 江西财经大学学报（6）：78-94.

李芳，2019. 新疆农业高质量发展水平评价研究 [J]. 时代经贸（26）：92-93.

李菲菲，周玉玺，周霞，2023. 山东绿色发展水平时空差异与障碍因素分析 [J]. 中国农业资源与区划，44（3）：111-121.

李萌，龙彭年，肖四海，2010. 世界辣椒产业经济发展状况与我国的对策思考 [J]. 辣椒杂志，8（4）：1-5.

李捷，2014. 新疆畜牧业生产区域布局特性研究 [M]. 北京：中国农业科学技术出版社.

李首涵，杨萍，卢德成，2023. 农业高质量发展评价指标体系研究：基于鲁苏浙3省的比较分析 [J]. 中国农业资源与区划，44（1）：66-74.

李亚利，何亚南，郭宇欢，2019. 推动新疆林果业基地建设高质量发展的对策建议 [J]. 新疆林业（2）：4-7.

梁亚军，龚照龙，王俊铎，等，2023.2022年新疆棉花生产概况及存在问题与对策 [J]. 中国棉花，50（8）：4-8.

梁春明，操礼军，2022. 新疆骆驼产业发展现状及对策 [J]. 今日畜牧兽医，38（9）：80-81.

林涛，2019. 中美贸易摩擦升级背景下中国纺织服装贸易发展对策 [J]. 亚太经济（1）：56-60，154-155.

刘从九，高秀，2021. 我国棉花高质量发展评价指标体系的构建与应用 [J]. 中国纤检（6）：29-33.

刘多红，李艳军，张斌，等，2021. 南疆设施农业发展现状、优势及可持续发展对策研究：以和田地区为例 [J]. 蔬菜（9）：36-40.

刘金雨，2021. 中国农业高质量发展评价指标体系构建及实证研究 [D]. 长春：吉林财经大学.

刘晓涛，2018. 农业供给侧结构性改革背景下永登农业经济高质量发展研究 [D]. 兰州：兰州大学.

刘俊逸，2023. 江苏省高起点建设农业强省 [J]. 江苏农村经济（10）：17-18.

刘平均，2019. 构建国际品牌评价的新秩序 推动全球品牌经济稳步发展：在2019中国品牌价值评价信息发布会暨中国品牌高峰论坛上的讲话 [J]. 中国品牌与防伪（5）：32-33.

刘涛，杜思梦，2021. 基于新发展理念的农业高质量发展评价指标体系构建 [J]. 中国农业资源与区别，42（4）：1-9.

刘秀琴，黄耀斌，蔡嘉森，等，2014. 中国农业竞争力国际比较 [J]. 华中农业大学学报（社会科学版）（5）：34-39.

刘晏良，2006. 棉花发展战略研究 [M]. 北京：中国统计出版社.

卢东宁，庞超，2021. 基于熵值法的陕西省农业高质量发展路径研究 [J]. 湖北农业科学，60（16）：152-156.

陆明红，刘万才，赵清，等，2020. 韩国农业发展经验及对我国农业发展的启示［J］. 中国植保导刊（3）：90-92.

吕静，安兴杰，2022. 山东省人民政府、农业农村部《共同推进山东现代农业强省建设》解读［J］. 农村实用技术（3）：27-28.

吕军，陈宝华，姜子玉，等，2020. 中国经济高质量发展评价及障碍因素分析［J］. 资源开发与市场，36（2）：149-157.

马克思，2004. 资本论［M］. 北京：人民出版社.

麦尔哈巴·阿迪力，布娲鹣·阿布拉，2018. 南疆地区设施蔬菜生产现状及思考：以新疆莎车县为例［J］. 农村经济与科技，29（23）：168-169.

毛国锋，许秀，王小利，2021. 新疆博州地区大豆优质高效栽培技术［J］. 大豆科技（5）：55-58.

毛树春，李亚兵，王占魁，等，2018. 农业高质量发展背景下中国棉花产业的转型升级［J］. 农学展望，14（5）：39-45.

蒙贞，冉亚清，2023. 新疆棉花产业高质量发展现状问题及对策［J］. 南方农业，17（15）：240-243，247.

农业农村部，等，2019. 国家质量兴农战略规划（2018-2022年）［J］. 吉林农业（11）：26-31.

秦云龙. 2023. 黑龙江：加速形成农业新质生产力［J］. 经济，2023，（12）：54-59.

舒尔茨，1987. 改造传统农业［M］. 北京：商务出版社.

王贵荣，等，2018. 改革开放40年-新疆人民生活［M］. 北京：中国统计出版社.

习近平，2017. 决胜全面建成小康社会夺取新时代中国特色社会主义伟大胜利：在中国共产党第十九次全面代表大会上的报告［M］. 北京：人民出版社.

王海英，2021. 新疆棉花产业高质量发展评价及空间分析［D］. 阿拉尔：塔里木大学.

王平，2020. 基于高质量发展的新疆棉花技术集成研究［D］. 石河子：石河子大学.

张恒斌，2014. 新疆大豆品种资源遗传多样性分析［D］. 石河子：石河子大学.

郑洪霞，2019. 四川省农业高质量发展水平研究［D］. 成都：四川师范大学.

朱殿霄，2016. 我国农业现代化水平国际比较及协调发展探究［D］. 北京：中国农业科学院.

曾福生，2020. 日本、韩国及我国台湾地区农业现代化与湖南之比较研究［J］. 湖南农业大学学报（社会科学版），21（2）：1-7.

上海市农业农村委课题组，2023. 关于上海率先基本实现农业现代化研究［J］. 上海农村经济（11）：4-11.

沈晓晖，季浩，2021. 上海都市现代绿色农业政策研究［J］. 上海农村经济（4）：12-14.

石岚，刘磊，2020. 中国新疆与中亚国家农业合作现状与问题研究［J］. 新疆社会科学（4）：41-48.

石鑫，江祎瑶，2020. 新疆中草药开启深加工模式［N］. 新疆日报，07-17（A03）.

司伟，2004. 中国糖料生产的地区优势分析［J］. 中国农村经济（3）：48-53.

速水佑次郎，弗农·拉坦，2000. 农业发展的国际分析［M］. 北京：中国社会科学出版社.

孙庆祥，李秋霞，张万旭，等，2023. 新疆生产建设兵团南疆地区中草药生产现状及产业

发展对策 [J]. 中国农技推广, 39 (10): 18-20.

孙致陆, 肖海峰. 2012. 中国细羊毛生产布局的比较优势分析 [J]. 农业现代化研究, 33 (5): 561-564.

汤义武, 王强, 2019. 新疆棉花供给侧结构性改革对策研究 [J]. 新疆农业科技 (3): 1-3.

田海燕, 杨相昆, 刘胜利, 等, 2009. 新疆大豆主栽品种主要农艺性状分析 [J]. 广东农业科学 (5): 51-53.

田秋生, 2018. 高质量发展的理论内涵和实践要求 [J]. 山东大学学报 (哲学社会科学版) (6): 1-8.

王芳, 2024. 江苏推进农业现代化走在前列研究 [J]. 黑龙江粮食 (1): 19-21.

王海英. 2021. 新疆棉花产业高质量发展评价及空间分析 [D]. 阿拉尔市: 塔里木大学.

王惊宇, 张俊花, 多利坤·沃依合尔, 等, 2021. 哈巴河县中草药种植产业存在的问题及对策 [J]. 农家参谋 (9): 49-50.

王明杰, 2023. 新疆小麦生产发展现状及存在的问题分析 [J]. 种子科技, 41 (19): 142-144.

王平. 2020. 基于高质量发展的新疆棉花技术集成研究 [D]. 石河子市: 石河子大学.

王琴梅, 杨军鸽, 2023. 数字新质生产力与我国农业的高质量发展研究 [J]. 陕西师范大学学报 (哲学社会科学版), 52 (6): 61-72.

王润琪, 李丹丹, 罗四维, 等, 2022. 巴州地区板蓝根种植现状、存在问题及解决对策 [J]. 新疆农业科技 (3): 23-25.

王万蓉, 魏俊梅, 郝全有, 等, 2021. 国审大豆齐黄34南疆地区种植表现 [J]. 大豆科技 (2): 40-43.

王晓伟, 岳丕昌, 丁建国, 等, 2012. 新疆棉花生产的比较优势分析 [J]. 中国棉花, 39 (6): 4-6, 19.

王晓夕, 李敏, 高策, 等, 2024. 河北省农业高质量发展评价研究 [J]. 农业展望, 20 (1): 23-30.

王晓妍, 谭学想, 2023. 中国农业高质量发展研究热点及趋势分析 [J]. 北方农业学报, 51 (3): 120-134.

王璇, 寇嘉峻, 2024. 陕西省农业高质量发展研究 [J]. 合作经济与科技 (10): 4-6.

王彦斌, 吴新霖, 王利敏, 等, 2024. 新疆骆驼乳功能特性及产品发展研究进展 [J]. 草食家畜 (1): 1-8.

王一鸣, 2018. 推动经济高质量发展 要坚持问题导向 [J]. 智慧中国 (9): 32-34.

王志丹, 2014. 中国甜瓜产业经济发展研究 [D]. 北京: 中国农业科学院.

魏建军, 陈清一, 罗赓彤, 等, 2006. 新疆大豆种植效益分析及发展对策 [J]. 新疆农业科学 (2): 128-132.

魏永贵, 贺江, 张婷, 2022. 新疆中药材产业"花开灼灼" [N]. 新疆日报, 05-09 (A05).

吴文炎, 2020. 台湾精致农业经验对家庭农业的启示: 以福建省上杭县为例 [J]. 当代县域经济 (11): 58-60.

伍新宇, 潘明启, 张付春, 等, 2020. 新疆葡萄酒产业高质量发展对策 [J]. 新疆农业科技 (5): 11-13.

肖海峰，俞岩秀，2018. 中国棉花生产布局变迁及其比较优势分析 ［J］. 农业经济与管理
　　（4）：38－47.

新疆维吾尔自治区粮食和物资储备局，2023. 关于2022年新疆新收获粮食质量调查和品质
　　测报结果的公告 ［EB/OL］. http：//lswz. xinjiang. gov. cn/xjgrain/tzgg/202303/
　　b8a2435be5694e1aa51d3551f8d838ae. shtml.

许世卫，2019. 农业高质量发展与农业大数据建设探讨 ［J］. 农学学报，9（4）：13－17.

闫博，胥雅馨，马鹏，等，2023. 播期对新疆北疆膜下滴灌春大豆产量及水分利用效率的
　　影响 ［J］. 中国农业大学学报，28（10）：50－65.

阳鑫，2022. 新时期乡村发展的政策回顾与展望：以中央一号文件为例 ［J］. 现代化农业
　　（8）：80－84.

杨传喜，刘文博，张俊飚，2023. 基于农业生态区划的农业高质量发展水平测度、区域差异
　　及收敛性研究 ［J］. 中国农业大学学报，28（12）：194－213.

杨宏伟，赵和萍，马瑛，2023. 新疆农业高质量发展水平测度与实现路径 ［J］. 中国农机
　　化学报，44（5）：249－256.

杨念，王蔚宇，2022. 农业高质量发展评价指标体系构建与测度 ［J］. 统计与决策，38
　　（19）：26－30.

杨瑞，许秀梅，2022. 山东省农业高质量发展水平测度与时空分布研究 ［J］. 湖北农业科
　　学，61（17）：45－52.

杨嵩，姜磊，2023. 农业高质量发展对乡村振兴影响的时空效应研究 ［J］. 统计与决策，39
　　（17）：116－120.

银西阳，余茜，李建强，2021. 四川省农业高质量发展水平测度及其时空演变分析 ［J］.
　　科技管理研究，41（19）：97－104.

于克俭，张海军，蒋方山，2021. 山东省小麦生产成本收益分析与展望 ［J］. 农业展望，17
　　（5）：116－122.

余永琦，彭柳林，余艳锋，等，2023. 农业高质量发展：水平测算、时空分异与收敛特征 ［J］.
　　中国农业资源与区划，44（10）：220－229.

袁圣博，刘润秋，李会芳，等，2022. 新疆南疆地区设施农业发展现状、问题与对策建议 ［J］.
　　北方经济（9）：58－61.

袁婷婷，王长松，余艳锋，2023. 江西农业高质量发展评价体系构建与水平测度 ［J］. 江西
　　农业学报，35（10）：203－211.

岳爱娴，2019. 以新发展理念引领河南农村经济高质量发展 ［J］. 中国经济导刊（中）
　　（5）：79－80.

张默，孙科，2021. 农业高质量发展理论内涵、水平测度及评价研究 ［J］. 农业经济（5）：6－8.

张瑞麟，范敏，周桂玲，2004. 新疆中草药的产业优势与发展策略 ［J］. 新疆农业科学
　　（4）：208－212.

张亚鑫，2022. 新时期江苏农业绿色生产现状及优化策略研究 ［J］. 现代农业（4）：75－78.

张怡，2014. 中国花生生产布局变动解析 ［J］. 中国农村经济（11）：73－82，95.

郑建 . 2023. 以新质生产力推动农业现代化：理论逻辑与发展路径 ［J］. 价格理论与实践

(11)：31-35.

张玉华，史永清，且卖尔汉·司马依力，等，2016. 新疆大豆生产现状与发展潜力研究 [J]. 江西农业 (9)：61.

张祝平，2023. 国外科技创新驱动农业高质量发展模式总结及其对我国的启示 [J]. 农业经济 (12)：11-13.

章元红，2019. 构建区域品牌：农村经济高质量发展的路径选择——以"丽水山耕"为例 [J]. 浙江经济 (14)：50-52.

赵佳，张慧，张怡，2022. 我国农业高质量发展评价体系构建与路径选择 [J]. 贵州农业科学，50 (6)：131-140.

赵连佳，李淦，徐麟，等，2023. 不同大豆品种在新疆生态区主要农艺性状表现及产量的相关分析 [J]. 新疆农业科学，60 (7)：1663-1670.

赵文娟，张星星，杨庆勇，等，2024. 新疆肉羊产业发展现状及未来养殖模式展望 [J]. 现代畜牧科技 (3)：112-115.

钟钰，2018. 向高质量发展阶段迈进的农业发展导向 [J]. 中州学刊 (5)：40-44.

周楠，2023. 我国小麦生产成本收益分析 [J]. 现代食品，29 (24)：46-48.

周心昊，2020. 湖北省农业高质量发展评价指标体系构建与测度研究 [J]. 湖北农业科学，59 (18)：181-184，190.

周洲，2023. 上海都市现代农业发展的现状、问题及对策 [J]. 上海农村经济 (2)：28-31.

朱华平，2021. 推动我国棉花高质量发展的建议 [J]. 中国农村科技 (7)：48-51.

朱满德，严西南，2023. 最低收购价政策对小麦全要素生产率的影响：基于双重差分模型的实证 [J]. 价格月刊 (10)：47-54.

朱启荣，2009. 中国棉花主产区生产布局分析 [J]. 中国农村经济 (4)：31-38.

朱秀杰，薛雨珍，2023. 山东省农业高质量发展水平测度及其耦合协调分析 [J]. 江西农业学报，35 (9)：230-234，240.

中国营养学会，2022. 中国居民平衡膳食宝塔 (2022) 修订和解析 [EB/OL]. (2022-04-28) [2023-12-10]. http：//dg. cnsoc. org/article/04/RMAbPdrjQ6CGWTwmo62hQg. html.

中国质量新闻网，2017. 首批哈萨克斯坦大豆从霍尔果斯口岸入境 [EB/OL]. (2017-02-15) [2023-12-12]. https：//www. cqn. com. cn/zj/content/2017-02/15/content_3930214. htm.

ADEDOYIN, FESTUS FATAI, MOSES IGA GUMEDE, et al. , 2020. Modelling coal rent, economic growth and CO_2 emissions：Dose regulatory quality matter in BRICS economies? [J]. Journal of Total Enviroment (710)：136284.

BIANCO, ADELE, 2016. Green Jobs and Policy Measures for a Sustainable Agriculture [J]. Agriculture and Agricultural ence Procedia (8)：346-352.

CLAY N, 2018. Seeking justice in Green Revolutions：Synergies and trade-offs between large-scale and smallholder agricultural intensification in Rwanda [J]. Geoforum (97)：352-362.

CLAY, NATHAN, KARL S. ZIMMERER, et al. , 2020. Who is resilient in Africas Green Revolution? Sustainable intensification and Climate Smart Agriculture in Rwanda [J]. Land Use Policy (97)：104558.

HUTTUMEN S, 2019. Revisiting agricultural modernization: Interconnected farming practices driving rural development at the farm level [C]. Journal of Rural Studies (71): 36 - 45.

KASSAM A, KASSAM L, 2021. Paradigms of agriculture [M]. Rethinking Food and Agriculture. Woodhead Publishing.

KOOHAFKAN P, M A ALTIERI, 2011. Globally important agricultural heritage systems: A legacy for Future [M]. Rome, Italy: Food and Agriculture Organization of the United Nations (FAO).

KUZNETS SIMON, 1973. Modern economic growth: findings and reflections [J]. American Economic Review63 (3), 247 - 258.

MONTELEONE M, CAMMERINO A R B, LIBUTTI A, 2018. Agricultural "greening" and cropland diversification trends: Potential contribution of agroenergy crops in Capitanata (South Italy) [J]. Land Use Policy the International Journal Covering All Aspects of Land Use (70): 591 - 600.

PARK J, 2012. Total factor productivity growth for 12 Asian economies: The past and the future [J]. Japan and the World Economy, 24 (2): 114 - 127.

PRAJAPATI, MAYUR M, RAKESH N. PATEL, et al., 2014. Impact of agricultural modernization on sustainable livelihood among the tribal and non - tribal farmers [J]. Journal of Agricultural Extension and Rural Development, 6 (4): 138 - 142.

QUIRK J P, SAPOSNIK R, 1962. Admissibility and measurable utility functions [J]. Review of Economic Studies, 29 (2): 140 - 146.

ROBERT, BARRO, 2002. Quality and quantity of economic growth [J]. Central Bank of Chlle (6): 135 - 162.

SAIBAL GHOSH, 2016. A Quality of Growth Index: Evidence from Indian States [J]. South Asia Economic Journal, 17 (1): 133 - 148.

TIPRAQSA P, CRAWELL E T, NOBLE A D, et al., 2017. Resource integration for multiple benefits: Multifunctionality of integrated farming systems in Northeast Thailand [J]. Agriculture Systems, 94 (3): 694 - 703.